정책사례 연구

한국정책학회

김두래 · 김태은 · 박민정 · 박현수 ·
배수호 · 백인립 · 서정철 · 윤견수 ·
은재호 · 이병량 · 이혜영 · 정윤수 ·
최성락 · 최정민 · 한상일 · 허준영

도서출판 대영문화사

머리말

학문에서는 이론을 중요시한다. 그런데 이론이라는 것은 어떻게 만들어지는 것일까? 물리학이나 수학에서는 사고와 통찰에 의해 이론이 만들어진다. 아인슈타인이 $E=mc^2$이라는 특수상대성 이론을 제창했을 때, 아인슈타인은 실험으로 이 공식을 반들어 내지 않았다. 에너지와 물질이 같은 것이라는 특수상대성 이론을 발표하면서, 에너지가 물질로 변화하고 물질이 에너지로 변화한다는 실제 사례를 제시하지도 않았다. 그냥 머릿속에서 생각하고, 수식으로 도출한 것이었다. 이와같이 수학과 물리의 세계에서는 실제 사례가 중요하지는 않다. 통찰을 통해, 선행 이론에 의해 후행 이론이 도출될 수 있다.

그런데 사회과학에서는 그런 식으로 이론이 만들어지지 않는다. 사회과학에서는 실제 사례들이 축적되어 이론이 구축된다. 역사적으로 볼 때 빈부 격차가 심한 사회에서는 사회불안정이 심해졌다. 그러면 빈부 격차가 크면 사회가 불안해진다는 이론이 만들어진다. 역사적으로 여러 나라들을 보면, 정부가 통화량을 증가시키면 물가가 올랐다. 그런 예시들이 많이 발생하면, 통화량이 증가할 때 인플레이션이 발생한다는 이론이 만들어진다. 즉, 사회과학에서는 먼저 사례들이 축적되고, 이 사례들을 설명하기 위한 방법으로 이론이 도출된다.

그런데 행정학, 정책학 분야에서는 그동안 사례에 대한 연구와 관심이 크지 않았다. 이론 측면에서의 연구가 주종을 이루고 있고, 이런 이론 연구의 바탕이 되는 사례에 대해서는 큰 관심을 가지지 않았다. 그래서 현재 행정학, 정책학 부문에서는 적정한 사례들이 축적되어 있지 못하다.

하지만 정책 연구가 제대로 되기 위해서는 먼저 사례에 대한 이해가 필요하다. 그동안 어떤 문제에 대해 어떤 식의 접근을 했고 그래서 그 결과가 어떠하다라는 것을 인지하고 있어야 그 다음에 어떤 정책이 제시될 필요가 있는지를 판단할 수 있다. 이전에는 어떤 식으로 접근했고, 그때의 문제가 무엇이었고, 어떤 식으로 접근했다면 문제 해결이 더 용이했다는 것을 알고나서 그 다음에 이론이 만들어질 수 있다. 사례 연구는 정책 그 자체에 대해 통찰력을 길러줄 수 있을 뿐만 아니라, 좀 더 적합한 이론을 만들기 위한 전제 조건이며, 기반이 된다.

그래서 경영학에서는 기업의 사례들이 전통적으로 연구되어 왔고, 법과대학, 로스쿨에서도 사례를 기반으로 논의가 되고 있다. 하지만 한국의 행정학, 정책학에서는 행정 사례, 정책 사례들이 제대로 구비되어 연구되지 못하고 있다.

이렇게 사례가 제대로 정비되지 않아 발생하는 부작용 중 하나는 학생들이 흥미를 잘 느끼지 못한다는 점이다. 학생들이 행정학, 정책학 이론들을 배우면서 별로 재미를 느끼지 못한다면 그건 사례를 접하지 않고 이론만 배우기 때문이다. 이론은 한번 걸러진 것이기 때문에 실생활과 별로 관계가 없는 것으로 여겨질 수 있다. 하지만 이론은 원래 사례에서 나온 것이다. 사례에서부터 접근을 하면 행정과 정책이라는 것이 우리 실생활과 밀접한 관련이 있음을 알 수 있다. 실생활에 직접 영향을 미치는 것이기 때문에 재미도 느낄 수 있다. 사례는 이론을 연구하는 학자만이 아니라 학생들에게도 필요한 부문인 것이다.

이와같이 행정학과 정책학에서 사례가 중요함에도 불구하고 현재 한국의 정책학에서는 사례가 제대로 소개되고 축적되어 있지 못하다. 이 사례집은 이러한 사례 부족의 문제 해결에 어느 정도 기여하기 위해 기획되었다. 한국정책학회에서는 정책 사례를 개발하고 보급하고자 했고, 이에 따라 한국정책학회 내의 정책사례위원회 주도로 이 사례집을 만들었다. 2013년 한국정책학회 춘계학술대회에서 이 사례집 작성을 기획하고, 2013년 한국정책학회 하계학술대회, 추계학술대회, 동계학술대회에서 사례에 대한 발표를 수행했다. 그리고 각 학술대회에서의 발표문을 정리 보완해 이 사례집을 발간하게 되었다.

한국에는 현재 상당한 정책들이 계속 만들어지고 또 개정되고 있다. 이 사례집에서 소개하는 정책 사례들은 전체 정책의 양에 비해 정말 극소수에 불과하다.

하지만 정책 그 자체의 수치는 광대하지만, 정책이 이루어지게 되는 과정, 논의의 방식, 전개 양상 등은 한국에서 어느 정도 유사성을 지니는 경우가 많다. 따라서 이 사례집에서 제공하는 정책 사례들은 단순히 해당 정책 내용 측면만 본다면 수많은 정책 중 하나일 뿐이지만, 그 정책 과정과 절차 등에 초점을 맞춘다면 한국에서 이루어지는 정책의 많은 부분을 이해할 수 있는 기반이 될 수 있다.

한국정책학회에서는 이 사례집 발간 이후에도 지속적으로 정책 사례를 개발하고 발굴하고자 하고 있다. 이러한 정책 사례들이 한국 정책학 이론의 발전에 더욱 기여하고, 학생들이 정책학에 좀 더 관심을 가지고 정책에 대한 이해를 높이는 데 도움이 되기를 바란다.

2014년 5월

2013년 한국정책학회 정윤수 외 저자 일동

차 례

제 1 편

서 론

제 1 장

정책 사례 집필의 기준과 원칙

윤견수 · 은재호

정책 사례를 연구할 때 마주치는 중요한 고민들 가운데 하나는 경험과 이론 간의 균형을 어느 정도로 유지할 것인가 하는 문제이다. 사례는 경험에 대한 지식을 좀 더 자세히 알리고자 하는 것이 중요하다. 하지만 학문 연구에서는 이론이 필요하다. 이론이 없이 서술되는 것은 저널리스트의 글, 또는 문학에서의 글이 될 수는 있어도 학문 연구라고는 보기 힘들다. 그러나 학문 연구에 이론이 필요하다고 하여 사례 연구에서 이론을 중요하게 제시한다면, 사례 연구와 일반 연구와의 차별성이 없어져 버린다. 사례 연구에서 사례에 대한 서술과 이론 사이의 균형을 잡는 것은 쉽지 않다.

이 책을 준비하는 과정에서 겪었던 가장 큰 어려움 가운데 하나도 바로 이 균형의 문제였다. 만약 이론에 치중한다면 『한국정책학회보』와 같은 기존의 학술지에 소개된 학술 논문들과 크게 다를 바 없다. 이 경우 학회지를 보면 되는 것이지, 굳이 별도의 사례 관련 책을 만들 필요는 없다. 이론에 비중을 둔 사례 연구라면 학회지와 차별되기 어렵고, 따라서 사례 책으로서의 중요성은 떨어진다. 반대로 경험에만 비중을 두는 사례 연구라면 실제 사례를 경험하고 실무 자료를 많이 갖고 있는 실무진들에게 별로 설득력이 없을 것이다. 이와같이 경험에만 비중을 두는 사례 연구는 실무진이 공개적으로 하기 힘든 말을 학자의 입을 대신 빌려서 하는 사례집이라는 평가에서 크게 벗어나기 힘들다. 따라서 사례 연구에서는 이론과 경험의 균형이 필요하다.

그런데 이론과 경험 간의 균형을 고려하는 것처럼 어려운 일도 없다. 적어도 하나의 방법론으로 사례 연구를 택하는 사람들은 대부분 이론과 경험 간의 균형을 전제로 한다. 그런데 각 연구자마다 이론과 경험 중에서 어느 것을 더 중시하는지, 그리고 이론과 경험의 비중이 어느 정도인지가 서로 다르다. 모든 사람이 공감대를 가지는 이론과 경험의 균형점이 어디인가에 대해서는 합의를 보기 힘들다. 따라서 양자의 균형을 어느 정도로 유지할 것인가의 질문보다는 양자의 균형을 이루기 위한 최소한의 조건은 무엇인가라는 질문을 먼저 던질 필요가 있다.

제 1 절 사례 집필의 유형

이론과 경험 간의 균형을 이루기 위한 최소한의 조건은 이론가나 실무진 그 누구나 정책의 전반적인 특징과 과정을 남들이 이해할 수 있게 충분히 설명할 수 있어야 한다는 점이다. 즉, 사례에 대한 집필(writing)에 성공할 수 있어야 한다. 이론가는 이러한 집필을 토대로 자신의 이론적 관점을 표현하고, 실무진 역시 그러한 집필을 기초로 처방적이며 실천적인 관심을 표현한다. 그러므로 사례를 연구하는 최소한의 조건은 작가가 자신의 작품을 집필하듯 정책 사례를 집필하는 과정을 거치는 것이다(윤견수, 2013). 사례 집필의 다양성을 결정하는 요인들로 여러 가지를 생각해 볼 수 있지만, 사례 집필이 기본적으로 스토리텔링(storytelling)의 과정이기 때문에 화자와 청자 간의 관계에 따라 다양성이 좌우된다. 즉, 누가 누구에게 어떤 메시지를 전달하고 있는가라는 관점이 중요하다. 누구(who)에 해당하는 행위자를 연구에 종사하는 학자와 현업에 종사하는 실무진으로 나눈다면, 사례 집필의 유형을 네 가지로 나눌 수 있다.

첫째, 연구자가 자기가 속한 연구 공동체 내의 다른 연구자를 염두에 두고 사례를 집필하는 것이다. 학술지에 소개된 대부분의 사례 집필은 이 유형에 속한다. 이 경우는 학문공동체에서 통용되는 언어인 개념과 이론이 사례 집필의 토대로 작용한다. 좋은 사례가 되기 위해서는 그 사례가 이론 개발에 공헌할 수 있어야 한다. 즉, 이론을 검증하거나 반증할 수 있고, 이론의 확장에 도움이 되어야 사례 집필에 성공한 것이다. 따라서 사례 집필 과정에서 반드시 문헌연구에 기반을 둔 이론적 논의가 이루어지고, 그것들을 검증하기 위한 자료조사 및 분석기법이 뒤따라온다. 연구공동체의 다른 학자들을 설득시키기 위해서는 이론적 엄밀성을 갖추고 자료 분석의 신뢰성과 타당성을 확보해야 한다.

둘째, 실무진이 해당 업무와 연관된 연구를 수행하는 연구자를 염두에 두고 사례를 집필하는 것이다. 실무진이 국내외 교육훈련 과정에서 집필하는 학위논문이나 학술논문은 많은 경우 이런 유형에 속한다. 이런 경우 연구공동체가 실무진에게 기대하는 것은 해당 분야의 경험을 자료화하는 것이다. 정확한 자료를 기반으로 경험적이거나 이론적으로 새로운 발견을 이끌어 낼 수 있다면 사례 집필은 성공한 것이다. 이 유형의 사례 집필에서는 정책 경험을 개념화하며, 그것을 통해 기존 이론을 보완하거나 새로운 처방책을 제시하는 과정을 거친다. 실무진들이 학술논문 집필 과정에서 설득시켜야 하는 대상은 학자들이기 때문에 정책 관련 경험을 맥락화하고 개념화하는 작업에 성공하지 못하면 설득력을 갖지 못한다.

셋째, 연구자가 자기 연구와 관련된 실무진을 염두에 두고 사례를 집필하는 것이다. 연구소에서 이루어진 사례 연구나 정부의 용역 과제를 수행하면서 나온 보고서는 대부분 이 유형에 속한다. 이 경우 사례 집필의 토대로 작용하는 것은 정책 목표의 달성을 위한 효율적인 대안의 제시이다. 사례 집필의 성공 여부를 좌우하는 것은 그 사례 연구를 통해 제시된 처방책의 적설성과 실현가능성이다. 이 유형의 사례 집필은 대개 선진 사례 및 성공 사례를 제시하고, 그것과 현재의 정책 사례를 비교할 수 있는 비교 기준들을 만들어 낸 후, 그 기준들을 토대로 바람직한 대안을 제시하는 형식을 취한다. 연구자들이 성공 사례와의 비교연구를 선호하는 이유는 청자인 실무자들에게는 해당 학문 분야의 전문 용어와 이론들이 너무 낯설기 때문이다. 설득력을 높이기 위해서는 청중에게 익숙한 언어를 사용해야 한다.

넷째, 실무진이 해당 업무와 연관된 다른 실무진을 염두에 두고 사례를 집필하는 것이다. 실무진들의 교육훈련 과정에서 이루어지는 성공 및 실패 사례의 제시는 대부분 이런 유형에 속한다. 이 경우 사례 집필의 성공 여부를 결정하는 것은 시행착오의 경험이 실제 업무 수행에 얼마나 도움이 되었는가의 여부이다. 즉, 집필된 사례가 다른 실무진들에게 학습의 기회를 제공할 수 있으면 성공한 사례 연구가 된다. 이 유형에서는 실패의 이유나 성공의 조건 등을 제시하면서 해당 정책을 둘러싸고 있는 다양한 제약 조건들을 나열하는 방식으로 사례 연구가 이루어진다. 연구된 사례가 설득력을 갖기 위해서는 현재 수행하고 있는 정책 관련 업무의 제약 조건을 파악하고 개선가능성을 제시할 수 있어야 한다.

표 1-1 사례 집필의 유형을 기준으로 한 사례 연구의 목적과 방법

화자(narrator) / 청중(audience)	연구자	실무진
연구자	Ⅰ. 연역적 사례 - 정당화 목적: 이론의 검증과 개발 방법: 이론과 분석의 엄밀성	Ⅱ. 귀납적 사례 - 발견 목적: 경험 자료의 제시와 발견 방법: 경험의 개념화와 맥락화
실무진	Ⅲ. 제안적 사례 - 처방 목적: 효율적인 처방 제시 방법: 성공 사례 비교연구	Ⅳ. 교육적 사례 - 학습 목적: 대리학습의 기회 제공 방법: 정책의 제약 조건 제시

이상적으로 집필된 사례는 네 가지 속성을 다 가질 것이다. <표 1-1>에서 요약한 것처럼 사례 연구를 통해 이론의 검증과 개발이 가능하고, 효율적인 처방책을 제시하며, 경험의 자료화를 통해 새로운 발견이 이루어지고, 대리학습의 기회를 제공할 수 있어야 한다. 또한 사례 집필 과정에서 이론적 엄밀성과 분석의 타당성 및 신뢰성을 확보하고, 성공 사례와의 비교 분석이 이루어질 수 있으며, 정책 경험을 개념화하는 데 성공해야 하고, 해당 정책이 성공적으로 추진될 수 있는 제약 조건을 제시해야 한다.

하지만 사례를 집필하는 과정에서 이러한 요건을 모두 충족시키는 것은 불가능하다. 집필자인 화자가 어떤 입장을 취하든 연역과 귀납 처방과 교육 가운데 어느 한두 가지를 강조하기 쉽다. 그런데 지금까지 우리나라에 소개된 정책 사례는 대개 집필자가 연구자였던 사례들이 많았다. 즉, 사례 연구가 기본적으로 질적 연구인데도 불구하고 가설 검증의 논리를 사례 연구에 끌어들여 연역적인 방식으로 연구를 해왔던 것이다(윤견수, 2005). 그래서 실무진들이 집필자였을 때 나타나는 장점들, 즉 실제 경험의 개념화나 맥락화를 제대로 시도하지 못했다. 더구나 실무진들이 집필자였던 정책 사례들은 제대로 보급이 안 되고 실무진들 사이에서만 비공식적으로 활용되었다. 이것은 사례 연구의 가장 큰 장점 중 하나인 귀납의 장점을 제대로 살리지 못했다는 것을 의미한다(윤견수, 2008). 경험적 증거들을 끌어모아 추상화 과정을 거치면서 이론화를 시도하는 데는 실패했던 것이다. 그렇기 때문에 정책의 성공과 실패 조건들을 제시할 때도 실제의 경험을 근거로 한 것이 아니라 추상화된 이론이나 선진 경험을 기반으로 했다. 이것은 역설적으로 이론 개발을 더디게 만들었다. 우리나라의 정책 사례를 기반으로 나타난 이론이나 개념이 거의 없다는 것은 이를 반증한다. 교육 및 훈련의 기본 교재로 사용하기 위해 축적된 사례들이 드물다는 것도 이와 유사한 맥락으로 이해할 수 있다.

제 2 절 사례 집필의 기준과 원칙

앞에서 논의한 네 가지 유형 모두를 완전하게 충족할 수는 없지만 집필된 사례가 연구자와 실무진들이 요구하는 최소한의 기대를 충족시킨다면 그것은 어느 정도 괜찮은 사례 연구일 것이다. 집필된 정책 사례가 귀납과 연역에 쓰일 수 있고 처방과 교육에도 활용될 수 있다면 그 정책 사례는 스토리로서의 가치를 충분히 갖고 있는 것이다. 이 사례집의 사례들은 이와같이 처방과 교육에 활용될 수 있는 사례로서 활용되는 것을 목적으로 한다. 이러한 사례로 활용될 수 있도록 다음과 같은 사례 집필 기준과 원칙에 따라 서술했다.

첫째, 사례는 집필자가 갖고 있는 관심과 호기심을 제시할 필요가 있다. 집필자의 관점이 분명해지면 사례에 흥미를 갖는 독자층도 분명해진다. 예를 들어, 집필이 연구자의 관점에서 이루어질 때 집필의 전반적인 관점을 지배하는 것은 이론이나 개념적 틀이다. 이런 경우 사례에 관심을 기울이는 독자는 주로 연구자들이다. 실무진들은 이론보다는 처방이나 학습에 관심이 있기 때문에 사례에 대한 호기심이 상대적으로 적다. 집필자가 자신의 관심을 분명히 한다는 것은 사례 집필의 일관성을 위해서라도 필요하다. 정당화, 발견, 처방, 학습 등과 같은 목적을 동시에 갖고 이루어지는 사례 분석보다는 그것 가운데 어느 하나에 집중해야 분석의 엄밀성을 높일 수 있다.

둘째, 사례의 전반적인 배경을 구체적으로 제시한다. 정책은 민간 부문에 대한 정부의 개입을 전제로 한다. 다양한 행위자들의 이해관계와 그것들 간의 상호작용으로부터 영향을 받는다. 정책은 진공 상태에서 만들어지고 추진되는 것이 아니라 그 당시의 상황적 특성을 반영한다. 동일한 정책이라고 해도 그것이 이식되는 사회정치적 환경의 특성과 경제 발전의 수준에 따라 전혀 다른 정책이 된다. 사례를 집필할 때 그 정책의 제도적이고 역사적인 맥락을 이해하면 정책과 연관된 인과 관계를 파악하는 데 유리하다. 하나의 정책은 그것과 연관된 수많은 다른 정책 간의 인과적 연결망 속에서 작동되기 때문이다. 인과적 연결망은 정책의 제약 조건이 되며, 맥락을 기술한다는 것은 정책 추진과 집행의 제약 조건을 이해한다는 뜻이다.

셋째, 사례와 관련된 중요한 행위자 및 그들과의 상호작용을 기술한다. 행위자는 개인이 될 수도 있고 특정 조직이 될 수도 있으며, 여러 행위자가 뭉친 집단이 될 수도 있다. 정책이란 그 사회의 특정한 선호를 의미하며, 선호는 그것을 표현하는 행위자를 전제로 한다. 누가 정책 결정을 주도하고 있는가, 누가 거기에 지지를 보내는가, 누가 그 정책에 반대하는가 등등의 질문을 던지는 과정에서 정책이 추진되는 현실적인 이유를 확인할 수 있다. 이들은 좋거나 싫기 때문에, 혹은 이익이 되고 손해가 되기 때문에 해당 정책에 개입한다. 행위자들의 상호작용을 분석한다는 것은 결국 정책과 관련된 규범이나 가치를 확인하고, 이해관계를 분명히 드러나게 하는 것이다.

넷째, 사례와 관련된 법(개정)과 제도(변화)의 내용을 제시한다. 정책이 추진되는 과정은 어떤 측면에서는 입법화의 과정과 같다. 정책이란 정부의 개입과 간섭을 의미하기 때문에 국민의 기본권을 침해하지 않는 범위 내에서만 그 활동이 정당화된다. 그러기 위해서는 법령을 통해 해당 정책을 추진하는 데 수반되는 권한과 책임의 근거와 소재를 명확하게 해주어야 한다. 정책이 추진되는 과정에서 필요 예산이 책정되고 담당 인력이 정해지는 경우도 많은데 이 경우에도 근거가 되는 법령과 규칙이 필요하다. 사례를 집필하는 과정에서 법과 제도의 변화를 언급하는 이유는 그것들이 정책의 실질적인 내용을 구성하기 때문이다. 법령 개편 과정에서 언급되는 입법 취지는 정책이 만들어지는 이유와 같다.

다섯째, 사례가 전개되는 과정을 제시한다. 사례 연구가 사례의 집필 과정과 다르지 않다면 스토리의 전개 과정이 사례 연구의 설득력을 좌우하는 중요한 요인이 될 것이다. 위에서 설명한 세 가지 요소인 정책 사례의 전반적인 배경, 주된 행위자와 그들 간의 상호작용, 법령과 제도 제정(개정)의 내용은 스토리의 세 가지 구성 요소인 배경, 인물, 사건과 같다. 사례의 전개 과정을 표현한다는 것은 이상 세 가지 요소 간의 상호작용과 그 구조를 일정한 순서 속에 배열하는 것이다. 집필자의 의도에 따라 그것들을 시간적 순서 속에 배열할 수도 있고, 원인과 결과의 연쇄 구조 속에 표현할 수도 있다. 앞의 것은 연대기적인 과정을 강조한 것이고, 뒤의 것은 인과적 과정을 강조한 것이다.

마지막으로 집필자가 관심을 가져야 하는 것은 사례를 이해하는 데 필요한 이론적이거나 실천적인 쟁점들이다. 정책의 추진 과정은 정책의 지지 세력과 반대 세력 간의 갈등이 조율되고 정책 이념이나 가치들 간의 긴장이 완화되는 과정이다. 정책 결정 및 집행 과정에서 마주치는 제약 조건 등이 해소되는 과정이기도 하다. 사례의 집필 과정에서 딜레마나 갈등적 요소를 드러내는 것이 중요한 이유는 그것 자체가 사람들의 흥미를 불러일으키고 유지시키는 이야기의 중요한 요소이기 때문이다. 현실적으로도 이와 같은 쟁점들은 정책이 안고 있는 문제점들을 들춰내거나 정책의 한계를 미리 제시함으로써 전반적으로 정책 과정을 합리화하는 데 도움을 준다.

이 사례집에서는 위와 같은 사례 서술 기준에 따라 모두 12개의 정책 사례를 소개했다. 이 각 사례들은 위의 사례 서술 기준을 모두 충족시키는 것도 있고, 사례에 따라 일부만 충족시키는 것도 있다. 전반적으로 이론보다는 사례 서술에 좀 더 집중하는 방법을 활용했지만, 이론의 시각에서 사례를 서술하는 경우에 대한 것도 소개하고자 했다. 즉, 이 사례집의 각 사례들도 다양성을 지니고 있지만, 사례 연구의 방법, 사례 서술 방법에 대해서도 많은 다양성을 지니고 있다. 이러한 사례들의 다양성은 사례 연구의 다양한 측면을 보여주면서, 사례 연구가 얼마나 많은 함의와 유용성, 그리고 이론적 논의점을 지니고 있는지를 보여준다. 이 사례집에 소개된 각 사례, 그리고 사례 연구 방법들이 학생들, 그리고 연구자 및 실무자들에게 많은 시사점을 제공해 줄 수 있기를 기대한다.

제 2 편

경제 및 개발 정책

제 2 장

사행산업 총량규제 정책

최성락

제 1 절 들어가는 글

보통 산업에 대한 규제는 각 국가들마다 어느 정도 공통적인 요소가 있는 것이 일반적이다. 많은 경우 규제는 다른 나라에서 시행하는 규제를 벤치마킹해서 도입하는 경우도 많고, 또한 한 국가에서 개발되어 성공적으로 시행된 규제는 다른 나라에서 벤치마킹을 하곤 한다. 따라서 규제는 대부분 다른 나라에 확산되어 결국에는 국가마다 다소 차이는 있지만 기본 개념이나 목적 및 방법은 유사한 사례를 여러 국가에서 찾아볼 수 있다.

그런데 드물게 한국에서만 존재하는 규제가 있다. 다른 나라에는 존재하지 않고, 또 한국에서 시행되지만 다른 나라에서는 따라하지 않는 규제들이 존재한다. 특히 이런 한국에 독자적인 규제는 사행성 관련 규제에 많이 존재한다. 카지노 출입 일수 규제, 경마·경륜·경정에서 1회당 베팅액 규제 등이 그러하다. 그리고 사행산업 총량제도 한국에서만 찾아볼 수 있는 규제이다.

사행산업 총량제는 2007년도에 입법화되었고, 2008년도에 세부 지침이 마련되었으며, 2009년도부터 시행되었다. 2014년 현재 시행된 지 5년이 넘었다. 하지만 아직까지도 사행산업 총량제도에 대한 실효성, 정당성, 향후 방향 등과 관련하여 많은 논의가 이루어지고 있다.

이 사례 연구에서는 이와같이 세계적으로 독특한 위치를 차지하고 있는 사행산업 총량제도를 한국에서 어떻게 제정하게 되었는지 그 정책 과정을 살펴보고자 한다. 사행산업 총량제 등의 내용, 성과에 대한 평가 등에 대해서도 많은 논의가 있을 수 있지만, 이 연구에서는 정책 과정에 한정하여 초점을 맞추고자 한다. 이와같이 정책 과정을 살펴봄으로써 정책적인 관점에서 사행산업 총량제가 어떤 쟁점을 지닐 수 있고, 정책 이론과 관련하여 어떤 함의를 줄 수 있을 것인가를 논의하도록 한다.

제 2 절 사례의 배경

1 사행성 총량규제 정책의 의의

사행산업 총량은 "사행산업의 사회적 부작용 최소화 및 건전 발전을 견인하기 위해 일정 기간 동안 유효하도록 설정한 사행산업의 상한 또는 최고한도(CAP)"(사행산업백서, 2009)를 의미하며, 사행산업 총량규제는 한국의 사행산업의 총량이 일정 규모 이내로 유지되도록 규제하는 것을 의미한다(최성락, 2012b).

한국에서 사행산업은 카지노, 경마, 경륜, 경정, 복권, 체육진흥투표권(토토), 그리고 2012년부터 새로 도입된 소싸움이 있다. 사행산업 총량제는 이러한 사행산업의 총 매출이 어느 일정 한도를 넘지 않도록 하는 규제이다. 국가 전체적으로 사행산업 총량이 먼저 정해지고, 그 다음에 국가 전체 사행산업 총량 중에서 산업의 비율에 따라 각 산업별 매출 총량이 정해진다. 이 사행산업 총량규제는 2007년 사행산업통합감독위원회법이 제정되면서 도입이 결정되었으며, 2008년 총량규제에 대한 세부 안이 마련되고 2009년부터 실시되었다. 사행산업 총량규제에 대한 주요 법적 근거는 다음과 같다.

사행산업통합감독위원회법

제5조 1항 제5조 (위원회의 기능) ①위원회는 다음 각 호의 업무를 소관으로 한다.

2. 사행산업 업종 간의 통합 또는 개별 사행산업 업종의 영업장의 수, 매출액 규모 등에 관한 총량 조정(계획 수립을 포함한다. 이하 같다)이 필요한 경우로서 사행산업 관련 기관·단체 또는 개별 업계 등의 요청에 의한 협의·조정 또는 권고에 관한 사항

제16조 (사행산업 종합계획의 수립 등) ① 위원회는 사행산업의 통합적인 관리·감독 및 건전화를 도모하기 위하여 문화체육관광부·농림수산식품·복권위원회 등 관련 행정기관으로부터 사행산업 업종별 단기 방안과 중·장기 방안을 제출받아 사행산업의 통합적인 관리·감독 등에 대한 종합계획(이하 "종합계획"이라 한다)을 수립하여 시행하여야 한다.

② 종합계획에는 다음 각 호의 사항이 포함되어야 한다.

1. 사행산업 업종 간의 통합 또는 개별 사행산업 업종의 영업장의 수, 매출액 규모 등에 관한 총량 조정과 관리·감독에 대한 단기 운영계획과 중·장기 운영계획

2 역사적 배경

한국은 사행성과 관련된 규제가 상당히 엄격한 국가이다. 카지노에서는 한 게임마다 게이머가 베팅할 수 있는 한도액이 10만 원에서 30만 원으로 규정되어 있다(외국 카지노의 경우에도 베팅 한도액이 있기는 하지만, 이는 정부규제가 아니라 카지노에서 자율적·전략적으로 시행하는 것이다). 또한 한 달 동안 카지노에 입장할 수 있는 날을 15일로 규제하고 있다. 또한 경마, 경륜, 경정에서도 한 회에 10만 원 이상 베팅을 못하도록 되어 있다. 많은 나라에서 합법화되어 있는 머신 게임도 불법화되어 있고, 온라인 도박도 금지되어 있다.

이와같이 한국은 사행성에 대한 규제가 세계에서 제일 엄격하다고 볼 수 있지만, 그러면서 한편으로는 사행산업이 가장 많이 발달된 국가이기도 하다. 경마는 전 세계에서 일반적이라 할 수 있지만, 경륜과 경정을 같이 하는 국가는 전 세계에서 일본과 한국뿐이다. 카지노 수로만 따지면 한국은 아시아에서 마카오에 이어 2위이다(강원랜드를 제외하고는 내국인이 출입할 수 없는 카지노들이기는 하지만, 카

지노 숫자 측면에서는 세계적이라 할 수 있다).

사실 한국의 사행산업은 계속해서 새로운 상품들이 소개되면서 증대되어 왔다. 1994년에는 경륜이 시작되었고, 2002년부터는 경정이 시작되었다. 2000년에는 강원랜드 스몰 카지노가 개설되고, 2003년에 메인 카지노가 개장되었다. 2001년에 토토가 발매 개시되었고, 2002년에는 로또가, 2011년에는 연금복권이 발매되기 시작했다. 그리고 2012년에는 소싸움이 도입되었다. 이와같이 사행산업이 계속 증가되는 것에 대해 우려의 목소리가 존재하고, 특히 2003년 메인 카지노 개장 이후에 사행성에 대한 사회적 우려가 증가하게 된다. 그리고 2006년 머신 게임인 바다 이야기 사건이 사회적으로 큰 이슈가 되면서 2007년 사행성 총량규제가 입법화된다. 2007년 사행성 총량규제가 입법화되기 전 사행산업 규모의 변화를 살펴보면 <표 2-1>과 같다.

표 2-1 사행산업 규모(2007년 이전) (단위: 억 원)

구분			2002	2003	2004	2005	2006	2007
카지노	강원랜드	금액	4,685	6,561	7,368	8,091	8,021	9,705
		성장률		40%	12%	10%	−1%	21%
	외국인 전용 카지노	금액	4,093	3,985	4,376	4,346	4,796	6,129
		성장률		−3%	10%	−1%	10%	28%
경마		금액	76,491	61,741	53,303	51,548	53,110	65,402
		성장률		−19%	−14%	−3%	3%	23%
경륜		금액	29,999	24,107	19,427	17,555	15,894	21,173
		성장률		−20%	−19%	−10%	−9%	33%
경정		금액	1,223	3,266	3,378	4,127	3,972	5,388
		성장률		167%	3%	22%	−4%	36%
복권		금액	9,796	42,342	34,595	28,438	25,940	23,810
		성장률		332%	−18%	−18%	−9%	−8%
체육진흥투표권		금액	220	283	1,389	4,573	9,131	13,649
		성장률		29%	391%	229%	100%	49%
계		금액	126,507	142,285	123,836	118,678	120,864	145,256
		성장률		12%	−13%	−4%	2%	20%

3 이해관계 집단

사행산업 총량제의 정책 과정을 자세히 살펴보기 전에 우선 사행산업 총량제와 관련된 이해관계자들을 살펴보도록 한다. 먼저 이해관계자의 속성을 이해하면 사례의 전개 과정을 좀 더 용이하게 인지할 수 있을 것이다.

먼저 사행산업 총량제를 찬성하는 행위자는 사회단체, 시민단체이다. 특히 한국에서는 2003년 메인 카지노 개장 이후 설립된 도박산업 규제 및 개선을 위한 전국 네트워크가 대표적이다. 전국 네트워크는 '기독교윤리실천운동' 등 기독교단체가 중심이 되어 300여 개 시민, 종교단체로 구성된 연합체이다. 기독교적 논리를 바탕으로 도박산업을 규제하는 것을 가장 큰 조직의 목적으로 하고 있다.

사행산업 총량제를 반대하는 행위자로는 우선 사행산업 당사자가 있다. 경마를 시행하는 한국마사회, 경륜을 시행하는 경륜공단, 경정과 관련된 경정공단, 그리고 강원랜드 카지노 등이다. 이 회사 소속의 노동조합 등도 사행산업 총량제에 반대했다.

그리고 이와 관련된 산업 종사자들이 있다. 경마의 경우 말 산업과 관련된 사람들, 경륜의 경우 사이클 운동과 관련된 사람들, 경정의 경우 보트 관련자가 이해관계자가 된다. 특히 말 산업은 전국의 축산 농가와 연결되어 한국에서 적지 않은 규모를 차지하고 있다.

지방자치단체도 사행산업 총량제에 반대 입장이다. 지방자치단체들은 사행산업들로부터 레저세 등 많은 액수의 세금을 충당하고 있다. 서울, 경기도 과천, 부산, 창원, 제주, 강원도, 태백 등 사행산업이 위치하고 있는 지자체들은 사행산업과 직접적인 이해관계자들이다.

정부 부처들도 사행산업총량제와 관련된 이해관계자로 작용한다. 사행산업 총량제는 국무총리 산하 사감위가 사행산업에 대해 관리 · 감독하는 것이다. 그런데 경마는 농림부, 경정 · 경륜 · 카지노는 문광부, 복권은 기재부 등이 이미 관리 · 감독권을 시행하고 있다. 사감위가 이들에 대해 감독권을 행사하고 지시 통제하는 것은 관련 부처 입장에서는 받아들이기 어려운 문제일 수 있다.

그리고 직접 사행산업을 즐기는 일반 게이머들이 존재한다. 이들이 사행산업에 대한 규제에 가장 직접적인 이해관계자가 될 것이다. 이하에서는 이들 행위자를 중심으로 사행산업 총량제의 정책 과정을 살펴보도록 한다.

제 3 절 사례의 전개 과정

1 바다 이야기 사건 이전

한국에서 전통적인 사행산업은 경마와 복권이 있었다. 그러다가 1988년 서울올림픽이 실시되었고, 서울올림픽에서 보트 경기장과 사이클 경기장으로 사용된 미사리와 사이클 경기장을 활용하기 위해 1990년대 경륜과 경정이 시작되었다. 그리고 1990년대 태백 지역의 주된 경제적 역할을 하던 광산들이 폐광되면서 이 지역의 경제를 되살리기 위한 방법으로 카지노 설치가 논의되었다. 2000년에 드디어 국내인이 출입할 수 있는 강원랜드 카지노가 임시적으로 개설되었고, 2003년 3월에 사북 지역에 메인 카지노가 개장했다.

특히 정선 카지노가 정식으로 개장하면서 사행산업에 반대하는 시민단체 운동이 시작되었다. 2003년에 기독교단체를 중심으로 하는 시민단체 300여 개가 모여 '도박산업 규제 및 개선을 위한 전국 네트워크'를 구성한다. 그리고 이 전국 네트워크는 한국에서 계속 증가하는 사행산업을 규제하기 위한 방안을 제시하고, 이 방안들의 입법화를 시도한다.

도박산업 규제 네트워크에서 사행산업을 규제하기 위해 주장한 가장 큰 사항은 '사행산업을 총량적으로 규제'하는 것과 '사행산업 전반을 규제하는 단일 기구를 설립'하는 것이었다. 한국은 그동안 계속 사행산업이 증가되어 왔고, 또한 사행산업의 매출이 계속 증가하고 있다. 따라서 한국의 사행산업을 제어하기 위해서는 한국의 사행산업 전체를 총량적으로 규제해야 한다는 관점에서 사행산업 총량규제안을 제시했다. 또한 현재 사행산업은 경마는 농림수산부(현 농림축산식품부), 경륜 · 경정 · 카지노는 문화관광부(현 문화체육관광부), 복권은 기획예산부

(현 기획재정부) 산하 복권위원회로 관할 부처가 모두 분리되어 있다. 따라서 사행산업이 제대로 관리가 안 되고 각 부처의 논리로 확대되고 있다. 그러므로 사행산업을 전체적으로 제대로 규제하기 위해서는 이 모든 사행산업이 하나의 기구 속에 규제되어야 하고, 따라서 사행산업감독위원회가 필요하다. 이 사행산업감독위원회는 각 부처의 논리에 휘둘리지 않게 하기 위해 좀 더 상위 기관인 국무총리 산하에 신설하는 것이 바람직하다고 보았다.

도박규제 전국 네트워크는 이러한 사행산업총량제와 사감위의 설치를 2004년부터 계속 주장했다. 이에 따라 2005년, 열린우리당 이경숙 의원과 민주당 손봉숙 의원은 각각 이러한 내용을 담은 법안을 발의했다. 그러나 이 법안은 약 1년 넘게 국회에서 계류되어 있다가 2006년 4월, 이경숙 의원의 안은 문광위에서, 손봉숙 의원의 안은 정무위원회를 통과한다. 이 당시 국회에서는 사학법 처리를 둘러싸고 분쟁이 존재했었고, 또한 사행성을 총량제로 규제하는 것이 과연 적정한가의 문제, 시장의 논리를 너무 제어한다는 문제, 현재 사행산업을 관장하고 있는 각 부처의 문제 등이 이 안에 대한 문제점으로 지적되었었다.

2 바다 이야기 사건 이후~법률 제정 단계

이경숙 의원의 안, 손봉숙 의원의 안이 비록 소위는 통과했지만, 해당 법안에 대해서는 정부 측에서 많은 반대를 했다. 우선 사행산업 통합관리법은 모든 사행산업을 일괄적으로 규제하기 위해 현재 여러 부서에 나뉘어 있는 사행산업 인허가권을 사행산업통합관리위원회가 보유하는 것으로 되어 있었다. 사감위는 카지노, 경마, 경륜, 경정, 복권 등에 대한 인허가권을 모두 가지고, 이들 사행산업에 대해 관리 · 감독을 수행하는 것으로 초안이 만들어졌다.

하지만 만약 사감위 안이 이렇게 제정되면 그동안 경마에 대한 권한을 보유하고 있던 농림부, 그리고 카지노 등에 대한 권한을 보유하고 있던 문광부 등은 이러한 권한을 사감위 측에 넘겨주어야 한다. 따라서 정부부처들은 이러한 사감위 법안에 대해 반대했고, 사감위를 국무총리실 산하가 아니라 문광부 산하로 만드는 안 등이 제시되었다. 또한 사행산업을 이와같이 총량적으로 규제하는 것의 타당성, 실효성에 대한 논의도 계속 이어졌고, 따라서 실제 사감위법이 입법화될 것으로 예상하기는 쉽지 않았다.

이런 와중에 2006년 7월, 바다 이야기 사건이 발생하면서 사감위법 제정은 급물살을 타게 된다. 당시 바다 이야기, 황금성 등 게임 머신이 전국의 상가, 주택가 거리에 들어서면서 전 국가의 도박장화가 급격히 진행되고 있었다. 결국 이러한 바다 이야기 등 사행 게임 머신이 사회문제화되었고, 뇌물·정치적 비리 등으로 연결되면서 바다 이야기 사건은 2006년 여름 내내 한국 사회를 열병에 들게 했다.

바다 이야기 사건으로 인한 이러한 사행산업에 대한 사회적 분위기의 변화는 사행성을 규제하기 위해 사행산업에 대한 전체적인 규제가 필요하다는 사회적 동의를 받게 된다. 그리고 도박규제 전국 네트워크는 9월 사행산업 방지를 위한 대규모 집회를 개최했고, 도박척결 기독교연합도 대통령 직속의 사행산업통합감독기구 설치 등을 주장하며 각 국회 상임위원들을 상대로 사감위법이 조속히 법제화되도록 운동을 실시했다.

바다 이야기 사건으로 인한 반사행적인 사회분위기는 사행성을 관리·감독하기 위한 사감위 설치, 그리고 사행성 총량제에 대한 반론을 거의 제시하지 못하게 했고, 이에 따라 사감위법은 결국 제정되었다. 사감위법은 2007년 1월 26일 공포되었으며, 6개월 이내로 사감위법을 집행할 사감위를 구성하도록 했다. 그리고 사감위법에서 가장 중요한 규제 내용으로 사행산업 총량제 실시가 규정되었다.

3 법률 제정~사감위 구성 단계

사감위법이 통과되고, 사감위 구성을 위해서는 사감위 구성과 관련된 시행령이 제정되어야 했다. 이러한 사감위 시행령은 문광부 주도로 준비가 이루어졌다. 사감위는 국무총리 소속 하에 두기로 되었지만, 사감위의 직원들은 현재 사행산업을 관장하는 각 부처에서 파견되어 근무하는 형식으로 이루어지도록 되었다. 따라서 현재 경륜·경정·카지노 등 사행산업에서 가장 큰 비중을 차지하고 있는 문광부가 사감위 구성, 시행령 제정 등에 대한 실무를 담당했다.

시행령 제정에 들어가면서 사감위법과 사행성 총량제에 대한 반대의 목소리가 나오기 시작했다. 2007년 3월에는 말 산업 보호 육성을 위한 전국연합이 설립되어 경마산업 억제 방안에 맞서 관련 산업 보호 활동을 시작했다. 사행산업 총량제는 경마산업에 대한 규제를 포함하게 되는데, 경마는 경마장뿐만 아니라 전국의 말 산업 관련자에게도 영향을 미친다. 말을 기르는 축산업자, 말 사료업자 등 말과 관련된 업계 관계자들이 연합을 구성했고, 경마산업 보호를 위한 목소리를 내기 시작했다.

그리고 2007년 3월에는 강원도와 도내 탄광지역 자치단체, 그리고 사회단체에서 사감위법 시행령 제정을 유보할 것을 문광부에 건의했다. 강원도와 탄광지역 자치단체, 사회단체들은 강원랜드 카지노가 이 지역에서 중대한 역할을 한다는 것을 확인하고, 강원랜드 카지노에 대한 규제는 해당 지역의 경제에 심대한 타격을 줄 수 있다고 주장했다. 그리고 2007년 7월에는 승마단체, 기수협회, 마주협회 등이 사감위법 시행에 반대하는 기마 시위를 했다.

그러나 정부는 2007년 7월 19일, 사감위 구성을 위한 사감위법 시행령을 처리했다. 이 시행령에 따라 사감위가 구성되고, 2007년 9월 17일부터 공식적인 활동을 시작하게 된다.

4 사감위 구성~총량제 실시 단계

사감위가 구성되면서 사행산업 규제에 관한 안건들이 본격적으로 논의되기 시작한다. 특히 사감위가 설립되는 주요한 목적 중의 하나가 사행산업 총량제였다. 사행산업 총량제를 실시하기 위해서는 먼저 한국에서 사행산업 총량을 어떤 규모로 설정할 것인가, 그리고 각 사행산업마다 어느 정도로 사행산업 총량을 배분할 것인가의 문제가 대두된다. 사감위는 1년 이내에 이러한 사행산업 총량제 실시를 위한 종합 계획안을 구성하여 발표하기로 했다.

이와같이 사감위가 사행산업 총량규제를 위한 세부 작업에 들어서고, 사행산업 총량규제 종합 계획안을 발표할 시기가 다가오게 되자 사감위 및 사행산업 규제를 반대하는 목소리가 커지게 된다.

우선 2008년 1월 마필 생산자 및 마필 단체가 반대 목소리를 내기 시작한데 이어, 2008년 4월에는 전국 관련 지방자치단체들이 대책회의를 통해 사감위 규제 추진에 공동 대응하기로 의견을 모은다. 경마장이 위치하는 경기도 과천, 제주, 부산, 경륜장이 있는 창원, 강원랜드가 있는 강원도 등 각 사행산업 관련 업체가 존재하는 지자체들이 서로 협조하기로 한다. 관련 지자체들은 사행산업들로부터 레저세를 거두고 있는데, 이 레저세가 지자체마다 몇백억 수준으로 전체 세입의 약 7%를 차지하고 있다. 이 지자체들은 사행산업에 대해 강력히 규제할 경우 발생할 조세 수익의 감소를 우려했다. 따라서 관련 11개 지자체는 2008년 5월, 사감위와 사행산업 총량과 관련하여 용역을 수행하는 문화관광정책연구원 등에 일방적인 규제정책에 반대하는 입장을 전달했다.

이외에 각 사행산업 단체들도 본격적인 반대 논의를 제시하기 시작했다. 7월에는 부산경륜공단이 반대 의사를 제시했고, 과천시 의회도 사감위의 사행산업 건전화 정책에 반대했다. 마사회도 해당 규제의 문제를 지적하고, 한국농업경영인, 제주특별자치도 연합회, 마사회 부경본부, 창원경륜, 부산경륜 등도 반대 의사를 표시했다.

2008년 7월 22일에는 창원경륜, 부산경륜, 국민체육진흥공단에서 사감위 종합발전계획 반대 6,000명 서명 청원서를 제출했고, 7월 24일에는 부산시장, 경기지사, 경남지사, 제주지사 등이 사행산업 규제정책 추진 관련 공동건의문을 발표하고 경마경륜경정사업의 보호 육성을 주장했다. 그리고 7월 27일에는 이 건의문을 사감위와 문화관광부, 행정안전부 등에 전달했다. 또한 7월 29일에는 부산지역 시민단체 대표가 사감위를 방문하여 사감위 규제를 규탄하는 항의문을 전달했으며, 7월 30일에는 국민체육진흥공단, 경륜공단, 마사회 노동조합은 건전레저산업 사수 결의대회를 개최했다.

이러한 와중에 7월 30일, 사감위는 농림수산부, 문화관광부 등 관련 부처 위원들을 배제한 채 민간위원들끼리 모여 종합계획 시안을 확정한다(사감위는 농림부, 문화부 차관 등이 당연직으로 사감위 위원에 포함된다). 그러나 한국마사회는 8월 4일, 이 종합계획에 대해 공개 토론을 요구했고, 결국 8월 19일 사행산업 건전발전 종합계획 수립 관련 공청회를 열기로 했다.

8월 19일 발표된 사행산업 건전발전 종합계획은 현재 국내총생산의 0.64%인 사행산업 규모를 2011년까지 OECD 사행산업 규모 평균치인 0.58%까지 줄이는 것을 목적으로 했다. 그리고 이를 위해 교차투표 금지, 인터넷 베팅 금지, 전자카드제, 장외 발매 제한 등을 방법으로 제시했다. 하지만 이러한 사감위의 발표 내용은 OECD 사행산업 규모 추정에서 외국에서는 일반적인 머신 게임의 규모를 제외하고 산정했다는 점, 사행산업의 규모가 가장 큰 일본을 제외하고 OECD 평균값을 산출했다는 점(일본의 사행산업을 포함하면 OECD 평균이 0.77%로 증가하며, 외국의 머신 게임을 포함하면 0.68%가 되어 현재 한국의 0.64% 규모보다 큼), 그리고 한국은 2007년 자료를 근거로 했지만 외국은 2003~2004년 자료를 근거로 작성했다는 점 등으로 강력한 반발을 사게 된다.

이후 8월 20일에는 제주시 도의회에서 국회와 청와대에 청원서를 제출하고, 경남 경마공원 노조, 한국마사회 노조 등에서 결의대회 등을 개최했다. 9월에는 문화체육관광부가 사감위 종합계획 시안 수정을 요구하고, 농림부도 GDP 대비 0.58%라는 수치의 신뢰성에 문제를 제기했다. 복권위원회는 총량 설정에서 복권을 삭제해야 한다는 입장을 고수했고, 행정안전부도 총량 설정 개선을 요구했다.

그리고 2008년 11월에는 강원랜드 소액주주협회가 사감위를 고발하기로 했고, 프로축구, 한국야구위원회 등이 토토와 관련해서 문광부에 진정서를 제출했다.

결국 사감위는 2011년까지 OECD 사행산업 규모 평균치인 0.58%까지 감소하기로 한 것을 2013년으로 연기하고, 교차투표제의 허용, 전자카드제 도입 연기 등으로 수정을 하고, 2008년 11월 18일에 사행산업 건전발전 종합계획 확정안을 발표한다.

5 총량제 실시 이후

사행산업 총량제는 2009년도부터 시작되었다. 2009년에는 국내 사행산업 매출총량이 16조 원으로 정해졌으나, 실제 매출은 16조 5천억 원으로 총량보다 5천억 원 초과했다. 스포츠토토가 2,200억 원, 강원랜드 카지노가 1,000억 원, 경정이 500억 원을 초과했다. 한국마사회는 매출 한도를 준수하기 위해 경마 시행일을

연 98일에서 94일로 줄여 매출 한도를 넘지 않았다. 이와같이 매출 한도를 넘은 사행업체에 대해서는 2010년도 총량 설정 때 초과 매출액의 50%를 감액하고 부담금을 증가시키는 제재가 부과된다.

그러나 사행산업 총량제가 실시되면서 사감위의 규제는 실효성이 적은 것으로 판명되고 있다. 총량규제는 강제력은 없으며, 해당 업체가 총량규제를 위반했다 해도 사감위에서 이를 규제, 처벌할 권한은 없다. 실질적으로는 부담금을 더 부과하는 것인데 1,000억 원의 매출을 초과했다 하더라도 실제 부담금 증가액은 몇십억 수준이다.

또한 2011년 말에는 사감위가 로또, 연금복권, 주택복권을 총괄하는 기획재정부 소속 복권위원회에 총량 준수를 위해 복권판매량을 줄이거나 금지시킬 것을

표 2-2 사행산업 유형별 규모와 성장률의 비교 (단위: 억 원)

구분			2007	2008	2009	2010	2011
카지노	강원랜드	금액	9,705	10,658	11,538	12,534	11,857
		성장률	21%	10%	8%	9%	-5%
	외국인 전용 카지노	금액	6,129	7,528	9,196	10,056	11,256
		성장률	28%	23%	22%	9%	12%
경마		금액	65,402	74,219	72,865	75,765	77,862
		성장률	23%	13%	-2%	4%	3%
경륜		금액	21,173	20,524	22,238	24,421	25,006
		성장률	33%	-3%	8%	10%	2%
경정		금액	5,388	6,869	7,183	6,508	7,348
		성장률	36%	27%	5%	-9%	13%
복권		금액	23,810	23,940	24,712	25,255	30,805
		성장률	-8%	1%	3%	2%	22%
체육진흥 투표권		금액	13,649	15,962	17,590	18,731	18,478
		성장률	49%	17%	10%	6%	-1%
소싸움		금액	-	-	-	-	16.6
		성장률	-	-	-	-	-
계		금액	145,256	159,700	165,322	173,270	182,629
		성장률	20%	10%	4%	5%	5%

권고했다. 하지만 복권위원회는 복권은 중독성이 높지 않은만큼 이러한 사감위 권고를 받아들일 수 없다는 뜻을 전달했다. 결국 복권은 중독률이 낮다는 이유로 2013년부터 총량제 준수 대상에서 제외된다.

그리고 2010년에는 총량 규모에서 2,809억 원이 초과되었고, 2011년에는 1,785억 원이 초과되었다. 2012년의 사행산업 총매출은 19조 5,700억 원으로 2011년보다 7.2% 증가되었다. 2007년 이후 2011년까지 사행산업 매출 규모는 <표 2-2>와 같다.

제 4 절 사례의 쟁점

1 시민단체의 역할

앞에서 사행산업 총량제의 이해관계자를 소개할 때, 사행산업 총량제에 찬성하는 측은 시민단체 하나였다. 이에 대해 사행산업 총량제에 반대하는 측은 사행산업 당사자, 사행산업 관련자, 지방자치단체, 해당 정부 부처 등 다양하고 범위도 넓었다. 그리고 사행산업 총량제에 반대하는 집단들의 파워가 낮은 것도 아니었다. 특히 말 산업과 관련된 농민단체들은 집약도가 컸고, 서울 · 경기 · 부산 등 광역지방자치단체장이 이해관계자에 포함되어 있었으며, 행안부 · 문광부 · 기재부 등 정부부처들도 반대자의 편에 있었다. 그러나 그럼에도 불구하고 사행산업 총량제가 도입되고 시행되었다. 처음 시민단체가 제안한 원안에 비해서는 많이 완화된 내용이지만(원안에서는 사감위가 사행산업의 인허가권을 보유하는 것으로 되어 있었음), 그래도 주요 이해관계자들의 모든 반대에도 불구하고 입법화가 되고 사행산업 총량제를 실시하게 되었다.

사행산업 총량제와 관련되어 시민단체, 특히 도박산업 규제 전국 네트워크가 절대적인 역할을 한 것으로 볼 수 있다. 전 세계에서 그 예를 찾아볼 수 없는 사행산업 총량제를 고안하고 이를 주장했다. 사감위가 구성될 때, 이들은 대거 사감위의 민간위원으로 영입되었다. 사감위 민간위원들은 정부 당연직 위원들을 배제한 채 의사 결정을 하고, 또한 관련자들의 많은 반대에도 불구하고 계속 원안을 고수하는 등 사행산업 총량제 실시에 절대적인 영향을 미치게 된다.

일반적으로 정책 과정에서의 분쟁은 다수 대 다수 간 대결이라는 양상을 가진다. 1 대 다수일 경우 보통 다수의 의견이 관철된다. 그러나 사행산업 총량규제의 경우 시민단체들의 힘이 16조 원대의 산업공동체, 지방자치단체, 정부부처들 간의 연합보다 우위에 있었다고 볼 수 있다. 이 사례에서 어떻게 시민단체의 힘이 크게 작용할 수 있었는가의 문제 제기가 이루어질 수 있다.

2 바다 이야기 사건이 정책 결정에 미친 영향

2006년도 7월에 바다 이야기 사건이 발생한다. 2006년도 여름은 신문의 거의 모든 1면이 바다 이야기로 채워지고, 방송에서도 바다 이야기가 가장 주된 이야기로 한 달 넘게 이슈가 된다. 이러한 바다 이야기 사건으로 인해 사행성 규제에 대한 사회적 분위기가 형성되고, 결국 사감위법을 제정하게 된다.

만약 바다 이야기 사건이 존재하지 않았다면, 그렇다 하더라도 사감위법이 제정될 수 있었을까? 도박산업 규제 전국 네트워크는 그 전부터 사감위 신설과 사행산업 총량제를 주장하고, 이에 동조하는 국회의원도 존재했다. 하지만 사행산업 총량제는 시장 자유 질서를 위배하는 측면이 강하고, 또한 시장 규모를 인위적으로 조정하겠다는 것이기에 당시 일반인들에게는 공감하기 힘든 사항이었다. 최소한 사행산업을 규제해야 한다는 측면에 대해서는 공감이 가능하지만, 경마의 매출을 감소시키는 등(소비자의 마권 구매 제한 등) 구체적인 사항에 대해서는 공감이 어려운 내용이었다.

각 부처에서도 사감위법 안에 대해 반대했다. 하지만 바다 이야기 사건으로 이 법에 대해 반대 목소리를 내기 힘들어지게 되었다. 바다 이야기 사건이 없었더라도 사감위법과 사행산업 총량규제가 제정될 수 있었을까. 바다 이야기 사건은 킹던(J. W. Kingdon)의 정책모형에서 우연적 사건에 의해 정책의 창(policy window)이 열린 것으로 해석될 수도 있다.

3 입법화 단계와 시행 단계에서의 행위자 차이

사행산업 총량제가 최종적으로 도입되기까지 정책 과정을 살펴보면, 사행산업 총량규제를 도입한 사감위법이 도입되기 전에는 시민단체들이 주된 행위자로 등장한다. 이때는 사행산업을 규제해야 한다는 목소리, 사감위법을 제정해야 한다는 목소리만 주로 들리고, 사감위법 제정을 반대하는 소리는 거의 나타나지 않는다.

그런데 사감위법이 제정되고 난 이후 사감위가 직접 구성되는 단계에서 사감위를 반대하는 목소리가 나타나기 시작한다. 경마산업 관련자 등이 본격적으로 단체를 구성하고 반대의 목소리를 내기 시작한다. 그리고 사감위가 구성되고 사행산업 총량제에 대한 세부 사항이 만들어지기 시작하면서 전방위적인 반대가 시작된다. 이때는 한국마사회, 경륜본부, 경정본부, 강원랜드 업체뿐만 아니라 노동조합, 관련 산업자들까지 한마음 한뜻으로 반대의 목소리를 주창한다. 도지사, 시상, 지자체 의회 등도 나서기 시작하고, 지자체들은 합동으로 사행산업 총량제에 대해 반대한다. 또한 행안부, 문화관광부, 복권위원회 등 정부부처에서도 반대하고 나선다. 이때는 시민단체의 목소리가 이들 다양한 반대자의 목소리에 묻혀 거의 드러나지 않는다(실제 공청회에서는 사행산업 총량제 반대자들의 목소리에 묻혀 시민단체 찬성자들은 토론자 발표조차 제대로 하지 못했다).

그렇다면, 만약 이 반대자들이 사감위법이 제정되기 전에도 이와같이 행동했다면 과연 사감위법이 통과될 수 있었을까? 관련 산업단체는 이익단체라서 그렇다 치더라도, 지방자치단체장, 지방의회, 정부부처, 농민단체들 모두 반대하는 상황에서 사감위법이 쉽게 통과될 것으로 예측하기는 힘들다. 그러나 이들은 사감위법이 제정되는 단계에서는 정부부처 외에는 거의 간여하지 않았다. 사행산업 총량제가 규정된 사감위법이 제정될 때는 나서지 않다가, 사행산업 총량제를 정작 시행할 때가 다가오자 강력 반대하고 나선 것이다.

하지만 이 단계에서는 이미 법제화가 된 이후이고 사행산업 총량제는 법에 따라 시행하기로 되어 있었다. 따라서 이들은 사행산업 총량제를 원안에서 조금 완화하는 수준으로 수정하고 받아들일 수밖에 없었다.

왜 사행산업 총량제 반대자들은 정작 사행산업 총량제가 규정된 사감위법이 제정될 때는 나서지 않았을까? 이들이 입법화 단계에서는 자세한 내용을 몰랐기 때문에 이때는 참여하지 않은 것일 수 있다. 그렇다면 이런 잠재적인 참여자들을 배제한 채, 시민단체들만을 이해관계자로 고려하고 사감위법이 만들어지는 과정은 정당하다고 할 수 있을까? 일단 법안이 만들어질 때는 다양한 의견을 반영한다고 하지만, 법안에 반대할 사람들은 해당 법안이 자신에게 어떤 영향을 미칠지 모르기 때문에 참여하지 않을 때, 그래서 결국 찬성하는 사람들만 보여서 법안을 만들게 될 때, 이러한 법안은 과연 어느 정도 정당성을 지니고 있다고 볼 수 있을까?

그리고 사행산업 총량제 정책 과정에서 나타나는 행위자 특성을 보면, 사행산업 총량제 찬성에서나 반대에서나, 정작 이 제도의 가장 직접적인 당사자인 게이머들은 전혀 대두되지 않는다는 점이다.

정책 결정과 관련하여 이해관계자의 의견을 수렴한다고 할 때, 과연 어느 범위까지 의견을 수렴해야 정당성이 인정될 수 있는지 논의를 불러일으킬 수 있다.

4 정책은 조직 관할 문제를 넘어설 수 있는가?

사감위법, 그리고 사행산업 총량규제와 관련하여 처음부터 계속 이슈가 된 사안 중 하나는 조직 관할의 문제이다. 처음부터 사감위의 필요성이 제기된 이유도 경마는 농림부, 경륜·경정·카지노는 문화부, 복권은 기재부 등으로 관할이 나뉘어 있어 종합적인 사행산업 관리가 불가능하다는 이유였다. 따라서 모든 사행산업을 사감위 관할 하에 두려는 것이 원래의 취지였다. 하지만 정부 각 부처는 자기 소속 하의 사행산업이 사감위로 이동하는 것을 반대했고, 따라서 사행산업은 각 부처 소속 하에 두고 사감위가 설치되었다. 따라서 사행산업에 대해 관할 부처와 사감위가 이중적으로 규제하게 되는 문제가 발생한다.

사행산업자 측에서는 인허가권을 지니고 있는 자신의 관할 부서의 지시가 더 중요하며, 사감위의 주장은 관할 부서의 의견보다는 중요성이 떨어진다. 특히 복권을 관장하는 복권위원회는 같은 정부기관이다. 한국마사회, 경륜본부 등은 사업자이기 때문에 정부기관인 사감위가 지시·권유할 수 있다고 해도, 복권위원회는 같은 정부기관으로서 사감위의 의견에 그대로 따라야 할 유인은 거의 없다.

그리고 현재 사감위는 국무총리실 정규 직원이 업무를 수행하는 것이 아니라, 사행산업 관련 부처에서 파견되는 형식으로 운영되고 있다. 경륜, 경정, 카지노 등 사행산업에서 가장 많은 비중을 차지하는 문광부가 대부분의 직원을 사감위에 파견하고 있으며, 농림부·기재부·경찰 등이 소수 존재한다. 이때 사감위가 해당 사행산업자에 불리한 결정을 내리면, 이는 궁극적으로 원래 자기 부처의 소속 사행산업에 불리한 결정을 내리는 격이 된다.

결국 사감위의 운영은 점차 해당 관할 부처의 영향에서 완전히 벗어나지 못하면서 많은 결정, 운영이 이루어지는 현실에 있다(초기 민간위원들이 임기 만료 등으로 사감위를 떠나면서 사감위의 결정은 이전과는 많이 다른 분위기를 띠어가고 있다). 법 제정과 집행에서 관할 부처의 문제는 중요한 영향을 미치는 것으로 추정된다.

5 불법 사행산업의 문제

사감위는 경마, 경륜, 경정, 카지노, 복권 등 합법적인 사행산업만을 그 대상으로 한다. 그런데 사행산업에서 큰 문제로 논의되는 것은 불법적인 사행산업이다. 합법적인 사행산업은 총 매출액 중에서 많은 부분이 세금으로 납부되고, 그 세금 납부 금액만큼 고객들에게 지불하는 배당금이 감소된다. 불법적인 사행산업은 세금 납부 부분이 없기에 합법적인 사행산업보다 더 많은 배당금을 지불할 수 있고, 따라서 많은 사람이 불법적인 사이트 등에서 베팅을 하고 있다. 이 불법적인 사행산업이 합법적인 사행산업보다 더 규모가 크고, 시장 증가 속도도 빠른 것으로 파악되고 있다.

즉, 현재 사행산업에서 가장 큰 문제는 합법적인 사행산업이 아니라 불법적인 사행산업이다. 하지만 현재 사감위는 합법적인 사행산업만을 대상으로 하고 있으며, 합법적인 사행산업의 총량을 일정 범위 내로 유지하려고 노력하고 있다. 합법적인 사행산업은 일정 수준으로 유지되지만 불법적인 사행산업이 증가되는 것에 대해서는 별다른 조치가 이루어지지 못하고 있다. 만약 불법적인 사행산업 규모와 합쳐서 전체 사행산업 규모를 일정 수준으로 유지하고자 한다면 현재 합법적인 사행산업에 대한 총량제는 수정될 필요가 있을 수 있다. 합법적인 사행산업 규모가 더 크게 증가하더라도 불법적 사행산업 규모가 감소되어 전체적으로 사행산업 규모 자체가 감소되는 것이 사감위의 원래 목적에 더 맞을 수도 있다. 그러나 현재 사감위는 합법적인 사행산업만을 대상으로 하고 있는데, 정책 효과성 측면에서 논의가 있을 수 있다.

제 3 장

행정중심복합도시 정책 사례

김태은

제 1 절 들어가는 글

2014년 현재 세종시는 건설공사가 한창이다. 도시기반시설, 청사 신축, 주기형 건물에 이르기까지 다양한 부분에서 공사가 진행되고 있다. 한편에서는 2012년부터 2014년까지 계획된 세종시로의 중앙부처 이전이 진행되고 있다. 대규모 건설공사와 대규모 정부부처가 이사하는 상황에서 세종시의 희망스러운 모습이 보이기도 한다.

그러나 현재 건설 중인 세종시는 10여년 동안 지속된 갈등과 분열의 산물이기도 하다. 2002년 노무현 후보자의 대선 공약에서 촉발된 신행정수도 건설은 수도권을 중심으로 한 대규모 저항에 직면했음에도 불구하고 '신행정수도 건설을 위한 특별조치법'[법률 제7602호, 2004.1.4.16 제정](이하, 신행정수도특별법)이 국회에서 제정되었다. 그러나 동법은 몇 개월 후 헌법재판소의 위헌 결정에 따라 무효화되었다. 당시 헌재는 수도(首都)가 서울이라는 것이 관습헌법에 해당되므로, 수도를 이전하기 위해서는 헌법 개정 절차를 거쳐야 한다고 주장하며 위헌 판결했다. 그러나 이 판결은 막대한 법적 · 사회적 논란을 유발하기도 했으며, 한편에서는 사법권과 입법권 간의 역할에 대해 다시금 고민하는 기회를 제공하기도 했다.

헌재 논란을 뒤로하고, 헌재 결정에 의해 당시 노무현 정부는 후속 대책으로 정부부처의 부분 이전을 핵심으로 하는 '신행정수도 후속 대책을 위한 연기·공주지역 행정중심복합도시 건설을 위한 특별법'[법률 제7391호, 2005.3.18, 제정](이하, 행정중심복합도시특별법)을 제정했다. 그러나 동 특별법에 대한 반대와 저항은 법률의 제정과 동시에 지속되었다. 이후 집권에 성공한 이명박 정부는 노무현 정부에서의 행정중심복합도시 계획을 수정하고자 했으며, 이에 2010년 행정중심복합도시 수정안을 국회에 제출했다. 그러나 행정중심복합도시 수정안은 정부부처의 이전이 아닌 교육과학도시의 건설을 핵심으로 했기에 야당과 충청권, 여당 내 계파의 반대에 직면하여 관련법은 국회를 통과하지 못했다.

결국, 행정중심복합도시 건설은 원래 계획대로 다시 추진되었으나 정부부처의 부분 이전에 따라 발생되는 '비효율성' 문제, 박근혜 정부에서의 정부조직 개편에 따른 일부 부처의 이전 문제 등을 둘러싼 잡음이 끊이질 않고 있다.

희망스러움과 여러 가지 서로 다른 주장, 그리고 대립이 공존하는 세종시는 한국 사회의 단면을 살펴볼 수 있는, 새로운 이론의 개발을 탐색해 볼 수 있는 유용한 정책의 장이다. 일반인의 관심만큼 연구자에게는 유용한 사례이다. 이하에서는 정책 사례로서 세종시를 크게 형성 배경 및 과정, 그리고 이 사례에서의 주요 쟁점, 동 사례와 관련된 이론적 논의를 제시한다.

제 2 절 사례의 배경 및 전개 과정

신행정수도 건설은 노무현 정부에서 촉발되었으나, 이미 1970년대부터 그 논의가 제기되었으며, 1970년대 후반에는 구체적인 계획까지 마련되는 등 우리 사회의 핵심적 과제 중 하나였다. 이하에서는 행정중심복합도시 건설의 역사적 배경과 과정을 크게 4단계, 즉 잠재기, 신행정수도 건설 추진기, 행정중심복합도시 건설 추진기, 행정중심복합도시 수정론 제시기로 구분하여 기술한다.

1 잠재기

우리나라는 급격한 경제 성장의 속도만큼 수도권에 정치, 경제, 교육, 문화 등이 과도하게 집중되어 왔다. 이에 따라 주택, 교통, 통신 등 사회 인프라뿐만 아니라 안보 등 차원에서 수도권 과밀화에 문제점이 지적되어 왔다. 이에 1964년 '대도시 인구집중방지책', 1970년 '수도권 인구과밀 억제에 관한 기본지침'이 마련되었으나 실효를 거두지 못했다(신행정수도건설추진단, 2004: 409-425).

행정수도 이전은 수도권에의 과도한 집중에 대한 해결책으로서, 즉 정책 수단으로서 제시되었다. 1971년 당시 신민당 대통령 후보인 김대중 후보는 대전으로의 행정수도 이전 공약을 최초로 제시했고, 1977년 박정희 정권에서는 '백지계획'이라는 이름으로 임시 행정수도 건설 구상 발표와 임시행정수도 건설을 위한 특별조치법을 제정했으며, 1978년 연두기자 회견 시 행정수도 건설 백지계획 추진을 발표했다.

당시 백지계획의 추진은 첫째, 서울이 방위전략상 취약성을 내포하고 있다는 점, 둘째, 서울의 무질서한 과밀 성장으로 도시문제가 심화되고 이에 따라 국토의 균형 발전을 저해하고 있다는 점, 셋째, 행정수도 건설을 통해 내수를 진작시키고 지속적인 성장을 도모하는 한편, 성장 과실의 확신을 촉진할 필요에 기초했다. 즉, 당시는 안보 측면, 국토의 균형 발전 측면, 그리고 성장을 위한 수단 측면에서 행정수도 이전이 계획되었다 할 것이다.

행정수도는 방위성, 서울로부터의 거리, 국토의 중심성, 지역적 중심성, 개발권역상의 잠재력을 고려하여 범역을 설정하고, 2차 평가를 통해 장기 · 논산지구를 선정했다. 인구 50만(최대 100만)을 목표로, 입법부 · 사법부 · 행정부 등 전체 정부기관의 이전을 구상했으며, 1987년부터 1991년 동안 정부기관의 이전을 추진 및 완료를 목표로 했다. 이 사업의 예산은 5조 2,900억('77년 불변가격 기준)이었다.

그러나 백지계획은 실현되지 못했으며, 대신 박정희 정부는 1979년 수도권 분산을 위해 과천 정부청사를 착공했다. 부지 112천 평, 건물 45천 평으로 11개 정부기관의 입주를 계획하여 추진했다. 그러나 서울과 과천 간 지리적 인접성으로 수도권 과밀화는 더욱 심화되었으며, 이에 1987년 전두환 정부는 '대전의 행정중심 기능도시 육성책'을 발표하면서 대전으로 행정기관의 일부 이전을 계획했다. 이후 이 계획은 노태우 정부인 1990년 '청 단위 중앙행정기관 대전이전 계획' 확정, 김영삼 정부인 1993년 대전청사 건립 공사 시작, 1998년 조달청 · 특허청 등 청 단위 이하 10개 정부기관이 이전으로 완성되었다.

대전청사의 건립에도 수도권 과밀화는 더욱 확대되었다. 수도권으로의 정치 · 경제 · 사회 · 문화 등 모든 부문이 집중되었으며, 이에 따른 비효율성 문제, 지역 · 발전 문제, 안보 문제 등이 제기되기도 했다. 그러나 이러한 수도권 집중은 그 자체로 지배계층이 특정 지역에 집중됨을 보여준다. 따라서 이는 사회적 문제가 존재하나 정치적으로 매우 민감한 사안으로 제도 의제화되지 못한 상태에서 한국 사회에 잠재되어 있었다.

2 신행정수도 건설 추진기

2002년 대선에서 열세에 있던 노무현 대통령 후보는 대선 공약으로 대선 11일 전 충청권으로의 신행정수도 건설을 제시했다. 이후 노무현 정부는 정권 출범과 동시에 신행정수도 건설을 국토의 균형 발전을 위한 필수 조건임을 강조하며 신속하게 추진했다.

2003년 신행정수도건설추진기획단 및 지원단을 발족하고 동년 10월 신행정수도의 건설을 위한 특별조치법('이하 신행정수도특별조치법')을 국회에 제출했으며, 동년 12월 국회 본회의에서 동법(법률 제7062호)이 제정되었다. 이후 2004년 4월 동법 시행령(대통령령 제18364호)이 공포되었으며, 동년 8월 주요 국가기관 이전계획(추진위 고시 제2004-2호)과 건설기본계획(추진위 고시 제2004-3호)을 확정 · 고시하고, 신행정수도 건설 최종 입지를 확정했다.

노무현 정부에서 신행정수도 건설은 추진조직, 관련 법률 제정 및 관련 계획의 마련까지 매우 신속하게 추진되었다. 그러나 한편에서는 신행정수도 건설에 대한 반대 여론이 매우 강했으며, 또한 노무현 대통령에 대한 탄핵이 진행되는 등 정치사회적으로 매우 혼란스러웠다.

특히 신행정수도 건설에 대한 반대는 서울 · 경기 · 인천 등 지방자치단체, 즉

표 3-1 신행정수도 건설 추진 과정

일시	내용
2002.12.08	노무현 대통령 후보 충청권 신행정수도 건설 공약 발표
2003.04.14	신행정수도건설추진기획단·지원단 발족
10.21	신행정수도의 건설을 위한 특별조치법(안) 국회 제출
11.21	국회 신행정수도건설특위 구성 부결
12.29	신행정수도의 건설을 위한 특별조치법 국회 본회의 가결(재적의원 272명 중 재석 194명, 찬성 167, 반대 13, 기권 14), 국가균형발전특별법, 지방분권특별법 등 3대 특별법 통과
2004.01.04	서울, 경기, 인천 광역 및 기초 자치단체장, 의회 전원 신행정수도특별조치법에 대한 반대 성명
2004.03.21	노무현 대통령 탄핵 가결
2004.04.10	신행정수도의 건설을 위한 특별조치법 시행령 공포(대통령령 제18364호)
2004.04.15	17대 국회의원선거(열린우리당 299석 중 152석으로 제1당 구현)
05.21	신행정수도건설추진위원회 출범
06.09	수도이전반대연합의 특별법 폐지 청원서 국회 제출
07.12	신행정수도특별법 헌법소원 제기
08.10	주요 국가기관(행정부) 이전계획 확정·고시(추진위 고시 제2004-2호) 신행정수도 건설기본계획 확정·고시(추진위 고시 제2004-3호)
08.11	신행정수도 건설 최종 입지 확정
10.21	헌법재판소의 신행정수도특별법 위헌 결정

출처: 신행정수도후속대책위원회(2005: 397-401).

수도권 정치집단, 전문가집단을 중심으로 강하게 이루어졌다. 이들은 반대 성명 발표 및 대중집회, 국회 청원 제출 등을 진행했으며, 이후 신행정수도특별조치법이 국회를 통과하자 2004년 7월 12일 신행정수도특별조치법에 대한 헌법소원을 제기했다. 이 헌법소원에 대해 헌법재판소는 동년 10월 21일 동법이 위헌이라는 판결을 내림으로써 동법은 효력을 상실하게 되었다.

3 행정중심복합도시 건설 추진기

헌법재판소의 신행정수도특별조치법에 대한 위헌 판결에 따라 노무현 정부에서 강력한 의지로 추진하던 신행정수도 건설은 심각한 타격을 받았다. 위헌 결정을 받은 한 달 후인 2004년 11월 정부는 신행정수도의 건설을 위한 특별조치법 위헌 결정에 따른 후속대책위원회('이하 신행정수도후속대책위원회')를 발족하고 후속대책을 논의했다. 이 위원회는 11가지 제안된 대안을 5대 선정 원칙에 따라 충족도를 분석하여 행정특별시(청와대를 제외한 중앙부처 이전 및 특별시 지위 부여), 행정중심도시(청와대 및 외교 · 안보부처 등 이전 제외), 교육과학연구도시(교육·과학기술 관련 부처 이전) 등 3개 대안으로 압축 제시했다(신행정수도후속대책위원회, 2004).

국회 내에서도 여야 간 후속 대책을 논의했다. 국회 내에 신행정수도 후속 대책 및 지역균형발전특별위원회를 구성하고 여야 간 정치적 합의를 통해 후속 대책을 도출하고자 했다.

그러나 여야 간 후속 대책 논의는 일단의 합의를 도출하지 못하다 2005년 국회 신행정수도 후속대책 소위원회 7차 회의에서 법안 명칭, 예산 상한(8조 5천억원), 추진조직(건설청)에 대해 간신히 합의했다. 그러나 이 합의에 따라 마련된 '신행정수도 후속 대책을 위한 연기 · 공주지역 행정중심복합도시 건설을 위한 특별법(안)'은 국회 법제사법위원회에서 여야 간 입장 차이로 인해 표결 처리가 무산되었고, 이에 2005년 3월 2일 22시 47분 국회의장 직무대리가 직권 사정, 토론 없이 표결 처리되어 '신행정수도 후속 대책을 위한 연기 · 공주지역 행정중심복합도시 건설을 위한 특별법'(이하 '행정중심복합도시특별법') [법률 제7391호, 2005.3.18.]이 제정(재석 177명, 찬성 158명, 반대 15명, 기권 4명)되었다.

이 법이 국회에서 제정되었으나 여야 간 합의 수준의 부족으로 이 법이 제정되자마자 행정중심복합도시특별법 재심 요구 청원서 1차, 2차 국회 제출, 국회위원 59명이 서명한 특별법 폐지 법률안 및 국회의원 91명이 서명한 국민투표 촉구 결의안이 국회에 제출되었고, 이 특별법에 대한 위헌 확인 헌법소원이 다시 제출되었다. 그러나 2005년 11월 24일 헌법재판소는 이 법에 대한 각하 결정을 내림으로써 행정중심복합도시 건설은 안정적으로 추진되었다. 이에 2006년 1월 행정중

표 3-2 행정중심복합도시 건설 과정과 반대 의견 수렴 여부

일시	내용
2004.10.21	헌법재판소의 신행정수도특별법 위헌 결정
11.18	국무총리 산하 신행정수도의 건설을 위한 특별조치법 위헌 결정에 따른 후속대책위원회 발족 및 1차 회의
12.23	국회 신행정수도 후속 대책 및 지역균형발전 특별위원회 구성 및 1차 회의
2005.01.12	신행정수도 후속대책위원회 발족 및 3차 회의 - 유력 대안 선정(행정특별시, 행정중심복합도시, 교육과학도시)
02.05	국회 특위 내 신행정수도 후속대책 소위원회 3차 회의 열린우리당 및 비교섭단체 151명 공동 명의의 특별법안 발의
02.17	국회 특위 내 신행정수도 후속대책 소위원회 7차 회의 법안 명칭, 예산 상한(8조 5천억), 추진조직(건설청)에 대해 합의
02.23	국회 신행정수도 후속 대책 및 지역균형발전 특별위원회 7차 회의 신행정수도 후속 대책을 위한 연기·공주지역 행정중심복합도시 건설을 위한 특별법(이하, 특별법) 국회 여야 간 입장 차이로 법제사법위원회 표결 처리 무산
03.02	동 특별법에 대한 법제사업위원회 표결 처리 무산, 야당 내 법안 처리 합의 지연 22시 47분 국회의장 직무대리가 직권 사정, 토론 없이 표결 처리 재석 177명, 찬성 158명, 반대 15명, 기권 4명 특별법 통과
03.21	행정중심복합도시특별법 재심 요구 청원서 국회 제출
04.07	행정중심복합도시건설추진위원회 출범 및 1차 회의 특별법 폐지법률안(국회위원 59명 서명) 및 국민투표 촉구결의안 제출(국회의원 91명 서명)
04.12	행정중심복합도시특별법 재심 요구 청원서 국회 2차 제출
05.24	건설 예정 지역과 주변 지역 지정·고시
06.15	최상철 교수 등 22명 동 특별법에 대한 위헌 확인 헌법 소원 제기
07.21.~10.17	임만수 등 3,801명 건설 반대 청원서 제출 서울시, 과천시, 수도분할반대범국민운동본부 등 위헌 취지 의견서 제출
10.05	중앙행정기관 등의 이전계획 수립·고시 - 12부 4처 2청 등 49개 기관을 2012년부터 2014년까지 단계적 이전
11.24	행정중심복합도시건설특별법 헌법소원 결정(각하)
2006.01.01	행정중심복합도시 건설청 개청
09.12	중앙행정기관 등 이전계획 확정
07.31	행정중심복합도시 건설 기본계획 확정
11.29	행정중심복합도시 개발계획 확정
2007.07.20	행정중심복합도시 기공식

출처: 행정중심복합도시건설추진위원회·행정중심복합도시건설추진단(2005: 188), 행정중심복합도시건설청(2006: 104-113), 행정중심복합도시건설청(2008: 644-646).

심복합도시 건설청이 개청했으며, 동년 7월에는 건설기본계획이, 11월에는 개발계획이 각각 확정되었다. 2007년 7월에는 행정중심복합도시 기공식이 이루어졌으며, 동년 10월에는 정부청사 1단계 1구역 설계가 착수되었다.

행정중심복합도시특별법에 따른 중앙행정기관의 이전은 국회 신행정수도 후속대책 특위 합의 사항을 반영하여 12부 4처 2청 등의 중앙행정기관과 그 일부 소속기관을 이전하고 대통령 보좌기관 등 다수의 행정기관은 이전에서 제외했다(행정자치부, 2005: 3-4).

이에 따라 총 245개 단위 행정기관 중 49개 기관이 이전[1]하며, 중앙행정기관은 18부 4처 16청 중 12부 4처 2청, 소속 공무원은 2005년 3월 말 정원 기준으로 10,374명이 이전하는 것으로 계획했다.

표 3-3 중앙행정기관 등의 이전 검토 총괄표 (단위: 개, 명)

구분	단위기관 (A)	제외기관 (B)	이전 대상	
			기관(C=A-B)	인원
계	245	196	49	10,374
• 대통령 직속기관	14	11	3	282
• 국무총리 직속기관	20	7	13	2,010
• 부 · 청 단위 중앙행정기관	209	176	33	8,082
• 독립기관	2	2	-	-

출처: 행정자치부(2005: 21).

1) ① 대통령을 직접 보좌 · 자문하는 기관(대통령비서실, 국민경제자문회의 등 6개), ② 특별법 제16조 2항의 규정에 의한 6부와 그에 부속된 일부 소속기관(통일 · 외교 · 국방 · 법무 · 행자 · 여성부 및 그 소속기관 등 17개), ③ 대전청사 또는 이미 비수도권에 위치하고 있는 기관(관세청, 조달청, 국립수산과학원(부산) 등 26개), ④ 공공기관 지방이전계획에 의거 행정중심복합도시 이외의 지역으로 배치될 정부소속기관(중앙공무원교육원, 기술표준원 등 39개), ⑤ 소관 업무의 독립 · 집행적 성격 등 업무적으로 중앙행정기관과 함께 행정중심복합도시에 입지할 필요성이 낮은 기관(국토지리정보원, 국립산림과학원 등 27개), ⑥ 일정한 지역을 단위로 행정 서비스를 제공하거나 특정 시설물을 관리하기 위해 설립된 기관(지방국세청, 4 · 19묘지관리소 등 70개), ⑦ 이전 시 재활용이 곤란한 고가의 특수설비를 보유하고 있어 이전비용이 이전 효과에 비해 과다한 기관(기상청), ⑧ 수요기관(은행, 증권회사 등)의 위치를 고려하여 수도권 잔류가 필요한 기관(금융감독위원회), ⑨ 이미 다른 지역으로 이전하기로 계획된 기관 및 소속기관의 지방 이전과 연계하여 별도 검토가 필요한 기관(식품의약품안전청(2008. 오송 이전), 해양경찰청(2005. 송도 이전), 농촌진흥청(소속기관 지방 이전과 연계 · 별도 검토) 등 7개), ⑩ 낙후지역 소재 기관(감사교육원(파주), 국립환경연구원(김포))

이전계획에 따라 행정자치부는 2006년 행정중심복합도시로 이전하는 49개 행정기관에 대해 2012년부터 2014년까지 3단계 이전을 주요 내용으로 하는 '중앙행정기관 등의 단계별 이전계획'을 확정했다(행정자치부, 2006).

4 행정중심복합도시 수정론 제시기

행정중심복합도시의 건설은 2007년 17대 대통령 선거와 관련하여 또다시 사회적 이슈로 부각되었다. 유력 대선 후보였던 이명박 후보자는 서울시장 재직 시절 2003년 노무현 정부에서 추진한 신행정수도 건설 및 행정중심복합도시 건설에 적극 반대했으며, 그 중심에 있었기 때문에 더욱더 관심을 불러일으켰다. 실제, 이명박 대통령은 전 서울시장 재직 시, 2004년 7월 12일 최상철 교수 외 168명(수도이전반대 국민포럼 대표)이 제출한 신행정수도 건설을 위한 특별조치법 위헌 확인 소송, '행정중심복합도시특별법'에 대한 최상철 등 222명의 위헌 소송(2차 헌법소송)에 실질적으로 중심적 역할과 지원을 수행했다(신행정수도후속대책위원회, 2005: 357; 행정중심복합도시건설청, 2006: 101-115).

> 신행정수도 특별조치법 헌법소원에 대해, 헌법재판소가 합헌 결정을 내리더라도 대다수 국민이 반대하면 수도 이전에 계속 반대하겠다는 입장 제시("어떤 결정이 나더라도 그 내용을 봐야 하는 것")
>
> 이명박 서울시장 국회 건교위 국감 답변 중(연합뉴스, 2004.10.18)

> 행정중심복합도시에 대해, "청와대만 이전하지 않을 뿐 수도 이전과 크게 다르지 않고 효율성에서도 수도를 이전하는 것보다 더 심각한 문제가 있다."
>
> 이명박 서울시장 한겨레(2005.2.2) 인터뷰 중

2008년 이명박 대통령의 당선과 더불어 행정중심복합도시(세종시) 건설을 반대하는 주장들이 확대되었고, 정부는 2009년 정운찬 총리 지명을 계기로 세종시 수정론을 공식 제기했다. 이후 2009년 11월 이명박 대통령은 세종시 수정을 공식적으로 천명하고 세종시 수정을 위한 민관합동위원회를 출범시켰다. 이에, 2010년

1월 세종시 수정안(발전 방안)을 마련했고, 2010년 3월 세종시 수정안 관련 5개 법안이 국회에 제출되었다.

그러나 세종시 수정안은 당시 충청권, 야당, 충청권에 입지를 둔 여당 정치가들의 강력한 저항에 직면했다. 게다가 결정적으로 차기 대권의 유력 후보인 박근혜 후보가 신뢰정치를 강조하며 공식적인 반대 표명을 함으로써 정치적 지지 확보에 실패했다. 이로 인해 국회 통과 가능성은 낮아졌고, 실제로 2010년 6월 이 법안들은 국토해양위원회 및 본회의에서 모두 부결되었다.

이러한 과정을 통해 행정중심복합도시 건설은 원안대로 추진되었다. 다만 이명박 및 박근혜 정부 들어 정부부처의 통폐합과 명칭 변경 등에 따라 다소 변동이 있었으며, 일부 신설 부처(예: 미래창조과학부)의 이전에 대한 논란이 지속되고 있다.

표 3-4 세종시 수정안 수립 과정과 절차적 합리성 충족 여부

일시	주요 진행 과정
2009.09.03	정운찬 총리 내정자 세종시 수정론 제시
10.21	박근혜 전 한나라당 대표 세종시 원안 추진 강조
2009.11.16. ~2010.01.11	세종시 민관합동위원회 출범 및 1차 ~ 10차 회의 - 세종시 계획 문제점, 자족 기능 보완 방안, 행정기관 이전에 따른 행정 비효율성 등 논의
2009.11.27	대통령과 대화(세종시 수정 공식 천명)
2010.01.11	세종시 민관합동위원회 11차 회의, 세종시 발전 방안 최종 심의
03.23	세종시 수정안 관련 5개 법안 국회 제출
06.02	한나라당 6·2 지방선거 패배
06.22	세종시 수정안 국회 국토해양위 세종시 수정법안 부결 처리(찬성 12, 반대 18, 기권 1표)
06.29	세종시 수정안 국회 본회의 부결(찬성 105, 반대 164, 기권 6표)

출처: 서울신문(2009.11.28), 국무총리실·관계 부처 합동(2010: 1-2), 연합뉴스(2009.7.2), 한국일보(2009.6.29) 내용을 표로 편집.

표 3-5 중앙행정기관 세종특별자치시 이전계획

이전 시기	이전 대상기관(36개, 10,452명) (2010. 6월 말 정원 기준)	
	중앙행정기관 (16개, 9,356명)	소속기관 (20개, 1,096명)
2012년 (12개 기관, 4,139명)	국무총리실, 기획재정부, 공정거래위원회, 농림수산식품부, 국토해양부, 환경부	조세심판원, 중앙토지수용위원회, 항공철도사고조사위원회, 중앙해양안전심판원, 복권위원회, 중앙환경분쟁조정위원회
2013년 (18개 기관, 4,116명)	교육과학기술부, 문화체육관광부, 지식경제부, 보건복지부, 고용노동부, 국가보훈처	교원소청심사위원회, 해외문화홍보원, 경제자유구역기획단, 지역특화발전특구기획단, 무역위원회, 전기위원회, 광업등록사무소, 연구개발특구기획단, 중앙노동위원회, 최저임금위원회, 산업재해보상보험재심사위원회, 보훈심사위원회
2014년 (6개 기관, 2,197명)	법제처, 국민권익위원회, 국세청, 소방방재청	한국정책방송원, 우정사업본부

출처: 국무총리실(2011: 5).

제 3 절 정책의 주요 논쟁점

1 신행정수도 건설과 관련된 찬반 논쟁

신행정수도, 행정중심복합도시 논란은 2002년 노무현 당시 대통령 후보자의 공약 제시 이후 이명박 정부까지 지속되었다.

1) 신행정수도 추진기

노무현 정부에서의 신행정수도 건설은 시행 초기부터 건설 찬성과 반대로 국론이 크게 분열되었다. 이는 여·야 간의 정치적 대립과 더불어 수도권과 입지가 예정된 충청권 간의 대립으로 크게 나타났다. 신행정수도에 대한 찬성 집단은 주로 열린우리당과 입지 지역인 충청권에 기반을 둔 정치 및 사회 세력들이었다.

이들은 신행정수도의 안정적 추진과 건설을 지속적으로 강조하며 성명서, 군중집회 등 다양한 집단행동을 이어갔다.

이에 반해 신행정수도 건설에 대한 반대는 주로 야당인 한나라당과 수도권에 입지를 둔 정치, 경제, 언론, 종교 등 모든 부문에서 나타났다. 특히 서울시, 경기도, 인천시 등 수도권에 입지를 둔 지방자치단체장 및 의회가 반대에 중심적인 역할을 수행했다. 이들은 초기 수도권 땅값 대폭락 및 수도권 공동화 가능성을 제기하며 반대하다가, 이후 국민 합의라는 핵심적인 반대 논리를 제시했다.

신행정수도 건설에 대한 반대는 2003년 신행정수도특별조치법의 제정 전후로 더욱 심화되었다. 신행정수도 건설 반대에 중추적인 역할은 신행정수도특별법에 헌법소원을 제기한 '수도이전반대국민연합'의 활동이다. 이 조직은 신행정수도 건설을 걱정하는 전문가 포럼 발기인 모임(2003.10.7)에서 시작되었으며, 이후 신행정수도 재고를 촉구하는 국민포럼(2003.11.3), 수도이전반대국민포럼으로의 명칭 변경(2004.1.2) 등의 과정을 거쳐 조직화가 진행되었다. 대학교수들이 핵심 구성인인 이들은 고도의 법적 전문성을 바탕으로 다수의 토론회, 세미나, 워크숍, 국민청원, 서명운동, 범시민궐기대회, 성명서 발표 등으로 수도 이전 반대를 공식적으로 표명했다(김형국 · 최상철, 2004: 282-288). 특히 이들은 국회 청원(1차, 2004. 4. 30, 2차 2004. 6. 9)을 제출하여 행정수도 건설정책은 헌법 제72조에 따라 대통령이 국민투표에 부쳐 국민의 동의를 거쳐야 하는 정책에 해당하므로 국민투표에 부치도록 권고하는 결정을 하거나 법률의 폐지 혹은 개정을 주장했다(신행정수도후속대책위원회, 2005: 347).

이들은 자신들의 반대 논리를 체계화하여 2004년 7월 12일 신행정수도특별조치법에 대한 헌법소원을 제기했다. 이 헌법소원은 우발적인 것이 아니라 행정수도 이전을 무력화시키기 위한 계획된 수순으로 서울시와 긴밀한 연계 속에서 진행되었다. 당시 신행정수도 건설 반대에는 서울시, 특히 이명박 전 서울시장이 중심적인 역할을 수행했다. 당시 서울시가 직접 헌법소원을 제기하지 않은 것은 청구인 적격 때문으로, 이에 서울시는 기업이나 상인 등 당사자를 내세우는 대신 합법적으로 법률 비용 등을 지원하기로 했다. 서울시와 수도이전반대국민포럼의 협의에 수도 이전 위헌 헌법소원 대리인단이 구성되었다. 대리인단은 전 헌법재판소장 2인, 전 대법관 1인, 전 헌재 연구관(전 경실련 사무총장) 등 헌법 연구관으로 구성되었다(동아일보, 2004.6.2).

또한 당시 야당인 한나라당 역시 신행정수도 건설을 반대하는 데 중요한 역할을 수행했다. 한나라당은 2004년 수도 이전 반대 당론, 즉 행정수도 이전 대신 지방분권을 강화하는 방식의 당론을 최종 확정하여 수도 이전을 반대했다(SBS TV, 2004.9.22). 그러나 신행정수도의 입지가 충청권으로 가시화되면서 한나라당 내 정치적 이해의 복잡성으로 한나라당 내에서 입장이 통일되지 못했다. 특히, 2004년 4월 지방선거를 의식할 수밖에 없었기 때문에 한나라당 내에서도 이해에 따라 서로 다른 입장이 견지되기도 했다. 그러나 전체적으로 보면 한나라당은 당시 노무현 정부의 신행정수도 건설에 대해 반대했다.

2) 행정중심복합도시 추진기

행정중심복합도시의 건설은 신행정수도 건설이 위헌 판결을 받은 직후 추진되었다. 이 과정에서 찬성과 반대는 신행정수도 건설과 유사하다. 다만, 신행정수도 건설 시 반대 입장을 표명하던 경기도가 행정중심복합도시 건설에서는 반대 입장을 표명하지 않았고 대신 정부청사 이전에 따라 큰 경제적 피해를 얻을 것으로 예상되던 과천시가 적극적으로 반대했다. 수도이전반대연합의 행정중심복합도시특별법에 대한 헌법소원이 제기되는 등 이들의 반대는 신행정수도 건설 시기에 맞춰 진행되었다.

그러나 행정중심복합도시특별법에 대한 헌법소원이 각하되면서, 행정중심복합도시에 대한 반대 주장은 2009년 이명박 정부에서 수정안 논의가 제기되기 전까지 크게 나타나지 않았다. 2009년 정운찬 총리의 임명을 계기로 행정중심복합도시 수정안이 이명박 정부에서 공식적으로 추진되자, 행정중심복합도시에 대한 찬반 논란은 다시금 표출되었으며 전국적으로 확대되어 갔다.

이명박 정부에서 제시한 행정중심복합도시 수정안의 핵심은 중앙정부기관의 이전을 무효화하고 교육과학도시를 건설하는 것이었다. 이는 곧 행정중심복합도시를 무력화하는 것이었기 때문에, 수정안에 찬성하는 입장은 주로 신행정수도 및 행정중심복합도시 건설에 반대하는 주체들이었다. 반면 수정안에 반대하는 입장은 신행정수도 및 행정중심복합도시 건설에 찬성하는 주체들이었다. 즉, 행정중심복합도시 수정안을 찬성하는 입장은 신행정수도 건설을 반대했던 집단의 연장선상에서 이해할 수 있다. 주로 이명박 정부와 당시 여당인 한나라당 및 주요 언론기관들이었다. 반면, 행정중심복합도시 수정안을 반대하는 입장은 민주당 등 야당과 한나라당 내 박근혜 전 한나라당 대표 및 18대 대권 후보 및 그 계열, 그리고 충청남도, 충청북도, 대전시 등 충청권 지방자치단체와 같은 지역에 입지를 둔 정치 및 시민사회 세력, 그리고 야당인 민주당이 그 중심에 있었다.

특히 행정중심복합도시 수정안에서 특징적인 집단의 출현은 전국에 산재한 혁신 및 기업도시를 유치한 지방자치단체들이었다. 참여정부는 공공기관의 지방이전에 따른 혁신도시와 기업 유치에 초점을 둔 기업도시를 추진해 왔는데, 이명박 정부에서 제시한 행정중심복합도시 수정안은 이러한 기업 및 혁신도시가 좀 더 유리한 조건을 갖는 세종시와 경쟁해야 하는 상황을 초래함으로써 이들의 저항을 유발했다.

표 3-6 혁신도시 지정 현황

구분	위치	이전 기관(개)	이전 인원(명)	지구 지정 현황(일시)			규모		
				지구 지정	개발 계획	실시 계획	면적(만m²)	인구(천 명)	사업비(억 원)
계	10개	149	46,005	-	-	-	4,495.9	272	99,498
부산	영도구, 남구, 해운대구	12	2,969	2007.4.16	2008.6.24	2008.12.12	93.5	7	4,132
대구	동구	11	3,272	2007.4.13	2007.5.30	2007.9.5	421.6	23	14,501
광주 전남	나주시	16	6,564	2007.3.19	2007.5.31	2007.10.26	733.4	50	14,175
울산	중구	9	3,024	2007.4.13	2007.5.30	2007.9.3	298.5	20	10,390
강원	원주시	12	4,421	2007.3.19	2007.5.31	2007.10.31	361.2	31	8,910
충북	진천군, 음성군,	11	2,956	2007.3.19	2007.5.31	2007.12.17	692.5	42	9,969
전북	전주시, 완주시,	12	4,693	2007.4.16	2007.9.4	2008.3.4	990.9	30	15,229
경북	김천시	12	5,065	2007.3.19	2007.5.31	2007.9.3	381.5	26	8,676
경남	진주시	11	3,567	2007.3.19	2007.5.31	2007.10.26	407.7	38	10,577
제주	서귀포	8	798	2007.4.16	2007.7.16	2007.9.5	115.1	5	2,939

출처: 국토해양부(2013).

구체적으로, 2004년 국가균형발전특별법[법률 제7061호, 2004.1.16, 제정] 18조와 19조에 따른 혁신도시는 수도권 공공기관이 지방 이전이 핵심이라 할 수 있다. 혁신도시는 2005년 12월 전국 10개 지역(전북(10.28), 경남(10.31), 광주·전남(11.17), 대구(12.1), 울산(12.1), 강원(12.4), 경북(12.13), 제주(12.13), 부산(12.22), 충북(12.23))에 입지 선정이 마무리도 되고(건설교통부, 2005a), 이를 지원하기 위한 '공공기관 지방 이전에 따른 혁신도시 건설 및 지원에 관한 특별법'[법률 제8238호, 2007.1.11 제정]의 제정에 따라 신속하게 진행되었다. 혁신도시는 149개 공공기관, 46,005명의 이전 인원, 4495.9만㎡의 면적, 272천 명, 사업비 9조 9,498억 원의 계획을 갖고 추진되었으며, 2007년 지구 지정 완료, 2007~2008년 사이 개발계획 확정 및 실시 설계가 완료(국토해양부, 2013)되고, 용지 보상은 2009년 10월 말 99.2%가 완료되었다 (http://innocity.molit.go.kr).

기업도시는 참여정부 시기인 2003년 전경련의 제안을 국토의 균형 발전과 투자 활성화를 촉진하는 데 기여할 것으로 판단해 적극 수용되었다(건설교통부,

표 3-7 2007년 8월 당시 기업도시 추진 현황 및 일정

도시별	개발계획 승인 신청	개발계획 승인	실시계획 승인	착공	참여 기업
태안 (관광레저, 442만 평)	2006.5.29	2006.12.22	2007.9	2007.9	현대건설
원주 (지식기반, 162만 평)	2006.12.15	2007.4.30	2007.12	2008.3	롯데건설, 경남기업, 벽산건설, 메리츠증권, 농협중앙회
충주 (지식기반, 212만 평)	2006.12.15	2007.4.30	2007.12	2008.3	포스코건설, 주택공사, 임광토건, 엠코, 포스데이터
무안 (산업교역, 1,214만 평)	2006.11.30 (1차 461만 평)	2007.5	2007.12	2008.3	프라임그룹, 쌍용건설, 중국 광하그룹, 중국 중경시지산그룹
무주 (관광레저, 243만 평)	2007.2.6	2007.6	2008.4	2008.6	대한전선
영암 · 해남 (관광레저, 1,000만 평)	2007.6	2007.10	2008.12	2009.3	전경련 컨소시엄(금호, 대림, 롯데, 한화 등), 전남개발 컨소시엄(금광, 남양 등)

출처: 건설교통부(2007: 3).

표 3-8 **행정중심복합도시 원안과 수정안 비교** (단위: ㎡, 명)

구분	원안			발전 방안		
	대상	면적	고용	대상	면적	고용
총계		258만	16,770		901만	36,244
중앙행정	9부 2처 2청	41만	10,400	-	-	-
공공 업무	시청, 소방서 등	45만	3,000	시청, 소방서 등	45만	3,000
국책연구	16개 기관	12만	2,300	16개 기관	10만	2,300
과학벨트	-	-	-	기초과학연구원 중이온가속기 국제과학대학원	330만	3,800
대학	고려대	131만	600	고려대	100만	2,350
	KAIST	29만	470	KAIST	100만	1,300
첨단녹색 산업	-	-	-	삼성	165만	15,800
				한화	60만	3,044
				웅진	66만	2,650
				롯데	6.6만	1,000
글로벌 투자	-	-	-	SSF	16.5만	500
국제교류	-	-	-	-	-	-
기타	-	-	-	정부전산 백업센터	1.7만	500

출처: 국무총리실/관계 부처 합동(2010: 57).

2004). 이에 정부는 2005년 기업도시개발특별법[법률 제7310호, 2004.12.31, 제정]을 제정하여 기업도시 설립과 육성을 위해 제도적 기반을 마련했다. 낙후지역을 핵심 선정 기준(건설교통부, 2005b: 1)으로 한 기업도시는 산업입지와 경제활동을 위해 민간기업이 주된 기능과 자족적 복합 기능을 갖추도록 개발하는 도시를 말한다(동법 제2조). 2005년 8월 주요 대기업(현대, 롯데, 포스코, 프라임, 대한전선, 전경련 컨소시엄 등)이 참여한 기업도시 시범사업 6개 지역(태안, 원주, 충주, 무안, 무주, 영암・해남)이 선정되었다. 이후 기업도시는 2006년에서 2007년 초 개발계획 승인 신청 및 개발계획 승인 완료, 2007년에서 2008년 실시계획 승인 완료, 2007년에서 2008년 착공(영암, 해남은 2009년 3월)되었다(건설교통부, 2007: 3).

정리하면, 이명박 정부의 행정중심복합도시 수정안은 중앙정부 부처 이전 대신에 기업 유치를 핵심으로 하는 '교육・과학 중심의 경제도시'를 제시했다. 또한 세종시로의 투자 유치를 촉진하기 위해 다양한 인센티브(원형지 토지 공급, 규제 완화, 세금 지원 등)를 제공을 계획했는데, 이에 따라 기존에 건설 중인 혁신 및 기업도시는 심각한 위기감에 처할 수밖에 없었다. 즉, 세종시로 모든 투자 유치가 쏠리는 '세종시 블랙홀' 논란이 제기되었고, 이에 따라 혁신 및 기업도시를 유치한 지자체는 중앙 정치 성향을 떠나 행정중심복합도시 수정안에 적극 반대했다.

3) 찬반 논쟁의 함의

신행정수도, 행정중심복합도시에서의 찬반 논쟁, 그리고 이들 간의 갈등 양상은 아래와 같은 특성을 지닌다.

첫째, 찬성과 반대에 정치적 이해가 밀접하게 관련되어 있다는 것이다. 특히 대선을 앞두고 제기된 신행정수도 공약이 제기되었다는 점, 여야가 정치적 이해득실에 따라 찬성과 반대로 구분된다는 점, 그리고 당시 야당 내부에서도 지방선거 등 정치적 이해 득실에 따라 분열이 나타나고 있다는 점 등은 이를 잘 보여준다.

둘째, 이 찬반 논란에서 지역적 이해가 분명하게 나타난다는 점이다. 충청권을 중심으로 한 수혜지역과 수도권을 중심으로 한 피해집단 간에 극명한 충돌이 나타난다. 즉, 지역 간 갈등과 충돌의 핵심은 지역의 이해와 밀접하게 관련되어 있음을 보여준다.

셋째, 정책이 집행되면 막대한 매몰비용으로 사후 수정이 매우 어려움을 보여준다. 행정중심복합도시 수정안 사례에서 알 수 있듯이, 수정하고자 할 때 기존에 정책의 집행에 따라 형성된 매몰비용은 이를 수정하는 데 제약으로 작용한다.

넷째, 정책의 연계는 집단행동의 연계로 나타날 수 있음을 보여준다. 즉, 노무현 정부에서 추진된 행정중심복합도시, 그리고 기업도시, 혁신도시는 정책적 연계성을 지니고 있다. 따라서 이러한 정책은 상호작용하며 관계를 맺고 있다. 특히, 정책 연계는 정책의 영향권에 있는 행위자 간 연계가 나타날 수 있음을 보여준다. 즉, 이명박 정부에서 행정중심복합도시 수정안에 대해 기업도시 및 혁신도시 유치 지자체들이 극렬히 반대한 점은 이를 잘 보여준다.

2 절차적 합리성 미충족과 정책 정당성

위 사례들은 절차적 합리성의 미충족과 그에 따른 사회적 갈등과 분열이 나타남을 잘 보여준다.

대선 공약[2)]이었던 신행정수도 건설은 청와대 및 중앙행정기관의 이전, 그리고 국회의 동의를 거쳐 헌법기관의 이전까지를 염두에 두었기 때문에 막대한 저항을 쉽게 예상할 수 있는 일이었다. 따라서 신행정수도 건설에서 국민적 합의 및 절차적 합리성의 충족은 매우 중요했다. 노무현 정부 역시 초기에는 신행정수도 건설에서 국민적 합의의 필요성을 인식했다. 그러나 노무현 정부는 강력한 저항이 지속됨에도 불구하고 신행정수도 건설을 강행했다. 이는 지속된 저항과 반대를 유발했고 국론 분열을 초래했다.

> 인수위 후반기 태스크포스팀을 만들어 이전 타당성 문제, 적지 선택 문제 등을 검토한 뒤 국민 토론에 부치겠다. 국민투표는 도저히 합의가 안 될 경우 거치도록 하겠다.
>
> 노무현 대통령 신년사(2002.12.31)

2009년 이명박 정부에서 행정중심복합도시 수정안 마련 역시 절차적 합리성을 크게 고려해야 했었다. 행정중심복합도시가 신행정수도건설특별법에 대한 위헌판결 이후, 국회에서 관련 법이 통과되고, 또한 행정중심복합도시특별법에 대한 위헌소송에서 각하 결정을 받아 법적으로 안정되게 추진되고 있다는 점에서, 또한 그동안 사업 집행으로 막대한 매몰비용이 이미 존재하고 있다는 면에서, 행정중심복합도시 수정안 제시 시 충청권의 엄청난 저항에 직면할 수 있고, 특히 여권 내부에서 분열될 수 있다는 점을 고려했다면 절차적 합리성을 충족하기 위한 노력부터 기울여야 했다.

그러나 이명박 정부는 절차적 합리성을 충족하기보다는 행정중심복합도시 수

---

2) 대선 공약을 제시하고 대통령에 당선된다 하더라도, 대선 공약 자체가 정책의 정당성을 부여해 주는 것은 아니다. 대통령 선거에서 유권자는 수많은 조건을 고려해 선호를 결정한다. 지역, 학벌, 외모, 평소 이미지, 종교, 정책 등 매우 다양하다. 특히 대선에서 제시되는 정책은 분야별로 매우 다양한 정책이 제시된다. 유권자마다 자신이 갖는 정책의 우선순위는 상이하다. 따라서 대선에서 지지했다 하더라도 대선 후보자가 제시한 모든 정책에 대해 지지했다고 일반화할 수 없다.

정안이 맞다는 전제 하에 신속하면서도 일방적으로 정책을 추진했다. 결국, 다양한 부문에서의 저항으로 수정안 관련 법은 국회를 통과하지 못했으며, 이로 인한 국론 분열의 후유증은 상당했다. 또한 행정중심복합도시 건설이 2~3년 지체되는 문제를 유발하기도 했다.

이와 관련하여, 김태은(2013a)은 신행정수도, 행정중심복합도시, 행정중심복합

표 3-9 절차적 합리성의 미충족

구분		신행정수도	행정중심복합도시	행정중심복합도시 수정
절차적 합리성의 충족 여부	1. 상충적인 대안 간 가치(혹은 의견) 수렴을 위한 제도(조직)의 유무	없음	없음	없음
	1.1 특정 대안만을 위한 제도(조직)	신행정수도건설추진 기획단·지원단 신행정수도건설추진 위원회	신행정수도후속대책 위원회 신행정수도후속대책 및 지역균형발전 특별위원회 및 소위원회	세종시 민관합동위원회 세종시 추진 정부지원단
	2. 상충적인 대안 간 가치(혹은 의견) 수렴의 여부	없음	없음	없음
	2.1 특정 대안만을 위한 가치(의견) 수렴	신행정수도 건설만을 위한 의견 수렴 예) 공개토론회 3회, 공청회 16회, 시민단체 간담회 지역별 11회 등	행정중심복합도시 건설만을 위한 의견 수렴 예) 3개월간 총 65회 세미나, 토론회, 간담회 개최	행정중심복합도시 수정만을 위한 의견 수렴 예) 세미나 1회, 토론회 3회, 충청 3회, 대덕 1회, 독일 1회 현장방문
	3. 정책 결정에 걸린 시간	신행정수도건설추진단 발족-특별법 국회 제출(2003.4.14~2004.10.21), 약 6개월	신행정수후속대책위원회 발족-특별법 국회 제출(통과)(2004.11.18~2005.3.2), 약 4개월	세종시 민관합동위원회 1차 회의-세종시수정안 국회 제출 (2009.11.16~2010.3.23), 약 4.5개월
	절차적 합리성 충족 여부	미충족	미충족	미충족
사회적 비용의 유형		사회적 갈등	사회적 갈등 비효율성 내재	사회적 갈등 정책 불신 확산

출처: 김태은(2013a: 128) 부분 인용.

도시 수정안 사례의 분석을 통해, 무시된 딜레마에서 절차적 합리성이 미충족되었고, 이에 다양한 유형의 사회적 비용이 초래되었음을 보여주었다(<표 3-9> 참조).

3 헌법재판소의 결정과 해석, 그리고 영향

이 사례에서 특징적인 것 중 하나로 사법부 중 헌법재판소의 역할이 매우 크다는 점이다.

노무현 정부에서 추진한 신행정수도특별법에 대해 2004년 7월 12일 수도이전반대연합은 헌법재판소에 위헌소송을 제기했고, 동년 10월 21일 헌법재판소는 동 특별법에 대해 위헌 결정을 내렸다. 이러한 헌법재판소의 결정에 따라 법률은 효력을 상실하고 무효화되었다.

이 판례는 수도가 관습헌법에 해당되는지, 또 만약 수도가 관습헌법에 해당된다 하더라도 관습헌법이 성문헌법과 동일한 효력을 지닌다고 볼 수 있는지, 또 수도가 관습헌법이라 하더라도 관습헌법의 개정 절차가 성문헌법의 개정 절차와 동일한 것인지 등 여러 가지 법적 논란을 유발했다. 그러나 정책적인 차원에서 아래와 같은 주제들로 한정한다.

첫째, 의회가 결정한 법률안을 헌재가 무력화시킬 수 있는가 하는 점이다. 물론, 법률안이 헌법에 위배된다면 당연한 일이나, 헌재 판결의 사후 논쟁에서 알 수 있듯이, 해석의 여지를 지닐 경우 그것이 가능한 것인가 하는 점이다.

구체적으로, 헌법재판소는 최상철 외 168인이 청구한 신행정수도특별법 위헌확인 소송에서 서울이 수도라는 점은 관습헌법이며, 이를 폐지하기 위해서는 헌법이 정한 절차에 따른 헌법 개정이 이루어져야 한다고 판시했다.

> 서울이 우리나라의 수도인 점은 불문의 관습헌법이므로 헌법 개정 절차에 의하여 새로운 수도 설정의 헌법 조항을 신설함으로써 실효되지 아니하는 한 헌법으로서의 효력을 가진다. 따라서 헌법 개정의 절차를 거치지 아니한 채 수도를 충청권의 일부 지역으로 이전하는 것을 내용으로 한 이 사건 법률을 제정하는 것은 헌법 개정 사항을 헌법보다 하위의 일반 법률에 의하여 개정하는 것이 된다. 한편 헌법 제130조에 의하면 헌법의 개정은 반드시 국민투표를 거쳐야만 하므로 국민은 헌법 개정에 관하

여 찬반 투표를 통하여 그 의견을 표명할 권리를 가진다. 그런데 이 사건 법률은 헌법 개정 사항인 수도의 이전을 헌법 개정의 절차를 밟지 아니하고 단지 단순 법률의 형태로 실현시킨 것으로서 결국 헌법 제130조에 따라 헌법 개정에 있어서 국민이 가지는 참정권적 기본권인 국민투표권의 행사를 배제한 것이므로 동 권리를 침해하여 헌법에 위반된다.

신행정수도의 건설을 위한 특별조치법 위헌 확인
(2004.10.21. 2004헌마554 · 566(병합) 전원재판부 결정문 중)

그러나 이 법은 국민적 합의가 충분하지 않은 상황에서, 여야 간에 정략적으로 결정되었다는 비판이 있음에도 불구하고 국회에서 입법 절차에 따라 결정된 법률안이다. 이 법률에 대해 헌법재판소가 성문헌법이 아닌 관습헌법의 논리로 위헌 여부를 판단함으로써 입법권에 대한 침해 가능성을 제기했다.

국민의 법적 확신이 변화 · 소멸되었음이 확인되지 않는다는 이유로 헌법 개정 절차에 의하여야 한다는 다수 의견의 논리에 의문이 있고, 다수 의견에 따른 헌법재판소의 이 사건 결정으로 수도 위치에 관한 규범의 형태가 관습헌법 규범에서 성문헌법 규범으로 변경되는 결과가 된다면 규범의 존재 양식을 선택하는 헌법 개정 권력의 권한을 헌법재판소가 실질적으로 행사하는 것이 되며, 헌법 규범이 아닌 사항에 관하여 국민투표권이 침해되는 상황이 발생할 경우 다수 의견은 어떠한 방법으로 국민의 기본권을 보장할 것인지 분명하지 아니하고, 관습헌법이라고 단정하기 어려운 면이 있는 수도 문제에 관하여 현행 헌법의 틀 내에서 위헌적 상황을 교정할 방법이 있는데도 다수 의견은 헌법 개정의 방법을 전제로 하는 무리한 길을 택하는 것이 아닌가 한다.

재판관 김영일의 별개 의견, 신행정수도의 건설을 위한 특별조치법 위헌 확인
(2004.10.21. 2004헌마554 · 566(병합) 전원재판부 결정문 중)

특히 '서울이 수도'라는 것이 관습헌법인지 여부는 별개로, 서울이 수도라는 관습헌법을 변경하기 위해 헌법 개정 절차에 의해야 한다면, 관습헌법이 성문헌법이 부여한 국회의 입법권보다 우월적 힘을 인정하게 되는 모순이 발생한다.

서울이 수도라는 사실이 오랫동안 우리 민족에게 자명하게 인식되어 온 관행에 속한다 하더라도, 우리 국민이 그것을 강제력 있는 법규범으로 확신하고 있었다고 인정하기 어렵다. … (중략)… 결국 "서울이 수도"라는 관행적 "사실"에서 관습헌법이라는 "당위 규범"이 인정될 수 없다.

성문헌법을 지닌 법체제에서, 관습헌법을 성문헌법과 “동일한” 혹은 “특정 성문헌법 조항을 무력화시킬 수 있는” 효력을 가진 것으로 볼 수 없다. 성문의 헌법전은 헌법 제정권자인 국민들이 직접 “명시적” 의사표시로써 제정한 최고 법규범으로서 모든 국가 권력을 기속하는 강한 힘을 보유하는 것이며, 그 내용의 개정은 엄격한 절차를 거치도록 하고 있는데, 그러한 성문헌법의 강한 힘은 국민 주권의 명시적 의사가 특정한 헌법 제정 절차를 거쳐서 수렴되었다는 점에서 가능한 것이다. 관습만으로는 헌법을 특징화하는 그러한 우세한 힘을 보유할 수 없다. …(중략)…

관습헌법의 변경은 헌법의 개정에 속하지 않으며 헌법이 마련한 대의민주주의 절차인 법률의 제정, 개정을 통하여 다루어질 수 있다. “서울이 수도”라는 관습헌법의 변경은 헌법 개정에 의해야 한다면, 이는 관습헌법에 대하여 헌법이 부여한 국회의 입법권보다 우월적인 힘을 인정하는 것이 된다. …(중략)…

이 사건 법률은 국회의원들의 압도적 다수로 통과되었는데, 그러한 입법이 국민의 민의를 제대로 반영하지 못하였다는, 혹은 민의를 배신하였다는 정치적 비난을 받을 수 있는 것은 별도로 하고, 헌법적 측면에서 그것이 “국회의원들의 권한이 아니다”라고 단정할 수 없는 것이다.

재판관 전효숙의 별개 의견, 신행정수도의 건설을 위한 특별조치법 위헌 확인
(2004.10.21. 2004헌마554·566(병합) 전원재판부 결정문 중)

둘째, 성문헌법의 잣대가 아닌 관습헌법의 잣대로 법률의 위헌 여부를 결정하는 것이 타당한지 여부 역시 헌법과 입법권 간의 관계뿐만 아니라 헌재와 입법부 간의 관계를 결정하는 데도 영향을 미친다. 왜냐하면, 관습헌법의 해석 주체는 헌법재판소이기 때문이다.

셋째, 이 판례는 정책 결정에도 영향을 미칠 수 있다. 정책 결정은 대부분 법률로 나타나게 되는데, 관습헌법을 인정하게 된다면 정책 결정에서 관습헌법을 고려해야 한다는 것을 의미한다. 그러나 관습헌법을 인정한다고 가정하더라도, 정책 결정 주체가 법안 마련 이전에 이에 대한 고찰이 가능한가 여부이다.

4 행정중심복합도시 건설과 효율성*

행정중심복합도시 건설에 따른 비효율성 논란이 지속되고 있다. 행정중심복합

* 비효율성 논의는 김태은(2013b). 정부부처의 행정효율화 제고 방안. 뉴스1 세종포럼 발표 자료를 부분 요약 인용함.

도시 건설로 행정기관이 서울, 과천, 대전이라는 기존의 구조에서 세종시가 추가됨으로써 지리적 분산이 증가되었다. 특히, 세종시는 중앙행정기관이 다수 이전한다는 점에서 기존의 대전청사와는 차원이 다른 효율성 문제가 제기되고 있다. 물론, 세종청사 이전에 따라 효율성에 어떠한 영향을 미칠 것인가는 아직까지 체계적으로 연구된 바 없다. 일부 연구들이 있으나 부분적이거나 규범적인 수준에 머무르고 있다.

효율성이 투입 대비 산출이라고 한다면, 세종청사의 이전에 따른 효율성 변화 역시 측정이 난해하다. 투입에 미치는 변수를 정의하고 측정하는 것, 산출을 측정하는 것의 문제뿐만 아니라, 분석의 시계(時界)를 어디까지 할 것인지, 분석 범위를 어떻게 설정할 것인지에 따라 서로 다른 결과 도출이 가능하기 때문이다.

그러나 일반적으로 지리적 집중은 분산에 비해 효율성을 높일 수 있다는 다양한 연구들이 존재한다. 기존 연구들은 집적(agglomeration)이 효율성과 성과, 성장에 기여할 수 있음을 밝혀오고 있으며(예: Marshall, 1890; Hoover, 1948; Porter, 1990; Cooke, 2002; Johansson & Quigley, 2004; McCann, 2008), NEG(new economic geography)에서는 경제적 집적의 결정 요인과 과정에 대해 설명해 오고 있다(예: Krugman, 1991; Fujita & Thisse, 2002). 즉, 집적은 사회과학에서 오랜 연구 대상이며, 한편에서는 독립변수로 한편에서는 독립변수로서 방대한 연구가 이루어져 왔다.

집적은 규모의 경제, 노동력 확보, 그리고 지식 확산 등 여러 가지 장점을 지니고 있기 때문에 기업 및 경제 발전에 기여할 수 있다는 것이 강조되어 왔다. 공공 부문 역시 지리적인 집적은 분산된 경우에 비해 효율성 향상에 크게 기여할 수 있다. 구체적으로 첫째, 하나의 공간에 집적되는 것은 (다른 조건이 동일하다면) 거래비용[3]을 낮출 가능성이 크다. 거래비용의 개념을 정치 · 행정 영역에 적용한다면, '정치 · 행정적 교환에 발생되는 비용', '정치 · 행정적 결정에 발생되는 비

3) 거래비용의 의미적 다의성에도 불구하고, 코스(Coase, 1937: 390)는 거래비용을 "가격 메커니즘의 사용비용(cost of using the price mechanism)"으로, 코스(Coase, 1960: 15)에서는 시장거래의 비용(cost of market transactions)으로 정의하고 있다. 애로(Arrow, 1969: 48)는 거래비용을 "경제 시스템의 운영비용(costs of running the economics system)으로, 거래비용 이론을 발전시킨 윌리엄슨(Williamson, 1985: 19)은 거래비용을 거래비용은 물리 체계에서의 마찰과 같은 경제적 마찰로(transaction costs are the economic equivalent of friction in physical systems) 이해하고 있다. 노스(North, 1990: 27)는 경제적 교환에 발생되는 비용으로 이해하면서, 정보에 비용이 든다는 것을 거래비용의 핵심으로 이해한다(김태은, 2010: 8-9).

용'이라 할 것이다. 둘째, 공공 부문의 주요 기관 간 집적은 기능의 연계를 촉진시키며, 셋째, 지식 창출과 확산에 매우 유용하다는 것이다. 특히, 비공식적인 형태로만 획득될 수 있는 구체화되지 않은 지식 혹은 지혜라 할 수 있는 암묵지는 혁신과 지식 창출에 매우 중요하다(Howells, 2002). 넷째, 지리적 집적은 면대면(face-to-face) 소통을 가능하게 한다. 이러한 차원에서 세종시 출범은 집적에 변화를 가져오기 때문에 그에 따른 효율성의 변화가 나타날 수밖에 없다. 세종시로의 정부부처 부분 이전에 따라 행정부 내, 행정부와 국회 및 헌법기관, 행정부와 지방자치단체 간, 행정부와 대(對)국민 및 기업 등 수요자 간에 효율성 측면에서 변화가 예측된다. 그러나 효율성 변화는 영역별(중앙정부 부처 간, 중앙정부와 지방자치단체 간, 중앙정부 부처와 헌법기관 간, 중앙정부 부처와 공공기관 간, 중앙정부 부처와 대국민 및 기업 등 수요자 간)로 상이하게 나타날 것이다.

결론적으로 세종시로의 행정부처 이전은 집적의 효율성 수준에서 변화가 예측되며 영역별로 상이한 결과가 도출될 것으로 판단된다. 행정중심복합도시 출범에 따라 효율성의 변화가 예측되고 또한 장기적이고 지속적이라면, 이에 대한 충분하고도 체계적인 분석이 선행되어야 한다. 그러나 아직까지 이에 대한 체계적이고 중립적이며 과학적인 분석은 찾아보기 어렵다. 이러한 측면에서 정책분석의 중요성에도 왜 작동되지 못했는지, 그리고 현실에서 정책분석의 위치가 어디인지를 살펴볼 기회를 제공한다. 더욱이, 효율성이라는 중요한 가치가 과학이 아닌 상징의 도구로서 활용되는 면을 관찰할 수 있는 기회 역시 보여주는 사례이다.

5 정책과 신뢰

정부 정책은 무엇보다 국민들에게 신뢰성을 지니고 있어야 한다. 국민들이 정부 정책을 신뢰하지 못한다면, 국민들은 정책에 관심을 지니지 않게 되고, 관심이 있어도 믿을 수 없기 때문에 정책에 기반을 둔 미래 계획을 수립할 수 없어 정책의 효과를 얻어내기 어렵다.

행정중심복합도시 건설처럼 국가적 사업에서 정책 신뢰성은 더더욱 중요하다. 많은 이해관계자가 관련되어 있어 신뢰성이 상실되면 이는 곧 국가적인 갈등과 분열과 같은 대혼란이 야기된다. 실제로 이명박 정부에서 행정중심복합도시 수정안 논란은 정책 신뢰의 중요성을 잘 보여준다.

노무현 정부에서 신행정수도 건설의 위헌 판결 이후, 대안으로서 마련된 행정중심복합도시특별법이 국회에서 제정되었고, 이후 이 법에 대한 위헌 소송에서 2005년 11월 24일 헌법재판소는 각하로 판결함으로써 이 법은 효력을 지녀왔다. 이에 따라 행정중심복합도시는 건설청 등 관련 조직이 만들어지고, 이전계획·건설 기본계획 등이 확정되며, 2007년에는 기공식을 갖는 등 사업이 진행되어 왔다. 그러나 이명박 정부는 2009년 9월 3일 정운찬 총리 내정자의 국회 발언을 계기로 세종시 수정론을 공식화시켰다. 이후 2009년 11월 세종시 민관합동위원회가 출범하여 세종시 수정안을 마련하고 4개월 후 세종시 수정안 관련 5개 법안을 국회에 제출했다.

그러나 이러한 수정안 추진 일정과는 달리, 이명박 대통령은 18대 대통령 후보자 시절부터 당선된 이후에도 총 15회에 걸쳐 지속적으로 행정중심복합도시를 계획대로 추진할 것을 천명해 왔다. 이러한 상황에서 갑작스러운 세종시 수정안 제시는 정책의 신뢰성을 약화시키기에 충분했다.

> 행정도시는 이미 시작됐기 때문에 (대통령이 돼도) 변경할 계획 없다.
>
> (2006년 12월 13일 충북대 특강)

> 중도에 계획 바꾸는 것은 옳지 않다. 행복도시를 행정 기능과 함께 과학, 산업, 문화 등의 기반시설을 함께하는 자족 능력을 갖춘 도시로 육성할 것이다.
>
> (2007년 8월 2일 대전역과 오송역 방문 시)

> “여권(노무현 정권)에서 ‘이명박이 (당선)되면 행복도시는 없다’는 말로 나를 모략하고 있으나 난 한번 약속하면 반드시 지킨다. 대통령이 되면 행복도시 건설은 정책의 일관성 측면에서 예정대로 추진할 것임을 분명히 밝힌다.” 이명박표 세종시, 첨단 명품도시가 되도록 혼신의 노력을 하겠다.
>
> (2007년 11월 28일 행정도시 건설청 방문)

> 내가 행정도시 건설청장과 본부장을 바꾸지 않는 것은 행정도시의 지속적인 추진을 말하는 것이다. 계획대로 추진할 것이다.
>
> (2008년 3월 20일 충남도 업무보고)

당초 계획대로 현재 진행 중이고, 나도 정부 마음대로 취소하고 변경할 수는 없다고 생각한다.

(2009년 6월 20일 청와대 여야 대표 회동)
출처: 민주당(2009) 부분 인용

물론 정책결정자는 행정중심복합도시를 수정해야 한다는 입장을 지닐 수 있다. 또 그것이 바람직할 수도 있고 국가 발전을 위해 꼭 필요할 수도 있다. 그러나 이러한 당위성이 있다고 가정하더라도, 정책의 신뢰성을 상실하게 된다면 정책은 그 자체로 동력을 얻을 수 없다. 민주주의 사회에서, 절차적 합리성마저 충족되지 못한, 신뢰에 기반하지 못한 정부 정책은 사회적 혼란만을 유발할 뿐 어떠한 성과도 얻을 수 없음을 이 사례는 분명하게 보여주고 있다.

제 4 절 사례의 쟁점

이 사례가 행정 및 정책 이론과 관련하여 제기하는 쟁점들로는 다음과 같은 것이 있을 수 있다.

1 대규모 정책 추진의 원인은 무엇인가?

우리나라는 5년 단임 대통령제를 취하면서, 정권의 출범과 더불어 급격한 정책 추진이 반복적으로 나타나고 있다. 누가 대통령이 되든지 간에 정권을 출범하면서 그동안의 정책과 다른 새로운 정책들을 만들고 강력히 추진하는 경향이 있다. 일반적으로 지도자가 변화하면 정책도 변화하는 것이 일반적이다. 하지만 한국에서는 일반 정책이 아니라 국가 전체에 장기간 영향을 미칠 수 있는 대규모 정책들이 급속도로 새로이 설계되고 추진된다는 문제점이 있다. 신행정수도 건설, 행정중심복합도시 수정안, 4대강 사업 등이 그 대표적인 정책들로, 이러한 정책들은 새로운 대통령이 정권을 장악한 후 특정 정책이 반대 세력의 강력한 저항에도 불구하고 추진되어 왔다. 그러나 아직까지 왜 이러한 대규모 정책들이 계획되고 추진되었는가에 대한 근원적 질문에 분명한 연구가 이루어지지 못했다. 한편에서는 정치적 이해에 비롯될 수도 있고, 한편에서는 정책 결정 주체들의 공유된 신념에 기인할 수도 있을 것이다. 또는 이익집단에 포획되어 대규모 정책이 형성될 수 있을 것이다. 대통령이 바뀔 때마다 이러한 거대 정책들이 형성되는 원인, 이러한 정책들의 정부 의제화 과정을 포함한 형성 원인, 그리고 이러한 정책의 적정성에 대한 근원적인 질문이 필요하다.

2 절차적 합리성의 문제

신행정수도 건설, 행정중심복합도시 수정안, 4대강 사업 등 주요 정책들은 정권을 넘어, 세대를 넘어, 지역을 넘어 영향을 미치는 대규모 정책이라 볼 수 있다. 그럼에도 불구하고 민주주의 사회에서 중요하게 강조되어 온 절차적 합리성은 충족되지 못했다. 정부는 합법성과 더불어 절차성을 가장 중요한 행정 가치 중 하나로 삼고 있다. 특히 공무원들은 절차적 합리성을 무엇보다 가장 중요하게 생각하는 것이 오히려 관료의 문제점 중 하나로 지적되고 있다. 그럼에도 불구하고 위와 같은 대규모 정책과 관련해서는 절차적 합리성에서 항상 문제를 발생시키고 있다. 절차를 중요시하는 정부가 왜 대규모 정책과 관련해서는 절차적 합리성이 충족되지 못하는 것인지에 대한 고민이 필요하다. 제도의 미비인지, 아니면 인식의 문제인지 등의 차원에서 연구될 수 있다.

3 이해집단

세종시 사례에서 주요 행위자는 정치집단들이다. 청와대, 대통령, 국회의원, 지방자치단체장, 지방의회, 지역사회단체 등이다. 그러나 세종시 건설은 매우 거대한 토목사업이 결합된 정책이라는 점에서 이익집단의 역할이 존재할 가능성이 높다. 사실 모든 정책은 정치인, 관료, 사회단체들만이 아니라 정책과 관련된 직접적인 이해관계자들이 존재한다. 하지만 한국에서 정책 과정에 대한 논의에서는 이러한 직접적인 이해관계자가 대부분 제외되어 있으며, 정치인·관료 등의 역할과 행위만이 강조되고 있다. 그러나 이러한 정책에서 가장 직접적인 영향을 받는 사람 중 하나가 이해집단의 관계자이다. 정책 과정에서 잘 드러나지는 않는 이러한 비가시적 이해집단이 정책에 영향을 미치고 있는지 여부, 그리고 영향을 미친다면 비공식적·공식적으로 어떻게 정책에 영향을 미치는지에 대한 체계적인 고찰 역시 필요하다.

4 사법부의 역할

이 세종시 사례는 정책에서 사법부의 역할이 중요하게 제기됨을 보여준다. 헌법재판소의 판결은 세종시의 역할, 건설과 관련하여 지대한 영향을 미쳤다. 이와 같이 실질적으로 사법부가 정책에 절대적인 영향을 미치는 경우는 많이 존재한다. 논란이 되는 많은 정책이 사법부에서 심사의 대상이 되고 있으며, 사법부의 판결에 의해 정부 정책이 뒤집어지고 변경되는 경우도 다수 존재한다. 하지만 현재 정책 연구에서 사법부의 역할은 거의 논의되지 못하고 있다.

현재 사법부는 실질적으로 정책을 변경시키거나 정책에 정당성을 부여하는 또 다른 통로로 이용되고 있다. 사법부가 정책에 어떠한 영향을 미치는지, 그러한 사법부의 판결이 어떻게 정책을 변형시키는지, 그리고 그에 따라 어떠한 결과가 나타나는지에 대해 행정학 및 정책학 부문에서 논의가 이루어질 필요가 있다.

5 기타

위와 같은 주요한 사항 외에, 이 사례는 다음과 같은 사항들에 대해 논의점 및 시사점을 제시해 줄 수 있다.

첫째, 정책 결정 모형과 관련하여 이 사례는 합리모형이 왜 만족모형과 점증

모형이 결합된 형태로 전환되는가에 대해 유용한 시사점을 제공한다. 정책 결정이 특정한 결정모형에 기초하기보다는 결정모형의 역동성을 관찰하게 해준다.

둘째, 이 사례의 특징적인 현상 중 하나는 체계적인 분석을 발견하기 어렵다는 것이다. 즉, 막대한 정부재원과 더불어 현재 및 미래의 국가·사회에 영향을 미칠 수 있는 신행정수도 건설, 행정중심복합도시 건설, 그리고 행정중심복합도시 수정안에 이르기까지 객관적이고 합리적인 분석은 찾아보기 어렵다. 특히 효율성 논쟁에서 제시한 바대로, 이에 대한 체계적이고 과학적인 분석은 찾아보기 어렵다. 분석이 없다는 것은 분석을 하지 않아서일 수 있고, 분석을 못했을 수 있다. 이 두 가지 모두, 즉 왜 분석을 안했는지, 또 왜 분석을 못했는지 그 원인에 대한 고찰의 필요성 역시 유용한 함의를 제공할 수 있을 것이다.

셋째, 이 사례는 정책 수단 관점에서도 유용하다. 정책 수단 차원에서 신행정수도, 혹은 행정중심복합도시를 관찰해 볼 수 있다. 그뿐만 아니라, 정책의 정당성을 위해 동원한 다양한 정책 수단을 고찰할 수 있다. 특히, 정부의 정책 수단과 반대 집단의 전략 수단들을 상호 비교하거나 노무현 정부에서의 정책 수단과 이명박 정부에서의 정책 수단의 비교도 유용할 것이다.

제 4 장 중앙행정기관의 세종시 분산으로 인한 행정 비효율 대응정책

허준영

제 1 절 들어가는 글

앞에서는 세종시 행정중심도시 결정과 관련된 사항을 살펴보았다. 여기에서는 실제 중앙정부 부처들이 세종시로 이전하면서 나타나는 문제들에 대해 정부가 어떠한 대응 방안들을 준비하고 실행하고 있는지에 대한 측면에서 세종시 사례를 살펴보고자 한다. 세종시 행정중심도시 결정이 정책 결정의 문제라면, 세종시 이전에서 나타나는 문제점들에 대한 대응 방안은 정책 집행의 문제라 할 수 있다. 이 사례는 이와 같은 정책 집행 과정에 초점을 맞춰 살펴보고자 한다.

지난 2012년 7월 행정중심도시인 세종시 출범과 더불어 본격화된 다수 중앙행정기관의 세종시 분산으로 종래 서울·과천청사(부처 단위) 및 대전청사(청 단위) 중심의 지리적 분포는 큰 변화를 맞게 되었다. 이러한 분산의 배경에는 노무현 정부 당시 신행정수도 건설 시도가 헌법재판소의 결정으로 인해 좌절되면서 이에 대한 대응으로 국회, 청와대 및 주요 부처를 제외하고 이전 결정을 골자로 한 특별법('신행정수도 후속대책을 위한 연기·공주지역 행정중심복합도시 건설을 위한 특별법', 이하 특별법) 제정을 들 수 있다. 이 특별법에 따라, 2013년 초중반까지 서울·과천청사로부터 국무총리실, 기획재정부, 국토교통부, 농림축산식품부, 환경부, 공정거래위원회 등 6개 중앙행정기관과 관련 소속기관들이 이전을 완료했고,

2014년까지 단계적으로 총 16개 중앙행정기관과 20개 소속기관 이전이 계획되어 있다. 따라서 2014년 국세청 이전이 완료되면 서울청사에는 국방부, 통일부, 안전행정부, 여성가족부, 외교부 등 5개 부처가, 그리고 과천청사에는 법무부만 남는 등 대부분의 중앙행정기관이 이전하게 된다.

비록 중앙행정기관의 세종시 분산은 수도권 과밀을 분산시키고 지방균형발전을 꾀한다는 점에서 추진되기는 했으나 이전으로 인해 기관 간 물리적 거리가 증가하면서 초래되는 거래비용의 증가 등 행정 비효율 문제로 인해 계획 초기인 2005년부터 논란이 있어 왔던 것이 사실이다. 그러나 이러한 비판은 세종시가 출범한 지 2년이 가까워오는 최근까지도 수그러들 기세를 보이지 않고 도리어 증폭되는 형국이다. 상당수 중앙행정기관의 세종시 분산으로 인해 부처의 업무환경은 크게 변모하고 있는데 분산으로 인한 '물리적 거리' 증가는 다음과 같이 출장시간과 비용을 증가시켜 소속 부처와의 정책 협의나 국회 대응, 민원 등 정책 당사자와의 소통에서 상당한 행정 비효율을 발생시키고 있다는 것이다.

> 정책 조율 등 '반쪽 회의' 다반사, 고립된 세종청사, 여론 수렴 난관(한국일보, 2013.1.15), 세종청사 입주 100일… 행정비용 '눈덩이', 서울 · 과천 회의에 수시 출장… 영상회의는 딱 한번에 그쳐(매일경제, 2013.3.29), 임시국회 때문에 '텅텅 빈' 세종시(문화일보, 2013.5.17), [세종시 1년] 세종시 입주 6개 부처 출장비 1년간 2.5배 급증… 업무 공백 심각(뉴스핌, 2013.11.20)

한편 이러한 문제점들은 비록 행정 비효율성이라는 명칭으로 언급되긴 했으나 관련된 행정적 문제점과 비용을 모두 포함하는 등 그 실체가 명확하지는 않은 것이 사실이다. 이는 한편으로는 신행정수도 건설 논의 때부터 제기되어 온 세종시 이전에 대한 저항 심리가 작용해서일 수도 있겠으나 이러한 양상이 오히려 세종시의 성공적인 안착에 부정적인 영향을 끼치고 세종시 발전을 더디게 하는 요소로 작동할 수 있다는 점에서 대응 방안을 심각하게 고민해 볼 필요가 있다. 이러한 문제 의식을 가지고 현재까지 논의된 세종시의 행정 효율성 논의를 구체적으로 고찰해 본 후 이에 대한 정부 대응을 살펴봄으로써 사례에 대한 이해를 높이고자 한다.

행정 비효율성 문제는 이미 이전한 기관 외에도 상당수 이전 계획기관뿐만 아니라 잔류기관 및 국회, 국민 등 정책 이해관계자들까지 광범위하게 연관되어 있다는 점에서, 그리고 행정 비효율 대응정책 분석을 통한 시사점 도출은 해당 기관과 이전 계획 기관뿐만 아니라 전체 국정 효율성까지도 증진시킬 수 있다는 점에서 이 사례연구의 의미는 상당히 크다고 할 수 있다.

제 2 절 사례의 배경

1 세종시 이전 배경

세종시 이전 논의의 직접적인 배경은 특별법과 '중앙행정기관 등의 이전계획'(2005.10.5)인데, 이 특별법은 2002년 노무현 대통령 후보의 행정수도 이전 공약을 구체화한 '신행정수도의 건설을 위한 특별조치법'(2003.12)이 2004년 10월 헌법재판소에서 위헌 결정을 받으면서 이에 대한 후속 조치로 등장한 것이다. 물론 다음 정권인 이명박 정부가 2010년 3월 수정안을 제출하면서 이전을 둘러싸고 격한 갈등 상황이 야기되었으나, 그 해 6월 국회 본회의에서 수정안이 부결되면서 다시금 원안대로 세종시 이전이 동력을 얻게 되었다.

이렇듯 특별법과 이전계획에 따라 2012년 9월, 국무조정실·국무총리비서실(당시 국무총리실)부터 시작된 중앙행정기관의 세종시 이전은 2014년까지 단계적으로 총 16개에 이르는 중앙행정기관과 20개에 이르는 소속기관을 포괄하고 있다. 정부세종청사의 준공 시기에 따라 2012년 1단계로 행정중심복합도시건설청 외에 12개 중앙행정기관 및 소속기관이 입주했고, 2013년에는 2단계로서 보건복지부, 고용노동부, 국가보훈처 등 18개 중앙행정기관 및 소속기관이 입주했으며, 2014년 마지막 단계로서 국세청이 이전하게 된다.

2010년 행정안전부가 발표한 세종시 중앙행정 기관 및 소속기관의 단계별 이전 시기는 <표 4-1>과 같다.

표 4-1 세종시 중앙행정기관 및 소속기관 단계별 이전 시기

구분		이전 대상기관(36개, 10,452명) (2010년 6월 말 기준)	
		중앙행정기관 (16개, 9,356명)	소속기관 (20개, 1,096명)
1단계 4,139명 (2012년 이전)	중심관리	국무총리실(303명)	조세심판원(108명)
		기획재정부(853명)	복권위원회(26명)
		공정거래위원회(354명)	-
	국토관리	국토해양부(1,228명)	중앙토지수용위원회(33명) 항공 · 철도사고조사위원회(11명) 중앙해양안전심판원(22명)
		환경부(505명)	중앙환경분쟁조정위원회(21명)
	1차 산업	농림수산식품부(675명)	-
2단계 4,116명 (2013년 이전)	교육문화	교육과학기술부(776명)	교원소청심사위원회(24명)
		문화체육관광부(644명)	해외문화홍보원(58명)
	산업과학	지식경제부(736명)	경제자유구역기획단(15명) 지역특화발전특구기획단(24명) 무역위원회(348명) 전기위원회(32명) 광업등록사무소(33명) 연구개발특구단(12명)
	사회복지	보건복지부(729명)	-
		고용노동부(506명)	중앙노동위원회(91명) 최저임금위원회(8명) 산업재해보상보험재심사위원회(24명)
		국가보훈처(310명)	보훈심사위원회(46명)
3단계 2,197명 (2014년 이전)	중심관리	법제처(165명)	-
		국민권익위원회(466명)	-
	독립 배치	국세청(762명)	
		소방재청(344명)	
			한국정책방송원(112명)
			우정사업본부(348명)

출처: 행정안전부(2010).

2 이전기관 및 행정 효율성 대응 체계

2012년 9월부터 6개 중앙행정기관을 필두로 세종시로 1차 정부 분산이 시작되었고, 2013년 말 2차 이전이 마무리되었다. 그리고 2014년 마지막 3차 이전이 예정되어 있다. 따라서 현재 시점에서 정부부처 분산에 따른 종합적인 행정 비효율성 문제를 확정하기에는 이른 감이 있으나 이미 이전 전부터 예상되어 온 문제가 얼마나 발현되고 있는지 확인하고, 이러한 확인을 통해 초기 이전기관이 겪는 행정 비효율성 문제가 향후 이전기관에 발생하지 않도록 벤치마킹할 수 있다는 점에서 상세히 살펴볼 필요가 있다.

중앙행정기관의 세종시 이전으로 인해 지리적 이격(離隔)이 발생하고 기존의 정책 협의와 조정 양상은 크게 변모되고 있다. 즉 행정부 내부(대통령실과 부처) 관계뿐만 아니라 대(對)의회 관계와 대민간 관계에서의 소통 양상은 '물리적 거리'라는 변수의 등장으로 큰 변화를 겪고 있으며, 이러한 변화는 부처 내부의 정책 관련 소통 네트워크의 구조와 운용에도 상당한 영향을 끼치고 있다. 구체적으로는 잦은 출장으로 인한 금전적·시간적 비용과 업무 공백, 거리상의 이유로 회의 불참이나 여론 수렴의 애로 등을 꼽을 수 있다.

정부기관 이전에 따른 정부의 조치는 주로 특별법에 따른 대책과 기타 대책, 그리고 행정관리 차원의 행정 효율성 대응으로 나눠 볼 수 있다. 먼저 2010년 12월 27일 공포·시행된 '세종특별자치시 등의 설치에 관한 특별법'은 국무총리실 소속으로 세종특별자치시지원위원회(위원장 국무총리)와 실무지원단을 두고, 행정안전부에는 세종특별자치시 출범준비단을 설치하도록 했다.

2011년 3월 31일 김황식 총리를 위원장으로 출범된 세종특별자치시지원위원회는 세종시가 수도권 과밀을 해소하고 지역 발전을 선도하는 도시로서의 면모를 조기에 갖출 수 있도록, 세종시의 중·장기적인 발전 방안 마련과 행정·재정 자주권 및 관련 사무 처리, 연기군 잔여 지역 등 일부 편입 지자체에 대한 행정·재정적 지원 등에 대한 사항을 심의·지원한다.

행정중심복합도시건설추진위원회는 행정중심복합도시 건설의 효율적인 추진을 위한 관련 중요 정책을 심의하기 위한 기구로서 '신행정수도 후속대책을 위한 연기·공주지역 행정중심복합도시 건설을 위한 특별법'에 따라 설치된 법정위원회이다. 2005년도 법 제정 당시에는 대통령 소속으로 국무총리 및 민간위원이 공동위원장으로 역임하도록 되어 있었으나, 위원회의 효율적인 운영을 위해 2008년 2월 법 개정을 통해 국토해양부 장관 소속으로 국토부 장관과 민간위원이 공동위원장을 역임하는 것으로 변경되었다. 위원회는 차관급 정부위원 10명과 민간위원 14명으로 구성되어 있으며, 심의 사항은 행정도시 건설에 관한 사항으로서 예정 지역 지정, 기본·개발·실시계획 행특회계 관리·운용에 관한 사항, 광역교통 개선 대책에 관한 사항 등이다.

그리고 세종특별자치시지원단은 '세종특별자치시 설치 등에 관한 특별법' 제8조 및 '세종특별자치시지원위원회 등의 설치·운영에 관한 규정' 제7조, 제8조, 제9조와 제11조에 근거한 법령 조직으로서의 지위를 가지고 있으며, 1단 1기획관 2과 1팀 21명으로 구성되었다. 이 지원단은 세종시지원위원회의 운영·지원 등에 관한 업무, 세종시 중장기적 발전 방안 수립, 특별자치시 출범 지원, 공무원 이·정주(移·定住) 지원, 기존 청사 활용 등 이전 후속 조치 지원·조정 등에 관한 업무를 한다.

한편 행정안전부는 세종특별자치시가 충남 연기군 전역, 공주시 및 충북 청원군 일부 지역을 편입해 정부직할 지방자치단체로 출범함에 따라 관계 기관을 망라하여 전반적인 준비를 할 수 있도록 '세종특별자치시 출범준비단'을 발족(2012.4.4)했다. 역할은 정부직할 세종특별자치시의 수행사무를 조정하고, 편입 자치단체의 사무와 재산 이관, 시민 편익에 부응한 복합 커뮤니티 구현을 위한 행정구역 조정안 마련, 시 출범과 동시 행정 서비스 제공 기반을 구축하는 것이다. 또한 세종특별자치시지원위원회가 주관하는 세종특별자치시의 교육·문화·의료 등 정주환경을 조성하는 데에도 긴밀히 협력하는 역할을 맡으며, 세종시에 필요한 업무환경 조성, 자치법규 전환안 마련, 지방세제 조정, 세종시장 선거 지원 등 출범에 대비한 전반적 업무를 추진한다.

이외에도 행복청(행정중심복합도시건설청)의 중앙행정기관 이전지원 점검단, 국토해양부의 세종시추진지원단, 정부 세종청사관리소 및 한국토지주택공사 등이 세종시 건설에 기여를 하고 있다.[1)] 다음 [그림 4-1]은 행복중심복합도시 건설 관련

1) 정부부처의 경우, 기재부는 세종시 관련 행특회계 및 일반회계 사업예산 편성, 교과부는 세종시 스마트

그림 4-1 **행정중심복합도시 지원 체계도**

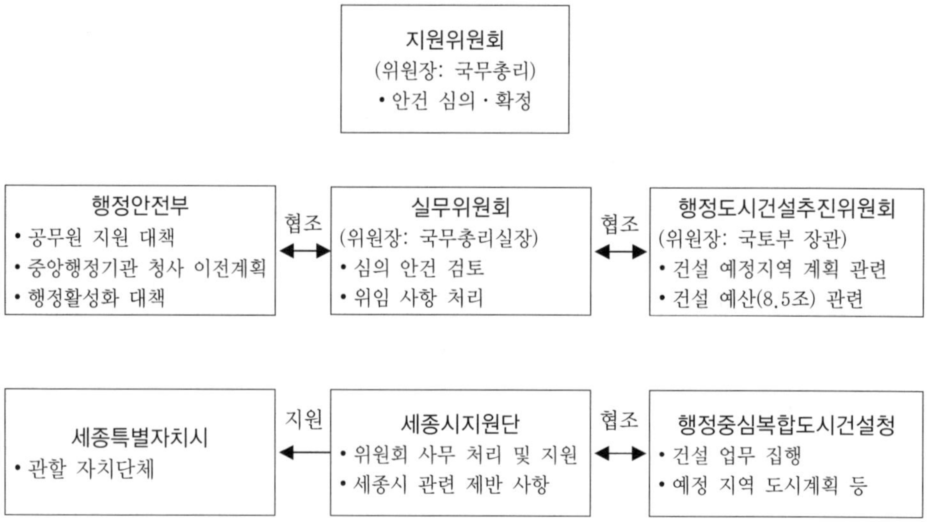

출처: 국무총리실 세종시지원단(2012: 51).

지원 체계를 나타낸다.

한편 행정관리적 측면에서 행정 비효율성에 대한 대응은 안전행정부에서 주관한다. 행정중심복합도시건설특별법 제16조(중앙행정기관 등의 이전계획)에서 "안전행정부 장관은 중앙행정기관 등을 행정중심복합도시로 이전하는 계획(이하 "이전계획"이라 한다)을 수립하여 대통령의 승인을 얻어야 하는데, 이때 이전계획에는 '중앙행정기관 등의 이전에 따른 행정 능률 제고 방안'이 포함되어야 한다"고 규정하고 있다. 안행부의 대응은 이 사례연구와 직접적으로 관련이 있으므로 다음 절에서 상세히 살펴보도록 한다.

학교 시범사업, 교육자치 지원과 공무원의 배우자인 교원에 대한 인사 교류 등을 지원하고 있다. 기타 문광부, 소방방재청 등 다양한 정부부처도 지원 · 협력하고 있다.

제 3 절 사례의 전개 과정

1 이전 논의기(건설계획 발표~세종시 수정안 부결 전)

행정중심복합도시건설특별법 제16조(중앙행정기관 등의 이전계획)에서 언급된 '행정 능률'에 대해 동법 상에서는 그 구체적인 실체를 파악하기 어렵다. 단지 동법의 동 조항이 제정(2005.3.18)된 배경에서부터 거슬러 올라가야 할 것인바, 신행정수도특별조치법이 헌법소원 위헌 결정을 받으면서 그 후속 대책으로 동법이 제정되었음을 상기해 보면 신행정수도 건설에 대한 반대 명분으로 언급되었던 행정 비능률성 혹은 행정 비효율성을 지칭하는 것으로 파악할 수 있다.

당시 논쟁은 2005년 특별법 통과로 인한 기본계획 작성 이후부터 본격화되기 시작했고 행정 비효율성에 대한 범위가 점차 확상되는 과성을 거친다. 초기에는 주로 이전 부처 간 행정 비효율성에 집중하여, 분산된 청사들 간의 부처할거주의 심화로 인한 정책조정의 애로를 꼽으면서도 대안으로서 화상회의 활용은 조직문화를 이유로 별다른 효용이 없을 것으로 보았다(김찬동, 2005; 김찬동 · 김대건, 2005). 이후 부처 간 관계에서 초래되는 비효율성 문제 외에도 국회 관계에서 나타나는 문제도 대두되었는데, 전영평(2005)은 행정부처 간 협의 외에도 당정 협의, 국회 출석 등과 관련해 상당한 국정 운영의 비효율성 증대를 예상했다. 당시 반대 명분으로 논의된 행정 비효율성은 그 개념과 범위에서 그 내용이 일치하지는 않았던 것이 사실이다. 이러한 개념의 불명확성은 행정안전부(지금의 안전행정부)가 특별법 조항에 따라 고시한 '중앙행정기관 등의 이전계획'(2005.10.5)의 제5장 '행정 효율성 대책'에서도 찾아볼 수 있다. 행정안전부 고시에서는 중앙부처의 분산으로 인한 '일부 발생 가능한 행정 비효율' 문제 최소화를 목적으로 언급하면서도 이에 대한 구체적인 문제는 규명되지 않고 '기본 방향'에서 정부 내(대통령-총리, 대통령-부처, 부처 간 국정 운영 효율화), 대국회(운영 시스템 개선, 정부-국회 간 정보 공유, IT 활용 방안 강구 등), 그리고 대(對)민간 부문(민원제도 개선, 민간과 교류 협력 증진)에 대해 각각 행정 효율성 보완 방향을 간략하게 제시하고 있다.

행정안전부는 2005년 10월 5일 고시한 중앙행정기관 등의 이전계획에서 정부 부처가 수도권과 행정중심복합도시에 분리·배치됨에 따라 발생 가능한 행정 비효율 문제를 최소화하기 위한 행정 효율성 대책을 정부 내, 대(對)국회, 대(對)민간 부문으로 나누어 보완 방향을 제시하고 장기적 추진전략을 설정했다.

먼저 정부 내 행정 효율성을 보완하기 위해 대통령과 국무총리 간의 역할 분담을 통한 국정 운영 방식의 효율성 도모하고, 행정중심복합도시에 대통령과의 대면 접촉에 의한 의사소통 체계를 구축하고 정보통신기술의 적극적 활용으로 다자간(청와대 및 중앙부처 등) 수직적·수평적 의사소통 및 토론을 활성화하기로 했다. 다음으로 대국회의 행정 효율성을 보완하기 위해 국회 운영 시스템 개선을 통한 행정 효율성을 보완하고, 정부의 대국회 자료 제출 시 인터넷을 적극 활용하는 한편, 정부-국회 간 정보공유 시스템의 개발이 필요하다는 점을 부각시켰다. 마지막으로 대민간 부문의 행정 효율성을 보완하기 위해 민원제도 개선을 통한 고객 접근의 필요성을 완화하고, 시민단체나 전문가의 정책 결정 과정 참여 시 참여 인센티브 제공 등 민간 부문과의 교류 증진을 위한 유인책을 개발하기로 했다. <표 4-2>는 행정안전부가 제시한 행정 효율성 확보를 위한 장기적인 추진계획이다.

한편, 이러한 행정 효율성 확보 계획은 단순히 잠정적인 청사진에 그치고 당분간 실제 집행이 이루어지지는 않았던 것으로 보이는데, 이유는 이명박 정부가

표 4-2 행정 효율성 확보를 위한 장기 계획

단계	내용
준비 단계 (2006년 상반기)	행정중심복합도시 내 정부청사 배치 방안을 결정하는 단계로 행정 효율성 확보를 위한 구체적인 방안 강구
설계 단계 (2006년~2008년)	행정중심복합도시 내 정부청사 건립을 위한 마스터플랜을 수립하고 구체적으로 설계하는 단계로 행정 효율성과 관련한 대책 및 필요 시설 강구
시공 단계 (2008년~2013년)	행정중심복합도시 내 정부청사를 건립하는 단계로 행정 효율성을 위한 각종 대책 및 시설 등을 적용
이전 단계 (2012년~2014년)	행정복합도시로 중앙행정기관들이 이전하는 단계로 행정 효율성에 대한 문제점의 보완·개선 추진

출처: 행정안전부(2005).

애초 공약과는 달리 집권 후 세종시 수정안으로 기울면서 이전 결정이 번복될 수도 있다는 분위기가 만연했기 때문이다.

2 이전 현실화기(세종시 수정안 부결~이전 전)

2010년 6월 29일 세종시 수정안이 부결된 후 이전이 현실화됨에 따라 행정 비효율성 논의가 재점화되었다. 당시의 문제 제기는 양현모 외(2007)의 연구에서부터 출발한다. 종래 다른 부처나 국회 관계 위주의 행정 비효율성 논의를 확장하여 행정부 내부와 대(對)민간 관계를 포함한 종합적인 행정 비효율성 논의를 제안했는데, 구체적으로 살펴보면, 행정기관의 세종시 분산·배치 이후 대통령과 행정부처의 지리적 격차로 인한 문제점, 행정부처 간 정책 조정의 문제점, 국무총리와 대통령 관계, 부처 간 관계 등의 행정부 내부 관계뿐만 아니라 대(對)국회 및 대(對)민간 관계에서 많은 문제점이 나타날 것으로 보았다. 이에 대한 대안으로 행정부 내부에서는 대통령과 국무총리 및 세종청사 소재 장관의 의사소통 정례화 및 영상회의 적극 활용, 부처 간 유사 중복 기능 통폐합 및 정책정보 공유 시스템 활용, 국무총리 권한 강화와 책임장관제 실시 및 서울 연락사무소 운영을, 국회와 관련해서는 국정감사·조사 운영 및 국회 출석제도 개선을, 마지막으로 민간 부문과 관련해서는 다양한 형태의 네트워크 구축과 IT 인프라 구축 등을 제안했다.

한편 행정안전부는 2011년 5월 '세종시 이전 관련 행정 효율성 확보 방안'에서 행정 효율성 관련 범주를 ① 정부 내(잦은 출장, 보고 및 의사 결정 지연, 출장 이동 중 업무 추진 어려움 및 업무 처리 속도 저하), ② 대민간(민원 및 전문가 자문·토론 불편), ③ 공무원 개인(출장 시간·경비 소요로 불편, 일과 삶 불균형 문제, 밀도 있는 근무 분위기 저해 및 복무 기강 해이) 등 크게 세 가지로 문제점을 제시하고 관련하여 행정 패러다임의 혁신적 변화 방향으로 '스마트워크를 통한 행정 효율성 확보'라는 명제 하에 최신 IT기술의 적용을 제시했다. 다섯 가지 추진 방향에 따른 열 가지 주요 추진 과제는 <표 4-3>과 같다.

상기 추진 과제는 정책 소통의 활성화를 위한 기반 구축(①, ②, ③, ④, ⑤, ⑥,

표 4-3 행정 효율성 확보를 위한 5대 분야 10대 과제(2011)

1) 원격행정 구현
① 영상회의 활성화, ② 디지털 행정 협업 체계 구축, ③ 대국회 업무 처리 효율화(정부–국회 간 영상회의)

2) 모바일 행정 구현
④ 스마트워크센터 구축, ⑤ 모바일 오피스 구현

3) 스마트워크 활성화 기반 구축
⑥ 클라우드 컴퓨팅 기반 사무환경 구축, ⑦ 스마트 오피스 전환

4) 대국민 서비스 불편 최소화
⑧ 온라인 민원 서비스 확대 등

5) 복무관리 및 출퇴근 · 출장 편의 제공
⑨ 유연근무제 활성화 및 복무관리 강화, ⑩ 셔틀 · 통근버스 운영

출처: 행정안전부(2011).

⑦, ⑧) 및 접근성 제고(⑩) 관점에서 설명이 가능하다. 유일하게 ⑨ 유연근무제 활성화 및 복무관리 강화의 경우 또한 법 · 제도적 인프라 측면으로 파악할 수 있으며 대부분이 IT기술 활용과 연관되어 있다는 점도 큰 특징이다. 이후 2012년 제

표 4-4 행정 효율성 확보를 위한 5대 분야 8대 과제(2012)

1) 원격행정 구현
① 영상회의실 구축 및 이용 활성화, ② 디지털 행정 협업 체계 구축

2) 스마트 행정 실현
③ 출장형 스마트워크센터 구축, ④ 모바일 업무환경 구현

3) 대국민 서비스 불편 최소화
⑤ 온라인 민원 서비스 확대

4) 일하는 방식과 근무 여건 개선
⑥ 유연근무제 활성화, ⑦ 스마트 오피스 전환

5) 정부 업무 효율성 지속 제고
⑧ 행정 효율화 수준 진단

출처: 행정안전부(2012).

3차 세종특별자치시지원위원회에서 보고된 '세종시 이전에 따른 행정 효율화 추진 현황 및 향후 계획'(행정안전부, 2012.2.21)의 경우 <표 4-4>과 같이 ① 출장 · 이동 중 업무 공백 및 시간 · 예산 낭비, ② 고위공무원의 출장으로 인한 정책 결정 지연, ③ 민원인의 행정기관 방문 불편 야기 등 세 가지 부분에서 행정 비효율로 꼽고, 추진 방향으로 ① 원격행정 구현, ② 스마트행정 구현, ③ 대국민 민원 서비스 불편 최소화, ④ 일하는 방식과 근무 여건 개선으로 업무 효율성 제고 등을 제시했다.

이 추진계획은 앞서 2011년의 대응과 대부분 중복된다. 단지 차이점은, ① '정부의 업무 효율성 지속 제고' 분야로 '행정 효율화 수준 진단' 과제를 추가한 점, ② 기존에 '스마트워크 활성화 기반' 분야에서 제시된 '클라우드 컴퓨팅 기반 사무환경 구축'을 스마트워크센터 구축에 포함시키고, ③ 좌석 수 20% 축소 및 변동 좌석제 실시 등을 골자로 한 '사무공간의 스마트 오피스 전환'을 삭제, 그리고 ④ 근무 상황 관리 및 점검을 강조한 '복무관리 강화'를 삭제했다는 점에 불과하다. '행정 효율화 수준 진단'을 통한 기관별 행정 효율성 확보 이행계획을 수립하여 행정안전부로 송부(2012년 이전 부처의 경우 이전 3개월 전까지)하도록 하고 '행정 효율성 진단지표'를 개발(2012년 12월까지)하여 단계적인 효율성 진단을 실시(2013년 6월 이후)하는 등 부처에 대한 감독 권한을 확대하는 한편 실현가능성이 떨어지는 '사무공간의 스마트 오피스 전환'을 삭제하면서 행정 · 재정적 부담을 덜어내었고, '복무관리 강화' 삭제로 의도적인 잦은 출장 등으로 인한 복무 기강 해이에 대한 통제는 행사하지 않는 일견 모순적인 모습을 보인다. 아울러 앞서의 특징이었던 정책 소통 인프라 측면과 IT기술 활용 측면이 유지되었음을 파악할 수 있다.

3 이전기(세종시 출범 후~현재)

세종시 출범 후 다양한 행정 비효율이 앞서 관련 기사에서처럼 실제 노출되기 시작했고, 이에 대한 실태조사들도 진행되었다(한국능률협회, 2012; 허준영, 2013). 관련 연구에서 도출된 행정 비효율 문제를 발생 원인과 구체적인 문제점 위주로 정리하면 다음과 같다.

첫째, 부처 내에서의 업무 관련 행정 비효율 문제 발생 요인은 주로 청와대나 다른 부처, 국회 대응을 위한 서울 출장 소요 시간과 비용의 증가와 관련되어 있다. 구체적으로는, ① 업무 유관자의 출장 빈도 증가, ② 장·차관의 잦은 외부 출장으로 인한 업무 공백, ③ 상관의 출장으로 인한 결재 등 업무 대기 시간 증가, ④ 조직몰입도 약화로 조직 생산성 저하, ⑤ 대면 보고를 해야 '일을 좀 했다'고 여기는 조직문화 등이다. 특히 부처 책임자의 빈번한 부재로 부처는 구심점을 갖지 못하게 되어 업무 추진에 탄력성을 유지하기 어렵고 정책품질이 떨어질 우려가 있다는 점을 지적할 수 있다.

둘째, 다른 부처와의 업무 관련 행정 비효율 문제는 주로 이전 부처와 잔류 부처 간의 업무 협의가 대면회의로 이루어지는데서 기인한다. 구체적으로는 ① 출장 시 교통 수단 및 운행 시간 제약으로 인한 시간 낭비 발생, ② 원거리 회의 참석으로 인한 시간·비용의 비효율성 증가, ③ 원거리 업무 협의의 상대적 증가 및 이로 인한 시간·비용 증대, ④ 주관 부처 위주의 장소·시간 지정 문제 등이다. 특히 각 부처의 참석 대상자가 동일한 경우에도 기획·조직·인사·예산 등에 해당하는 기획·지원 부처 위주의 조율되지 않은 장소·시간 지정은 불필요한 출장을 양산시킨다는 점이 지적되었다.

대(對)국회와의 업무 관련 행정 비효율 문제는, 국회까지의 이동 소요 시간과 비용 증가에도 불구하고 대면보고 요구 관계는 변하지 않음으로 인한 다양한 행정 비효율이 발생한다. 구체적으로는, ① 정기국회 등 국회 업무 현장 대응으로 인한 출장 및 업무 증대, ② 국회 관계자(보좌진 등)의 업무 관련 대면 협의 요구 발생, ③ 국회 출장 시 업무를 수행할 수 있는 전용공간 및 인프라의 미흡, ④ 간부의 국회 등원 시 비효율적인 수행 인원의 동행, ⑤ 국회 업무의 현장 대응 시 고위간부의 대면 소통 요구 등이다. 한편 총리실, 국토교통부 등 부처 자체적으로 대규모 수행 인원을 줄이는 노력이 이루어지고 있는 중이며, 국회 관계자의 급한 호출의 경우 좌석 매진 등을 이유로 일정 조율의 여지가 생기는 등 대국회 관계가 좀 더 수평적으로 변모되고 있음도 발견할 수 있다.

셋째, 대민간과의 업무 관련 행정 비효율성 문제는 주로 접근성으로 인한 수도권 전문가 소집이나 민원인의 방문이 어려워졌다는 점에서 추가적인 행정 비효율이 발생된다. 구체적으로는, ① 민간단체와의 정책 및 업무 협의 활동 시간과 비용 증대, ② 민간위원 위촉 시 수도권 전문가 섭외의 어려움, ③ 이해관계 단체의 수도권 편중으로 인한 업무 출장 발생, ④ 민간단체와의 협업 시 이동 거리 수반, ⑤ 수도권에 있는 업무 이해관계자와의 관계 관리 기회비용 증대 등이다.

비록 거리 증대로 인한 방문 민원은 급감한 반면 비대면(전화, 온라인 등) 민원이 증가되거나 본부 직원으로 업무 부담이 전가되기도 했는데, 한편 현지 전문가들과의 접촉이 증가하고 수도권 이익단체들의 영향으로부터 자유로워지게 된 부분도 있는 것으로 나타났다. 한편 실태 인터뷰 조사와 더불어 개별 행정 비효율성 인식 정도에 대해 설문한 결과는 <표 4-5>와 같다.

설문에서 제시된 행정 비효율성 문제들이 이전으로 인해 대부분 보통(3점) 이상, 즉 비효율성이 있다는 평가를 받았는데, 네 가지 관계 중 가장 행정 비효율이 심각한 것으로 평가된 것은 대(對)민간 관계(4.0), 그리고 부처 간(3.9), 대국회(3.8), 부처 내(3.7) 순으로 이전 전과 비교해 행정 비효율성을 인식하는 것으로 나타났다. 단일 항목으로는 민간위원 위촉 시 수도권 전문가 섭외의 어려움(4.5)과 출장 시 교통 수단 및 운행 시간 제약으로 인한 시간 낭비 발생(4.5)이 가장 높았고, 이어 원거리 회의 참석으로 인한 시간, 비용의 비효율성 증가(4.4), 상관의 출장으로 인한 결재 등 업무 대기 시간 증가(4.3), 원거리 업무 협의의 상대적 증가 및 이로 인한 시간, 비용의 증대(4.3), 정기국회 등 국회 업무 현장 대응으로 인한 출장 및 업무 증대(4.2) 순이었다.

세종시 출범 후 대책들을 살펴보면, 세종특별자치시지원단은 '세종시 이전에 따른 행정 비효율성 대처 방안'(2012.9.12)에서 행정 비효율성을 '잦은 출장, 의사결정・처리 지연 등'으로 파악하면서 IT기술 활용을 통한 '디지털 행정문화 정착'을 다음과 같이 제시하고 있다. ① 높은 영상회의실 구축 단가로 인해 단기간 충분한 시설 확충이 어렵다는 점에서 부처별 영상회의실 부족이 예상되는 점, ② 디지털 환경에 대한 낮은 인식 및 체험 기회 부족으로 인해 무관심이 유발된다는 점, ③ 원거리 거주 민원인의 방문 민원 시 불편 해소 대책이 미흡하다는 점이 운영상 문제점으로 제시되었고, 이에 따라 각각 ① 업무 성격에 따라 다양한 영상통신 방식 구현으로 실용성 확보, ② 실천과 체험 위주의 접근으로 디지털 행정문화 조기 정착, ③ 총리실 내 간부회의 등 영상회의 추진 등을 개선 및 실천 방

표 4-5 관련 기관 간 행정 비효율성 인식 정도 (단위: 점)

	문항	평균*
부처 내	업무 유관자의 출장 빈도 증가	4.0
	장차관의 잦은 외부 출장으로 업무 공백	3.9
	상관의 출장으로 인한 결재 등 업무 대기 시간 증가	4.3
	대면보고 선호하는 조직문화로 인한 업무 비효율성 증가	3.4
	전자정부 시스템(스마트워크센터, 클라우딩 체계 등)의 미비	3.1
	소계	3.7
부처 간	원거리 회의 참석으로 인한 시간, 비용의 비효율성 증가	4.4
	회의 대리 참석으로 인한 업무 품질 저하	3.3
	주관 부처 위주의 장소 지정	3.8
	원거리 업무 협의의 상대적 증가 및 이로 인한 시간, 비용의 증대	4.3
	비대면 보고/협의에 대한 정확한 의사 전달 역량의 부족	3.6
	출장 시 교통 수단 및 운행 시간 제약으로 인한 시간 낭비 발생	4.5
	전자정부 시스템(화상회의, 메신저 기능 등)의 부처 간 호환성 부족	3.6
	소계	3.9
대(對) 국회	정기국회 등 국회 업무 현장 대응으로 인한 출장 및 업무 증대	4.2
	간부의 국회 등원 시 비효율적인 수행 인원의 동행	3.5
	국회 관계자(보좌진 등)의 업무 관련 대면 협의 요구 발생	3.9
	국회 업무의 현장 대응 시 고위간부의 대면 소통을 요구	3.6
	국회 출장 시 업무를 수행할 수 있는 전용공간 및 인프라 부재	3.8
	소계	3.8
대(對) 민간	민간위원 위촉 시 수도권 전문가 섭외의 어려움	4.5
	민간단체와의 협업 시 이동거리 수반	4.0
	이해관계 단체의 수도권 편중으로 인한 업무 출장 발생	4.0
	관련 협의체와의 회의 장소 섭외의 어려움	3.8
	수도권에 있는 업무 이해관계자와의 관계 관리의 기회비용 증대	4.0
	민간단체와의 정책 및 업무 협의 활동 시간과 비용 증대	4.1
	민간협의체와 일시적으로 공유 가능한 인프라 시스템(영상회의, 통합 운영, 연동 체계 등) 부족	3.9
	소계	4.0

* 전혀 그렇지 않음(1점), 그렇지 않음(2점), 보통(3점), 그러함(4점), 매우 그러함(5점)의 평균값
출처: 허준영(2013)의 데이터를 활용하여 계산.

안으로 제시했다.

이 계획은 앞서 안행부의 계획과 기본적으로 인프라 측면 및 IT기술 활용 측면 중시의 큰 흐름은 유사하나 한편으로 인식적인 측면의 개선을 강조하는 등 문화적인 측면에 대한 고려가 포함되었다는 점에서 차이점을 발견할 수 있다. 그러나 문제점의 원인을 영상회의실을 활용하지 않는 부처 및 개인에게 전가하고 있고, 밑에서부터의 자연스러운 공감대 대신 총리실에서부터 그리고 간부진부터라는 하향적(top-down) 방식은 오히려 자연스러운 수용을 저해할 수도 있다고 보여진다.

이후 행정 비효율성 문제에 대한 대책은 영상회의 활성화 추진 방안으로 귀결되는데 안전행정부 스마트서비스과의 '행정 효율성 향상을 위한 영상회의 활성화 추진 방안'(2013.6)에 따르면 세종시와의 원활한 업무 수행을 위해 과학기술 활용을 전제로 화상회의를 최대한 이용할 수 있도록 시도(2013.4.22 수석비서관 회의)하고, 세종시 이전은 ICT 활용을 전제로 원격화상회의가 가능함에도 관례를 따르는 것을 확 바꾸는 계기(2013.5.28, 국무회의)로 삼아야 한다는 대통령 지시가 추진 배경으로 작용했다. 이 대책에서도 행정 비효율성의 문제를 원거리 출장 증가로 인한 행정적 · 사회적 비용 증가에 대한 대책, 국민 · 기업들의 정책자문 및 민원 신청을 위한 교통비용 및 기회비용을 들었으나 해결책은 가장 '효율적인 수단'인 영상회의의 활성화로 귀결시켰다. 한편 영상회의 조기 정착을 위해서는 종합적이고 체계적인 접근이 필요하다고 보았는데, 행정문화(대면문화에 익숙한 행정관행) 및 기술적 미비(기관별 영상회의 시스템 간 상호 미연계)로 인해 영상회의 활성화가

표 4-6 행정 효율성 개선을 위한 3대 분야 8대 과제(2013)

1) 회의문화 개선 ① 주요 회의의 영상회의로의 전환, ② 영상회의에의 접근성 제고, ③ 인식 개선 및 홍보 · 교육 강화
2) 인프라 개선 ④ 영상회의실 확충, ⑤ 범정부적 영상회의 상호 연계, ⑥ 영상회의 이용 및 운용 환경 개선
3) 법제도 개선 ⑦ 관련 법령 개정 및 세부 규정 마련, ⑧ 추진 체계 정립

출처: 안전행정부 스마트서비스과(2013).

어렵다는 점을 지적하며 행정적 · 제도적 · 기술적 개선 과제의 동시 병행 추진을 <표 4-6>과 같이 제시했다.

이 계획은 인프라 측면 및 문화의 개선을 주로 염두에 두고 있다는 점에서 앞서 계획과 유사점이 있으나 주로 영상회의 활성화에 초점을 두고 실현 가능한 구체적인 수준에서 다루고 있다는 점에서 그리고 관련 규정과 체계 마련을 염두에 두고 있다는 점에서 실무적인 계획으로 평가할 수 있다. 다만 행정 비효율 문제의 대안을 영상회의 활용에만 초점을 두고 있고, 주요한 회의에 대한 의무적 영상회의 전환 및 평가 부분은 오히려 반발을 살 수도 있다는 점에서 추진 방식의 적용에 신중을 기할 필요가 있다.

제 4 절 사례의 쟁점

1 행정 비효율성 개념

세종시 문제와 관련하여, 행정 비효율성은 2005년 초기만 해도 국정 운영 및 대(對)국회와 대민간을 포함하는 광의적 개념이었으나 이후 주로 행정부 내부 그 중에서도 출장 및 업무 지연과 민간/민원인의 방문 불편에 국한하면서 행정문제의 축소화가 이루어졌다. 이러한 문제 인식의 축소화는 선택 가능한 대안의 축소화로 귀결되는데 당초 국정 운영 효율화, 국회 운영 시스템 개선, 민간과 교류 협력 증진 등의 추상적이긴 하나 본질적인 대안들은 점차 사라지고 그 자리를 IT 활용 방안, 그 중에서도 영상회의 활용이라는 가시적이고 기술적인 대안에 국한하게 되었다. 그러나 문제는 중앙행정기관의 세종시 이전으로 파생되는 문제 중 이러한 협의의 행정 효율성 외에 광의의 행정 효율성이라고 할 수 있는 국정조정 문제 등 국정 전반의 문제들이 공론화되지 못하는 바람에 정작 문제가 심각해진 후에야 인지했을 때는 이미 상당한 희생을 감수할 수도 있다는 점이다. 독일의 경우, 인력 수급계획 문제, 정서관리 및 일과 삶 문제 등 광범위한 행정 비효율 문제가 파생되었다는 점을 반면교사로 삼을 필요가 있다.

예를 들어, 행정 효율성을 거시적 관점에서 이해한다면, 장기적으로 볼 때 공무원의 질(quality) 관리가 중요해질 수 있다. 즉, 고급 인재들의 세종시 근무 기피 현상이 가속화될 수 있다는 것이다. 독일의 경우 커리어를 중시하는 젊은 공무원의 경우 본(Bonn)보다 베를린(Berlin)을 선호하여 인력 수급에 애로 사항이 발생하고 있다고 알려져 있는데 세종시의 경우에도 두뇌 유출(brain drain) 현상이 심각해질 수 있기에 이에 대한 적극적인 대책을 지금부터라도 마련해 둘 필요가 있다. 독일의 경우 베를린 생활에 적응하지 못한다거나 마음에 들지 않으면 본으로 돌아갈 수 있으나 한국의 경우 그렇지 못하다는 점에서 더 큰 어려움을 가중시킬 수 있다.

2 스마트 행정문화의 중요성

주관 부처인 안전행정부와 세종시 관련 총괄기관인 국정조정실에서 일관성 있게 제안하고 있는 행정 비효율성 개선책은 IT 활용 위주의 방안으로 영상회의 및 스마트워크센터를 적극 이용하는 것으로 나타났다. 그러나 아직까지 활용 실적에 대한 평가는 양호하지 않은 것이 사실이며, 이에 대한 근본적인 보완책에 대한 요구가 점차 높아지고 있다고 보여진다. 2013년 5월 현재, 영상회의실은 국무회의용 2개, 정부 공용 4개, 개별 부처용 4개, 스마트워크센터 4개로 총 14개가 운영되고 있으나, 사용 실적이 낮고 동종 회의실 간에만 연결되는 전용망의 설치로 전체 회의실의 연계성이 제한되어 있다(박덕수, 2013).

이와 관련하여, 정부의 IT 인프라에 대한 강조 정책 외에도 이러한 비대면적인 문화에 친화적인 행정문화 조성이 선행될 필요가 있다. 아울러 비대면적인 소통 수단으로 영상회의만 고집할 필요는 없을 것으로 본다. 이메일, 모바일, 문자 활용 혹은 소규모의 경우 텔레컨퍼런스(teleconference) 등 쉽게 활용할 수 있는 비대면 소통 방식이 존재하나 일률적으로 영상회의를 강요하는 것은 오히려 행정 비효율성을 증가시킬 수 있다. 현재 회의 중에서도 원거리 회의는 원칙적으로 영상회의를 의무화한다거나, 속기록 작성 회의를 우선적으로 영상회의로 한다는 지침에 대해서는 자칫 의도와 다르게 회의 활성화를 저해할 수도 있다는 점을 감안할 필요가 있다. 속기록 적용 회의의 경우에도 오히려 기록에 남는 것을 두려워해 발언을 자제할 가능성이 있다.

3 정책 당사자 간의 관계 개선 및 공동 노력

국회와 민간 관련 의견 수렴 등 정책 당사자들과의 적극적인 관계 개선을 통해 개선 방안을 마련할 필요가 있다. 이를 위해 국회 사무처와 여야 국회의원 원내총무와 '(가칭) 세종시 행정 효율성을 위한 TF' 등 대책협의체를 발족하여 진지하게 논의할 필요가 있다. 이 문제는 향후 이전기관이 증가하는 것뿐만 아니라 공공기관의 혁신도시로 지방 이전에 따라 유사한 문제를 겪게 될 것이므로 초기부터 확실하게 해결 의지를 보이고 해결 방안을 모색할 필요가 있다. 특히 종래 행정 비효율 문제가 가장 첨예하게 나타나고 있는 대(對)국회 간의 소통 개선 방안을 도출하기 위해서는 권위주의적인 갑을 관계가 정책 파트너 관계로 변화될 필요가 있다. 현재 행정부 내부의 통제만 이루어지고 있는데 책임 있는 정책 소통 당사자로서 의회의 적절한 역할을 요구할 필요가 있다. 독일의 경우 연방의회에서 행정부의 국회 출석 인원을 제한하거나, 행정 비효율에 관한 비용 보고서를 보고받고 예산상의 통제를 가할 수 있는 체계를 활용하고 있다는 점에서 우리도 마찬가지로 실제 입법 책임이 있는 의회의 역할 제고를 고민해 벤치마킹할 필요가 있다. 아울러 이전 부처 및 관련 공무원들의 자발적 수용 자세와 다양한 노력이 필요하며, 지원·조정 부처인 국무총리실과 안전행정부, 기획재정부의 경우 이전으로 인한 행정 비효율 문제에 대해 밑으로부터의 요구를 적극 청취하고 협의하면서 대안을 제시하는 노력으로 진정성을 보여줄 필요가 있다고 본다. 아울러 이전으로 인해 좀 더 긍정적인 변화들을 부각시키고 강화해 나갈 필요가 있다.

4 유사 사례 벤치마킹

현재까지 행정부의 접근이 주로 기술적인 측면에서 행정 효율성 문제를 다루어 왔다면 본-베를린 부처 분할을 겪고 있는 독일 사례는 관계적인 측면에서 어떻게 행정 비효율성을 감소시킬 수 있을지에 대한 유익한 시사점을 제공할 수 있다고 본다. 독일의 경우 의회의 적극적인 역할이 특징적인데, 이전 자체가 의회의 민주적 결정에 따른 것이기에 의회의 협조는 당연히 전제한다는 관계의 배경이 작용하고 있고, 따라서 오히려 의회가 주도적으로 행정 효율성 문제를 이끌어야 한다는 분위기가 있다. 예를 들어, 독일에서는 매년 연방정부가 본-베를린 연방기관 분할로 인한 부처별 소요 비용과 대응정책 평가 및 절감계획을 의회에 「비용분할보고서(Teilungskostenbericht)」라는 형태로 제출하고 이에 대해 검토하고 연방감사원(Bundesrechnungshof)에서 확인하는 등의 외적 통제가 상시화되어 행정부의 행정 비효율성은 끊임없이 감시와 감독의 대상이 되고 있다. 정부 전체뿐만 아니라 각 부처의 노력도 주요한 감시 대상이며, 행정 비효율 관련 주요한 수치(출장 횟수와 출장비 및 기타 비용 등)는 모두 공개된다는 점에서 부처 내부적으로 출장 기록을 관리하고 있는 한국 현실에 비추어 좀 더 투명한 행정이 가능하게 하는 기제가 되고 있다고 본다.

제 5 장

우정사업에서 국가독점권의 변화

김두래

제 1 절 들어가는 글

우리나라에서 근대적 우정사업의 시작은 우정총국이 설치되어 최초로 우표가 발행되고 한성과 인천 사이에 우편물의 송달이 개시되었던 1884년으로 거슬러 올라간다. 1900년에 이미 우리나라는 만국우편연합에 가입했고 국제우편 업무도 시작했다. 그러다가 1905년 일본에게 통신권을 빼앗기고 식민지 시대에 전국적인 우편 배송 체제를 갖추게 되었다. 1948년에 대한민국 정부가 수립되어 체신부가 우정 업무를 관장하게 되었으나 이에 대한 법적 근거도 없이 식민지 시대의 법령에 의존하고 있었다(국회 교통체신위원회, 1959년 우편법심사보고서). 그러다가 1960년에 이르러 국회에서 우편법과 우편물운송법을 제정하게 되었다.

1960년 2월 1일에 공포된 우편법은 두 가지 측면에서 우리나라 우정사업의 근간을 마련하고 있다. 우선, 제1조에서 "郵便은 政府가 管掌한다"라고 명시하여 우편사업을 국영(國營)으로 한다는 원칙을 확립했다. 둘째로는 제2조에서 "누구든지 信書의 送達을 業으로 하지 못한다"라고 하여 영리를 목적으로 하는 민간업자의 진입을 제한하고 있다. 이들 조항의 문구는 이후 우리나라 우편법이 수차례 부분적으로나 전면적으로 개정되는 와중에도 유지되고 있다. 따라서 우리나라는 우편법을 제정할 때부터 우편사업에 관한 정부기관의 독점이 보호되는 유보 영역(reserved area)을 확보했다고 볼 수 있다.

역사적으로 서신의 수집과 배송 사업에 대한 정부의 독점(letter monopoly)이 확립된 과정에 대해서는 여러 해석이 가능하다(Crew & Kleindorfer, 1992). 유럽의 봉건시대에 왕과 귀족 세력들이 한편으로는 정치 · 군사적 이유로 정보와 지식의 확산을 막기 위해 통신을 통제하려고 했고, 다른 한편으로는 국가의 재정을 확충하기 위해 우편사업에 대한 국가의 독점을 유지했다는 정치적 해석이 있다. 둘째로는 광범위한 지역에 서신을 송달하기 위해서는 방대한 물류 네트워크를 구축해야 하는데, 이러한 기반시설의 확대와 유지에 소요되는 막대한 고정비용을 감당하기 위해서는 국가재정의 투입이 불가피하므로 자연독점 상태에 이를 수밖에 없었다는 경제학적 설명도 있다.

이러한 정치 · 경제적 이유보다 더욱 분명하게 정부의 서신 독점을 뒷받침한 논거는 19세기 영국에서 단행된 우편 개혁에서 그 연원을 찾을 수 있는 보편적 서비스 의무(universal service obligation)의 개념이라고 할 수 있다(Crew & Kleindorfer, 2000). 보편적 서비스 의무란 정부의 관할권이 미치는 모든 지역에서 우편의 수집과 배송 서비스에 대한 접근이 보장되어야 하고(ubiquity), 지리 · 지형적 조건에 상관없이 저렴한 동일 요금으로 빠른 송달이 가능해야 한다(uniformity)는 두 가지 원칙으로 정의될 수 있다. 원래 17세기 후반 런던 일원에서 소형 우편물의 배송에 동일요금제를 적용했던 것이 1840년에 단행된 영국의 우정 개혁을 기점으로 본국과 해외 식민지 지역으로 확대되면서 형성된 개념이었다. 이러한 보편적 서비스를 제공해야 할 의무가 영국의 로열 메일(Royal Mail: 우정공사)에 부여되면서 근대적인 의미에서 국가의 서신 독점이 확립되었다고 볼 수 있다. 즉, 서신의 수집과 배송 사업에 대한 국가의 독점이 보편적 서비스 의무를 안정적으로 수행하기 위한 수단으로서 정당화되었던 것이다.

이와같이 역사적으로 국가의 서신 독점과 우정 당국의 보편적 우편 서비스 의무가 서로 맞물려 발전되어 온 서구의 국가들과는 달리 우리나라에서 우편 법령에 보편적 서비스 의무의 개념이 도입된 것은 1997년의 우편법 개정으로 이루어졌다. 이 법령 개정으로 우정 당국이 "기본 우편 역무"를 제공해야 한다는 의무조항이 신설되었고, 여기에서 "기본 우편 역무"는 "전국에 걸쳐 효율적인 우편 송달에 관한 체계적인 조직을 갖추어 모든 국민이 공평하게 (중략) 우편물을 적정한 요금으로 보내고 받을 수 있는 우편 역무"로 정의되었다. 그리고 2011년의 우편법 개정으로 "기본 우편 역무"를 "보편적 우편 역무"로 용어를 고쳐 쓰고 그 적용 범위를 정하게 되었다. 비록 이미 그 이전부터 우리나라의 우정 당국도 보편적 서비스라는 근대 우정 개혁의 목표를 추구했을 수 있으나 이를 정부의 의무로 공식화한 것은 1960년 우편법 제정 이후 거의 40여년이 경과한 때였다. 따라서 우리나라는 정부의 서신 독점을 먼저 법제화한 이후에 우정 당국에 보편적 서비스 의무를 부여한 경우라고 볼 수 있다.

현재 우리나라의 우편 법령 체계만을 놓고 보면 국가의 서신 독점권이 확립된 것으로 보인다. 그러나 최근 급격하게 변화하고 있는 정보통신 환경에 대응하기 위해 많은 나라가 우편시장을 민간에 개방하는 우정 개혁을 단행하면서 국가의 독점력을 약화시키는 세계적인 추세에서 우리나라가 예외인 것은 아니다. 우리 정부도 그동안 여러 번에 걸쳐 우편 법령을 개정하면서 예외 조항을 확대하는 방식으로 우편사업에서 국가 독점의 영역을 축소해 오고 있다. 그뿐만 아니라 국가 독점 영역에 대한 민간 사업자의 진입을 실효적으로 규제할 수 있는 법적 수단도 완비되어 있지 않은 상황이다. 또한 우편사업 중에서 국가의 서신 독점이 인정되는 유보 영역에 비해 수익성이 높은 경쟁 영역에서 민간 운송업체의 급성장으로 인해 우정 당국의 우편사업 수익도 감소하고 있는 추세이다. 이러한 제반 여건의 변화로 인해 정부의 우편사업에 대한 지배력은 약화되는 데 반해 막대한 비용이 소요되는 보편적 서비스 의무는 유지되어야 하는 모순이 심화되고 있다.

이 장에서는 우리나라의 우정사업에서 국가독점권의 변화를 살펴보면서 그 과정에서 대두되는 정책적 문제들을 중심으로 논의를 진행하고자 한다. 첫째, 보편적 서비스 의무를 부담하고 우정 당국의 독점적 사업권이 보장되어야 하는 유보 영역을 실효적으로 유지하는 문제, 둘째, 보편적 서비스 의무가 적용되지만 유보 영역에서 제외된 우편사업에서 우정 당국과 민간 사업자의 관계, 셋째, 민간 우편사업 영역에서 공익성과 효율성의 균형, 마지막으로, 보편적 우편 서비스를 유지하는 데 소요되는 재원의 확보 수단으로서 교차보조를 허용하는 문제 등이다.

제 2 절 사례의 배경

우리나라의 우편 관련 법령에서 우정사업의 주체는 국가이며 미래창조과학부 장관이 관장하도록 되어 있고, 실제 사업의 운영과 관련된 구체적인 업무는 우정사업본부에 위임하고 있다. 우정사업본부에서 관장하고 있는 업무 영역은 크게 우편과 금융으로 구성되어 있다. 우편사업은 서신, 통화, 소형 포장 우편물을 포함하는 통상우편물과 그 이외의 물건을 포장한 소포우편물을 대상으로 한다. 여기에는 우리나라가 다른 국가들과 체결하는 자유무역협정(FTA)이 적용되는 국제서류도 포함되어 있다. 우정사업본부에서 관장하는 금융사업은 우체국예금과 우체국보험으로 구성되어 있다. 이렇게 다양한 우정사업의 영역에서 국가의 독점이 보호되는 유보 영역과 보편적 서비스 의무가 적용되는 영역은 [그림 5-1]이 보여주는 바와 같이 모두 우편 부문에 국한된다.

그림 5-1 독점, 경쟁 및 보편적 서비스 의무 영역

<table>
<tr><td>국가 독점</td><td colspan="5">시장 경쟁</td></tr>
<tr><td colspan="4">우편</td><td colspan="2">금융</td></tr>
<tr><td>서신</td><td>통상(서신)</td><td>소포(택배)</td><td>국제</td><td>예금</td><td>보험</td></tr>
<tr><td colspan="3">보편적 서비스 의무(USO)</td><td colspan="3">USO 미적용</td></tr>
</table>

출처: 우편 법령을 참고하여 저자 작성.

1 우정사업에서 국가독점 영역과 경쟁 영역의 구분

우리나라에서 국가가 우편사업의 주체로 명시되어 있으나 모든 우편사업의 영역에서 국가의 독점권이 인정되는 것은 아니다. 우정사업에서 국가 독점의 범위는 두 가지 기준으로 규정되어 있다. 첫째, 우편법에 명시된 "서신"의 정의이고, 둘째, "서신"의 중량 및 요금 기준이다. 우선, 우리나라에서는 우편물의 종류를 기준으로 국가 독점의 영역을 구분할 수 있는데, 그 이유는 우편법에서 영리를 목적으로 "서신의 송달"을 운영하는 것을 금지하고 있기 때문이다. 즉, "서신"을 대상으로는 오직 국가의 정부기관만이 우편 업무를 수행할 수 있다. 따라서 "서신"에 대한 법적인 정의에 따라 국가 독점의 범위가 정해진다. 우편법 제1조의 2에서 "서신"은 다음과 같이 정의되어 있다.

> "서신"이란 의사전달을 위하여 특정인이나 특정 주소로 송부하는 것으로서 문자 · 기호 · 부호 또는 그림 등으로 표시한 유형의 문서 또는 전단을 말한다. 다만, 신문, 정기간행물, 서적, 상품안내서 등 대통령령으로 정하는 것은 제외한다.

이러한 "서신"에 대한 법적 정의를 고려할 때, 국가 독점의 영역은 대통령령에서 어떤 문서 또는 전단을 "서신"의 범주에서 제외하는가에 따라 정해진다. 다음 절에서 살펴보겠지만 우편법 시행령의 "서신 제외 대상"은 수차례에 걸쳐 변천을 거듭해 왔다. 현행 우편법 시행령은 신문, 잡지, 분량 · 제본 형태 등의 요건을 충족한 서적, 상품안내서, 화물 첨부서류와 송장, 국제서류, 회사 내부에서 수발하는 상업용 서류, 신용카드를 서신에서 제외하고 있다.

다음으로 "서신"의 중량과 요금을 기준으로 하면 국가의 독점 영역은 더욱 좁아진다. 우편법에 의하면 "서신" 중에서 그 중량이 350그램이 넘거나 우편요금이 "통상우편요금"의 10배를 넘는 경우에는 서신 송달을 영업할 수 있도록 되어 있다. "통상우편요금"은 우편법 시행령에서 정하고 있는데 "중량이 5그램 초과 25그램 이하인 규격 우편물의 보통우편요금"으로 규정되어 있다. 2013년 8월 1일부터 적용되는 해당 요금은 300원이다(미래창조과학부 고시 제2013-31호).

이렇게 우편물의 종류와 중량 및 요금의 기준을 적용하면 우편사업 중에서 국가 독점의 범위는 우편법에서 정한 "서신" 중에서 중량이 350그램을 넘지 않거나 우편요금이 3,000원을 넘지 않는 우편물을 대상으로 하는 사업이라고 볼 수 있다. 이를 제외하고 우정사업 부문 중에서 통상우편물과 소포우편물의 우편사업과 우체국예금 및 보험의 금융사업은 모두 민간 사업자의 시장 진입이 허용된 경쟁 영역에 해당된다.

2 보편적 서비스 의무 영역

우리나라에서 우편사업은 공평하고 적정한 우편 서비스를 제공하여 공공의 복지를 증진시키는 것을 목적으로 하고 있다(우편법 제1조). 이러한 목표를 구체화하고 있는 것이 보편적 우편 서비스 제공의 의무이다. 우선, 우편법에서 정하고 있는 “보편적 우편 역무”의 대상은 2킬로그램 이하의 통상우편물과 20킬로그램 이하의 소포우편물을 포함하고 있다. 따라서 앞서 살펴본 국가의 서신 독점이 인정되는 유보 영역과 비교했을 때 우정 당국의 보편적 서비스 의무가 적용되는 우편사업의 범위가 훨씬 넓게 정해져 있다는 것을 알 수 있다.

또한 보편적 서비스 의무는 우편물의 수집 및 배달 빈도, 배송에 소요되는 시간, 이용 조건과 관련된 기준을 충족시켜야 완수될 수 있다. 이러한 사항은 우편법 시행규칙에서 규정하고 있다. 우편법 시행규칙에서는 우편 업무에 대한 사항을 크게 보편적 우편 역무와 선택적 우편 업무로 구분하고 각각에 대해 우정 당국이 달성해야 할 업무 기준을 정하고 있다. 보편적 우편 서비스의 업무 기준은 다음 사항을 포함하고 있다.

- 1 근무일에 1회 이상 우편물의 수집 및 배달
- 3일 이내 송달
- 도서 · 산간 · 오지 지역에 대한 송달 기준
- 우편물의 종류와 지역별 우편 송달 기준
- 보편적 우편 역무에서 제공하는 우편 서비스의 종류

지금까지 살펴본 바와 같이 우리나라의 우정사업에서 국가 독점은 통상우편물인 서신의 일부에 대한 우편사업으로 한정되어 있고 공공복리의 증진을 위한 보편적 서비스 의무는 통상우편물과 소포우편물에 적용되고 있다. 국가의 서신 독점이 보편적 서비스 의무를 수행하고 있는 우정 당국의 시장지배력을 유지시키는 수단으로서 정당화된다는 관점에서 볼 때 우리나라에서 국가 독점의 범위가 장기적으로 보편적 서비스의 유지를 뒷받침할 만큼 적정한지에 대해 부정적으로 평가될 수 있다. 다음에서는 국가 독점 영역이 변화한 과정에서 보편적 서비스 의무 영역과의 괴리가 발생하면서 대두되는 문제들을 살펴보기로 한다.

제 3 절 사례의 쟁점

여기에서는 우리나라 우정사업에서 국가 독점이 인정되는 유보 영역을 효과적으로 보호할 수 있는지, 보편적 서비스 의무가 적용되는 영역과 미적용 영역 사이에 발생할 수 있는 우편 서비스 품질의 차이에 대해 어떻게 접근할 수 있는지, 그리고 보편적 서비스 의무 영역에서 민간 사업자와의 경쟁으로 인해 발생하고 있는 재원 손실에 대해 어떻게 대처할 수 있는지 등의 정책적 문제를 둘러싼 쟁점들을 검토하기로 한다.

1 국가 독점 영역의 축소와 실효성

우선 우편사업에서 국가 독점이 인정되는 서신 송달 부문의 유보 영역이 어떻게 변화해 왔는지를 살펴보고자 한다. 이미 논의한 바와 같이 현재 국가 독점 영역은 "서신"의 정의와 "서신"의 중량 및 요금에 의해 정해지고 있다. 그러나 <표 5-1>에서 확인할 수 있는 것처럼 우리나라에서 국가 독점 영역의 구분은 매우 유동적이었다. 1960년 우편법이 제정되었을 때에 서신(혹은 信書)의 송달에서 국가 독점으로부터 제외되는 대상은 화물에 부착된 첨장과 송장이었다. 즉, 그 당시만 하더라도 서신 송달은 거의 전적으로 국가 독점의 대상으로 인정되었던 것이다. 그러던 것이 1983년에는 외국과 수발하는 수출입, 외자 및 기술 도입, 외국환 관련 서류가 추가되어 국가 독점 영역이 다소 축소되었다. 따라서 과거와 비교했을 때 현재의 국가 독점 영역은 제외 대상의 확대로 인해 매우 축소된 상태임을 알 수 있다.

표 5-1 서신 송달에서 국가 독점 제외 대상의 확대

연도	1960a	1983b	2011c
제외 대상	화물의 첨장과 송장	화물의 첨장과 송장 외국과 수발하는 수출입 서류 외자 및 기술 도입 관련 서류 외국과의 외국환 관련 서류	화물의 첨장과 송장 외국과 수발하는 국제 서류 신문 정기간행물 서적 상품안내서 회사의 상업용 서류 신용카드 350그램을 넘는 서신 통상우편요금의 10배를 넘는 서신

출처: a) 우편법 제2조(법률 제542호); b) 우편법시행령 제3조(대통령령 제11218호); c) 우편법 제2조(법률 제11690호)와 우편법시행령 제3조(대통령령 제24442호).

이러한 서신 독점 영역의 축소는 정부의 우편사업 실적에 직접적으로 영향을 미치고 있다. 2011년 우편법 개정 이후 서신 독점 영역이 대폭 축소되면서 많은 민간 사업자들이 서신 송달 시장에 진입했다. <표 5-2>에 정리되어 있는 바와 같이, 2012년 9월을 기준으로 정부에 신고한 서신 송달업체의 수는 2,310개에 달한다(우정사업본부, 2012b). 2011년 우편 매출 총액은 25,110억 원이고, 이 중에서 서신을 포함한 통상우편 사업 매출은 16,844억 원으로 67.1%를 차지했다. 정부는 서신 독점에서 제외되어 민간 사업자와의 경쟁에 노출된 사업 부문이 통상우편 사업 매출의 18.2%를 점하고 금액으로는 3,056억 원에 이른다고 추산하고 있다(우정사업본부, 2012c). 만약 서신 송달 부문에서 국가 독점 영역이 더욱 축소된다면 공공복지 증진을 위한 정부의 우편사업이 더욱 위축될 가능성이 높다.

표 5-2 서신 송달업체 신고 현황(2012년 9월) (단위: 개)

구분	서울	경인	부산	충청	전남	경북	전북	강원	제주	계
본사	15	12	6	1	12	4	1	1	-	52
지사	297	670	330	293	138	297	84	131	18	2,258
계	312	682	336	294	150	301	85	132	18	2,310

출처: 우정사업본부(2012b).

다음으로 국가 독점이 인정되는 유보 영역을 보호하기 위해 민간 사업체의 진입을 효과적으로 규제할 수 있는지에 대해 살펴본다. 현재 서신 송달의 국가 독점을 위반하고 우편물을 발송한 자와 민간 사업자에 대해서는 과태료, 벌금, 징역의 벌칙이 내려질 수 있도록 되어 있다. 또한 국가 독점에서 제외되어 영업이 허가된 경우라 하더라도 업체의 설립을 당국에 신고하지 않으면 과태료가 부과된다. 이러한 서신 독점 위반 사항에 대한 벌칙에도 불구하고 과연 독점 영역에서의 시장 진입에 대한 통제가 실효적인가에 대해 의문이 제기되는 실정이다. 우선 서신 독점의 위반행위가 적발된 현황을 보면 2012년 상반기에만 796건에 이르고 있다(우정사업본부, 2012c). 그러나 이는 실제로 발생하고 있는 위반 사례 중 극히 일부에 지나지 않을 가능성이 높다. 요금 납부 인영 표시나 우표와 같이 우편물의 외형으로 위반 여부를 확인할 수 있는 경우도 있으나 대부분은 우편물의 내용물로 확인해야 하는 경우가 많을 것으로 추측된다. 타인의 우편물을 개봉하는 것은 엄격하게 금지되어 있으므로 우편법상 적법한 "서신"인지 여부를 확인하기는 어렵다.

국가 전역에서 저렴한 동일 요금으로 양질의 우편 서비스를 지속적으로 제공하기 위해서는 이러한 보편적 서비스 의무를 수행하는 우편사업자는 적절한 재정적 보조 수단을 갖추어야 한다. 우리나라와 같이 정부의 우정 당국이 보편적 서비스 제공 의무를 수행하는 상황에서 정부 예산의 재정적 확충도 없이 공공복지 증진을 위한 우편 서비스를 유지한다는 것은 불가능에 가깝다. 따라서 서신 송달사업에 대한 정부의 독점은 역사적 관성이 아니라 급변하는 우정환경 속에서 막대한 비용을 필요로 하는 보편적 서비스를 지속시킬 수 있는 재정적 보조 수단으로 그 본질을 이해할 수 있다. 즉, 공공의 복지를 증진시키는 데 필수적인 재정의 확보를 위해 우편 시장의 경쟁을 제약하는 것이다. 정부의 서신 독점권은 공공성의 잣대로 다루어야 할 사안이지 우편사업의 편익 극대화와 시장의 효율성 제고와 같은 경제적 관점에서 평가할 수 있는 문제는 아니라고 판단할 수 있다.

이러한 맥락에서 국가의 서신 독점과 관련해서 다음의 정책적 문제가 제기될 수 있다. 첫째, 향후에도 국가의 서신 독점이 인정되는 유보 영역의 범위를 유지하거나 오히려 확대해야 하는지의 여부이다. 이 문제에 대해서는 우편사업에서 국가 독점이 공공성 증진을 달성하기 위한 수단으로 정당화된다는 입장과 서신 송달 영역에 대한 민간 사업자의 진입을 허용하면 시장경쟁을 통해 우편시장의 효율성과 편익 증진을 도모할 수 있는 입장이 상충할 수 있다. 둘째는 국가 독점 영역을 효과적으로 보호하기 위해 규제를 강화해야 하는지의 여부이다. 구체적으로 공익을 위해 정부기관이 우편물의 서신 독점 위반 여부를 감시할 수 있도록 권한을 부여하거나 민간 사업자에게도 이를 확인하도록 의무를 부과하는 등의 방안을 고려할 수 있으나, 이러한 방안이 개인 정보 보호의 원칙을 위반한다는 반론이 제기될 수 있다.

2 보편적 서비스 영역에서 정부와 시장의 경합

우리나라에서는 보편적 서비스 의무가 적용되는 우편사업의 상당 부분에 대해 정부의 서신 독점이 인정되지 않고 민간 사업자의 진입이 허용되어 있다. 이와같이 보편적 서비스 영역 중에서 시장 경쟁이 허용된 부문에는 통상우편물과 소포 및 국제특송 등이 포함되어 있다. 이들은 높은 수익성으로 정부의 우편사업에서 매우 중요한 수입원이지만, 이 부문에서 보편적 서비스 제공자인 우정 당국의 시장 지배력을 보호할 수 있는 장치는 없다. <표 5-3>은 보편적 서비스 영역에서 수익 분포를 보여주고 있다. 우편사업의 통상우편, 소포, 국제특송의 부문별 사업 실적 점유율을 우편 물량과 우편 매출로 나눠 비교할 수 있다. 2011년을 기준으로 총 우편물량 48,163만 통 중에서 통상우편이 차지하는 비율은 96.9%에 이르나 총 매출액 25,110억 원 중에서는 67.1%에 머무르고 있다. 반면 소포는 전체 물량의 3.5%에 불과하지만 매출에서 차지하는 비중은 20%에 달하고 있고, 국제특송은 전체 물량의 0.5%이나 매출 점유율은 12.9%에 이른다. 이 중에서 보편적 서

표 5-3 우편사업 부문별 사업 실적 점유율(2011년)

구분	통상우편	소포	국제특송
우편 물량(48,163만 통)	96.9%	3.5%	0.5%
우편 매출(25,110억 원)	67.1%	20.0%	12.9%

출처: 우정사업본부(2012a).

비스 영역에 속하는 통상우편과 소포 부문을 비교하면 정부와 민간 사업자와의 경쟁이 치열한 소포 부문의 수익성이 매우 높다는 것을 알 수 있다.

이 영역에서 가장 근본적인 문제는 보편적 서비스 제공자인 정부와 그러한 의무를 부담하지 않는 민간 사업자 간의 경쟁이 공정하지 않을 수 있다는 점이다. 정부는 보편적 서비스 의무로 인해 수익성을 목표로 하는 시장 경쟁보다는 소비자의 편익을 안정적으로 보장해야 하므로 사업 운영에 많은 제약이 따른다. 반면, 정부의 보편적 서비스 의무 영역에서 우정 당국과 경쟁하고 있는 민간 사업자는 서비스의 질, 요금, 소비자 보호와 관련한 제약에서 벗어나 있어 신축적인 사업 운영을 통해 경쟁성을 확보하고 수익을 창출할 수 있다. 즉, 보편적 서비스 영역에서 민간 사업자는 시장 개방으로 잠재적 수익에 대해 제한 없이 접근할 수 있으나, 정부기업은 개방된 시장에서 필수적인 수익 경쟁에 나설 수 없는 것이다.

표 5-4 우체국 택배와 민간 택배 비교

구분	우체국	민간 택배사
보편적 서비스	보편적 서비스 제공 의무 * 우편법 제14조(20킬로그램 이하 소포 우편물)	의무 없음
배송 지역	45% 농어촌 지역에 산재 * 동 2,009국; 읍 · 면 1,627국	80% 도시 지역에 집중

출처: 우정사업본부(2012b).

<표 5-4>는 이러한 상황을 단적으로 보여주고 있다. 보편적 서비스 의무를 수행하는 우체국은 45%가 읍 · 면의 농어촌 지역에 흩어져 있고, 민간 택배사의 80% 이상은 수익성이 높은 도시 지역에 집중되어 있는 실정이다. 우편사업의 수익성이 대도시와 농어촌 지역에 불균등하게 분포된 상황에서 민간 사업자는 운용비용을 최소화하면서 이윤 창출을 극대화할 수 있는 대도시에 서비스를 집중하면서 도서 · 산간오지 등 수익의 창출이 제한된 지역에 대한 우편물 배송에는 정부의 우편배송망을 이용하여 비용을 전가시킬 가능성도 있다. 결과적으로 보편적 서비스 의무에 의해 영업활동이 제약되어 있는 정부의 우편사업은 낮은 수요탄력성으로 인해 장기적으로 수익률이 잠식될 가능성이 높다(우정사업본부, 2011c).

이러한 상황에서 대두되는 쟁점들을 살펴보면 다음과 같다.

첫째, 보편적 서비스 제공자인 정부와 민간 사업자의 경쟁을 합리적으로 조정하여 시장 효율성을 제고하면서 동시에 소비자에게 적정한 서비스 질을 보장하기 위해 정부와 민간 사업자에게 적용되는 우편 서비스 기준의 형평성을 제고하는 것이다. 이를 위해 정부에만 적용되고 있는 지역적 범위, 송달의 신속성, 요금 등의 기준을 보편적 서비스 영역에 진입해 있는 민간 사업자로 확대해서 적용하는 방안을 고려할 수 있다. 그러나 이 방안은 자격 요건을 충족하면 민간 사업자도 보편적 서비스 제공자의 지위를 획득할 수 있도록 문호를 개방하는 효과가 있다. 따라서 과연 국가가 아닌 민간 사업자가 보편적 서비스를 안정적으로 보장할 수 있는지에 대해 상충적인 견해가 있을 수 있다.

둘째, 우정 당국의 보편적 서비스 제공 의무 이행에 필요한 비용을 보전하기 위해 민관 협력을 추진할 수 있다. 정부는 오랜 기간 우체국, 우편집중국, 물류센터의 배송 인프라를 구축하고 있으며, 민간 물류시장의 보완재 역할을 수행하고 있다. 특히 수익성이 낮아 민간 사업자가 서비스 제공을 기피하고 있는 산간·도서·오지 등 취약지역에서 보편적 서비스 제공자로서 역할이 매우 중요하다. 또한, 우편은 배송 네트워크의 확충에 막대한 비용이 소요되지만 일단 구축 후에는 처리량의 증가에 따른 한계비용의 증가율이 매우 낮은 특성을 가지고 있다. 국가의 모든 지역에서 정부기업 인프라와 민간 네트워크가 중복된다면 효율성이 낮아지게 된다.

정부와 민간 사업자 사이에 있는 편익과 비용 분포의 구조적 불균형 상태를 해소하고 효율적인 배송 인프라의 활용을 촉진하기 위해 민간 사업자가 산간·도서·오지 등 취약지역의 우편 배송에 정부의 배송 인프라를 이용하고 그 비용의 일부를 추가 부담하도록 유도하는 방안을 고려할 수 있다. 그러나 이에 대해 민간 사업자들 간에 무임승차가 발생하여 새로운 문제를 발생시킬 수 있고, 민간 사업의 외부 효과가 입증되지 않은 상태에서 정부의 비용을 민간에 준조세로 전가한다는 반대 논리가 있을 수 있다.

셋째, 통상(서신)우편물과 소포우편물의 상당 부분을 담당하고 있는 택배사업이 공식적으로는 직종으로 정의되지 않고 소비자 권익을 보호할 수 있는 제도적 장치도 없는 상황이다. 택배업에 대한 법적 규정이 존재하지 않기 때문에 민간

사업자들이 화물자동차 운송사업 또는 화물자동차 운송주선사업으로 허가를 받아 영업하고 있고, 민간 사업자들의 저단가 출혈 경쟁, 군소업체의 난립과 무단 폐업 등의 부작용이 나타나고 있다. 이러한 현상은 네트워크 산업의 특성상 독과점의 지위를 점하는 소수의 사업자를 중심으로 시장이 재정비될 때까지 나타날 수 있는 전환기적 특성으로도 이해할 수 있다. 그러나 시장 교란의 위험이 큰 상황에서 소비자의 권익이 침해될 가능성이 있다. 이러한 문제를 해소하기 위해서는 택배 시장에서 공정한 경쟁을 유도하고 소비자의 권익을 보호하기 위해 시장 질서를 규율할 수 있는 규제가 필요한 것으로 보인다(우정사업본부, 2011b). 현재 화물자동차운수사업법에 모호하게 규정되어 있는 사업자 허가 절차를 개선해 통상우편물과 소포우편물을 취급하는 사업자의 자격, 서비스 품질의 최저 기준을 우편법의 관련 규정에 준해서 마련할 수 있다.

3 교차보조의 금지

우정사업에서 교차보조(cross-subsidization)는 우편사업자가 보편적 서비스 의무를 수행하면서 발생하는 운영 적자를 다른 부문에서 발생한 수익으로 보전할 수 있도록 사업 부문 간에 재원의 이동을 허용하는 것이다. 이는 정부의 외부 지원이 없는 상황에서 우편 사업자가 자체 재원으로 보편적 서비스를 제공할 수 있는 내부보조(internal subsidy)의 한 방안이라 할 수 있다(Crew & Kleindorfer, 2000). 현재 우리나라에서는 우정사업이 우편과 금융으로 다각화되어 있고 사업 부문 간에 수익의 불균형이 존재하나 교차보조는 허용되지 않는다. 우정사업의 수익은 우편사업특별회계, 우체국예금특별회계, 우체국보험특별회계로 각각 관리되고 있으며, 이들 특별회계 간에 재원의 이동은 이루어지지 않는다. 따라서 예금과 보험의 수익으로 우편사업의 비용을 보전할 수 없다.

우리나라의 우정사업 중에서 수익이 급감하고 있는 부문은 우편사업이다. 지금까지 살펴본 바와 같이, 우편사업은 국가 독점이 인정되는 유보 영역의 축소로 인해 민간 사업자와의 시장 경쟁이 확대되고 있고, 보편적 서비스 의무의 적용으로 운영비용을 감축할 수 없기 때문에 수익을 창출하기 어려운 상황에 처해 있다. <표 5-5>에서 볼 수 있는 것처럼, 실제로 우리나라의 우편사업 수익은 2006년 이후 흑자로 전환되었으나 2011년에 다시 439억 원의 적자를 기록했고, 앞으로 적자 규모가 더욱 증가할 것으로 예상되고 있다.

표 5-5 우편사업 수익 변동 추이 (단위: 억 원)

연도	2003	2004	2005	2006	2007	2008	2009	2010	2011	2012e	2013e	2014e
순수익	△461	△611	△65	906	1,443	399	848	528	△439	△1,314	△2,799	△3,820

출처: 우정사업본부(2011a).

이렇게 우편사업의 적자가 증가하는 상황임에도 불구하고 우정사업의 당기순이익은 원칙적으로 국가의 일반회계에 귀속되어야 한다. 이는 정부기업예산법에서 우편사업특별회계와 우체국예금특별회계의 잉여금을 일반회계로 전출하도록 되어 있기 때문이다. 또한 외환위기 당시 조성된 공적자금상환기금에도 우체국예금특별회계와 우체국보험특별회계로 기금을 출연해야 할 의무를 지니고 있다. <표 5-6>은 이러한 우정사업 수익에 대한 전출 및 출연 의무로 일반회계와 공적자금상환기금으로 이전된 재원의 규모를 보여주고 있다. 2008년부터 2010년까지 1,000억, 681억, 690억 원이 일반회계로 전출되었으며, 같은 기간 551억, 516억, 545억 원이 공적자금상환기금에 출연되었다. 특히, 우편사업이 적자로 전환된 2011년에도 일반회계로 1,000억 원, 공적자금상환기금으로 660억 원이 이전되었다.

표 5-6 우정사업의 일반회계 전출 및 공적자금상환기금 출연 (단위: 억 원)

연도	2008	2009	2010	2011
일반회계 전출	1,000	681	690	1,000
공적자금 출연	551	516	545	660

출처: 우정사업본부(2012a).

보편적 서비스를 제공해야 하는 우정 당국이 장기적으로 우편사업의 비용을 충당할 수 있는 방안으로 현재 수익을 내고 있는 금융사업에 대한 법적 제한을 완화하고 사업 부문 간에 여유자원의 이동을 허용하여 내부보조의 기제를 강화하는 방법을 고려할 수 있다. 그러나 이에 대해 우정사업의 금융 부문에 보편적 서비스 의무가 적용되지 않고 우정사업의 민영화를 배제한 상황을 들어 신중한 입장도 있을 수 있다. 특히, 우리나라에서는 우체국예금의 예치금 및 이자 그리고 우체국보험의 보험금에 대해 국가가 지급을 보증하므로(우정사업 운영에 관한 특례법), 우정 당국이 금융자금의 운용과 활용에서 위험 회피 원칙에 충실해야 할 책무도 있는 것이다(우정사업본부, 2011b).

따라서 보편적 서비스 의무를 수행하는 데 소요되는 비용을 보전하는 내부보조의 수단이라는 측면과 민간금융 서비스가 제한된 산간·도서·오지의 취약지역에 국한하여 공공금융 서비스를 제공한다는 측면에서 우체국예금 및 보험에 대한 제한을 일부 완화하는 방안을 탐색할 수 있다.

첫째, 우편사업의 적자 전환으로 보편적 서비스의 품질 유지 전망이 불분명하므로 우정 당국의 금융사업에서 창출되는 수익을 활용할 수 있다. 구체적으로는 우체국예금특별회계의 여유재원을 우편사업특별회계에서 적자가 발생한 경우에 한해 교차보조를 허용할 수 있다.

둘째, 비록 금융 부문에서는 우정사업자의 보편적 서비스 의무가 적용되지 않지만 공공복리를 위한 우정사업의 수익 증진 방안으로 민간금융이 진출하지 못한 사각지역에서 소액 대출 등의 사업에 진출할 수 있도록 허용할 수 있다.

제 6 장

사회적 기업 지원정책의 형성 과정

한상일

제 1 절 들어가는 글

사회적 기업은 일반회사처럼 근로자를 고용하여 영업활동을 수행하고 창출된 이익은 사회적 목적을 위해 재투자하는 조직이다. 최근 사회적 기업은 의사 결정 과정에서 이해관계자의 참여를 보장하며 주주의 이익을 보호하기보다 사회적 목적을 실현하면서 지역사회의 발전을 도모하는 기능을 발전시키면서 다양한 형식으로 발전하고 있다. 한국에서 사회적 기업의 주된 목적은 취약계층에 대한 일자리 창출에 있으며, 그동안 충분히 발전되지 못한 사회 서비스 영역에서 새로운 시장을 창출하는 역할을 수행할 것으로 기대되고 있다.

현재 사회적 기업 지원정책에 대한 관심이 높아지는 이유는 다음과 같은 몇 가지 환경 변화로 인해 사회적 기업에 대한 기대가 증가하고 있기 때문이다. 먼저 전 세계적으로 출산율이 낮아지고 기대수명이 길어지면서 사회 서비스에 대한 수요가 증가하고 있다. 반면 사회 서비스에 대한 공급은 수요를 따라가지 못하고 있다. 이런 상황에서 정부는 필요한 사회 서비스에 대해 충분한 공급을 제공할 만한 재정적 역량을 갖지 못하고, 기업도 사회 서비스에 투자할 인센티브를 찾지 못하고 있는 실정이다. 이런 상황에서 사회적 기업이 창의적인 아이디어를 활용하여 사회 서비스의 새로운 영역을 개척할 것으로 기대된다.

그뿐만 아니라 글로벌 경제 체제에서 기업 간 경쟁이 치열해지고 자본과 생산의 이동이 가속화되면서 중소기업의 경쟁력이 약화되었다. 기업 경쟁력이 약화되면서 실업률이 증가했고 지방 중소도시의 경우 경제생태계가 파괴되고 지속가능성이 낮아졌다. 따라서 새로운 경제생태계의 조성을 통해 새로운 일자리를 창출할 필요성이 높아지고 있다. 한국 정부의 사회적 기업 지원사업은 2000년대 초반 사회적 일자리사업을 계승한 것으로 저소득층을 위해 새로운 양질의 일자리를 창출하는 데 기여할 것을 기대하며 설계된 제도이다.

여기에서는 한국 정부가 2006년 사회적기업육성법을 제정하고 사회적 기업을 본격적으로 지원한 정책이 어떤 역사적 배경 속에서 진행되었고, 실무적으로 집행되는 과정에서의 쟁점은 무엇이었는지를 소개하고자 한다. 사회적 기업 지원정책과 관련된 일련의 과정을 소개함으로써 사회적 기업에 대한 정부의 입장을 이해하고 사회정책에 대한 시민사회와 정부 내 각 부처의 시각의 차이를 설명하고자 한다. 하나의 정책을 다양한 각도에서 서술함으로써 향후 사회적 기업과 관련된 정책연구뿐만 아니라 교육에도 도움을 주고자 한다.

제 2 절 사례의 배경

1 사회적 기업 지원정책의 참여자와 법안의 구성

사회적 기업 지원정책의 형성 과정과 집행 과정의 주된 행위자로 정부에서는 고용노동부와 보건복지부가 있으며, 사회적 기업을 운영하는 지역사회 시민사회 단체와 전국 단위 조직들이 있을 것이다. 이 중에서 노동부는 공공근로사업, 사회적 일자리 시범사업, 사회적 기업 지원사업 등을 진행하는 과정에서 두 가지의 확고한 신념을 표출한다.

첫째, 근로복지(workfare)의 개념이다. 근로복지의 개념에 대해 사회적 기업정책 담당 공무원은 다음과 같은 관점을 표출한다.

> 사회적 기업정책을 추진하는 과정에서 자주 했던 말이 있다. 사회적 기업의 개념은 철학이라는 것이다. 기존의 생각으로는 정책이 성공할 수 없는 새로운 생각이라는 것이다. 그래서 앞으로의 복지도 철저하게 근로의 개념과 연결해야 한다고 생각했다. 이 정책에 대해 처음에는 논란이 많았지만 앞으로 발전가능성이 높은 분야라고 생각한다(인터뷰 대상자 A).

노동부뿐만 아니라 보건복지부도 취약계층에 근로 기회를 제공하는 사업을 지원했다. 그런데 보건복지부가 사회적 통합성을 높이고 소득보전을 제도적으로 도모하는 관점을 갖고 있었다면 노동부는 일자리 창출과 사회적 기업 지원사업에서 빈곤층의 구제를 넘어서 수익 모델을 갖춘 노동시장 발전에 초점을 맞춘다. 이 같은 관점의 차이가 취약계층에 대한 일자리 제공 사업에서 두 부처의 정책적 지향점을 확연히 보여준다.

둘째, 노동부는 아직 덜 발전된 사회 서비스 시장이 개발되어야 하며, 사회적 기업을 통해 지역사회, NGO, 기업 등의 창의적인 서비스 공급을 기대할 수 있다는 관점을 표명한다. 사회적 기업 지원사업의 경우 복지의 관점이 아니라 시장화와 네트워크화의 관점으로 접근한 것이다. 이 문제에 대한 노동부의 입장도 아래의 인터뷰 내용에서 확인할 수 있다.

> 다른 OECD 국가 통계와 비교해 보면 우리나라의 사회 서비스 시장의 비중이 너무 낮다. 그것은 사회 서비스라는 시장을 개척하기 어렵다는 의미이기도 하지만 반대로 생각하면 앞으로 매우 유망한 분야라는 얘기가 된다. 사회적 기업 사업을 시작할 때부터 이건 염두에 두고 있었다(인터뷰 대상자 A).

실제로 현장에서 서비스를 제공하고 개발하는 주체는 지역사회 시민사회조직이다. 이 기관들은 노동부가 정한 정책적 프레임에서 행동할 수밖에 없는 제약조건이 있었으나 지속적으로 자신들의 목소리를 표출한다. 사회적 목적을 추구하는 경우 노동부가 강조하는 수익 모델을 실현할 수 없는 경우가 있기 때문에 유연한 인증 기준을 요구했으며, 일시적인 인건비 지원보다는 장기적인 시관을 갖고 투자할 것을 요구했다. 이러한 관점은 노동부의 전략과는 차이가 있었고, 일반적으로 이들이 목표로 삼는 사회적 기업의 모델은 지역사회가 하나의 생태계로 연결되는 사회적 경제 체제인 경우가 많다. 이런 시각은 당시에 많은 시민사회

활동가들이 공유하고 있었던 생각이며 아래의 인터뷰 내용에서 잘 나타난다.

> 사회적 기업에 대한 세계적인 추세를 보면 사회적 경제와 분리해서 생각할 수가 없다. 그런데 우리나라의 정책은 미국식 사회적 기업 모델을 따르고 있다. 미국식 사회적 기업 모델은 비영리 조직 운영 방식과 크게 다르지 않다. 그런데 이탈리아의 트렌토나 캐나다의 퀘벡 같은 곳의 사례를 보면 철저하게 지역사회에서 각각의 역할을 분담하고 있는 지역사회 생태계의 모델로 운영된다(인터뷰 대상자 B).

이러한 참여자들로 구성되는 사회적 기업 지원제도는 2006년 12월에 국회를 통과한 사회적기업육성법에 의해 규정된다. 법안에 따르면 사회적 기업은 노동부 장관의 인증을 받아야 정부의 혜택을 받을 수 있고 명칭을 사용할 수 있다. 인증을 받기 위한 몇 가지 조건 중 조직 형태는 민법상 법인·조합·상법상 회사 등이 포함되며, 공익법인·비영리민간단체·사회복지법인·생활협동조합, 기타 비영리단체 등도 이에 속한다. 이들 조직은 인증을 받기 위해 유급 근로자를 고용하면서, 이해관계자들을 의사 결정에 참여시켜야 하고, 영업활동을 통한 수입이 총 노무비의 30%를 넘어야 하며, 정관 또는 규약을 갖추어야 한다. 가장 중요한 것은 이들 조직이 사회적 목적을 실현해야 하며 사회적 목적을 위해 이윤을 사용해야 한다는 것이다. 여기서 사회적 목적이란 조직의 목적에 따라 네 가지로 구분된다. 먼저 일자리 제공형 사회적 기업은 전체 근로자 중 취약계층의 고용비율이 50% 이상인 조직이며, 사회 서비스 제공형은 서비스 수혜자 중 취약계층의 비율이 50% 이상인 조직이 포괄된다. 혼합형은 전체 근로자 중 취약계층의 고용 비중과 사회 서비스를 제공받는 취약계층 비중이 각각 30% 이상인 경우이며, 위의 요건으로 판단하기 어려운 경우에는 육성위원회의 심의를 거쳐 노동부 장관이 판단해 결정하는 것으로 규정되어 있다. 따라서 사회적 기업은 위와 같은 사회적 기능을 수행해야 함과 동시에 배분 가능한 이윤의 2/3 이상을 사회적 목적에 써야만 하는 것이다. 이런 조건을 충족시키는 사회적 기업의 경우 경영 지원, 교육훈련 지원, 시설비 등의 지원, 공공기관의 우선 구매, 조세 감면, 사회보험료 지원, 재정 지원, 연계기업의 조세 감면 등의 혜택이 주어진다. 이러한 지원 중에서 가장 직접적이고 즉각적인 지원은 인건비와 운영비 등을 지원하는 재정 지원과 사회보험료 지원이다.

이 정책의 특성을 요약하면, 취약계층의 고용을 도모하고 사회 서비스 시장의 개발을 위해 사회적 기업 설립 초기에 직면하는 문제를 해결해 주기 위한 직접적인 지원을 제공한다. 아울러 기업의 생존력을 높이기 위한 조직 역량 강화와 취약점을 보완해 주는 지원도 제공한다. 이 정책은 1990년대 후반 외환위기에 직면하여 발생한 대량 실업에 대한 정부의 대응에서 기원한 것으로 그 역사적인 배경은 다음과 같다.

2 사회적 기업 지원정책의 역사적 배경

일반적으로 한국에서 정부가 사회적 기업을 지원하기 시작한 배경을 설명할 때, 1990년대 후반 외환위기부터 논의를 시작한다. 그러나 정부가 사회적 기업에 본격적인 관심을 갖기 전인 1970년대 이전부터 다양한 종교 지도자를 비롯한 시민사회 활동가들은 저소득층의 실업, 복지, 주거 등의 문제에 관심을 갖고 활동하기 시작했다. 이들의 지역사회 조직화 운동에 1980년대 민주화운동에 참여했던 학생 운동가들이 관심을 갖기 시작하면서 저소득층의 비중이 높은 지역사회별로 빈곤극복운동이 활성화되었다. 이들은 1990년대 후반의 외환위기가 도래한 이후 정부가 실업과 빈곤문제에 관심을 갖기 시작하면서 국가의 사업을 현장에서 실행에 옮기는 중요한 정책참여자로 기능한다. 이들의 일부가 지금의 사회적 기업의 토양이 되었던 지역사회 조직들을 발전시킨 주역이었다.

한국에서 사회경제적으로 큰 변화의 시기였던 1997년 외환위기 이후 저소득층을 위한 일자리 창출이 매우 시급한 정책과제가 된다. 1999년 당시 실업률은 8.4%까지, 절대 빈곤율은 11.5%까지 상승했다. 그러나 1990년대 후반 사회정책의 영역에서 가장 큰 쟁점은 단언컨대 국민기초생활보장제도의 도입이었다. 시민사회를 중심으로 국민적 최소한을 보장할 수 있는 사회적 안전망의 구축이 본격적으로 쟁점화되었고, 정부와 집권당은 실업 대책 마련을 위한 대안의 마련에 나섰다. 무엇보다 1994년 참여연대의 창립과 더불어 출범한 참여연대 산하 사회복지위원회에서 역점적으로 추진했던 '국민복지 기본선' 운동이 국민기초생활보장법 쟁점화의 단초였으며, 이를 토대로 국민기초생활보장법 제정 추진 연대회의가 구성되었다(안병영, 2000). 연대회의는 공공의 관심 속에 쟁점을 확산하는 대중적 접근과 청와대, 국회, 당·정부의 거점을 통해 영향력을 행사하는 엘리트 접근을 동시에 활용하면서 1999년 6월 21일 김대중 대통령의 "중산층과 저소득 서민들이 안심하고 살 수 있는 국민생활보장기본법을 제정하겠다"는 발언을 이끌어 냈다. 대통령의 발언 이후 법안과 시행령의 공식화 및 구체화 과정을 거쳐 2000년 집행되기에 이른다.

이 법안이 마련되는 과정에서 시민사회와 청와대, 국회가 매우 역동적으로 기능한 반면 정부는 행정적 실현가능성에 민감했고 조심스럽고 유보적인 접근에 나설 수밖에 없었다(안병영, 2000). 정부 내에서 보건복지부는 법안의 필요성을 인정했지만 인프라의 부재를 이유로 소극적 입장을 견지했다. 이에 반해 노동부는 자신들의 고유한 정책 기조였던 근로복지(workfare)를 추구했고, 이러한 관점은 빈곤층의 생활 안정을 제도적으로 해결하고자 했던 보건복지부와 다른 태도를 보인다. 당시 가장 시급한 문제였던 대량 실업 문제 해결의 중심 부처로 부상한 노동부는 현재 사회적 기업 지원사업의 모태였던 공공근로 및 사회적 일자리 사업을 정책 수단으로 이 문제를 해결하고자 했다. 노동부는 <표 6-1>에 나타난 바와 같이 1998년부터 2002년까지 꾸준히 공공근로사업을 집행했다. 공공근로사업은 실업률이 가장 높았던 1999년 가장 큰 규모로 집행되었으나, 시간이 흐름에 따라 실업률이 감소하면서 그리고 대부분의 사업이 지방자치단체나 민간단체로 이양되면서 2002년에 이르러 예산과 인원 모두 급격히 감소했음을 알 수 있다(노동부, 2003). 공공근로사업이 진행되는 과정에서 실업문제 극복을 위해 활동하던 지역 소재 일선 시민단체는 지역사회복지 서비스의 수요를 발견하여 새로운 서비스를 공급하기 시작했고,[1] 이 사업을 위탁 수행하기 시작한다.[2] 이 규모는 2000년에 최대로 증가했고 참여단체 수가 129개 단체에 1,474명이 참여하는 사업이 되었다. 그 이후 2001년부터는 민간위탁 사업의 규모가 크게 감소한다. 그것은

1) 지역사회의 시민사회단체로 위탁된 분야는 저소득층 간병, 무료 집수리, 음식물 재활용, 숲가꾸기 사업 등의 분야였다.

2) 당시 시민사회에서 실업 극복을 위한 국민운동이 조직화되어 각각 성향이 다른 시민운동조직 간의 연계를 도모했다. 그리고 실업 극복을 위해 마련된 기금이 중요한 역할을 했는데 상당 부분이 새로운 일자리 마련을 위한 제도적 기반의 마련에 활용되었으며, 이를 통해 공공근로사업이 수용하지 못하는 인력을 지원할 수 있게 되었다.

2001년부터 국민기초생활보장제도 하에서 보건복지부가 주도하는 자활사업이 본격화되면서 민간위탁사업으로 시행되는 많은 공공근로사업이 자활근로사업으로 전환된 데서 비롯되었다.

표 6-1 공공근로사업 추진 실적 (단위: 억 원, 천 명)

연도	1998	1999	2000	2001	2002
예산	9,252	22,988	15,288	6,743	4,845
인원	438	1,515	886	575	507

출처: 노동부(2003: 108).

노동부의 공공근로사업은 단기적인 소득보전 사업의 성격이 강했기 때문에 참여연대를 비롯한 시민사회에서는 이에 대해 일시적 소득 창출보다 생활보호제도의 완비를 통해 사회적 안전망을 구축하는 것이 바람직하다는 비판적 입장을 표명했다. 그럼에도 불구하고 노동부의 근로복지 또는 생산적 복지 지향적 관점은 일관되게 유지되었다. 국민기초생활보장법이 쟁점화되고 보건복지부가 주무부처로 부상하는 과정에서도 노동부는 저소득 실직자의 노동시장 참여를 통한 생활 안정 방안으로 기존의 공공근로, 소득 및 직업교육훈련수당 등을 대안으로 제시했다. 법안의 시행령과 시행규칙을 마련하는 과정에서는 보건복지부가 생활안정사업을 맡고 노동부가 근로 가능 저소득층을 위한 자활사업 전반을 관장하겠다는 검토 의견도 제시한다(안병영, 2000). 결국 시민사회와 보건복지부와의 협의 끝에 취업 가능 수급권자는 노동부의 직업안정기관에 위탁하고 지역별로 자활기관협의체를 결성하여 전문가가 참여하도록 하는 방식으로 조정된다. 사실 자활사업은 1999년 후반 국민기초생활보장법이 실행되면서 김대중 정부의 생산적 복지정책과 맥락을 같이하는 사업이었다. 자활사업은 공공근로 프로그램에 통합되어 보건복지부의 주도 하에 진행되었으며, 근로 능력이 있는 빈곤층이 지속 가능한 소득 창출이 가능하도록 제도적 지원을 하는 사업이었다. 2002년 후반에 이르기까지 173개의 자활기관이 만들어졌고, 202개의 자활공동체가 형성되면서 4,215명이 참여했다.

자활사업의 활성화를 위해 다양한 노력이 전개되었다. 그럼에도 불구하고 빈곤층을 위한 충분한 혜택이 돌아가지는 못했다. 실업률과 빈곤율은 외환위기 이전보다 더 높아져 있었기 때문에 충분한 수혜가 이루어지지 못했다. 결국 <표 6-2>가 나타내는 바와 같이 당시 빈곤율은 호전되지 않았고, 사회적 양극화를 나타내는 각종 사회지표도 악화되고 있었다. 대표적으로 1998년도에 0.316이던 지니계수는 2004년에 0.310이 되었고, 임금근로빈곤층의 비율은 1998년 8.9%에서 2004년 9.3%로 증가했다. 이러한 상황에 대해 근로 능력과 의지는 있으나 낮은 소득과 잦은 실직으로 인해 빈곤에서 벗어나지 못하는 근로빈곤층(working poor)의 증가가 빈곤율 상승의 중요한 원인인 것으로 분석되고 있었다.

표 6-2 빈곤율의 변화 추이(1997~2004) (단위: %)

연도	1997	1998	1999	2000	2001	2002	2003	2004
최저생계비 미만 비율	3.9	8.2	9.4	7.6	6.5	5.2	6.1	6.0
중위소득 50% 미만 비율	9.1	10.7	10.6	10.0	9.8	9.7	10.8	11.7

이 상황을 극복하기 위해 근로빈곤층에게 안정적인 일자리를 제공할 필요가 있다는 인식이 확산되었다. 아울러 보건, 복지 영역 등과 연관된 사회 서비스 분야의 발전을 위한 필요성도 제기되었다. 이 두 가지 문제를 동시에 극복하기 위한 대안으로 국민기초생활보장제도 하의 자활사업이 보건복지부에 의해 추진됨과 동시에 노동부에 의해 사회적 일자리 사업이 추진되었다. 자활사업은 저소득층이 근로 능력을 키우고 근로 의욕을 배양하도록 하는 데 초점을 맞춘 것이다. 이에 반해 노동부는 사회 서비스 시장을 활성화하고 지속 가능한 수익 모델을 창출하는 데 관심을 두었다. 따라서 노동부의 사회적 일자리 사업은 취약계층을 대상으로 한 일자리 창출이라는 목표는 전체 중 일부였으며, 양질의 서비스를 공급할 수 있는 정상적인 일자리를 창출하는 것이 또 다른 중요한 목표였다. 이렇게 두 부처는 유사한 정책을 추구하는 가운데 잘 조화되기보다는 때때로 상충되는 모습을 보였다. 그런 의미에서 현재 통용되는 사회적 기업의 개념은 노동부의 사회적 일자리 사업에 좀 더 부합하는 것으로 이해된다.[3)]

3) 2003년에 발간된 노동부의 보고서에 따르면, 취약계층에 대한 직접 지원정책은 자활 대상자를 중심으로 일정 규모 유지하더라도 정상적이면서 괜찮은 일자리로서의 사회적 일자리는 사회적 기업이 발전

제 3 절 사례의 형성 과정

앞에서 언급한 노동부의 사회적 일자리 창출 사업은 사회적 기업 지원사업으로 돌입하기 전 시범사업의 형태로 시작된다. 2003년과 2004년에 걸쳐서 행해졌고 그 목표는 지역사회의 새로운 사회 서비스 수요를 발굴하고 취약계층에 대한 고용 지원을 통해 지역과 고용 서비스를 연계시키는 데 있었다. 2003년에 시작된 시범사업은 73억 원의 예산으로 8개 시 · 도에 제한하여 총 460건의 사업에 2,372명의 인건비를 지원했고, 2004년에는 187억 원으로 증액하여 933건의 사업에 2,832명의 인건비를 지원했다. <표 6-3>의 지원사업 분야별로 검토할 때 복지와 노동 분야에 가장 많은 지원이 이루어졌으며, 건당 평균 보조 인원은 2003년에는 5.3명, 2004년에는 3.0명이었다. 이 사업을 통해 노동부는 그동안 추진되었던 공공근로사업이나 자활사업 등과 다른 특성을 강조했다. 이 사업에서는 취약계층에 초점을 맞추기보다 일자리의 성격에 초점을 맞추어 사회 서비스 시장의 확대를 본격적으로 추구한다. 그리고 사업 시행의 주체를 정부가 아닌 민간기관으로 공식화함으로써 정부는 재원을 제공하고 민간은 사업을 수행하는 체계를 마련한 것이다.

표 6-3 사회적 일자리 시범사업의 지원사업 분야 및 인력 (단위: 건, 명)

구분		계	노동	안전	복지	보건	문화/교육	환경	기타
2003	지원사업	460	81	4	227	17	65	40	11
	지원 인원	2,372	353	16	1,290	120	308	245	40
	건당 평균 인원	5.3	4.4	4.0	5.7	7.1	4.7	6.1	3.6
2004	지원사업	933	114	4	562	20	95	103	35
	지원 인원	2,832	314	18	1,774	72	232	328	94
	건당 평균 인원	3.0	2.8	4.5	3.2	3.6	2.4	3.2	2.7

출처: 노동부(2004: 39).

되어야 함을 명백히 밝히고 있다(노동부, 2003).

그러나 이 사업에 대해 시민사회나 정치권 일각에서는 비판이 제기되었다. 그것은 2005년 1월 26일 공공근로사업의 축소 등으로 나타난 노동부의 사회적 일자리 시범사업 지침에 항의하는 9개 단체의 성명서가 발표되었고,[4] 2005년 2월 1일 참여연대 느티나무 카페에서 전국실업극복단체연대를 비롯한 19개 사회단체가 사회적 일자리 사업에 대한 기자회견을 갖는 것으로 나타났다. 요지는 이 사업을 통해 창출되는 고용의 질이 낮다는 점과 정부의 재정 지원에만 의존하여 지속성을 보장하기 어렵다는 사업의 한시성에 대한 지적이었다.[5] 이러한 비판에 대한 노동부의 대응은 매우 신속했다.[6] 2005년 3월 14일 국가재정운용계획과 관련한 노동시장 효율성 제고를 위한 재정 지원 방향에 대한 공청회에서 사회적 일자리 창출의 향후 방향에 대한 공청회를 개최했다. 동시에 사회적 일자리 기획팀 태스크포스를 구성했고,[7] 같은 달 25일 노동부의 대통령 업무 보고에서 이미 사회적 일자리 사업의 중장기 발전 방안이 포함되었다. 사회적 일자리 창출 태스크포스는 2005년 3월부터 1년 동안 총 11회의 회의를 개최했고 사업모델 설계팀과 사회적 일자리 제도화팀으로 나누어 활동했다. 사업모델 설계팀은 기업참여형 사업을 새로운 모델로 발전시키는 방안과 새로운 모델을 사업모델로 발전시키기 위한 지원 방안 등을 논의했고, 교보・한화・SK・CJ 등 대기업이 주도하는 사회적 기업 사업에 대해 검토했다. 이 과정을 통해 향후 사회적 기업의 발전 과정에 대기업의 참여가 공식화될 수 있었다. 사회적 일자리 제도화팀에서는 사회적 일자

4) 이 회견에 참여한 기관은 YWCA, YMCA, 장애인생활공동체 희망의집, 전교조 중등지회, 경실련, 실업본부, 시민연합, 여성노동자회, 외국인노동자의 집 등이다.

5) 이 회견에 참여한 기관은 경기복지시민연대, (사)노인인력지원기관협회, 대안연대회의, 민주노총, 부스러기사랑나눔, 신나는조합, 빈곤문제연구소, 사회적기업지원센터, 안민희망사랑둥지, 여성인력개발센터 중앙협의회, 한국의료생협연대, (사)전국실업극복단체연대, 전국실직노숙자대책종교시민단체협의회, 전국여성노동조합, 참여연대, 한국노총, (사)한국여성노동자회협의회, 한국여성단체연합, 한국여성단체협의회, (사)한국자활기관협회 등이며, 주요 내용은 첫째, 공공 부문 사회 서비스 확대를 통한 양질의 사회적 일자리를 확충하고 예산을 확보할 것, 둘째, 2005년도 사회적 일자리 지침을 전면 수정할 것, 셋째, 비영리 사회적 기업을 육성하기 위해 사회적기업지원법을 제정하고 이를 수행하기 위한 인프라와 예산을 확보할 것, 실업자와 불완전 고용의 확산 방지를 위한 근본적인 고용 대책을 마련할 것, 넷째, 사회적 일자리 창출정책을 총괄 조정하는 고용 대책기구를 신설할 것 등이었다.

6) 사실상 노동부는 사회적 일자리 시범사업을 통해 사회적 기업 사업으로 이행할 것을 염두에 두고 있었기 때문에 이와 같은 신속한 대응이 가능했다.

7) 태스크포스의 구성원은 관련 부처인 노동부, 기획예산처, 보건복지부, 빈부격차차별시정위원회의 주무과장, 노동연구원 소속 전문가, 전국경제인연합회, 교보생명, CJ, SK텔레콤, 한화 등 대기업의 사회공헌팀 관계자, NGO 관계자를 망라했다.

리의 유형화와 개념화, 지원제도를 마련하는 과정에서 나타날 수 있는 쟁점을 분석했고 (가칭)사회적기업지원법의 제정 방안에 대한 논의가 있었다. 결국 제도화팀의 활동을 통해 사회적기업육성법의 제정을 위한 구체적인 사항들이 검토된 것이다.

그러나 이 팀의 활동 과정에 사회적 일자리 사업의 부당성에 대한 목소리를 냈던 시민사회 관계자들의 참여는 이루어지지 않았다. 결국 의원입법의 형태로 제안된 사회적기업육성법안에 대해 시민사회는 소외된 느낌을 가질 수밖에 없었다. 이에 대해 장원봉(2008)은 "사회적기업육성법의 제정이 시민사회의 주도적인 역할을 통해서 이루어졌거나 정부와 시민사회의 파트너십 형성을 위한 전략적 고려 속에서 이루어졌다기보다는 정부의 정책적 고려에서 비롯되었다"고 평가한다. 실제로 시민사회조직들은 사회적 일자리 사업의 획기적인 개선을 요구했으나 노동부에서 사회적 기업 관련 법안을 신속하게 준비하는 과정에서 일관된 입장을 표명하지 못했다(Kim, 2009). 2005년에 사회적 기업 발전을 위한 시민사회연대가 출범한 이후 사회적 기업에 대한 충분한 연구나 실험이 진행되지 못했기 때문에 이 제도를 도입하는 것은 시기상조라는 입장을 표명했다. 그리고 실제 사회적 기업을 운영하게 될 이해관계자나 기관 관계자들에 대한 의견 수렴이 충분하지 못했다는 문제도 제기했다. 이런 의견은 노동부의 사회적 기업 정책에 대한 시민사회 조직들의 냉소적인 분위기를 반영한 것이다. 그러나 노동부는 사회적 기업을 통해 사회문제를 매우 효율적으로 해결할 수 있다는 단호하고 일관된 입장을 표명했다.

요약하면, 노동부는 사회적 일자리 시범사업을 통해 당시 OECD 등 국제기구나 유럽 국가들을 중심으로 주목받고 있었던 사회적 기업의 개념을 도입할 가능성을 타진한 것이다. 사회적 기업 개념을 통해 사회 서비스 시장을 형성하고 일자리를 창출하기 위해 해당 기관에 일정한 법적 지위를 부여할 필요성이 있었고, 그에 따른 정부의 제도적 지원, 그리고 사회적 기업 지원조직의 활성화에 대한 필요성이 제기되었기에 노동부의 주도 하에 사회적 기업을 지원하고 육성할 정책 마련에 나서게 된 것이다. 한편 보건복지부의 경우 국민기초생활보장법의 범위 내의 자활사업을 통한 근로 기회 제공을 지속하고자 했고, 사회 서비스 영역에 시장화 개념의 도입을 시도했던 노동부 주도의 사회적 기업 지원사업에 협조하게 된다.

이후 사회적 기업의 지원을 위해 마련된 법안은 의원입법의 형태로 추진되었다. 몇몇 의원의 법안이 제출되었으나 한나라당 진영 의원의 법안과 열린우리당 우원식 의원의 법안이 최종적인 고려 대상이었다. 2005년 12월에 제출된 진영 의원의 법안은 현재 운영되고 있는 방식인 인증제도가 아닌 등록제를 규정하고 있다. 반면 우원식 의원의 안에 따르면 사회적 기업으로 활동하기 위해서는 사회적 기업 육성위원회의 심의를 거쳐 노동부 장관의 인증을 받아야 하며, 인증을 받은 경우에만 사회적 기업의 명칭이 사용 가능하도록 규정했다. 사실 법안이 제출되기 전인 2005년 8월 10일에 개최된 사회적 기업 지원을 위한 법률안 공청회에서 복지부는 현재 자활사업을 통해 안정적인 일자리가 확충될 수 있도록 하는 제도 개선을 도모하면서 노동부의 사회적 기업 사업이 취약계층의 노동을 통한 사회통합에 기여하는 경우 타당성을 인정할 수 있다는 입장을 표명한다. 노동부 역시 수익 모델과 새로운 시장의 형성 등 기존 입장을 재확인한다. 나아가서 사회적 기업의 인정 범위, 지원 방식, 지자체, NGO, 민간기업 등 다양한 영역의 참여, 지원센터의 설치 문제 등 매우 구체적인 고려 사항과 과제가 있음을 그 자리에서 설명했다.

두 개의 법안이 국회에서 다시 논의된 것은 2006년 4월 19일 환경노동위원회에서 개최한 사회적 기업의 설립 및 육성에 관한 법률안과 사회적 기업 지원법안에 관한 공청회에서였다. 이 공청회의 참여자는 한국노동연구원의 연구위원, 사회적기업진흥회 회장, 실업극복국민재단 팀장, 자활후견기관협회 국장 등이었다. 이 공청회에서 쟁점이 된 사항도 사회적 기업의 다양성과 인증제도, 지원제도, 지원기관의 위상 등이었다. 그뿐만 아니라 실무적으로 발생할 수 있는 문제, 즉 사회적 목적에 의해 수익 모델이 잠식될 수밖에 없는 사회적 일자리에 대한 지원의 문제, 법안이 정한 사회적 기업 인증 요건을 충족시키지 못하지만 사회적 일자리를 창출할 수 있는 기관의 문제, 빈곤율과 실업률이 악화되는 상황에 대해 동일한 정책실패를 반복할 수 있다는 지적 등 근본적인 문제 제기가 이 공청회에서 이루어졌다. 결국 조율된 법안은 2006년 11월 24일 국회 환경노동위원회를, 같은 해 12월 6일 법제사법위원회를 통과했다. 법안의 통과 당시 상법상 회사가 사회적 기업의 범위에 포함된다면 정부로부터 인건비를 지원받을 수 있다는 부분에 대한 문제 제기가 있었다. 이에 대한 노동부의 입장은 사회적 기업이 영업활동을 하게 될 시장이 수익성이 낮기 때문에 지원해도 무방하나 신중하게 검토하겠다는 의견을 표명했다. 또한 이 회의에서 사회적 기업과 관련하여 정부가 지방자치단체에 대해 행정 · 재정적 지원을 해야 한다는 강제 규정이 통상적인 규정으로 완화되었고, 노동부 장관의 권한을 지방자치단체의 장에게 위임할 수 있다는 규정도 좀 더 명백하게 규정되었다. 2006년 12월 8일 국회 본회의에서 사회적기업육성법은 의결되었고, 2007년 7월 1일부터 시행되었다. 육성법을 집행하기 위한 시행령이 2007년 6월 29일에, 시행규칙이 2007년 7월 18일에 제정되었다.

2007년 사회적기업육성법이 시행된 이후 두 차례의 중요한 개정이 있었다. 2010년 12월 9일 개정에 따르면, 지역사회 공헌형을 새로운 유형으로 도입하고 시도지사에게 사회적 기업 지원계획을 수립 · 시행할 의무를 부과하여 지방자치단체의 적극적인 지원을 독려했다. 그리고 한국사회적기업진흥원 설립 근거 규정을 신설했다. 2012년 2월 1일 개정에서는 협동조합 및 사회적 협동조합도 사회적 기업 조직 형태에 포함될 수 있도록 했으며, 공공기관 우선 구매 조항의 효력을 강화하여 공공기관별 구매계획과 실적을 공고하도록 했다. 그 밖에 사업보고서 제출 주기를 단축하고 인증 취소 요건을 강화하는 등 정부의 통제와 관리를 제도화하는 개정이 이루어진 것이다.

제 4 절 사례의 쟁점

2006년 사회적기업육성법이 통과된 이후 사회적 기업에 대한 지원 업무는 온전히 노동부의 몫이 되었다. 2006년 법안의 통과 이후 사회적 기업의 인증과 지원에 관한 의사 결정을 위한 사회적기업 육성위원회가 2007년 7월에 구성되었다. 정부의 지원과 관리를 구체화하기 위해 사회적 기업 인증 신청이 2007년 7월에 이루어지는 등 사회적 기업 지원정책은 매우 신속하게 집행된다. 실제로 첫 번째 인증 사회적 기업이 2007년 여름에 등장했고, 사회적기업 지원센터도 2007년 8월에 선정되었다. 정책의 집행 과정에서 다음과 같은 쟁점들이 부각된다.

1 사회적 기업이란 과연 무엇인가?

사회적 기업은 법령 제정 이전부터 조직의 개념과 성격이 불명확하다는 지적이 있었다. 특히 법령에서 정의된 사회적 목적이 무엇인가를 규정하기 어렵기 때문에 인증과 지원의 대상을 결정하기 어렵다는 문제 제기가 수차례의 공청회에서 있었고, 집행 과정에서도 쉽사리 결정하기 어려운 상황에 직면하는 경우가 많았다. 사회적기업육성법이 통과된 이후 사회적 기업의 영역은 더 다양해진다. 이런 현상에 대해 사회 일각에서는 사회적 기업을 대안적 경제를 형성할 수 있는 주된 사회 주체로 인식했고, 정부에서는 기업성과 혁신성을 강조하면서 효율적인 실업 구제 수단으로 인식했던 것이다. 이와 같은 사회적 기업에 대한 다른 생각은 사회적 기업이 발전하는 과정에서 지속적으로 나타난다. 특히 진보적 사회 진영에서는 유럽형 사회적 경제와 연관된 사회적 기업의 개념을 염두에 두고 있었다. 많은 시민사회조직은 사회적 기업의 개념이 사회적 경제와 지역공동체의 발전과 연계되어야 한다는 신념을 확고하게 표명했다. 이러한 요구는 소비자생활협동조합운동과도 연계되었고, 한국 사회적기업연대의 결성으로 발전했다. 이 기관은 사회적 기업이 복지국가의 소득재분배정책을 강화하는 촉매제가 될 수 있을 것으로 이해했다.

반대되는 관점에서 바라보면 지나치게 적용 대상 조직의 범위를 확대하면 사회적 기업을 별도로 정의하여 지원할 당위성도 약해지게 마련이고, 사회적 목적을 지나치게 넓게 해석하고 시장성이 매우 취약한 사업까지 포괄하는 경우 실업을 줄여 양극화를 해소한다는 본연의 목적을 달성하기도 어려울 것이라고 이해할 수 있다.

노동부는 사회적 기업 지원정책의 입안 과정에서부터 시장성과 기업성을 중요한 요소로 이해했지만 아이러니하게도 부처 내 정책 조율 과정에서 기업성을 둘러싸고 다른 부처의 반대에 봉착한다. 사회적 기업의 지속적인 성장을 지원하기 위한 중앙정부의 정책 수단 중 가장 강력한 수단은 우선구매제도였다. 노동부에서는 우선구매제도를 강화하기 위해 중소기업청 등의 부처를 통해 중소기업 진흥에 관한 법률의 개정을 시도했다. 이러한 개정 요구에 대해 중소기업청의 경

우 사회적 기업의 기업성을 인정하기 어렵다는 점에서 난색을 표명하기도 했다.[8)]

2 그렇다면 인증받은 기관만 사회적 기업인가?

육성법안의 제정 당시 제출된 두 개의 법안 중 하나는 사회적 기업 등록제도를 명시했으며, 채택된 법안의 경우 노동부 장관에 의한 인증제도를 마련했다. 허가제를 선호하는 입장에서는 인증제로 규제할 경우 사회적 기업이 가지는 창의성이나 다양성이 훼손될 수밖에 없고, 이렇게 될 경우 사회적 기업 지원정책의 목표를 달성하기 어렵다고 주장한다. 즉, 인증의 경우 신청하는 측에서 보면 허가와 다를 바 없음을 느끼기 때문에 규제적 성격이 큰 것으로 간주하는 경향이 있다. 지역의 생태계에서 발생하는 수요는 예견하기 어렵고 법률의 규정이 정한 대로 발생하는 것이기 아니기 때문에 예외적인 구조와 기능을 폭넓게 인정하는 것이 바람직하다는 관점이다. 그러나 정부에서 운영한 태스크포스부터 인증제도로 의견이 수렴되었으며, 여러 가지 파격적인 지원이 주어지기 때문에 정부의 인증에 의한 자격관리는 매우 중요하다는 것이 정부의 관점이었다.

3 무엇을 지원할 것인가? 그리고 중복 지원은 문제되지 않는가?

정책 수단은 정책 결정과 집행 과정에서 매우 중요한 부분이다. 사회적 기업을 육성하기 위해서는 개념에 부합하는 대상 조직을 인증하여 적용 대상을 정하고 지원의 실효성을 높이는 정책 수단으로서의 적절한 지원 방안이 필요했다. 현재의 지원 방법은 인건비 지원, 사회보험료 지원, 세금 감면 등이 있으며, 지원체계의 조성, 공공기관 우선 구매 등이 활용되고 있다. 이러한 정책 수단은 한시적으로 이루어지고 있으나 정책 수단에 따라서 그에 부합하는 지원 기한이 유동

8) 다른 유형의 기관에 대한 우선 구매와의 충돌, 사회적 기업의 기업성 여부 등의 쟁점에도 불구하고 생산적 복지의 확대 추세 및 주요 국정 과제에 선정된 결과에 힘입어 2010년 법 개정과 동시에 시행될 수 있었다.

적으로 고려될 필요가 있다. 그리고 사회적 기업 지원사업의 특성상 하나의 법인 또는 기관이 다양한 다른 부처 또는 지방자치단체로부터 다른 명목의 지원을 받는 경우가 많다. 초기부터 파격적인 지원을 해야 한다는 입장, 그리고 중복 지원으로 고려된다고 하더라도 문제될 것이 없다는 관점에서는 사회적 기업의 목적이 기존 노동시장에서 탈락한 사람들을 고용해서 양질의 서비스를 제공하는 것이기 때문에 파격적인 지원은 불가피하다고 주장한다. 나아가서 사회 서비스 시장이 충분히 발전되지 못한 것은 시장성이 낮다는 것이고 결국 사회적 기업은 높은 위험을 감수할 수밖에 없기 때문에 많은 지원을 해야 한다고 주장할 수도 있다.

반대되는 입장에서는 직접적인 지원은 제도의 정착에 도움이 되지 않고 사회적 기업 본연의 목적을 훼손할 수 있기 때문에 기업의 자립을 약화시킬 것으로 예상된다고 주장한다. 이와 같은 관점에서는 직접적인 지원은 줄이고 금융 지원, 기술 전수 등의 컨설팅 중심의 간접 지원을 확대하는 것이 재정 부담을 줄이면서 제도의 실효성을 높인다고 주장한다.

4 지방자치단체에 사회적 기업의 육성을 강요할 수 있는가?

노동부의 사회적 일자리 시범사업과 사회적 기업 지원사업은 근본적으로 지방자치단체를 주축으로 한 사업이라는 인식에서 시작되었다. 지역공동체를 기반으로 한 다양한 사회적 기업들이 지역에서 생태계를 형성하고 지역에 맞는 사회 서비스의 영역을 발전시켜야 한다는 관점에서 출발했다. 따라서 지방자치단체의 정책적 조율과 지원은 매우 중요하다. 그런데 지방자치단체의 경우 그 지역의 문화적 배경이나 지방자치단체장의 관심과 의지에 따라서 사회적 기업의 생태계가 조성되는 정도의 편차가 매우 컸다. 결국 노동부는 지방자치단체가 주기적으로 사회적 기업의 발전에 관한 전략을 수립하고 점검하도록 사회적기업육성법을 개정했다. 그럼에도 불구하고 지방자치단체에 법률의 형태로 사회적 기업의 육성을 규제하는 것은 반대로 지방자치단체의 자율성을 훼손하고 나름대로의 전략적 발전 방향을 제약할 수 있는 것으로 이해할 수 있다.

5 사례에 대한 이론 적용 가능성

사회적 기업 지원정책의 형성과 집행 과정, 그리고 그 과정에서 발생한 쟁점을 살펴보면 몇 가지 이론의 적용이 가능하다. 먼저, 이 사례를 통해 제도주의이론을 설명할 수 있다. 역사제도주의 관점에 따르면 환경 변화에 대한 국가의 대응을 역사적 맥락에서 설명할 수 있다. 이 사례의 경우 외환위기 이후 나타난 급격한 사회경제적 환경 변화에 정부 각 부처에서 나름대로의 대응이 있었고, 노동부는 그 중 한 가지 사업을 사회적 기업 지원정책으로 발전시켰음을 역사적 제도 발전의 맥락에서 설명할 수 있다. 그뿐만 아니라 사회적 기업 인증제도가 가져오는 사회적 기업의 구조와 사업의 수렴 과정에서 제도적 동형성의 이론을 설명할 수 있다.

그리고 노동부와 복지부 사이의 일자리 정책에 대한 관점의 차이가 낳은 사업 집행 과정의 대립을 조직 간 관계의 시각에서 설명할 수 있다. 특히 자활사업과 사회적 기업 정책에 대한 보건복지부와 노동부의 입장을 자세히 검토하면 한국의 정책 결정 과정에서 나타나는 관료정치의 양상을 확인할 수 있다. 현대 사회의 문제는 시간이 흐를수록 복잡해져 가고 그 문제의 해결을 위한 정부의 노력도 상호 협조 체제 하에서 이루어져야 한다. 그럼에도 불구하고 실제 정책 결정과 집행 과정에서는 한 부처의 주도 하에 다른 부처가 단순 협력하는 체계를 확인할 수 있다. 그것은 부처 간의 정책적 성향의 차이에 따라서 대립된 입장이 발현되며, 발생할 수 있는 갈등의 양상은 관료정치의 맥락으로 설명할 수 있다. 나아가서 시민사회의 취약계층 대상의 일자리 제공사업의 시장화에 대한 우려, 장기적이고 충분한 지원의 요구는 우회하면서 자신들의 관점을 철저하게 실현해 나가는 정부부처의 행동 방식으로 무의사결정이론을 설명할 수 있다.

무엇보다도 이 사례를 통해 정책의 형성과 집행 과정에서 거버넌스의 중요성을 확인할 수 있다. 원활한 정책 형성을 위해 노동부는 매우 다양한 관계자들과 협조하고 대립할 수밖에 없었다. 집행 과정에서도 지방자치단체, 시민사회조직들, 그리고 기업에 이르기까지 매우 다양한 협조 대상이 존재하고, 이들과의 공식적·비공식적 연결망은 효과적인 집행에 필수적임을 이 사례는 보여준다.

제 3 편

복지, 환경, 문화

제 7 장

예술인 복지법 제정 과정

최정민 · 최성락

제 1 절 들어가는 글

예술인 복지법은 2009년 처음 제안되어 2011년 통과된 법으로 예술인의 직업적 지위와 권리를 법으로 보호하고, 예술인 복지 지원을 통해 예술인들의 창작활동을 증진하고 예술 발전에 이바지하는 것을 목적으로 하고 있다.

예술인에 대한 지원은 한국에서만이 아니라 외국에서도 많은 논의가 있는 사항이다. 유네스코는 1980년에 이미 제21차 정기총회에서 '예술인의 지위에 관한 권고(Recommendation Concerning the Status of the Artists)'를 만장일치로 채택한 바 있다. 이 권고는 예술가들의 문화 발전에 대한 기여를 인정하고, 지위와 무관하게 소득과 사회보장 측면에서 예술가들의 법적 · 사회적 지위를 공고히 하는 예술가의 '권리장전'으로 인식되고 있다. 그러나 우리나라는 유네스코 회원국임에도 불구하고 예술인의 지위에 관한 뚜렷한 법적 근거를 가지지 못했다(김문길, 2008: 27).

그런데 예술인에게 복지를 제도적으로 제공하기는 간단치 않다. 예술가들은 일반 고용시장에서의 취업이 어려울 뿐만 아니라 설령 취업이 이루어지더라도 단기간의 비정규직 고용 형태로 취직되는 경우가 많아 사업체를 통해 복지를 제공하기 힘들다(김태완 · 정희선, 2012). 또한 지원 대상이 되는 예술인의 범위를 규정하기 어렵고 작업의 특성상 근로 시간에 정신적 근로 시간이 포함되어 작업 시간을 명확하게 구분하기도 어려워 정부가 직접 복지를 제공하기도 힘들다. 게다가 다른 직군과의 형평성 문제를 어떻게 극복할지의 문제는 여전히 남아 있다. 이러한 예술인들의 직업적 특성을 고려한 복지제도를 도입할 필요가 있다는 지적은 지속적으로 제기되어 왔지만, 예술인들을 위한 복지제도는 정치인들의 공약과 계획안에 그치곤 했다.

예술인을 위한 복지제도는 한동안 실질적인 진전을 보지 못하다가 2011년 1월 한 시나리오 작가의 사망 사건을 계기로 갑작스럽게 법제화되기 시작했다. 그리고 2011년 11월 17일 예술인 복지법(법률 제11089호)이 제정되었다. 이 법은 2011년 10월 정기국회를 통과하면서 2011년 요절한 시나리오 작가의 이름을 따서 '최고은법'으로 불리게 된다. 이 정책 사례에서는 그동안 논의만 되어 왔던 예술인 복지법이 어떻게 2011년에 갑자기 제정될 수 있었는지, 그리고 예술인 복지법 제정 과정에서의 논점은 무엇이고, 이 논점들이 어떤 방식으로 해결되어 법제화가 이루어졌는가를 살펴보고자 한다. 예술인 복지법 제정 과정을 살펴보는 것은 선의를 가지고 법안을 만들고자 할 때 실제 법안 제정 과정에서 어떠한 문제들이 발생하는지, 그리고 이런 문제들이 어떤 식으로 해결되어 현재 우리가 알고 있는 법안이 형성되었는지에 대한 시사점을 줄 수 있을 것이다.

제 2 절 사례의 배경

예술인 복지법은 예술인의 직업적 지위와 권리를 법으로 보호하고, 예술인의 복지 지원을 통해 예술인들의 창작활동을 증진하고 예술 발전에 이바지하기 위해 2011년 11월 17일 제정되어 2012년 11월 18일 시행되었다.

예술인 복지법 이전의 예술인에 대한 사회보장 차원에서의 복지사업은 지원 예산이 소액일 뿐더러 복지 대상의 범위가 극히 일부 분야의 예술인과 연령대에 국한됨으로써 사실상 활성화되어 있었다고 보기 어렵다. 우리나라에서 기초 예술인은 물론이거니와 예술인 전체를 대상으로 하는 사회보장 차원에서의 복지제도는 존재하지 않고, 대신 국가 예산의 배정을 통해 취약 예술인에 대한 복지를 지원하고 있었다(김휘정, 2011). 이외의 예술인에 대한 지원 정책은 주로 창작 활동에 대한 일회성 지원 위주로 이루어지고 있었다(서갑제, 2010).

예술인 복지와 관련해서 1980년대에는 정부 차원의 정책 대안이 존재하지 않아, 예술인들 스스로가 자구책을 마련했다. 그러다 2002년에 처음으로 한나라당 대선공약으로 예술인 복지조합 설립이 언급되면서 이후 예술인 복지정책 대안과 법안이 제시되었지만 별 실효 없이 발의와 폐기를 반복했다. 예술인 복지정책은 크게 예술인 4대 보험 적용 문제와 예술인 집단 내부의 상호부조 프로그램인 공제회와 같은 단체 설립이 주된 논의의 대상이었다. 참여정부는 예술인의 4대 보험 가입 문제를 국정 의제화하면서 정부가 나서서 예술인 복지 문제를 다루기 시작했다(박영정, 2012). 이명박 정부 들어 대통령 공약의 하나로 예술인을 위한 공제회 설립이 포함되었으며, 공제회 설립을 위한 기초적인 작업들이 문화체육관광부를 중심으로 진행된 바가 있다(김태완 · 정희선, 2011). 2009년 하반기에는 '문화예술진흥법' 개정을 통해 한국문화예술위원회 산하에 예술인 공제사업 전담조직을 신설하는 방안을 추진했다. 2009년 9월 21일부터 10월 10일까지 개정법안에 대한 입법예고를 하고, 9월 30일 법 공청회까지 실시했으나 문화체육관광부와 기획재정부의 공제사업에 대한 '국고 출연' 조항 신설에 대한 합의를 이루지 못해 최종적으로 법 개정 자체가 무산되었다(박영정, 2012).

2009년 10월 정병국 의원과 서갑원 의원의 대표 발의로 예술인 복지법안이 각각 발의되어 예술인 복지 법제화가 공식화되었다. 법안의 주요 내용은 예술인의 근로자 의제를 통한 고용보험 및 산재보험 편입 방안, 예술인복지기금 설치 및 운용, 한국예술인복지재단 설립 및 운영 등이다. 2009년 10월 정부부처 의견 조회를 거쳐 2010년 2월 국회 문화체육관광방송통신위원회에 법안이 상정되었다. 그러나 법무부, 기획재정부, 노동부, 행정안전부의 법체계 문제, 재정 문제 등을 사유로 한 부정적 의견으로 인해 2010년에는 법 제정의 진전을 보지 못했다(박영정, 2012). 결국 예술인들은 국가의 복지제도의 사각지대에 놓이게 되었다. 2010년 11월 6일 인디밴드 달빛요정역전만루홈런의 이진원이 경제적으로 어려움을 겪다 뇌출혈로 사망하고, 제4회 아시아나 국제 단편영화제에서 상을 받은 적이 있는 유망 시나리오 작가 최고은이 2011년 1월 굶주림에 시달리다 지병으로 사망하는 일이 발생했다.

이러한 일련의 사건들은 예술인들의 어려운 생활 여건을 다시 한 번 살펴보는 계기가 되었고, 여론에 힘입어 예술인 복지법 입법화는 박차를 가하게 된다. 정병국 의원과 서갑원 의원의 법안 외에 2011년 전병헌 의원의 대표 발의로 이루어진 '예술인 복지 지원법안'과 최종원 의원의 대표 발의로 이루어진 '예술인의 지위와 복지에 관한 법률'이 발의되어 모두 네 개의 법안이 국회에 제출되었다. 예술인 복지법은 국회의원들이 입법한 총 네 가지 대안을 반영하여 위원장 안으로 제출되어 가결되었다. 총 네 가지 안 중 서갑원 의원이 대표 발의한 예술인 복지법안(의안번호: 6223)이 주로 검토되어 예술인 복지법안으로 법제화되어 2011년 11월 17일 예술인 복지법(법률 제11089호)이 공포되었다. 그후 2012년 11월 12일 예술인 복지법 시행령(시행령 제24170호)과 2012년 11월 16일 예술인 복지법 시행규칙(제135호)이 제정되었다. 예술인 복지법안의 법제화 일지를 정리하면 <표 7-1>

표 7-1 예술인 복지법 법제화 일지

일지	사건
2009.10.01	서갑원 의원 등 10인 예술인 복지법안 제안
10.01	정병국 의원 등 11인 예술인 복지법안 제안
2011.02.28	전병헌 의원 등 11인 예술인 복지 지원법안 제안
03.10	문화체육관광방송통신위원회 주최 예술인 복지법안 관련 공청회
04.12	최종원 의원 등 11인 예술인의 지위와 복지에 관한 법률안 제안
06.22	서갑원 의원 대표 발의 법안 문화체육관광방송통신위원회 제출
06.22	문화체육관광방송통신위원회 전체 회의(대안 가결)
10.27	법사위 체계 자구심사와 전체회의 의결(수정 가결)
10.28	국회 본회의 심의(원안 가결)
11.04	예술인 복지법 정부 이송
11.17	예술인 복지법 공포
2012.11.12	예술인 복지법 시행령 제정
11.16	예술인 복지법 시행규칙 제정
11.18	예술인 복지법 시행

출처: 최정민 외(2013) 재구성.

과 같다(최정민 외, 2013).

제 3 절 사례의 전개 과정

1 2009년 예술인 복지법안

예술인 복지법 제정 발의는 2009년부터 존재했다. 한나라당 정병국 의원과 민주당 서갑원 의원이 2009년 10월에 각각 예술인 복지법 제정안을 발의했다. 제안 안에는 직업 예술인들을 '근로자'로 의제함으로써 예술인들을 고용보험과 산업재해보상보험 가입 대상자로 편입될 수 있도록 했다. 한국예술인 복지재단을 설립하여 복지기금을 설치하고, 복지사업 수행에 필요한 재원을 조성하도록 하며, 예술복지채권을 발행할 수 있다는 내용을 담고 있다(김휘정, 2011). 2009년 예술인 복지법안의 주요 핵심 내용은 다음과 같다. 정병국 의원 안, 서갑원 의원 안 두 개가 있지만, 주요 내용은 거의 동일하다.

1) 예술인의 정의[1)]

예술인 복지법은 예술인에 대한 복지 혜택을 주기 위해 마련된 법이다. 따라서 누구에게 복지 혜택을 주는가가 중요한 문제로 대두되며, 복지 혜택의 대상이 되는 예술인을 법률에서 규정했다(자세한 규정 내용은 각주 참조).

---

1) 법안 제2조 이 법에서 "예술인"이란 예술활동, 곧 예술 작품을 창작하거나 표현하는 것을 직업으로 하여 국가를 정치적 · 경제적 · 사회적 · 문화적으로 풍요롭게 만드는 데 공헌하는 자로서 다음 각 호의 어느 하나에 해당하는 자를 말한다.
   1. 문화예술진흥법 제2조 제1항 제1호에 따른 문화예술 분야에 창작, 실연, 기술 지원, 행정 지원 등의 방식으로 참여하는 자
   2. 문화예술진흥법 제2조 제1항 제1호에 따른 문화예술 분야에서의 활동을 대통령령으로 정하는 바에 따라 증명할 수 있는 자
   3. 대통령령으로 정하는 예술 관련 단체의 회원으로 등록된 자
   4. 그밖에 대통령령으로 정하는 사회적으로 인정받는 자

2) 근로자 의제[2)]

예술인들은 근로자가 아니었기에 고용보험, 산재보험의 대상이 되지 못하고 있었다. 따라서 예술인들도 고용보험, 산재보험을 받을 수 있도록 예술인들도 근로자로 인정할 수 있도록 했다.

3) 고용보험, 산재보험 가입[3)4)]

예술인들은 고용보험법, 산업재해보상보험법의 자격 규정에도 불구하고 고용보험, 산재보험에 들 수 있도록 규정했다.

4) 한국예술인복지재단 구성 및 기금 설치[5)6)]

예술인들에게 금전적 지원을 하기 위해 기금을 설치한다. 이 기금은 정부 출연금으로 구성된다. 그리고 이 기금을 운영하는 기관으로 한국예술인복지재단을 둔다.

5) 국유재산 무상 대부

예술인복지재단의 사업 수행을 위해 국유재산을 무상으로 사용할 수 있다.

이러한 예술인 복지법안은 2009년 10월 정부 부처 의견 조회를 거쳐 2010년 2월 국회 문화체육관광방송통신위원회(이하 문방위)에 법안이 상정되었으나 법무부, 기획재정부, 노동부, 행정안전부가 법체계 문제, 재정 문제 등을 제기하여 법

---

2) 제7조(근로자 의제) 예술인은 「고용보험법」, 「산업재해보상보험법」 및 「고용보험 및 산업재해보상보험의 보험료 징수 등에 관한 법률」의 적용에 있어서는 근로자로 본다.

3) 제8조(고용보험의 가입) ① 「고용보험법」 제2조 및 제8조, 「고용보험 및 산업재해보상보험의 보험료 징수 등에 관한 법률」 제2조에도 불구하고 예술인은 대통령령으로 정하는 바에 따라 고용보험에 가입할 수 있다.

4) 제9조(산업재해보상보험의 가입) ① 「산업재해보상보험법」 제5조 및 제6조와 고용보험 및 산업재해보상보험의 보험료 징수 등에 관한 법률」 제2조에도 불구하고 예술인은 대통령령으로 정하는 바에 따라 산업재해보상보험에 가입할 수 있다.

5) 제11조(기금의 설치) 제18조에 따른 한국예술인복지재단의 사업이나 활동을 지원하기 위하여 예술인복지기금(이하 "기금"이라 한다)을 설치한다.
제12조(기금의 조성) 기금은 다음 각호의 재원으로 조성한다.
1. 정부의 출연금(이하 생략)

6) 제18조(한국예술인복지재단의 설립) ① 예술인의 문화예술 활동을 육성·지원하고, 예술인복지사업을 효율적으로 수행하기 위하여 한국예술인복지재단(이하 "재단"이라 한다)을 설립한다.

제정의 진전을 보지 못했다(박영정, 2012).

2 2011년 예술인 복지법안

예술인 복지법은 2009년 발의 이후로 전혀 진전되지 못했으나, 2011년 1월 최고은 작가의 사망을 계기로 예술인 복지법은 네티즌과 여론에 힘입어 급물살을 타게 된다. 사회 전체적으로 예술인에 대한 복지의 필요성이 제기되고, 예술인 사이에서도 이번에는 예술인 복지법을 반드시 실현시키고자 하는 분위기가 형성되었다. 이런 사회 분위기 속에서 전병헌 의원이 2월에 예술인 복지법안을 제안했고, 최종원 의원도 4월에 예술인 복지법안을 제안했다.

전병헌 의원의 예술인 복지법안은 2009년도 법안의 주요 내용을 모두 담고 있다. 그리고 다음과 같은 사항들이 추가되었다.

1) 국민건강보험에서의 특례 인정

예술인에 대해서는 국민건강보험법상 특례를 인정하여 더 많은 혜택이 갈 수 있도록 함(보험료의 전부, 일부 경감, 보험 부과 기준의 완화).

2) 고용보험 적용에서의 특례

고용보험의 보험료를 예술인은 별도로 산정, 고용보험을 받을 수 있는 고용기간 조건 등을 축소하고 보험료를 받을 수 있는 기간은 연장

3) 예술인 공제회 설립: 정부 보조금 지원

4월에 제시된 최종원 대표 발의안은 위의 모든 사항이 종합된 안이라 할 수 있다. 고용보험, 건강보험에 더해 산업재해보상보험에서도 예술인들의 특례를 인정해 더 많은 보조가 갈 수 있도록 했다.

지금까지 보듯이, 2009년에 예술인 복지법이 처음 제안되고 2011년 예술인 복지법의 법률화를 추진하면서 예술인에 대한 복지 조항들은 계속 추가되어 왔다. 예술인의 자격을 법률로 정해 예술인들이 모두 보장받을 수 있도록 했고, 고용보

험, 산재보험 등 모든 보험의 수혜를 받을 수 있도록 했다. 나아가 원래 고용보험, 산재보험, 의료보험 등의 보험금 수혜 조건을 예술인들에 대해서는 완화하도록 규정했다. 또한 정부지원금으로 운영되는 재단, 기금 등을 마련해 예술인들에게 직접적인 도움이 이루어질 수 있도록 했으며, 예술인들의 사업을 위해서는 국유 재산을 무상으로 사용할 수 있도록 했다.

2011년 6월에는 문광위에서 위의 네 가지 대안을 종합적으로 병합 심사하여, 위의 사안들이 모두 포함되는 새로운 대안을 작성했다. 단기 용역을 통해 소득을 얻는 예술인들은 고용보험 등으로 혜택을 받을 수 있도록 하고, 창작 업무를 수행하는 예술인들은 재단 및 기금을 통해 혜택을 받을 수 있도록 했다. 예술인들의 입장, 그리고 예술인 복지법안을 마련하는 문광위 입장에서 최선의 법안이라 할 수 있다.

제 4 절 예술인 복지법안에 대한 반대와 대응

1 예술인 복지법안에 대한 반대

문광위에서 위의 법안은 큰 문제 없이 의결되었다. 예술인의 복지를 위한다는 필요성을 문광위 의원들이 모두 공감하고 있었고, 예술인들에게 실질적으로 도움이 될 수 있는 법안을 마련했다. 하지만 문광위의 법안은 법사위 등으로 이전하면서 다른 부처들의 반대를 받게 된다.

반대의 주요 논점은 다음과 같다.

1) 예술인의 정의

예술인 복지법 제정안에는 문화예술진흥법에 규정된 12개 문화예술 분야(문학, 미술, 음악, 무용, 연극, 영화, 연예, 국악, 사진, 건축, 어문 및 출판)에서 창작 등의 방식으로 참여하는 자, 대통령령이 정하는 문화예술 분야에서의 활동을 증명할 수 있는 자와 예술 관련 단체의 회원으로 등록된 자 등으로 정하고 있다. 이에 대해 예술인의 활동이나 직업의 특성 등을 고려하더라도 예술인의 범위가 지나치게 광범위하고 모호하다는 의견이 제시되었다. 이러한 법의 수혜 대상이 되는 예술인의 범위와 기준을 어떻게 정할 것인가 하는 문제는 법 제정 과정에서 지속적으로 쟁점화되었다. 좀 더 정확하게는 예술인의 범위와 기준을 법으로 정하는 것이 바람직한 일인가 또는 법으로 정하는 것이 기술적으로 가능한 일인가 하는 우려가 강하게 제기되었다(박영정, 2012).

특히 문제가 되는 것은 예술인이 근로자 등으로 의제되면 그 다음부터는 고용보험법상의 근로자로서 실업보험 등의 대상자가 될 수 있다. 즉, 예술인이 고용보험법상 가입자 및 수혜자가 될 수 있다. 그러므로 이 문제는 고용보험에 들 수 있는 예술인이 누구인지, 산재보험에 가입할 수 있는 예술인이 누구인지를 결정하는 문제와 맞물리게 된다. 본인이 스스로 예술인이라고 주장하거나, 협회 회원이라는 이유로, 또는 몇 년에 한 번 작품을 발표하는 예술인을 대상으로 고용보험, 산재보험에 가입할 수 있도록 하는 것을 고용부로서는 인정하기 어렵다. 따라서 예술인의 범위를 예술인 복지법에서 법률로 규정하는 것은 나중에 문제가 될 수 있으며, 법사위 이상의 법안 제정 과정에서 고용부 등의 반대에 직면하게 된다.

2) 예술인의 근로자 의제와 보험 적용

예술인 복지법안은 예술인을 근로자로 의제하여 고용보험과 산재보험의 혜택을 받을 수 있도록 하자는 방안이 규정되어 있었다. 현재 근로기준법상 근로자는 "직업의 종류와 관계없이 임금을 목적으로 사업이나 사업장에 근로를 제공하는 자"를 의미한다. 그러나 예술인은 직업의 특성상 자유전문직이 많으므로 현행 노동법제상 근로자로 인정되지 않는 경우가 많아 기존 사회복지제도 적용에 한계가 있다. 그러므로 예술인을 근로자로 의제하는 규정을 둠으로써 예술인들이 고용보험, 산재보험 등 사회복지제도에 적용받을 수 있도록 기존에 구축된 사회보장제도에 예술인을 편입시키려 하는 것이다(최민수, 2010).

그러나 예술인은 직업의 특성상 근로 형태, 활동 방식 등에서 다양한 지위를 가진 종사자들로 구성되는데 일률적으로 근로자로 의제하는 것은 타당하지 않다는 반대 의견이 있었다. 특히 공연 예술인의 경우 공연이 열리는 기간 동안 업무를 하는 1개월 프로젝트, 3개월 프로젝트 등으로 일하는 사람들이 많은데, 이런 단기 계약 예술인을 근로자로 인정할 경우 노동법상 '근로자' 지위가 지나치게 확대된다는 것이다.

특히 중요한 문제는 고용보험과 산재보험은 단순히 자금을 지원해 주는 것이 아니라 기본적으로 보험의 체제를 가지고 있다는 점이다. 보험은 자신이 낸 돈으로 운영된다. 즉, 고용보험에 가입하면 예술인들도 보험료를 내야 한다. 고용보험은 근로자가 내는 보험료, 그리고 사용자가 내는 보험료로 운영된다. 그런데 예술인들을 고용하는 사용자들이 근로자들을 위해 고용보험을 낼 것인지가 문제된다. 정식으로 근로자를 고용한다면 고용보험을 내야 하지만, 실질적으로 공연 분야에서 업무를 수행하는 예술인들은 3개월 계약, 1개월 계약 등으로 업무를 하고 있다. 이들의 사용자가 몇 달 용역 식으로 고용하는 사람들을 대상으로 고용보험, 산재보험을 내주는 것이 문제시된다.

문광위에서는 예술인들의 복지를 위해 고용보험, 산재보험의 적용에서 예외를 인정해달라고 요구한다. 하지만 고용부 측에서는 예술인 이외에 어렵게 살고 있는 사람들이 많이 있고, 또한 고용보험과 산재보험은 국가의 지원금이 없고 당사자들이 낸 돈을 자신이 받는 보험이라는 이유로 예술인에 대해 특례를 인정하기 어렵다고 주장한다. 만약 예술인들을 위해 보험을 적용하기 바란다면, 예술인들 자체적으로 운영되는 자체 보험 시스템을 마련하고 스스로 운영할 것을 요구했다.

3) 예술인 복지기금

예술인 복지법안들은 재단, 기금, 공제회 등 각종의 기구를 마련하고, 정부의 출연금 또는 보조금을 지급하여 이 기구들을 운영하고, 예술인들에게 자금 보조가 이루어질 수 있도록 하고 있다. 그러나 이에 반대 입장은 기금의 용도가 일부 문화예술진흥기금과 중복될 우려가 있고, 기금의 주요 재원이 정부출연금 등 외부 재원에 의존하고 있어 안정된 재원 확보에 한계가 있다고 했다.

특히 기재부는 현재의 정책 기조는 기금을 최대한 줄이는 것이기 때문에 기금 설치를 인정할 수 없다고 보았다. 현행 국가재정법 운영상 기금 신설은 불가능하며, 또한 재단에 정부지원금이 투여되고, 이 정부지원금이 예술인들에게 지급되는 것은 불가능하다는 점을 제시했다. 단지 기재부는 재단 자체를 만드는 것까지는 인정할 수 있다고 보았다. 기금 등을 만들거나 정부가 재단에 출연금을 내는 것 등은 불가능하지만 재단을 만드는 것은 인정했다.

하지만 문광위 측에서 볼 때, 재단만 만들어지는 것은 아무 의미가 없는 일이었다. 정부지원금을 받아 예술인들에게 지원금을 주는 중간 기구로서 재단이 필요한 것이었다. 예술인들에게 지원해 줄 수 있는 자금이 없는 상태에서 재단만 만드는 것은 실질적으로 예술인들에게 도움이 되지 않는다. 재단만 만들면 할 수 있는 일은 예술인 교육 프로그램 등밖에 없게 되는데, 이것은 예술인 복지법을 만드는 의미와는 동떨어진 일이고, 실질적으로 예술인의 복지와는 관련성이 없다. 하지만 기재부 측에서는 현재 기금을 만드는 것은 불가능하고, 예술인 지원을 위해 재단에 출연금을 별도로 지원하는 것은 불가능하다는 점을 분명히 했다.

2 문화부 및 문광위의 대응

문광위에서는 아무런 문제없이 제안된 예술인 정의 조항, 예술인의 근로자 의제 조항, 예술인에 대한 고용보험, 산재보험 등의 적용, 국가가 지원하는 기금 마련 등이 다른 부처들의 강력한 반대에 부딪치게 된다. 예술인의 근로자 의제 조항, 고용보험, 산재보험, 예술인 정의 조항 등은 노동부의 반대를 받았고, 기금 마련 건은 기재부의 반대를 받게 된다. 하지만 이러한 조항들이 없다면 예술인 복지법을 마련하는 의미가 없어진다. 예술인 복지법이 대상으로 하는 예술인은 몇 개월 단기간 용역 식으로 고용되어 수입을 얻는 사람들과, 창작 업무를 수행하기 때문에 아무 곳에도 고용되지 않는 사람들로 구성된다. 둘 다 4대 보험의 혜택을 받는 데 한계가 있다. 따라서 단기간 용역식으로 고용되어 수입을 얻는 사람들은 근로자로 의제해서 4대 보험 혜택을 받도록 하고, 아무 곳에도 고용되지 않고 창작 업무를 수행하는 사람들은 기금을 통해 보조받도록 한 것이다. 그런데 각각의 사항들이 고용부와 기재부의 강력한 반대를 받게 된다.

이에 대한 문화부 및 문광위의 대응은 다음과 같이 이루어졌다.

1) 예술인 정의 조항

우선 예술인의 범위는 국회에서 법률로 정하지 않고 대통령령으로 정하는 것으로 했다. 이에 대한 정병국 문화체육관광부 장관의 아래 응답을 보면 예술인의 범위를 두고 부처 간의 합의를 하는 것이 어려울 것임을 예상하고 추후 합의를 고려하고 있음을 알 수 있다. 예술인의 정의와 범위를 법으로 정하는 것이 어려운 측면이 있어 모호한 상태로 남겨두기로 했지만 이후 부처 간 협의로 인한 복잡한 상황에서 문제가 발생할 것이므로 의도적으로 추후 협의를 위해 예술인 정의를 명확히 하지 않고 넘어가도록 했다.

> 문화체육관광부 장관 정병국: 이것(예술인 복지법)은 처음 시작을 하고 이 예술인에 대한 정의 부분에 대해서 논란이 많기 때문에 지금 향후 이게 우리 상임위를 통과한다 하더라도 법사위에 넘어가게 되면 부처 간에 조율을 해야 됩니다. 따라서 그런 과정, 이런 부분들을 쉽게 여기서 규정하기 어렵기 때문에 대통령령으로 위임을 해서 합의를 유도하기 위해서 이렇게 규정……

2) 예술인 근로자 의제와 기금

당시 고용부에서는 고용·산재보험을 적용하는 것이 근로자뿐이라는 한계를 보완하기 위해 근로자 외에 자영업자도 고용보험 등에 가입할 수 있도록 준비 중이었다. 따라서 만약 예술인들이 고용보험에 가입하고자 한다면, 자영업자를 위한 보험에 가입하면 된다고 보았다.

하지만 문광위 측 입장에서는, 자영업자를 위한 보험이라고 해도 당사자가 보험료를 내야 한다. 또한 자영업자를 위한 보험은 자영업자들 사이에서 따로 운영되는 것이며, 현재 고용보험에서 적립된 자금을 이용할 수 있는 것은 아니다. 그리고 자영업자 보험에 가입한다면 이는 예술인에 대해 복지 혜택을 주는 것은 아니며, 단순히 일반 국민으로서의 혜택일 뿐이었다.

문광위 측에서는 예술인들이 고용보험에 가입하는 것이 가장 좋은 방안이었지만, 이는 노동부가 반대를 하는 건이었고, 그 대안으로는 예술인을 위한 별도의 보험 체계를 만들어서 따로 운영하는 방안, 아니면 예술인에 대한 특별한 보장은 아니지만 어쨌든 일반인을 위한 자영업자 보험에 자기 스스로 가입하여 보험 수령자가 되는 것이었다.

기금은 기재부의 반대, 그리고 국가재정법의 규정상 신설될 수 없었다. 기재부에서는 재단 설립까지만 인정했고 자금 지원은 할 수 없다고 선언했다. 그런데 자금 지원이 없는 재단은 실질적으로 예술인 복지와는 큰 연관성이 없었다.

당시 사회적 분위기는 예술인 복지법안을 이번 기회에 만들어야 한다는 목소리가 컸다. 전병헌 의장은 "최씨의 사망을 계기로 사회적 공감대가 형성된 지금이 법안을 통과시킬 수 있는 적기"라고 언급했으며, 여야 의원들이 모두 합의한 법안이기 때문에 이번 기회에 법안이 통과될 가능성이 높다고 보았다.[7] 또한 최진욱 영화산업 노조위원장이 "이번(2011년)에는 꼭 처리할 수 있도록 해야 한다. 이번에도 미뤄지면 또 10년을 기다려야 한다"고 언급했듯이, 평상시에는 예술인 복지법이 만들어지기 어렵고, 최고은 사태로 인해 사회적 분위기가 만들어진 2011년에 예술인 복지법이 통과되기를 촉구했다.[8]

이러한 분위기였지만, 예술인 복지법의 최선의 대안은 기재부, 노동부의 반대로 인해 진전이 어려웠다. 최선의 합리적인 방안이 마련될 수 있기 위해서는 기금 마련을 위해 국가재정법도 개정해야 했고, 예술인만을 위한 별도의 보험 체계를 마련해야 했다. 하지만 이러한 방안을 추진하기 위해서는 앞으로도 많은 노력과 시간이 필요했다. 최선의 대안을 계속 추진하는가, 아니면 현재의 한계 속에서 적절한 수준으로 타협하는가, 아니면 원래 의도대로 예술인 복지를 위한 대안들이 마련될 수 없다면 예술인 복지법 제정을 포기하는가의 방안이 있었다.

결국 예술인 복지법은 다음과 같이 최종 결정되어 법률화되었다.

① 예술인 정의 조항: 세부 사항은 시행령으로 규정
② 근로자 의제 조항: 삭제
③ 고용보험 조항: 삭제
④ 산업재해보상 조항: "예술인의 업무상 재해 및 보상 등에 관해서는 산업재해보상보험법에서 정하는 바에 따른다"로 규정(명목적 규정으로 볼 수 있음)
⑤ 예술인 복지재단 설립

7) 한국직업방송(2011). 학부모 43% "대학 진학은 좋은 직장을 위한 것," http://www.wowtv.co.kr/newscenter/news/view.asp?bcode=T30001000&artid=A201102280037
8) 오마이뉴스(2011). 강우석 감독님 '인력 과잉' 그건 아닙니다. 홍현진 기자.

⑥ 기금 조항 삭제(재단만 만들어지고 기금 지원은 없음)
⑦ 국유재산 무상 사용 조항 삭제
⑧ 각종 보험에 대한 예술인 특례 조항 삭제

위에서 보듯이 예술인 복지를 위한 주요한 사항들은 모두 삭제되었다. 단지 예술인 복지법이 만들어졌다는 것, 그리고 예술인 복지재단이 만들어졌다는 것이 예술인 복지법의 주요한 의의가 된다. 예술인 복지를 위한 최선의 대안이 문광위 의원 모두의 합의를 받아 이루어졌지만, 최종적으로는 고용부, 기재부 등에서 그 정도는 인정할 수 있다는 선에서 법제화되었다. 또한 문광위 측에서도 최선의 대안은 아니지만 어쨌든 예술인 복지법이 만들어지고 재단이 만들어지는 선에서 타협이 되었다.

문화부 장관의 다음 발언이, 문화부 측에서도 나름대로 만족할 만한 법안이었다는 점을 보여준다.

> 문화체육관광부 장관: 처음에 출발은 그렇게 했습니다마는 우선 틀을 만드는게 중요하다고 봅니다. 일단 통과가 된 다음에는 위원님께서 생각하시는, 말씀을 하시는 그 이상으로 현장의 목소리를 담을 것이고 법에 다 담지 못한다고 한다면 정책적으로 보완해 나가도록 하겠습니다.
>
> 문화체육관광부 장관: 일단은 이렇게 출발을 하면서 그 범위를 확대하고 또 그 범주 내에 들어가지 못하는 분들은 지금 여기에 금고를 만들기로 했는데 금고를 통해서 지원하는 방법으로 이렇게 접근을 하게 되면 어느 정도 최소한의 예술인들에 대한 복지 실현을 시작할 수 있겠느냐 하는 관점에서 저희들이 지금 준비를 하고 있습니다.

정부 측에서는 일단 현재 상태에서 최선은 아니라 하더라도 일단 법률이 만들어지면 이후에 추후적으로 계속 보완을 하면서 상황이 개선될 수 있을 것으로 보고 있다. 현재 최선의 방법을 추구한다기보다는, 일단 지금 상태에서는 법률로 만들어지고 앞으로 확대하면 되는 것이다. 따라서 현재 법률에 큰 불만은 없는 것이다.

제 5 절 사례의 쟁점

1 의사 결정 모형

이상에서 예술인 복지법 제정 과정에서 처음에 예술인 복지를 위한 최선의 대안이 만들어지는 과정, 예술인 복지법에 대한 반대, 그리고 결국 모든 부처가 나름대로 인정할 수 있는 범위 내에서 법률이 만들어지게 된 과정 등을 살펴보았다. 기재부, 노동부, 문화부가 최선으로 생각한 대안은 따로 있었으나, 최종적으로는 기재부, 노동부, 문화부 및 문광위가 나름대로 만족할 만한 수준에서 법률이 제정되었다. 문화부는 특히 완벽한 법안으로 진행하는 것보다 일단은 예술인 복지법을 제정하는 것을 우선으로 했으며, 법의 내용을 기대 수준 이하로 하향 조정하여 법 제정을 목표로 진행했다.

최종적으로 제정된 예술인 복지법은 국회의 상임위원회, 정부도 최선으로 생각한 규정들이 아니었다. 대신 모든 부처가 그 정도라면 수용할 수 있다고 인정하는 범위 내에서 규정들이 제정되었다. 이러한 법안 제정 과정은 정책 의사 결정 모형 중 만족모형에 해당할 수 있다. 실제 입법 과정에서는 합리적이라고 생각되는 방안이 마련되는 것이 아니라 모두가 만족할 만한 수준에서 방안이 마련되는 것으로 보인다.

2 법안의 효과성

예술인 복지법은 이상의 법 제정 과정을 거쳐 2011년 11월 17일 예술인 복지법이 제정되었고, 1년의 준비 기간을 두고 2012년 11월부터 예술인 복지법이 시행되었다. 하지만 법안의 내용에서 보듯이 실질적으로 예술인들을 지원할 수 있는 조항은 법안 제정 과정에서 모두 제외되었다. 예술인은 고용보험 등의 혜택을 별도로 받을 수 없고, 정부지원금도 없다. 즉, 예술인 복지법이 마련되었지만 실질적으로 예술인 복지에 기여는 하지 못하는 법이다.

실제적인 효과는 없으면서 규정들만이 존재하는 것이 명목적 규정이다. 예술인 복지법은 이러한 명목적 법안으로서의 성격을 지니고 있다. 이러한 실질적 효과가 없는 명목적 법안을 일부러 만드는 것이 과연 적정한 일일까? 문화부는 비록 실질적 기능은 적더라도 이러한 법안이 만들어진다는 것 그 자체에 의의가 있는 것이며, 예술인 복지를 위한 한 걸음을 걷는 것으로 보았다. 이러한 명목적 법안을 만드는 것은 나름대로 의미가 있는 것일까, 아니면 별 소용이 없는 불필요한 일일까?

3 예술인 복지법 개정 방향의 적절성

예술인 복지법은 시행된 지 일 년이 채 되지 않아 개정법률안 5건이 발의되었다. 2013년 10월 2일 국회(정기회) 교육문화체육위원회에서 길정우 의원, 박창식 의원, 최민희 의원, 이학재 의원, 박혜자 의원이 각각 대표 발의한 5건의 예술인 복지법 일부 개정법률안은 이를 통합·조정하여 위원회 대안으로 제안하기로 했다. 그 주요 내용은 예술인복지재단의 재원으로 정부의 출연금과 보조금을 규정하고 예술인이 납부하는 산업재해보상보험료를 국고로 지원할 수 있도록 하는 것이었다. 또한 문화부는 산재보험료 50%를 지원, 고용보험 법령 등을 개정해 실업급여 수급 요건을 마련할 것이라고 발표했다.[9)]

그런데 이 내용들은 예술인 복지법 제정 과정에서 문제가 있는 것으로 드러나 결국 받아들여지지 못했던 사항이다. 정부의 보조금 부담, 예술인에 대한 실업급여 제공 등은 예술인 복지법 제정 과정에서 계속 문제시되었고, 결국 이러한 조항들이 제거되어 입법이 되었다. 하지만 예술인 복지법 개정안은 다시 이러한 사항들을 입법화하기 위해 제안되고 있다.

이 예술인 복지법 개정안은 입법화가 될 가능성이 있을까? 현재 예술인 복지

9) 한겨레(2013). 정부, 예술인 복지사업 200억으로 2배 확대, 권은중 기자.

법 개정안을 주장하는 사람들은 이전 예술인 복지법 제정안 때 문제되었던 사항들에 대한 해결책을 가지고서 현재 개정안을 주장하는 것일까? 만약 그러한 대안이 없이 개정안을 만들자고 주장한다면, 이러한 개정안 주장 행위는 어떠한 의미를 가지는 것일까?

제 8 장

서울시 무상급식정책에 대한 정책 사례

박민정

제1절 들어가는 글

2010년 서울시에서는 시의회, 교육청과 서울시장의 무상급식정책 실시와 관련된 극명한 대립으로 인해 무상급식정책의 실시 방안을 두고 주민투표가 실시되고, 서울시장이 그 결과에 책임을 묻고 자리에서 물러나는 초유의 사태가 있었다. 이 사례는 단순히 우리 사회에 선별적 복지주의와 보편적 복지주의로의 이념 대립적 성격의 논의만을 가져온 차원을 넘어 정책 사례 연구로서 상당히 많은 함의를 지닌 경우라고 볼 수 있다. 서울시 무상급식정책 사례가 가지는 정책 사례 연구로서 함의는 다음과 같다.

첫째, 복지 이념에 대한 대립적 시각이 정치적 이슈화로 대두하게 된 사례이다. 서울시의 무상급식정책 사례 이전에도 사실상 우리나라에 무상급식이라는 정책은 일부 자치단체에서 도입된 공약이었고, 그다지 큰 이슈가 되지 않았다. 그러나 서울시의 무상급식정책의 경우는 대표적으로 정치인들이 이를 복지 이념에 대한 대립적 입장을 극명히 보여주게 된 사례로서, 우리 사회에 선별적 복지주의와 보편적 복지주의라는 것에 대한 정치인들의 차별적 입장을 확연히 보여주었다.

둘째, 지방자치단체에서 예산의 우선순위를 둘러싼 지방자치단체 행정부와 의회의 갈등을 보여준 사례이다. 서울시 의회의 경우 전면적 무상급식을 실시하고자 하는 조례를 서울시와의 협의 없이 통과시키고, 이와 함께 무상급식과 관련한 예산을 수정한 2011년도 예산안을 통과시켰다. 이에 따라 서울시장이 대법원에 소를 제기하고 결국 주민투표까지 발의하는 등 지방자치단체에서 시의회와 시장 간의 대립과 갈등을 극명히 보여준 사례라고 할 수 있다. 더군다나 지방자치단체의 예산 우선순위에 대한 의회와 행정부의 갈등을 조정하고 해결하는 기제가 현재 법제도 하에서 제대로 마련되어 있지 않음을 보여주는 사례이기도 하다.

셋째, 서울시 무상급식정책 이후, 무상급식이라는 정책이 유행처럼 각종 자치단체에서 정치적으로 이용되고, 이러한 무분별한 공약들이 자치단체에 재정적 부담을 가져오고, 급식분담금을 둘러싼 또 다른 공방도 가져오게 하는 등의 결과도 초래했다. 이를 통해 무상급식정책 도입 이후 자치단체에 미친 정치적 · 재정적 영향을 살펴볼 수 있는 사례라고 할 수 있다.

넷째, 지방자치단체의 주민투표제 실시의 적합성과 관련된 논의를 할 수 있는 사례이다. 오세훈 시장이 서울시 의회의 무리한 조례안 통과 및 예산안 변경과 관련하여 사신의 시장직을 걸고 주민투표 실시라는 것을 내세워 결국 정족수에 미치지 못해 개표도 하지 못하고 시장직을 물러나게 되는 결과를 가져왔다. 이러한 결과를 통해 볼 때, 과연 주민투표제를 실시하자는 제안이 무상급식정책의 실시 방안과 관련해서 적합한 제도적 과정이었는지에 대해 논의하게 한다.

이처럼 서울시의 무상급식정책의 경우 이상에서 제시한 정책 사례 연구로서의 다양한 함의와 의의를 지니고 있다. 이하에서는 무상급식정책 사례의 특성, 사례의 배경과 형성 과정, 사례의 쟁점들을 고찰해 보도록 하겠다.

제 2 절 사례의 특성

무상급식정책의 구체적인 사례 분석에 앞서서, 무상급식정책이란 것이 어떤 정책학적 특징을 띠고 있는 것인지 정책의 성격, 정책 참여자, 정책 수단이라는 측면에서 우선 고찰해 볼 필요가 있다.

1 정책의 성격

로위(T. J. Lowi)에 의하면 배분정책은 국민들에게 권리나 이익, 또는 서비스를 배분하는 내용을 지닌 정책이다. 대체적으로 우리나라의 경제 개발 추진에서 보았던 정부에 의한 저수지, 고속도로, 항만시설 등의 사회간접자본 구축, 기업에 대한 수출보조금 · 융자금 지원, 농어촌 소득증대사업 지원뿐만 아니라 정부에 의한 수출정보의 제공, 농작물 작황 예보, 무의촌에 대한 보건진료, 국공립학교를 통한 교육 서비스의 제공 등이 모두 여기에 포함된다. 이와 같은 배분정책은 정부가 적극적으로 국민들이 필요로 하는 재화와 서비스를 산출, 제공하는 것을 그 내용으로 한다. 반면 재배분정책은 고소득층으로부터 저소득층으로의 소득 이전을 목적으로 하는 정책으로 누진세에 의해 고소득층으로부터 더 많은 조세를 징수해 저소득층에게 사회보장지출을 하여 소득의 재분배를 도모하는 정책이 대표적인 것이다(정정길, 2001).

과거 단순 학교 급식에 제한적으로 도입된 무상급식이 재분배정책적 성격이 강했다면, 오늘날 전면적 무상급식을 실시하고자 하는 내용의 무상급식정책은 소득재분배적 성격을 상실함으로써, 학교에서 제공하는 서비스의 일종으로 간주하게 되어 이는 배분정책의 성격이 강해졌음을 알 수 있다.

2 정책 참여자

이 연구에서 분석의 대상이 되는 서울시의 무상급식정책과 관련한 주요한 정책 참여자들은 [그림 8-1]과 같이 서울시장을 포함한 서울시 정부, 서울시 의회, 서울시 교육청, 시민단체라고 볼 수 있다. 이들 참여자 중에서 가장 의견의 대립구도를 첨예하게 보여준 정책갈등의 대상자는 서울시 정부와 서울시 의회라고 볼 수 있다.

서울시와 서울시 의회는 지방자치단체에서의 행정부와 입법부의 역할을 하고 있으므로, 의결기관과 집행기관 간에 서로 다른 입장을 가질 수 있다. 그러나 대

그림 8-1 서울시 무상급식정책 관련 정책 참여자

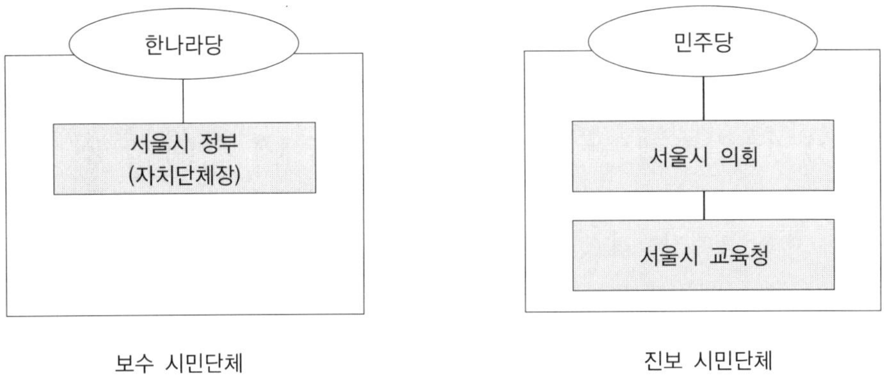

부분의 자치단체 집행기관과 의결기관 간의 상호 조정과 의견 조율을 통해 지방자치단체 관련 조례 등을 통과시키는 데 큰 무리가 없었으나, 이 무상급식안과 관련해서는 서울시 의회의 다수가 민주당 계열의 의원이 당선됨에 따라 집행기관의 안과 의결기관 간의 의견 조율이 이렇게 되어 결국 큰 파장을 가져오는 결과를 가져온 것이다.

서울시와 서울시 교육청도 같은 지방자치단체에서의 행정부에 속한 기관들임에도 불구하고 무상급식에 대한 상호 의견이 달랐다. 과거와는 달리 지방교육감들이 임명직이 아니라 선출직임에 따라 진보 출신의 교육감의 의견을 서울시 교육청에서도 주장할 수밖에 없는 상황에서 같은 행정부 기관들 간에서도 대립된 시각을 보여주게 되었다.

이에 덧붙여 시민단체들도 자신들의 주장을 적극적으로 펴기 시작했는데 서울시와 서울시 의회라는 두 집단을 옹호하는 시민단체 간의 개입으로 사실상 갈등이 더 심화되기도 했다. 특히 서울시에서 제출한 주민투표안이 민주당의 거부에 의해 철회되자 보수단체가 개입하여 주민투표 청구 신청을 서울시에 제출하는 등의 적극적인 입장을 표명했다. 반면 시의회와 의견을 함께하는 진보 계열의 시민단체들은 주민투표 거부운동을 펼침으로써 궁극적으로 보수, 진보 양자의 시민단체 활동이 무상급식과 관련된 주민투표 결과에 큰 영향을 미친 것으로 주요한 정책 참여자로 그 기능을 한 것이다.

3 정책 수단

서울시의 전면적 무상급식정책 실시 이전의 선별적 무상급식 단계에 서울시에서 예산 지출을 한 경우는 저소득층 일부 학생들에게 받아야 할 급식 서비스 제공에 대한 반대급부를 서울시에서 각급 학교에 보조해 주는 형태로 저소득층 학생들에 대한 복지정책적 성격의 보조금 수단으로 볼 수 있다.[1] 그러나 서울시의 전면적 무상급식 실시 이후에 서울시가 무상급식비로 지원하는 예산 지출은 저소득층 학생들에 대한 급식비 보조의 성격을 상실하게 되었고, 급식 서비스라는 공공 서비스 제공에 대해 서비스 제공에 대한 반대급부를 어떤 학생으로부터도 받지 않고 일방적으로 서울시에서 무상으로 '정부가 직접 제공하는 방식(government-service, government vending)'의 공공 서비스 형태로 정책 수단의 성격이 다소 변

그림 8-2 무상급식정책의 정책 수단적 성격

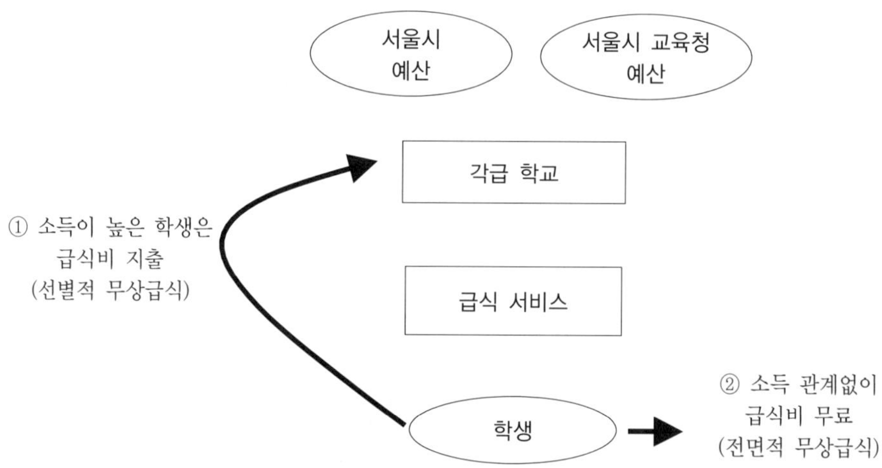

1) '보조금의 예산 및 관리에 관한 법률'에서 규정하는 가장 좁은 의미의 보조금제도는 "반대급부를 요구하지 않고 국가가 사인 또는 사기업에 대해 일정한 금전을 급여하는 행정 수단"을 의미하는 것이다. 특히 학생들에게 지원되는 급식비와 같은 경우는 소비나 소득에서 더 형평성 있는 배분을 위해서, 즉 재배분을 위한 차원에서 보조금을 활용한 측면이 있는 것으로 사회적 정책 목적의 달성을 위해 이루어진다.

화된 것이라 볼 수 있다.[2)]

제 3 절 사례의 배경 및 형성 과정

무상급식에 대한 논쟁은 처음에는 예산과 정책 우선순위와 관련된 정책적 논쟁이었으나 논쟁의 전개 과정에서 보수와 진보의 이념적 논쟁, 향후 한국의 복지 어젠다 세팅에 대한 논쟁으로 발전된 것이다(김대호, 2010). 또한 논쟁에 대한 관심 역시 초기에는 소수의 정책 참여자에서 전 국민적 관심 사항으로 확산되어 가는 경향을 나타냈다. 이 연구에서는 서울시 무상급식정책을 중심으로 하여 그 전개 과정을 살펴보도록 한다.

1 무싱급식에 대한 논쟁 심화 이전 단계

1981년에 최초로 학교급식법이 공포되어 학교 급식의 제도적 틀이 마련되었으나, 실제로 학교 급식의 확대는 저조하게 이루어졌다. 1991년에 전국 102개 특수학교에 대한 전면 급식 실시 및 농어촌 소규모 학교의 공동조리급식제도가 도입되었다. 1993년부터 2002년까지의 기간 동안 사회 · 경제적 도약과 여성의 사회진출 증가와 함께 학부모들의 학교 급식 확대 요구가 결실을 맺게 되어 학교 급식이 급속도로 확대되었다. 1996년에는 위탁급식제도가 도입되고, 1998년에 초등학교 급식이 전면 확대되었으며, 1999년에는 고등학교, 2002년에는 학교 급식의 전면 확대를 지향하는 정부정책과 맞물려 중학교까지 확대되었다. 이후 2003년과 2006년에 위탁급식 사고로 인해 법 개정이 이루어져 학교 급식은 직영급식을 원칙으로 하되 불가피한 경우에만 위탁급식을 허용하도록 했다(최경수, 2012).

2) 공공 서비스를 전달하는 방식은 크게 세 가지 형태로 나뉜다. 정부가 직접 제공하는 방식(government service, government vending), 정부간 협약에 의하는 방식(intergovernmental agreement), 대안적 전달 방식 또는 민간화 방식이다(Brown, 2008).

무상급식이 정치적 쟁점으로 부상하기 전까지 학부모의 부담이 정치적 쟁점으로 부상하지는 않았던 것으로 보이며, 학교 급식과 관련해서는 주로 운영 체제나 급식 위생문제, 농산물과의 연계, 공동체교육 등이 많이 논의되었고, 논란이 되었다. 물론 학교 급식과 관련하여 경제적 비용문제가 아무런 문제가 되지 않았던 것은 아니었지만 그것은 주로 '가난한 학생들'에 대한 정부 대책의 미진함을 지적하는 것으로 제기되었다. 참여정부가 2006년에 발표한 학교 급식 개선 종합대책도 위탁급식의 직영 전환, 급식시설 현대화 등 운영 체제의 전환이나 위생문제 개선에 초점을 맞추고 있고, 학부모 부담분의 경감에 초점을 두고 있지는 않으며, 학부모 부담분 경감은 저소득층 지원의 문제로 다루어지고 있었다(남찬섭, 2012).

그러나 2000년대 후반 무상급식을 둘러싼 반대의 목소리가 나타나기 시작하면서 무상급식과 관련해 정치쟁점화가 제기된 것이다. 경남교육청의 경우 2010년까지 초등학교와 중학교의 완전 무상급식을 공약으로 당선된 교육감이 무상급식을 위해 총력을 기울이자, 이에 대해 무리한 공약의 추진이라는 반론이 제기되기 시작했다. 또한 2009년 경기도 교육감이 취임한 이후 무상급식의 확대를 내용으로 하는 공교육 정상화 모형을 제시하면서 무상급식 논쟁은 더욱 확산되는 양상을 나타내게 된다. 경기도 교육청과 경기도 의회 간의 무상급식 예산을 둘러싼 논쟁과 갈등은 무상급식 예산 전액 삭감 이후에도 경기도 교육청의 초등학교 무상급식 예산안 상정과 경기도 의회의 예산 삭감이 2차례에 걸쳐 반복되면서 논란을 확대 재생산했다.

이러한 과정에서 논쟁의 대상이 된 이슈는 무상급식에서 보편적 복지와 선택적 복지, 복지 포퓰리즘 등 전반적인 복지정책 방향에 관한 논쟁으로 확대되기 시작했다(왕재선, 2012).[3] 무상급식을 둘러싼 논쟁이 지속되는 과정에서 2010년 6월 지방선거 및 교육감선거에서 많은 후보자들이 무상급식 이슈를 채택하게 되고, 지방선거에서 최대 이슈가 되었다.

---

3) 특히 경기도 교육감이 취임하여 공약 이행을 이행하면서 야 4당과 '안전한 학교 급식을 위한 국민운동본부'가 함께 '친환경 무상급식 범국민 선포식'을 개최했고, 이후 무상급식 입법화와 예산 확보를 위한 정책협의회가 구성되고, 2,000여 개 시민사회단체들과 야 5당이 참가한 사상 최대 규모의 단일 연대조직인 '친환경 무상급식 풀뿌리 국민연대'를 출범시켰다. 이들은 6·2지방선거 때 후보들이 친환경무상급식 공약을 채택하도록 촉구한 측면이 있다(최경수, 2012).

2 2010년 6월 2일 지방선거 이후 전개 상황

2010년 6월 2일 지방선거에서는 초 · 중 · 고교의 무상급식 문제가 최대 쟁점으로 등장했다. 민주당 · 민주노동당 등 야당과 여당인 한나라당의 극명한 입장의 대립으로 대표 공약들을 내세웠다. 이러한 갈등 상황 속에서 6 · 2 지방선거가 진행되었고, 서울시에서 오세훈 후보는 46.8%의 지지를 받은 한명숙 후보보다 0.6%p 많은 47.4%의 투표율로 서울시장에 당선되었다.

표 8-1 6 · 2 지방선거에서 공약 비교

오세훈 후보 측 공약	한명숙 후보 측 공약
▶ 사교육 · 학교 폭력 · 학습 준비물 없는 이른바 3무(無) 공약을 제시하고, 학교 급식과 관련하여 단계별 무상급식	▶ 친환경 전면 무상급식을 공약으로 내세우면서 급식은 단순히 밥을 먹는 것이 아니라 밥먹을 때의 예의, 과정, 공동체 의식 조성 등을 위한 일련의 교육과정이기 때문에 친환경 무상급식이 필요하다는 점을 강조

서울시에서는 한나라당이 승리했지만 서울시 등 일부 지역을 제외하고는 6 · 2 지방선거에서 한나라당이 완전 참패하게 되어, 여소야대의 지방의회 구성이 각 지방에서 나타나게 되었다.[4] 이러한 여소야대 현상으로 특히 서울시에서는 시의회와 서울시가 서울광장 사용과 관련한 조례에서 조례 공포와 관련하여 의회와 행정부가 대립하고 있던 가운데, 무상급식과 관련하여 서울시가 소득 30% 계층에 대한 선별적 급식 지원안을 유지했고, 의회와 교육청은 이와 다른 입장을 취하고 있는 상황이었다.[5] 이러한 상호 대립되는 구도 속에서 2010년 8월 3일 민주당 중심의 서울시 의회는 친환경 무상급식 실현을 위해 시의회 의장단, 9개 상임위원장, 25개 구청장이 모인 자리에서, 구의회 및 민간단체까지 참여하는 '민관

4) 6 · 2 지방선거에서 친환경 무상급식 공약을 채택한 교육감 후보가 서울, 경기, 광주, 전남, 전북, 강원 등 6곳에서 당선되었으며, 교육의원은 총 26명이 출마해 16명이 당선되었다.

5) 서울시 의회는 조례 개정안을 통해 현행 조례의 3조 4항 '저소득층 학생에 대한 급식 지원을 통한 복지 증진'을 '초 · 중 · 고등학교 재학생에 대한 무상급식을 통한 복지 증진'으로 바꾸자는 것으로, 무상급식은 모든 학생이 누려야 할 권리이자 평생 건강의 기틀을 마련하는 것이기 때문에 전면 무상급식이 필요하다는 입장이었다(박민진 · 송석희, 2011).

거버넌스'를 구성하기로 했다(연합뉴스, 2010.8.3).

이후 서울시, 시의회, 시교육청, 자치구가 참여하는 서울교육행정협의회가 구성되어 무상급식에 대해 논의를 했으나 시교육청과 시의회 민주당 측과 서울시 간의 이견은 좁혀지지 않았다. 서울교육행정협의회가 의견 차이로 인해 결론을 내지 못하자 2010년 10월 5일 서울시 의회 김종욱 의원 외 85명이 '서울시 친환경 무상급식 등 지원에 관한 조례안'을 발의했다.[6] 이 조례안에 대해 서울시는 무상급식 조례안의 법률 검토를 거쳐 재의 요구를 하고자 했으며, 서울시장은 시정 질문에도 출석하지 않았고, 무상급식조례가 철회되지 않는 한 시의회와의 시정 협의를 거부하겠다는 입장을 취했다.

그러나 2010년 12월 30일 서울시 의회는 서울시 부담금 695억 원을 포함한 무상급식 증액을 반영한 2011년 예산안과 함께 새벽에 한나라당 소속 의원들이 불참한 가운데 조례안을 통과시켰다.[7] 이후 오세훈 시장이 이를 공포하지 않자, 2011년 1월 10일 서울시 의회 의장이 이를 공포했다. 이러한 공포 이후 1월 18일 서울시장은 무상급식의 여부, 대상 범위, 시기 등이 시장의 경비 지원에 대한 판단 재량 및 예산편성권을 침해하고, 조례안에서 규정하는 제반 내용들이 교육감과 시장, 광역단체장과 기초단체장 간의 사무배분 원칙에 위배된다는 내용을 들어 대법원에 소를 제기했다.

3 주민투표 실시

서울시장은 무상급식 전면 시행에 대한 여부를 주민투표로 묻고자 시의회에 제안했으나, 민주당이 70% 이상의 의석을 차지한 시의회에서는 이를 거절했다. 이후 보수적 성격의 시민단체들이 주도하여 청구한 주민투표 발의가 통과되어 2011년 8월 24일 주민투표를 실시하게 되었다.[8]

---

6) 이러한 조례안이 통과할 수밖에 없었던 것은 서울시 의회의 구조도 역시 여소야대로 재적의원 114명 중 민주당이 79명, 한나라당 27명, 무소속 8명으로 구성되어 민주당이 압도적 다수를 차지했기 때문이다.

7) 이 조례는 민주당 소속 의원 79명 전원, 교육의원 등 86명이 공동 발의한 것으로 무상급식 지원 대상을 유치원, 초·중·고등학교, 보육시설로 정하고 초등학교는 2011년부터, 중학교는 2012년부터 전면 시행하기로 되어 있었다.

주민투표 실시가 확정되자 오세훈 서울시장 측에서는 가능한 많은 수의 주민들이 투표에 참여하여 의사를 표시해 주기를 운동했고, 반대 측인 서울시 교육청은 투표에 참여하지 않는 것이 보편주의적 무상급식을 이룰 수 있는 것이라며 유관기관 등에 메일을 발송하는 등 투표반대운동을 펼쳤다. 그 과정에서 '복지포퓰리즘추방국민운동본부'와 '나쁜투표거부시민운동본부' 두 양 진영 사이에는 계속적인 대립과 상호 고발 및 소송이 오갔다.

주민투표에서는 두 가지 안을 제시했는데, 1안은 소득 하위 50%의 학생을 대상으로 2014년까지 단계적으로 무상급식을 실시하는 것이고, 제2안은 소득 구분 없이 모든 학생을 대상으로 초등학교는 2011년부터, 중학교는 2012년부터 전면 무상급식을 실시하는 것이다(옥동석 · 구경남, 2012). 그러나 투표 결과 주민투표 성립 조건인 33.3%를 넘지 않은 25.7%를 기록함으로써 주민투표는 무효가 되어 개표도 무산되었다. 이로 인해 오세훈 서울시장은 시장직을 사퇴하고 보궐선거를 실시하게 된다.

4 서울시장 보궐선거 실시

주민투표의 무효로 인한 책임을 진 서울시장의 사퇴로 인해 서울시장 재선출을 위한 보궐선거가 이루어지게 된다. 시민사회단체에서 내세운 박원순 변호사가 야권 단일 후보로 선정되고 여권에서는 나경원 의원이 후보 등록을 하게 된다. 이 두 후보는 보궐선거의 정책공약에서 역시나 서울시 복지정책과 관련하여 대립된 시각을 보여주었는데, 박원순 후보는 무상급식 확대를 주장하면서 공약에서 1순위로 내세운 반면, 나경원 후보는 무상급식보다는 교육 인프라 확충, 공공 보육시설 확대 등을 중시했다. 이후 전개된 TV토론에서 무상급식과 관련해서는 보편적 무상급식과 선별적 무상급식에 관련하여 두 후보의 치열한 논쟁이 오

8) 주민투표는 주민청구, 지방의회의 청구, 지방자치단체의 장에 의한 직권에 의해 실시할 수 있는데, 이 경우 주민청구에 의한 방법밖에 없어 51만 명 이상의 주민이 청구시 주민투표 실시가 가능한 것이다. 이후 선별주의 지지연합인 복지포퓰리즘추방국민운동본부와 보편주의 지지연합인 나쁜투표거부시민운동본부가 서울시 선관위에 주민투표 대표단체로 등록함에 따라 투표운동이 이루어지게 된다(양승일, 2013).

가게 되었다.

선거운동 기간 중 상호 계속된 공방 속에서 시민사회단체 후보에서 단일화가 되기 전 거론된 안철수 교수가 보편주의적 무상급식을 찬성하면서 박 후보를 지지함에 따라, 결국 선거에서 박원순 후보가 당선되었다. 당선 이후 박원순 시장은 오 전 시장이 2011년도 예산안에 대해 재의 요구를 한 것에 대한 철회와 동시에, 대법원에 제기된 무상급식조례의 무효확인소송을 취하하게 된다. 그리하여 서울시 의회는 전면적 무상급식이라는 기본적인 기조는 계속 유지한 채 약간의 사항들만 수정하여 다시 무상급식조례를 발의, 통과시키게 됨으로써, 서울시에서는 보편적 무상급식정책을 시행하게 된다.[9)]

결국 서울시와 서울시 의회를 둘러싼 무상급식에 대한 논의는 지방선거를 통해 제기되어 무상급식 주민투표로 그 논쟁은 종결되고, 서울시장 보궐선거를 통해 새 시장이 당선됨으로써 무상급식 조례안이 시행되는 과정을 거치게 된 것이다.

그림 8-3 무상급식 논의의 전개 단계

2010년 6·2 지방선거

↓

2011년 8·24 무상급식 반대 주민투표

↓

2011년 10·26 서울시장 보궐선거

9) 서울특별시 친환경 무상급식 등 지원에 관한 조례(시행 2011.1.6)의 주요 조항의 내용은 다음과 같다.
제2조(정의) 이 조례에서 사용되는 용어의 정의는 다음과 같다.
1. "친환경 무상급식"이란 제1조의 목적을 실현하기 위하여 제4조의 지원 대상에게 친환경 급식에 소요되는 경비 전부를 국가나 지방자치단체가 부담하는 것을 말한다.
제5조(지원 방법) ① 시장은 제3조의 지원계획을 시행하기 위하여 제9조에 따른 친환경무상급식지원심의위원회에서 심의한 급식경비를 교육감 및 구청장에게 현금 또는 현물로 지원하여야 한다.

표 8-2 서울시 무상급식조례를 둘러싼 전개 사항

2010.10.5	서울시 의회 김종욱 의원 외 85명이 '서울시 친환경 무상급식 등 지원에 관한 조례안' 발의
12.21	서울시장의 조례안에 대한 재의 요구
12.30	서울시 의회의 조례 재의결
2011.1.10	서울시 의회 의장이 조례 공포
1.13	서울시장의 2011년도 예산안 재의요구안을 시의회에 제출
1.18	서울시장이 대법원에 소를 제기 (판단재량 및 예산편성권 침해, 사무배분 원칙 위배)
6.16	'복지 포퓰리즘 추방 국민운동본부'의 전면무상급식반대 주민투표 청구
7.26	서울시장은 청구심의회 거친 후 주민투표 발의
8.24	주민투표 실시-투표 무효(투표율 25.7%)
10.26	박원순 후보 서울시장 당선
12.16	박원순 서울시장 대법원에 무상급식조례 무효 확인소송 취하 제출
12.19	서울시 의회의 무상급식조례 수정 의결
2012.1.5	박원순 서울시장 무상급식조례 공포

제 4 절 사례의 쟁점

1 복지 이념을 둘러싼 대립

서울시 무상급식정책의 경우 사실상 우리 사회에 복지 이념의 대립을 처음으로 이슈화시켜서 정치인들이 이에 대해 서로 다른 입장을 보여준 대표적인 사례이다. 즉, 우리 사회의 복지 이념과 관련된 대립적 시각을 극명히 보여주는 사례라고 할 수 있다. 특히 의회, 정당 정치인들은 무상급식 논의가 이념과 복지라는 더욱 추상적인 이슈로 확장되는 데 결정적 역할을 했다. 무상급식 논쟁의 정치적 확산은 의회, 정당, 정치인들이 논쟁에 개입함으로써 정책사업이었던 무상급식이 정치쟁점화된 것이다(왕재선, 2012). 한나라당과 서울시는 선별적 복지주의 입장을 택했고, 민주당과 서울시 의회, 민주노동당 출신 교육감이 있는 서울시 교육청의 경우 보편적 복지주의 입장을 택함으로써 대립했다. 오세훈 서울시장, 서울시 의회 한나라당, 서울시 경영기획실 입장에서는 보편주의적 무상급식은 재원을 고려하지 않은 무책임한 포퓰리즘으로 간주하고, 선별적 무상급식을 주장했다. 반면 서울시 의회, 민주당, 곽노현 서울시 교육감, 서울시 교육청 평생교육국에서는 선별적 무상급식은 학생들에게 눈칫밥을 먹이게 한다는 이유로 보편적 무상급식을 주장했다.

선별적 복지주의를 찬성하는 입장은 우리 사회의 보수 세력이라고 할 수 있다. 당시 한나라당은 여당으로 우리나라의 보수정당이다. 집권 여당 출신의 시장과, 이에 따른 집행부인 서울시, 의회 내의 한나라당 의원들이 보수적 성향의 복지정책에 찬성하는 의사를 나타낸 것이지만, 실제로 한나라당 내에서 선별적 복지에 반대하는 이들이 없었던 것도 아니다.

보편적 복지주의를 찬성하는 입장은 우리 사회의 진보진영의 입장이라고 할 수 있다. 무상급식과 관련하여 보편적 복지를 주장한 서울시 의회의 다수가 민주당이었고,[10] 서울시 교육감인 곽노현은 대표적인 진보 성향의 교육감으로 근본적인 정책 방향이 이러한 무상급식과 관련하여 일치했다고 볼 수 있다.

실제로 이러한 대립은 오랫동안 복지 이념에 대한 입장을 지속적으로 양자에서 표명하고 있었다기보다는, 시기적으로 이 시기에 하나의 정치적 의제로 등장함으로써 대립적 갈등을 보여준 것으로 보인다. 양자의 정치집단에서 각자에게 유리한 입장을 얻고자 복지 이념이라는 것의 대립을 부각시켰고, 그 대상이 단지 복지라는, 그 중에서도 무상급식이라는 이슈였던 것이다. 복지 이념에 대해 심각한 숙고와 고려 끝에 대립되는 이념적 차이가 아닌 정치적 이슈에 대한 입장 차이로밖에는 보이지 않는 것이다.

이를 통해 볼 때 결국 복지 의제를 통해 정치 세력들은 이를 자신에게 유리한 형태로 이용하기 위해 치열한 경쟁을 벌인 것으로 간주된다(고원, 2012).

---

10) 민주당은 2008년 글로벌 금융위기로 인해 정강정책을 수정하여 “성장과 경쟁지상주의, 토건과 개방만능주의에 기반을 둔 체제는 사회경제적 양극화의 심화와 특권·기득권 강화, 환경 파괴라는 대재앙을 가져왔다”고 규정하고 “무분별한 세계화와 시장 만능주의를 극복”할 것이라고 선언했다. 이런 정책이념의 변화가 민주당 내에 다소 확산되어 있는 상태였다(고원, 2012).

표 8-3 복지선별주의와 보편주의 비교

	복지 선별주의	복지 보편주의
일반적 특징	- 자산조사 등을 통해 엄격히 선별된 저소득층 등 복지기본선 이하의 국민을 대상 - 한정된 자원을 가지고 저소득층 등에게 지원할 수 있다는 점에서, 불필요한 자원을 줄여 비용 효과성을 지향 - 모든 국민이 아닌 저소득층 등에게만 복지 혜택이 제공된다는 점에서 국가에 대한 의존 현상을 최소화 - 저소득층에 복지 혜택이 집중적으로 제공된다는 점에서 소득재분배를 통해 빈부의 격차를 상당 부분 줄일 수 있음	- 나이, 자녀 유무 등 특정 자격에만 해당되면 소득이나 자산에 상관없이 모든 국민이 대상 - 모든 국민에게 복지 혜택이 제공된다는 점에서 수혜자의 수치심과 이로 인한 절망감 등이 없고, 별도의 자산조사 등이 필요하지 않기 때문에 행정절차가 단순 - 복지 혜택이 특정층에게만 제공되는 것이 아니라 전 국민에게 지급된다는 점에서 급여의 공정성을 통한 사회 통합을 이룰 수 있어 사회 효과성을 지향
무상급식을 둘러싼 입장	- 오세훈 서울시장, 서울시 의회 한나라당, 서울시 경영기획실 입장: 보편주의적 무상급식은 재원을 고려하지 않은 무책임한 포퓰리즘으로 간주, 선별적 무상급식을 주장	- 서울시 의회 민주당, 곽노현 서울시교육감, 서울시 교육청 평생교육국: 선별적 무상급식은 학생들에게 눈칫밥을 먹이게 한다는 이유로 보편적 무상급식 주장

출처: 양승일(2013).

2 예산편성권 및 예산 우선순위를 둘러싼 지방의회와 행정부의 갈등과 대립

예산의 편성은 행정부가 하게 되고 이를 의회가 의결하는 체제 하에서, 의회는 행정부가 제시한 예산안을 수정하여 의결했다.[11] 서울시는 의회가 서울시의 동의 없이 예산사업을 신설, 증액한 데 대해 이들 예산을 집행하지 않겠다고 선언함으로써 편성권과 의결권상의 대립이 발생한 것이다.

예산은 법률과는 달리 의회의 의결이 있으면 그대로 확정이 되는 행태로, 예산에 대해서만은 행정부의 재의 요구를 인정하지 않고 있다. 즉, 우리나라는 현재 예산비법률주의를 채택하고 있는 것이다(옥동석 · 구경남, 2012). 그리고 현행 헌법 제57조에서 규정하고 있는 "국회는 정부의 동의 없이 정부가 제출한 지출예산

11) 서울시 의회는 서울시가 제출한 총규모 20조 6,107억 원의 2011년도 예산안에 대해 삭감 3,965억 원, 증액 3,708억 원을 조정하여 20조 5,850억 원을 의결했다. 시의회는 서해뱃길사업, 한강예술섬공사, 한강지천 뱃길 조성 등 오세훈 시장이 역점을 두는 사업들을 중심으로 주로 삭감했고, 무상급식 관련 예산을 신설, 증액의 형태로 반영했다(옥동석 · 구경남, 2012).

각 항의 금액을 증가하거나 새 비목을 설치할 수 없다"는 내용을 통해 보면, 국회가 행정부가 제출안 예산안에 대해 자의적으로 예산액을 증가시키거나 새로운 항목을 추가할 수 없음을 의미한다. 서울시라는 지방정부에서의 예산의 심의·확정도 우리나라 헌법의 규정 형식의 적용을 받는다. 지방자치법 제127조에 의하면 예산안의 편성권은 지방자치단체의 장에게 귀속된다는 사실이 명확하게 규정되어 있으며, 제39조에는 지방의회의 권한을 규정할 때 '조례의 재정·개정 및 폐지'를 '예산의 심의·확정'과 구분하고 있다. 그리고 지방자치법 제127조 3항에도 지방의회 역시 중앙정부의 국회와 같이 "지방자치단체의 장이 편성한 예산안에 대하여 지출예산 각 항의 금액을 증가하거나 새로운 비용 항목을 설치할 수 없다"라고 되어 있다. 이는 예산을 감액할 경우 지방의회가 자치단체장의 동의를 구하지 않아도 됨을 의미한다. 이러한 예산 비법률주의와 예산 증액 및 새 비목 설치 제한이라는 두 가지 법률적 근거로 인해 실질적으로 예산편성권, 심의·의결권과 관련하여 지방의회와 지방정부 간의 심각한 대립 양상을 불러일으킬 수밖에 없다. 서울시의 무상급식조례안과 관련된 예산 우선순위의 조정에서 이와 같은 의회와 행정부 간의 예산을 둘러싼 대립이 나타날 수밖에 없음을 확인했다.

서울시와 같이 특히 여소야대의 의회 구성을 한 상황에서, 서울시 행정부는 서울시 의회의 무상급식부담금 695억 원의 예산을 비롯하여 중·고교생 저소득층 무상급식(163억 원), 학습준비물비 지원(52억 원) 등의 증액 및 신설에 대해 동의하지 않았으나, 이에 대해 집행부인 서울시가 법률과 같이 서울시 의회에 재의 요구를 할 수 없는 것이다(예산비법률주의에 근거). 반면 서울시 의회는 서울시에서 편성한 예산안에 대해 증액이나 새로운 항목을 설치하지는 못하더라도 대폭 삭감은 가능하므로 서울시 의회는 집행부가 편성한 예산안 중 서해뱃길사업(752억 원), 한강예술섬공사(406억 원), 한강지천 뱃길 조성(50억 원) 등과 같은 사업의 예산을 대폭 삭감하는 행태를 보여주었다(예산 증액 및 새 비목 설치 제한 근거). 이렇게 의회가 예산비목의 예산액을 대폭 삭감하더라도 예산 증액이나 새 비목을 설치한 것이 아니므로 역시 서울시 행정부에서 법적 이의를 제기할 수가 없다. 결국 의회에서 새로운 예산의 신설 및 증액을 하더라도 행정부는 재의 요구를 못하며, 행정부가 제출한 예산안을 삭감하더라도 어떤 조정 방안이 없는 것이다.

표 8-4 2011년 서울시 예산안에 대한 서울시와 시의회의 우선순위 차이

2011년도 예산상 서울시의 우선순위 항목 (총 3,965억 원)	2011년도 예산상 서울시 의회의 우선순위 항목 (총 3,708억 원)
서해뱃길사업(752억 원), 한강예술섬공사(406억 원), 한강지천 뱃길 조성(50억 원), 어르신행복타운 건설(99억 원), 서울브랜드 향상 해외 마케팅 (138억 원), 재개발임대주택 매입(212억 원), 강북정수센터 고도정수처리시설 공사(200억 원), 은평새길 건설(100억 원), 기타(2,008억 원)	무상급식(695억 원), 중고교생 저소득층 무상급식(163억 원), 학습준비물비 지원(52억 원), 학교시설 개선(284억 원), 중증장애인활동보조 지원(200억 원), 공공근로 확대(101억 원), 영유아 예방접종(127억 원), 예비비(765억 원), 기타(1,357억 원)
서울시 의회에서 삭감함	서울시 의회에서 신설, 증액 의결함

출처: 옥동석 · 구경남(2012); 동아일보(2010.12.31)의 재구성.

이러한 서울시 무상급식정책과 관련된 지방자치단체 의회와 행정부의 대립은 오늘날 우리의 예산편성권과 관련하여 갈등을 야기할 수밖에 없는 법적인 한계를 보여주는 측면이 있다. 즉, 예산의 우선순위에 대한 의회와 행정부의 대립이 있을 경우 해결할 수 있는 기제가 없는 것이다.

3 무상급식의 확산, 지방재정 부담 및 급식분담금을 둘러싼 정책갈등 유발

2010년 6 · 2 지방선거 이후 정치인들은 전면적 무상급식이라는 정책을 일종의 시민들에게 수혜를 주는 정책의 하나로 정치적으로 이용되는 현상을 발견할 수 있다. 이는 <표 8-5>에서와 같이 2010년과 2011년의 전면 무상급식 실시 현황의 비교를 통해 나타나고 있다.

이렇게 1년 여 만에 전면 무상급식 실시 시 · 군 · 구가 증가한 것은 2010년 지방선거를 계기로 전면 무상급식을 주장하던 자치단체장이나 교육감들이 대거 당선된 데에 기인한 것으로 볼 수 있다. 특히 경기도의 경우 초등학교 전면 무상급식 지역이 2010년 7개 시 · 군 · 구에서 24개 시 · 군 · 구로 다른 지역보다 매우 큰 폭으로 증가했다. 이러한 것은 경기도가 초등학교 전면 무상급식에 대한 논쟁이 전국적 이슈로 확산되는 출발점이 되었다는 점과 지방선거에서 무상급식을 지지하는 교육감의 당선 등이 영향을 미친 결과라고 할 수 있다(왕재선, 2012).

표 8-5 전면 무상급식 지역 현황 및 비교(2010.3, 2011.1 기준) (단위: 개)

시·도	초등학교		중학교		고등학교	
	2010년	2011년	2010년	2011년	2010년	2011년
대구	-	1	-	-	-	-
인천	-	3	-	1	-	1
광주	-	5	-	-	-	-
경기	7	24	1	-	-	-
강원	-	2	-	1	-	1
충북	8	12	-	12	-	-
충남	2	16	-	-	-	-
전북	8	14	8	8	8	8
전남	1	-	1	-	1	-
경북	1	3	-	1	-	-
경남	11	10	10	10	5	10
합계	38	90	20	33	14	20

주) 서울, 부산, 대전, 울산, 제주는 무상급식 실시 지역이 없음.
출처: 국회 보도자료(2010), 지방자치(2011) 재인용.

그림 8-4 전면 무상급식 현황 비교

(단위: %)

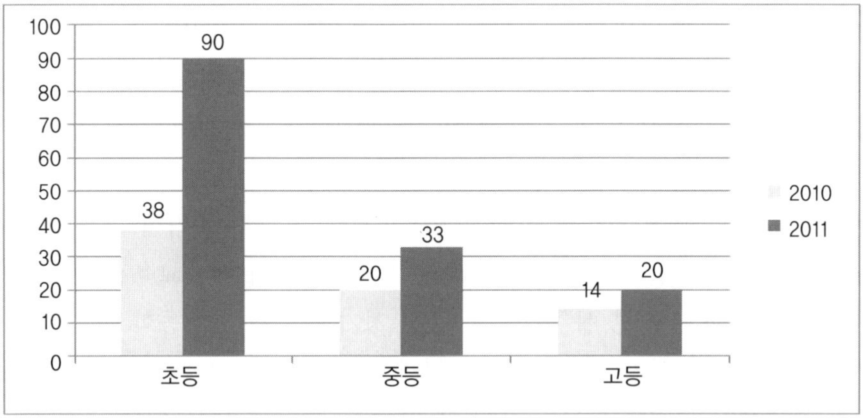

2011년 8월 오세훈 서울시장이 주민투표로 인해 서울시장직을 물러난 이후에

도 자치단체장들은 봇물처럼 무상급식을 정치적 공약으로 이용했다. 이러한 전면적 무상급식정책을 각 지방자치단체에서 가져옴에 따라 각 지방자치단체별로 정책사업의 우선순위가 바뀌거나 혹은 자치단체의 재정 상황을 고려하지 않은 무리한 정책 수행이라는 비판적 논의들도 나타나게 되었다. 결국 이러한 지방재정에 대한 부담은 급식분담금을 둘러싼 자치단체와 교육청 간의 정책갈등을 재유발하는 결과를 가져오기도 한 것이다. 대표적으로 충청북도의 경우에는 무상급식비 총액을 880억 원으로, 충북도 교육청은 946억 원으로 다르게 편성한 뒤 서로 반반씩 부담해야 한다며 팽팽히 맞서왔다(동아일보, 2012.12.27). 실제로 무상급식 예산은 교육청, 광역지자체, 기초지자체가 나눠 부담한다. 2012년 기준 전국 평균치로 볼 때 교육청이 51.8%, 광역지자체 18.1%, 기초지자체가 30.1%씩 부담한다. 초・중・고 대상 무상급식이기 때문에 담당기관인 교육청 분담 비율이 가장 높다. 대부분의 시・도 교육청이 지자체 전입금에 의존하고 있는 상황에서 교육청과 지자체의 무상급식 예산 갈등은 필연적일 수밖에 없다는 지적이 많다. 재정이 빠듯한 상황에서 광역・기초 지자체들이 분담률을 높이기 쉽지 않기 때문이다(한국경제신문, 2012.12.14).

이처럼 무상급식을 정치적 공약으로 이용함에 따라 복지 이슈가 전국적으로 더욱 확산되기에 이르고, 이를 채택하게 됨에 따라 이후 각 지방자치단체들에서 재정 분담과 관련된 어려움과 갈등이 더 심각해지게 되고, 실제 서울시, 경기도에서조차도 복지 재원 마련 측면에서 어려움들이 나타났다.[12)]

4 주민투표제도 실시의 적절성 여부

주민투표는 주민발안, 주민소환과 함께 주민 참여의 가장 확대된 형태의 의미

12) 서울시는 올해 무상보육 분담률을 놓고 정부와 갈등을 빚다가 결국 부족 재원을 마련하기 위해 2천억 원의 지방채까지 발행하기로 했고, 경기도는 재원 부족을 이유로 무상급식 지원 예산을 삭감하겠다고 발표하기도 했다. 지방의 복지지출은 2005년부터 복지 관련 세출 권한이 지방정부로 이관된 이후 가파른 속도로 증가해 왔다. 더욱이 기초노령연금이나 무상보육과 같이 지방에 실시 의무를 강제하는 국고보조사업이 새롭게 도입되면서 지방정부의 복지재원 부담은 크게 늘어났다. 지방재정에서 복지지출이 차지하는 비중을 보면 2005년 12%에서 2013년 22.3%로 늘었다(부산일보, 2013).

를 갖는 3대 직접민주제도 중의 하나이다. 주민투표제는 지방자치단체의 중요 사항이나 지방의회에서 의결된 입법 또는 중요한 안건을 다시 주민투표에 부쳐 그 채택 여부에 대한 최종 결정권을 주민에게 유보하는 것이다. 즉, 직접민주제의 한 방식으로서 주민의 의사를 물어, 제안되어 있거나 현존하는 법률을 투표에 회부하여 이를 승인하거나 거부하는 행위이다. 무상급식을 둘러싼 주민투표는 주민 청구 방식으로는 처음 이루어진 투표로서 서울시와 의회가 결정을 내리지 못하는 정책의 우선순위에 대한 갈등을 서울시 행정부 측에서는 시민의 투표행위를 통해 문제를 해결하고자 했다. 과연 이러한 주민투표제도를 도입한 것이 바람직한 해결 방안이었는가 다시 한 번 고찰해 볼 필요가 있다. 왜냐하면 주민투표 자체에 대한 한계가 존재하기 때문이다(이상민, 2012).

즉, 오늘날 현대 사회와 같이 복잡, 다양한 가치관이 존재하는 상황에서 찬반이라는 두 가지 대안에 대한 결정을 통해 의사 결정을 내리기가 쉽지 않고, 실제로 투표의 참여자인 서울 시민들이 이 정책적 사안에 대해 비중 있게 생각하면서 정치적 관심을 가지고 있어 정확한 지식이나 판단을 지닐 정도로 성숙되었는지도 장담할 수 없는 한계가 존재한 것이다.

이러한 한계에도 불구하고 오세훈 서울시장은 무상급식으로 인해 교착 상태에 빠진 서울시정을 방치할 수 없다며 '전면 무상급식' 시행 여부를 주민투표로 결정하자고 시의회 다수당인 민주당에 제안했다. 하지만 서울시 의회와 서울시 교육청은 오시장의 제안을 정치적 의도가 깔린 술수라며 비판 및 거부했다. 서울시가 제시한 제안의 거부로, 전면 무상급식에 반대해 온 시민단체들이 전면 무상급식에 대한 찬반을 묻는 주민투표를 하겠다는 주민투표 청구인 대표자 신청을 서울시에 제출했고, 70만 명의 서울 시민들의 서명을 받아 주민투표 청구서를 제출함으로써 주민투표를 실시하게 되었지만 투표율이 33.3%를 넘지 못해 개표조차 하지 못하고, 서울시장은 사퇴하게 되는 결과를 가져왔다.

결국 서울시 무상급식을 둘러싼 주민투표는 주민투표제도의 본질이나 취지와 달리 서울시장의 신임 투표로 변질됨으로써 주민소환제도와 동일한 결과를 초래했다. 물론 이에는 주민에게 정책 집행에 대한 찬반 의사를 묻는 주민투표에서 시장직의 진퇴를 조건화한 문제가 있다. 그렇지만 결과적으로 신임 투표가 주민투표의 취지를 훼손시킨 여파는 크다고 할 수 있다. 또한 개표가 되지 않음으로 인해 투표에 소요된 비용인 180억 원이 낭비되었으며, 투표를 통한 주민의 의사도 확인할 수 없게 되어 주민투표제도 자체를 무의미하게 만들고, 정책과 정치에 대한 불신과 무관심, 그리고 민주주의의 절차를 무시하게 만들어서 민주주의 자체를 부정하게 하는 결과를 초래했다(이상민, 2012).

이처럼 오세훈 시장의 신임투표 형태로 실시된 서울시의 무상급식 관련 주민투표는 민주주의의 의사 결집의 한 방법인 투표가 오히려 민주주의의 절차적 정당성을 훼손시키는 방법이 될 수도 있다는 것을 보여준 대표적인 사례라고 볼 수 있다.

5 정책의 절차적 합리성 논의

서울시 의회는 '친환경 무상급식 등 지원에 관한 조례안'을 제정하면서 서울시와의 사전 협의와 동의 없이 일방적으로 결정 및 발표를 했다. 여소야대라는 정치 상황에서 다수의 힘을 이용해 서울시의 의사를 고려하지 않고 일방적인 결정을 내린 것은 정책 결정의 절차적 합리성 측면에 위배되는 측면이 있다. 이 밖에도 그 과정 전반적으로 정책의 절차적 합리성에 의문이 드는 부분들이 있다.

정책 결정의 합리성의 논의에서 절차적 합리성은 "행동대안을 선택하기 위해 사용된 절차가 인간의 인지 능력과 한계에 비추어보았을 때 얼마만큼 효과적이었는지의 정도"를 의미한다. 그러므로 결과적으로 선택된 대안이 최선인지 아닌지와는 관계없이 그 대안을 선택하기 위해 밟은 절차가 적합한 것이면 절차적 합리성은 확보된 것이다(정정길, 2001).

무상급식 사례에서 절차적 합리성을 위배한 구체적인 내용은 다음과 같다.

첫째, 2010년 10월 5일 서울시 의회 김종욱 의원 외 85명이 '서울시 친환경 무상급식 등 지원에 관한 조례안'을 발의했다. 이 조례안에 대해 서울시는 무상급식 조례안의 법률 검토를 거쳐 재의 요구를 하고자 했으며, 서울시장은 시정 질문에도 출석하지 않았고, 무상급식조례가 철회되지 않는 한 시의회와의 시정 협의를 거부하겠다는 입장을 취했다. 이에 대해 2010년 12월 29일, 서울시 의회 민주당 의원 77명은 오세훈 서울시장이 의회에 무단으로 불출석하는 등 지방자치법 제

42조 2항을 위반했고 이는 형법 제122조 직무유기에 해당한다며 오시장을 서울중앙지검에 고발했다. 일종의 서울시 의회에서 서울시를 대상으로 한 절차적 위법을 주장하는 내용이다.

둘째, 2010년 12월 30일 서울시 의회는 서울시 부담금 695억 원을 포함한 무상급식 증액을 반영한 2011년 예산안과 함께 새벽에 한나라당 소속 의원들이 불참한 가운데 조례안을 통과시켰다. 그러나 서울시는 민주당 측이 재의결한 '무상급식조례'를 공포하지 않고 무효 소송을 냈다. 이에 대해 서울시 의회는 2011년 1월 6일 허광태 서울시 의회 의장이 시의회에서 기자회견을 열고 '지방자치법 제26조 6항'에 따라 의장 직권으로 '서울시 친환경 무상급식 등 지원에 관한 조례'를 공포했다. 이에 서울시는 조례 자체가 불법적인 만큼 조례 무효 소송은 물론이고 효력정지가처분 신청 등 법적 대응에 나서겠다고 반발했다(박민진 · 송석희, 2011). 서울시 의회의 조례안 통과 과정과 관련하여 서울시에서 소송 제기를 한 것은 서울시에서 서울시 의회를 대상으로 하여 조례 통과 과정의 절차적 위법을 주장하는 내용이라고 볼 수 있다.

이처럼 서울시 무상급식 관련 조례안의 통과 과정에서 서울시 의회와 서울시 양자 모두에서 주장하는 바처럼 사실상 절차적 합리성을 위배하는 내용들이 나타났음을 확인할 수 있다. 이러한 절차적 합리성 측면에서 볼 때, 서울시 무상급식조례의 의회 일방적 통과 과정과 그에 대한 서울시의 대응 조치들은 그 정책결정의 내용상 선별적 복지주의냐, 보편적 복지주의냐의 문제를 떠나서 절차적 합리성을 따르지 않은 사례로 보여진다.

제 9 장 대학구조 개혁정책 사례: 통제의 기제로서 평가

이병량

제 1 절 들어가는 글

2012년 어느 봄날 필자가 지방의 한 대학을 방문했을 때의 일이다. 어느 단과대학의 복도를 지나가다가 필자는 학과별 취업률 현황이라는 제목이 붙은 도표를 보았다. 도표는 마치 어느 기업체 영업팀의 벽에나 붙어 있을 것 같은 실적 그래프와 같은 모습이었다. 아마도 이런 풍경은 요즘의 대학에서 그리 낯설지만은 않을 터이다. 다행히 아직 복도에 취업률 현황 도표가 붙어 있지는 않지만 필자가 재직하고 있는 대학도 요 몇 년 사이 회의라는 것이 잦아졌고, 회의에서는 거의 언제나 '지표'에 관한 설명, 현황, 대책들이 거론되고 있다. 대학에 자리를 잡은 지 얼마 되지 않은 필자의 후배 교수는 방학 중에 이런 이야기를 했다. "앞으로 학교생활도 큰일입니다. 취업이니 순위니…"

한국의 대학에 지금 어떤 일이 벌어지고 있는 것일까? 일은 이렇게 흘러왔을 것이다. 잘 알려져 있다시피 한국에서 대학이 가지는 의미는 비교의 대상을 찾을 수 없을 만큼 중대하다. 대학은 계층적 상승과 사회적 성공의 기회를 제공하는 거의 유일한 통로로 여겨져 왔고, 최근에는 이에 더해 세대를 이어 가족집단의 사회적 신분을 유지하기 위한 매우 신뢰할 만한 출발점으로의 의미도 보태어지고 있다.[1] 이 때문에 수학능력시험과 같은 대학입학시험이 그것과 전혀 관계없는 사람까지를 포함한 국가 전체의 행사가 되고, 이로 인한 일상의 변화까지 야기되는 일이 전혀 어색하지 않게 되었다.

이는 당연히 대학에 대한 사람들의 열망을 비정상적일 정도로 높여 놓았고, 약간 과장하자면 한국의 국민 거의 대부분을 대학 입학의 직접적 혹은 간접적인 노예로 전락시키고 있다고 할 수 있을 정도이다. 이런 들끓는 대학에 대한 열망과 그로 인한 고통스러운 노예적인 상태의 지속은 결국 모든 국민이 적어도 대학에 입학하는 것으로부터는 자유로운 상태를 만들어주는 정책이 현실화되도록 하는 계기가 되었다. 1995년 소위 '5 · 31 교육개혁'의 일환으로 제안된 후, 1996년 7월부터 실제로 시행되어 현재까지 유지되어 오고 있는 대학설립준칙주의[2]가 바로 그것이다.

그런데 이와 같은 변화는 불과 20년도 지나기 전에 새로운 국면을 맞이하게 되었다. 물론 이와 같은 변화의 가장 큰 성과물은 이제 드디어는 모든 국민이 더 이상 대학에 들어가는 것 자체에 대해서는 어려움을 느끼지 않는 현재의 상황이다. 그러나 문제는 미처 생각하지 못한 일이 함께 벌어졌다는 것이다. 이와 관련해서는 새로운 논의가 있어야 하겠지만, 여하한 이유로 한국 사회에서 급격하게 진행되어 온 저출산 경향과 그 효과의 누적으로 대학에 들어갈 사람의 수 자체가

---

1) 비판적 지식인이라는 평판을 지니고 있는 고종석(2004)의 고백은 이와 같은 현실을 단적으로 보여주고 있다. 좀 길지만 인용해 본다. "나는 아이들의 학교 공부에 신경을 전혀 쓰지 않았다. 그저 아이들이 별다른 상처 없이 밝게만 자라주면 그만이라고 생각했다. 그것은 내가 우리 사회의 학교 교육을 끔찍하게 생각했다는 뜻이기도 하고, 또 그만큼 아이들에게 관심이 없다는 뜻이기도 하다…그런데 고3인 큰아이가 수능을 망쳤다. 나는 내 반응에 놀랐다. 정작 당사자인 아이는 사나흘 정도 풀이 팍 죽어 있다가 어느 정도 평상심을 회복한 듯한데, 나는 그게 아니었다. 나는 그 이튿날 엉망으로 취했고, 취해서 술자리에서 실수까지 했고, 그 뒤 얼마 동안은 아예 신문을 보지 않았다. 수능 관련 기사만 눈에 띄면 마음이 아려서였다. 이 글을 쓰는 지금도 큰아이의 대학 입시에 대해서는 생각하기도 싫다. 결국 나는 교육 자본이 우리 사회에서 얼마나 중요한지를 몸으로 깨닫고 있는, 그것이 사회 관계 자본과 직결된다는 것을 바로 내 몸뚱어리로 실감해 온, 그래서 이 빌어먹을 교육제도 속에서 다른 아이는 어찌 되든 그저 내 아이만은 그럴듯한 대학에 가주기를 내심 열망해 온, 지독한 가족이기주의자였던 것이다."

2) 대학설립준칙주의는 1955년 제정된 대통령령인 대학설치기준령이나, 1993년 제정된 교육부령인 '학교설립인가 사무처리규칙' 제2조 2항에 의거한 '대학설립예고제'에서 제시한 대학 설립의 기준과 절차를 대폭 완화한 것으로, 대학의 설립 조건을 단순화하여 교지, 교사, 교원, 수익용 기본재산의 기준만 확보하면 원칙적으로 대학 설립 인가를 할 수 있도록 한 조치를 말한다. 이 조치는 1996년 7월 26일 교육개혁위원회와 교육부가 대학 설치 기준령을 폐지하고 준칙안제정위원회를 구성하여 대학설립운영규정을 제정하는 것으로 구체화되었다. 준칙주의는 말 그대로 일정한 조건을 갖춘 법인에게 허가나 인가 등의 특별한 행정처분을 요하지 않고 법인격을 인정하는 것을 의미하는 용어이다(장수명, 2009; 이병태, 2011).

적어지는 상황이 전개되기 시작했다. 결국 대학이 남아돌게 된 것이다.

이런 문제의 해결을 위해 교육 당국은 대학의 운명을 시장에 맡겨두지 않는 쪽으로 방향을 잡고 있는 듯하다. 그 대신 교육 당국이 직접 나서서 대학의 구조개혁을 이끌고, 실행하려는 대안을 제시했다. 이는 이른바 대학구조 개혁정책으로 구체화되었다. 그리고 이 대학구조 개혁정책은 대학에 대한 정부의 평가와 함께 이루어지고 있다.

여기에서는 한국의 대학에서 지금 벌어지고 있는 일들을 지난 이명박 정부에서부터 추진되어 온 대학구조 개혁정책 사례의 분석을 통해 들여다보고자 한다. 대학구조 개혁정책이 어떤 맥락에서 결정되었고, 그 정책은 어떤 기제를 통해 작동되고 있는지를 확인하고자 한다. 그리고 이 기제가 지니고 있는 의미를 분석하고자 한다. 이를 통해 정부의 정책이 드러나는 목표와 더불어 어떤 목표를 암묵적으로 지향하고 있는지, 혹은 지향하게 되는지를 살펴본다.

제 2 절 사례의 배경

현재의 대학구조 개혁정책은 갑작스럽게 나타난 것은 아니다. 대학구조 개혁의 필요성이 제기되고, 이를 위한 정책적 대안이 제시된 것은 이명박 정부 이전부터도 있었던 일이다. 대학의 구조개혁을 위한 여러 정책이 제안되고, 실제로 결정되어 집행된 데에는 한국의 대학 현실과 관련된 해결해야 할 문제가 그만큼 심각하다는 이유가 있을 것이다. 이명박 정부 이후의 대학구조 개혁정책도 기본적으로 이전의 대학구조 개혁과 관련된 정책들과 유사한 맥락에서 정책화되었다. 그러나 이전과는 다른 상황적인 맥락도 확인될 수 있다.

1 기본적인 상황

현재 정부가 한국의 대학들에게 요구하는 구조개혁은 간단히 말하자면 대학 정원의 감축을 의미하는 것이다. 이를 위해 다양한 수단이 사용될 수 있지만, 결국 그 지향점은 정원을 얼마나 어떻게 감축하느냐의 문제인 것으로 요약된다. 이는 기본적으로 대학의 정원이 대학에 들어올 사람의 수보다 많다는 혹은 많아질 것이라는 사실에 기반을 두고 있다.

이와 같은 현실의 인식은 이미 오래전부터 존재해 온 것으로 보인다. 유기홍(2013)에 따르면, 교육부는 이미 1998년 7월에 발간한 자료집을 통해 2003년부터 대학입학 정원이 고교 졸업자의 수를 초과할 것으로 예측했다고 한다. 이는 2004년 당시 교육인적자원부의 인적자원관리국장이었던 이종갑(2004)의 글을 통해서도 확인할 수 있는 사실이다. 그는 정원을 채우지 못하는 미충원 대학의 증가 추세가 현실이라는 점을 지적하면서, 당시 추정한 대학 학령 인구 감소의 추세를 감안했을 때 2008년에는 당시 대학 입학 정원의 15%인 9만 5천 명, 2021년에는 당시 대학 입학 정원의 34%인 22만 명의 감축 요인이 발생한다는 점을 지적하고 있다.

이와 같은 현상은 1980년대 이후 급속도로 증가되어 온 대학과 대학의 정원을 감안했을 때, 이미 예견된 일이었다고 할 수 있다. 더구나 1996년부터 시행된 대학설립준칙주의는 대학과 대학 정원의 대폭적인 증가로 이어졌다.[3] 또한 산아제한 정책 등으로 서서히 진행되어 오던 저출산의 문제가 갑작스럽게 두드러지게 되면서 대학 진학의 현실적인 혹은 잠재적인 수요가 대폭적으로 감소하는 것은 불가피한 일이 되었다.

<표 9-1>에 따르면 한국의 대학 수는 1975년만 하더라도 200개를 넘지 않았고, 대학 재적생의 수 역시 30만 명에도 미치지 못했다. 그러나 1985년에는 대학의 수도 237개로 늘어났고, 전체 대학 재적생 수는 100만 명을 초과하고 있다. 대

3) 대학설립준칙주의가 지향하는 바는 최소 기준의 충족을 전제로 대학 설립에 관한 진입 장벽을 철폐 혹은 완화하여 대학 간의 경쟁을 강화하는 것이었다. 이는 자율과 경쟁을 핵심으로 하는 '5·31 교육개혁'의 논리에 입각한 조치이기도 했다. 이 조치가 지향한 대학 설립의 자유라는 원칙은 실제 집행 과정에서 더욱 강하게 적용되어 준칙이 제시하는 최소 기준의 충족마저 엄격히 강제하지 않았고, 훨씬 완화된 대학정원 책정 자율성 허용 기준과 연동하여 대학 정원의 증원과 학과 신·증설을 허용하는 방향으로 진행되었다(장수명, 2009). 그 때문에 대학설립준칙주의는 대학과 대학 정원의 무분별한 증가라는 문제의 원인을 제공한 조치로 평가되고 있다. 최근의 한 보도에 따르면 정원 감축을 핵심으로 하는 현재의 대학 구조조정의 근본적 원인에 관한 질문에서 조사에 참여한 대학총장 가운데 85%가 대학정원 관리에 실패한 정부의 책임이라고 답변했다고 한다('대학 구조조정 초래한 원인은 정부', 파이낸셜뉴스(인터넷판), 2013.12.10).

표 9-1 한국의 대학 수 및 학생 수

연도	대학 수					학생 수(재적 학생 수)				
	국공립		사립		합계	국공립		사립		합계(명)
	대학 수	비율(%)	대학 수	비율(%)		대학 수	비율(%)	대학 수	비율(%)	
1965(A)	39	29.8	92	70.2	131	36,583	27.2	98,139	72.8	134,722
1975	67	35.4	122	64.6	139	84,332	30.1	196,024	69.9	280,356
1985	53	22.4	184	77.6	237	284,508	23.9	907,667	76.1	1,192,175
1990	54	22.4	187	77.6	241	322,736	22.5	1,109,185	77.5	1,431,921
1995	54	17.8	250	82.2	304	408,310	21.5	1,489,565	78.5	1,897,875
2000	61	17.5	288	82.5	349	511,502	18.5	2,258,698	81.5	2,770,200
2005	59	16.4	301	83.6	360	552,286	18.9	2,374,336	81.1	2,926,622
2010	50	14.5	295	85.5	345	536,617	18.2	2,414,665	81.8	2,951,282
2011	50	14.5	296	85.5	346	533,609	17.9	2,445,620	82.1	2,979,229
2012	49	14.4	291	85.5	340	531,397	17.8	2,450,446	82.2	2,981,843
2013(B)	49	14.5	288	85.5	337	530,723	17.9	2,434,212	82.1	2,946,935
증감(B−A)	10교		196교		206교	494,140명		2,336,073명		2,830,213명
배수(B/A)	1.3배		3.1배		2.6배	14.5배		24.8배		22배

출처: 유기홍(2013).

학 재적생 수의 대폭적인 증가는 졸업정원제 등을 통한 대학 정원의 대폭적인 확대 정책에 영향을 받은 것이라고 할 수 있다. 특히 1990년대 이후의 증가폭은 더욱 두드러져 1990년과 1995년 사이에는 대학의 수가 60개 이상 늘어났고, 1995년과 2000년 사이에는 대학 재학생의 수가 90만 명 정도가 증가하는 양상이 나타나고 있다. 이와 같은 대학 수와 대학 재학생 수의 대폭적인 증가는 사립대학들이 주도하고 있는데, 특히 대학설립준칙주의가 도입된 1995년과 2000년 사이의 사립대학과 대학 재학생 수의 증가는 더욱 두드러지고 있다.

그 결과 대학의 정원이 대학의 지원자 혹은 지원 가능자의 수를 초과하는 현

표 9-2 학령인구의 변화와 대학 정원 (단위: 명)

학년도별	학령인구 (18세)	수능 지원자 수(A) (추정)	대학 입학 정원(B)	과부족(A-B)
2005	623,855	610,146	636,311	-26,165
2006	611,406	593,801	608,581	-14,780
2007	615,934	588,890	595,722	-6,832
2008	629,360	584,934	599,984	-15,050
2009	654,964	608,702	599,984	8,717
2010	679,151	631,181	599,984	31,197
⋮	⋮	⋮	⋮	⋮
2015	644,695	599,158	599,984	-826
2020	508,282	472,381	599,984	-127,603
2025	426,311	396,199	599,984	-203,785

출처: 유현숙(2009).

상이 나타나게 되었다. <표 9-2>에서 확인할 수 있듯이 2005년부터 이미 대학 정원은 대학 진학을 희망하여 수학능력시험에 지원하는 사람이나 고등학교 3학년에 해당하는 18세의 학령인구를 초과하고 있었다. 이런 상황은 2009년 이후 잠시 동안 다소 완화될 것으로 추정되었지만, 2015년부터는 다시 대학 정원이 대학 진학을 희망하여 수학능력시험을 지원하고자 하는 사람의 수를 넘기 시작하게 되고, 2020년에는 18세 학령인구를 10만 명 가깝게 초과할 것으로 예측되고 있다. 또 이후에는 그 격차가 더욱 급속도로 벌어질 것으로 예상되고 있는데, 이와 같은 상황은 여하한 경로를 거치든 대학 정원의 감축을 필연적으로 요구하고 있는 것이라 할 수 있다.

2 대안의 모색과 문제의 지속

대학의 정원 감축을 핵심으로 하는 대학정책은 2004년 12월 발표된 '대학구조개혁 방안'으로부터 본격화되기 시작했다. 이 방안은 구조개혁의 필요성을 대학

경쟁력 강화에서 찾고 있었지만, 구체적인 내용은 유사 학부 및 학과의 통폐합이나 이를 통한 정원의 감축을 중심으로 하고 있었다. 특히 이 방안에서 주목할 만한 점은 기본적으로 구조개혁의 대상을 국립대학으로 국한하고 있었다는 점이다. 이 방안에 따르면 국립대학은 2007년까지 2004년 당시 50개에서 35개로 통폐합하도록 되어 있었다. 또한 정원 역시 2007년까지는 2004년 기준의 10%를, 2009년까지는 15%를 감축하도록 하는 목표를 구체적으로 제시하고 있었다. 그리고 이러한 통폐합과 정원 감축에 대한 재정적 인센티브를 국립대학 통폐합 지원사업의 형태로 제공하도록 되어 있었다. 반면 사립대학에 대해서는 특별한 정원 조정의 목표치 등을 제시하지 않고, 2004년 대비 2006년 입학 정원을 10% 이상 줄인 대학에게 자격이 주어지는 '대학구조 개혁 재정지원 사업'에 참여할 수 있게 했다(유기홍, 2013; 유현숙, 2009; 정진상, 2005).

결국 이와 같은 대학구조 개혁정책은 정부가 직접적으로 통제력을 행사할 수 있는 국립대학에는 통폐합이나 정원 조정을 직접적으로 강제하는 반면 사립대학은 대학의 자율성을 존중하는 기조에서 재정적인 지원을 통해 구조조정을 간접적으로 유도하는 방식을 택한 것으로 평가할 수 있다. 그러나 이와 같은 구조개혁 방안은 기대했던 결과를 낳지는 못했다. 국립대학의 통폐합으로 국립대학이 15개 줄어드는 일은 없었고, 국립대학의 정원은 약 만여 명이 감축되는 데 그쳤다. 사립대학의 참여는 더욱 저조했다. <표 9-3>에서 볼 수 있듯이 사립대학도 참여한 '대학구조 개혁 재정지원 사업'의 성과를 포함해서도 대학 정원은 1만 4,779명이 감축된 데 지나지 않았다.[4] 여기에 지원된 예산이 총 3,230억 원이었음을 감안한다면 1명의 정원 감축을 위해 2,200만 원 정도를 사용한 셈이었다(유기홍, 2013). 더구나 이와 같은 통폐합을 통한 정원의 감축은 미충원분을 줄이는 것에 지나지 않았다는 평가도 나왔다(유현숙, 2009).

이처럼 정부가 추진한 대학구조 개혁정책의 성과가 뚜렷하게 나타나지 않았다는 것은 다시 말하면 대학구조 개혁이 제기되었던 기본적인 문제 상황이 거의 해소되지 않았음을 의미하는 것이다. 이러한 상황에서 이명박 정부가 등장하게 되었다. 이명박 정부는 이런 문제의 해결을 위한 대안을 모색할 필요가 있었다.

4) <표 9-3>에서도 알 수 있듯이 '대학구조개혁 재정지원 사업'에 반드시 2004년 대비 2006년 입학 정원 10% 감축의 조건이 적용되었는지도 확인할 필요가 있어 보인다.

표 9-3 2005년 이후 입학 정원 감축 조건 교육부 재정지원사업 추진 결과

(단위: 백만 원, 명)

사업명	지역	설립	학교명	지원 연도	지원액	감축 인원
국립 대학 통폐합 지원	충남	국립	공주대	2005~2008	22,364	843
	부산	국립	부산대	2005~2008	30,362	1,511
	광주	국립	전남대	2005~2008	29,763	792
	강원	국립	강원대	2005~2008	25,041	668
	충북	국립	충주대	2005~2008	17,716	566
	강원	국립	강릉원주대	2006~2008	20,554	731
	대구	국립	경북대	2008~2011	21,156	731
	전북	국립	전북대	2008~2011	24,228	1,005
	제주	국립	제주대	2008~2011	22,139	420
	인천	국립	인천대	–	–	1,501
	충북	국립	한국교통대	2012~2015(예정)	연 30억 원 내외	135
	소계				225,323	8,903
구조 개혁 선도 대학 지원	서울	사립	고려대	2005~2008	9,308	386
	서울	사립	성균관대	2005~2008	10,303	300
	인천	사립	인하대	2005~2008	9,674	399
	서울	사립	이화여대	2005~2008	8,699	328
	서울	사립	연세대	2005~2008	8,464	323
	서울	사립	한양대	2005~2008	10,131	544
	서울	사립	경희대	2005~2008	10,054	595
	서울	사립	동국대	2006~2008	8,760	503
	서울	사립	중앙대	2006~2008	9,052	458
	대전	국립	충남대	2005	645	82
	경남	국립	경상대	2005	621	375
	충북	국립	충북대	2005	617	346
	서울	국립	서울산업대	2005	602	229
	경북	국립	안동대	2005	598	168
	경남	국립	진주산업대	2005	572	155
	소계				97,812	5,878
합계					323,135	14,779

출처: 유기홍(2013).

3 새로운 상황들

이명박 정부는 노무현 정부를 좌파정권으로 명명하고, 노무현 정부의 정책을 사회주의적 정책이라고 공격한 정당에서 탄생시킨 정부였다(이병량 · 황설화, 2012). 따라서 정책의 전반적인 기조는 정부의 규제나 개입보다는 시장의 경쟁을 강조하는 방향으로 변화할 것이 예측되었다. 이 점에 대해서는 교육정책도 특별한 예외가 될 수는 없었을 것이었다.

실제로 이명박 정부 집권 5년 동안 교육정책의 실질적인 최고 책임자의 역할을 담당했던 이주호 전 교육과학기술부 장관은 노무현 정부와 김대중 정부의 기간을 '잃어버린 10년'으로 규정하면서 자율성과 다양화라는 정책 기조를 강조한 인물이었다(이주호 외, 2006). 1995년 5 · 31 교육개혁의 입안에도 참여한 것으로 알려진 그는 이명박 정부의 대통령직 인수위원회의 사회교육문화분과위 간사를 시작으로, 대통령실 교육과학문화수석비서관, 교육과학기술부 제1차관을 거쳐 2010년 8월부터 남은 이명박 정부의 임기 동안 교육과학기술부 장관을 역임했다. 이처럼 한 정권 내내 특정 분야의 정책을 입안하고, 주도하고, 책임지는 것은 유례를 찾기 힘든 일로 이는 적어도 이명박 정부의 교육정책에서 이주호 전 장관의 영향력을 확인시켜 주고 있다. 위에서도 언급했지만 이주호 전 장관이 지향한 교육정책 이념은 자율성과 다양화를 강조하는 한편 학교나 교원 등 교육 주체의 자기 책임성을 역설하기도 하는 것이었다. 즉, 성과에 대한 관리와 자율적인 평가, 이에 대한 책임을 바탕으로 하는 경쟁이 자율성과 다양화로 이어진다는 것이었다.[5)]

5) 그는 박정수와 공동으로 발표한 논문에서 정부의 대학교육 정책을 평가하면서 다음과 같이 주장한다. "지금까지 정부가 대학 내부개혁의 압력을 높이기 위해 추진했던 정책들은 주로 재정 지원과 연계된 대학 평가정책을 통해 이루어져 왔다. 그러나 이러한 정책은 대학을 좀 더 투명하고 자율적이며 책임성 있는 기관으로 만들기보다는 정부 정책과 정부의 강제에 의존하여 대학 내부의 문제를 해결하려고 함으로써 대학의 자생적인 능력을 키우는데 오히려 저해하는 부작용이 있을 수 있다"(이주호 · 박정수, 2000). 그의 이와 같은 인식은 더욱 진전되어 2006년 이루어진 한 대담에서 교육문제의 근원을 '관치교육'에 있다고 주장하면서 당시 도입된 교원평가제에 대해 "정부에서 하나의 잣대로 모든 교원을 평가하려는 데서 문제가 발생했다"고 지적하고 있다. 또한 이러한 문제의 해결을 위한 대안으로 학교의 자율성과 교육의 경쟁력 강화의 필요성을 역설하면서 다시 교육 당국에 대해서는 "교육부는 자율을 주는 정책에 대해 사사건건 반대하고 있습니다"라고 평가하고 있다(홍세화, 2006).

따라서 이명박 정부의 대학정책은 시장의 자율과 경쟁을 강조하는 경향을 강하게 드러내고 있었다. 그 구체적인 추진 방안으로는 대학자율화를 위한 제도적 기반의 마련과 경쟁력 강화를 위한 학사운영 규제 개혁의 추진, 정보 공개 및 대학의 자체평가에 의한 대학의 책무성 제고 등이 제시되었다. 이와 같은 정책 기조나 대안들의 연장선상이라면 대학의 구조개혁 문제도 시장에 의해 해결될 수 있는 것이어야 할 터이고, 실제로 이명박 정부의 초기에는 대학의 구조개혁이 주요한 이슈로 등장하지 않았다[6](이상연, 2012).

그런데 이런 상황은 '반값등록금'이 중요한 정책 이슈가 되면서 변화를 맞이하게 되었다. 반값등록금은 2006년 지방선거의 공약으로 당시의 한나라당에서 검토되어 발표된 후 2007년 대통령 선거의 공약으로 제시된 것이었다. 그러나 이명박 정부의 출범 이후 이 정책은 재정적인 문제 등의 이유로 현실화되지 않은 상태에 머물러 있었다.[7] 이에 대해 2011년 내내 반값등록금을 요구하는 대학가의 시위가 확산되고, 그 결과 이 문제가 매우 중요한 정책의 이슈로 등장하게 되었다. 결국 반값등록금은 실현되지 않았지만, 정부는 학자금 대출의 확대와 조건 완화, 그리고 국가장학금 도입 등의 대안을 마련하게 되었다.[8] 이러한 제도의 도입으로 기존에는 선별적으로 이루어지던 국가의 재정 지원이 모든 대학으로 확대되는 결과를 낳게 되었다. 이러한 상황의 전개는 대학에 대한 무차별적인 재정 지원이 바람직한 것인지에 대한 논란으로 이어졌다. 즉, 정부의 재정 지원을 받을 만한 가치가 있는 교육을 하는 대학인지, 그렇지 않은 대학인지를 구분하고, 이를 통해 재정 지원정책의 정당성을 확보할 필요가 제기된 것이다. 결국 반값등록금과 관련된 논란과 이의 정책화는 정부가 대학을 평가하고, 이를 통해 재정 지원의 여부를 결정하고, 더 나아가서는 대학의 구조개혁을 강제할 수 있는 계기로 작동했다는 것이다. 이는 한편으로는 정부가 대학을 통제할 수 있는 유효한 수단을 확보하게 되었다는 의미도 될 수 있다.[9]

6) 이상연(2012)에 의하면 교육과학기술부의 주요 업무보고에서 대학구조 개혁 추진 방안에 대해 언급된 것은 2010년부터였다고 한다. 또한 대학구조 개혁과 관련한 구체적인 정책이 연례 주요 업무계획보고에서 등장한 것은 2012년부터라고 한다.

7) 2011년 6월 17일 이명박 대통령은 장차관 국정토론회에서 반값등록금이 불가능하다고 언급하기도 했다('이 대통령 "반값등록금 불가능" 첫 언급', 한겨레신문(인터넷판), 2011.6.17).

8) 국가장학금은 2012년부터 시행되었다.

9) 국가장학금의 전체 규모는 2012년의 경우는 1조 7,500억 원 정도이고, 2013년에는 2조 7,750억 원 정도

제 3 절 사례의 전개 과정

이명박 정부의 대학구조 개혁은 2011년 7월 1일 출범한 대학구조개혁위원회를 통해 추진되었다. 대학구조개혁위원회는 출범한 지 한 달도 채 지나지 않는 2011년 7월 27일 제3차 회의에서 대학구조 개혁 추진 기본계획을 심의하고, 이를 발표했다. 이 계획은 향후 이루어진 대학구조 개혁정책의 기본 방향을 제시했다.

1 대학구조 개혁정책의 내용

2011년 대학구조개혁위원회에서 발표한 대학구조 개혁의 방안은 크게 세 가지로 나누어 볼 수 있다. 첫 번째는 국립대학 통폐합 등의 구조조정이다. 이 방안은 기본적으로는 2004년의 국립대학 구조개혁 방안을 그대로 수용한 것이라고 할 수 있다. 그러나 2011년 방안에서는 학령인구의 감소로 인해 나타나는 교사 수급의 문제 해결의 차원에서 일반 국립대학과 교육대학의 통합을 강력하게 유도한다는 내용이 포함되어 있었다.

두 번째는 국립대학 선진화 방안이다. 이 방안의 핵심은 국립대학의 지배구조 개선 및 책임성 강화를 위해 총장직선제를 검토하고, 교육부와 총장 간의 성과계약을 체결하겠다는 것이다. 그리고 이의 실현을 위해 평가를 통해 우수대학은 재정 지원을 하는 한편 하위 15%의 국립대학은 컨설팅 등을 통해 자발적으로 구조조정을 유도하는 '특별관리제'를 실시하겠다는 계획을 제시했다.

세 번째는 사립대학의 구조조정에 관한 방안이다. 사립대학의 구조조정을 위

이다(한국장학재단 홈페이지[http://www.kosaf.go.kr] 재단뉴스의 해당 사항 참고). 2014년 현재 대학 등록금 전체 액수가 14조 원으로 추산되고 있다는 점을 고려한다면, 대학의 입장에서는 등록금 재원의 평균 19~20% 정도를 국가에 의존하고 있는 셈이다('[2014 예산안]복지·지역공약 후퇴', 이투데이(인터넷판), 2013.9.26). 또한 4년제 대학의 등록금 의존율이 62.3%, 전문대의 등록금 의존율이 66% 정도라는 점을 감안한다면 전체 대학 재정에서 국가장학금이 차지하는 비중은 최소 10%를 넘는다고 할 수 있을 것이다('전문대, 등록금 의존율 높고 교육여건 열악', 내일신문(인터넷판), 2013.4.16).

해서는 우선 경영 부실대학을 선정하여 자율적인 구조조정을 유도하고, 이 경우에도 부실이 이어지면 학교 폐쇄 조치를 취하겠다는 세부 방안이 제시되었다. 또 평가를 통해 하위 대학들에는 정부의 재정 지원을 제한하겠다는 방안도 제시되었다. 평가 결과 하위 15% 대학들에는 정부의 재정지원사업에 지원하지 못하게 하겠다는 것이었다. 그리고 이 평가의 결과를 바탕으로 정부의 학자금 대출을 제한하겠다는 내용도 발표되었다.

사립대학에서 이루어질 평가의 구체적인 방안은 역시 대학구조 개혁 방안이 발표된 지 한 달도 지나지 않은 2011년 8월 16일 확정되었다. 2013년까지도 이어진 사립대학의 평가를 통한 대학구조 개혁의 기본 방향은 [그림 9-1]과 같이 정리되고 있다.

[그림 9-1]에서도 알 수 있듯이 교육과학기술부는 대학을 평가하여 하위 15%의 대학에 대해서는 정부의 재정지원사업에 참여할 수 없게 하고, 그 가운데 절대 지표 2개 이상이 일정 기준에서 미충족한 대학은 대출제한대학으로 지정하도록 하는 계획을 수립했다.[10] 또한 그 가운데서 실사를 통해 경영 부실대학을 지

그림 9-1 **재정지원제한 대학 평가를 통한 대학구조 개혁 흐름도**

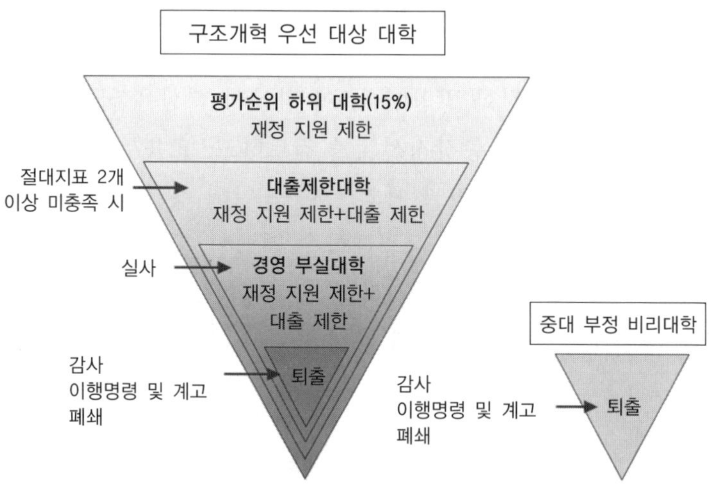

출처: 교육과학기술부(2011).

10) 4개의 절대 지표는 재학생 충원율, 취업률, 전임교원 확보율, 교육비 환원율이다. 참고로 2013년 8월

정하고, 컨설팅을 실시한 후 이행 명령을 제대로 지키지 않는 대학을 퇴출시키는 방안도 마련했다. 이와 함께 중대 부정 비리대학 역시 감사 후 이행 명령을 제시하고, 이에 따르지 않는 경우 퇴출하는 계획도 함께 제시했다.

2 대학구조 개혁정책의 진행 및 결과

교육과학기술부는 2011년 9월 5일 2012학년도 정부 재정지원 제한대학 및 학자금 대출 제한대학 명단을 발표했다. 이 발표에서 교육과학기술부는 15개 종교계 대학을 제외한 전국의 346개 대학(대학 200개, 전문대 146개)을 대상으로 한 평가에 근거하여 하위 15%에 해당하는 43개 대학(대학 28개, 전문대 15개)을 정부재정지원 제한대학으로 선정했다. 또 그 가운데 17개 대학을 학자금 대출 제한대학으로 선정했다. 이어 교육과학기술부는 2011년 9월 23일 구조개혁 중점추진 국립대학을 지정하여 발표했다. 이 역시 국립대학에 대한 평가를 통해 이루어진 것으로, 사립대학과 마찬가지로 하위 15%의 대학 5개 대학이 선정되었다. 동시에 9월 5일 발표된 17개의 학자금 대출 제한대학 가운데 경영 부실대학 여부를 결정하기 위한 실사 대상 대학 12개교를 발표하기도 했다.

교육과학기술부는 2012년 2월 9일 다시 2013학년도 재정지원 제한대학 평가계획을 발표했다. 이 발표에서 교육과학기술부는 전년과 마찬가지로 하위 15% 대학을 정부의 재정 지원이 제한되는 대학으로 선정하기로 했다. 전년과는 달리 정부재정지원 제한대학에 선정된 대학의 2013학년도 신입생에게는 새로 도입된 국가장학금 II 유형을 제한하도록 하는 조치도 포함되었다.[11] 이러한 계획을 바탕으로 교육과학기술부는 2012년 8월 31일, 2013학년도 정부재정지원 제한대학 및 학자금 대출 제한대학 평가 결과를 발표했다. 전체 337개 대학(대학 198개, 전문대

29일 발표된 2014학년도 기준에 따르면 4년제 대학의 경우는 재학생 충원율 90%, 취업률 50%, 전임교원 확보율 61%, 교육비 환원율 100%이고, 전문대학의 경우는 각각 80%, 50%, 51%, 95%이다. 이 기준은 전년도와 같은 것이다(교육부 보도자료, 「2014학년도 정부재정지원 제한대학, 학자금 대출제한대학 및 경영부실대학 지정」(2013.8.29) 참고).

11) 반값등록금 이슈에 대응하기 위한 방안으로 정부가 도입한 국가장학금은 I유형과 II유형이 있다. I유형은 소득 기준으로 지급되는 장학금인 반면 II유형은 소득 기준으로 지급되는 장학금이기는 하지만 대학 자체의 노력과 연계하여 지원하는 장학금이다.

139개) 가운데 43개 대학(대학 23개, 전문대 20개)이 정부재정지원 제한대학으로 선정되었고, 그 가운데 13개 대학(대학 7개, 전문대 6개)이 학자금 대출 제한대학으로 지정되었다.

박근혜 정부가 들어선 2013년에도 대학평가를 통한 정부재정지원 제한대학 및 학자금 대출 제한대학의 선정은 큰 변화 없이 그대로 이어져 왔다. 2013년 새로 출범한 제2기 대학구조개혁위원회의 심의를 바탕으로 확정된 안에 따라 교육부는 2013년 8월 29일 정부재정지원 제한대학 및 학자금 대출 제한대학을 선정하여 발표했다. 이 발표를 통해 전체 337개 대학(대학 198개, 전문대 139개) 가운데 이전보다 적은 35개 대학(대학 18개, 전문대 17개)이 정부재정지원 제한대학으로 선정되었고, 그 가운데 14개 대학(대학 6개, 전문대 8개)이 학자금 대출 제한대학으로 지정되었다. 더불어 2013년도의 발표에서는 학자금 대출 제한대학 가운데 11개 대학(대학 6개, 전문대 5개)이 경영 부실대학으로도 동시에 지정되었다. 이들 대학에 취해진 조치는 2013학년도 정부재정지원 제한대학 발표와 거의 동일하지만, 경영 부실대학으로 지정된 대학에는 국가장학금 I 유형의 지원도 제한하도록 하여 구조개혁을 더욱 강력하게 강제하기도 했다.

그러나 이와 같은 대학구조 개혁정책의 결과는 이전 정부에 훨씬 미치지 못하는 것이었다. 실제로 퇴출에 이른 대학의 수는 6개에 지나지 않았고, 이를 통해 감축된 정원은 2,329명에 불과한 것으로 나타났다(유기홍, 2013). 국립대학의 통폐합 등의 성과도 이전부터 추진되어 오고 있었던 한 건이 마무리된 것 이외에는 존재하지 않았다. 물론 일반 국립대학과 교육대학과의 통합 등도 전혀 이루어지지 않았다. 다만 국립대학의 경우에는 국립대학 선진화 방안으로 주요하게 제시되었던 총장직선제가 현재 모두 폐지되어 이 부분만큼은 애초에 기대했던 성과를 거둔 것으로 평가할 수 있다.

제 4 절 사례의 결과: 통제 기제의 형성

지난 이명박 정부에서부터 추진되어 온 대학구조 개혁정책은 대학의 정원을 감축하거나, 대학 간의 통폐합을 성사시키거나 유도하는 등의 성과로 연결되었다고 평가하기는 힘들다. 그러나 전국의 모든 대학을 일원적인 평가의 틀 안으로 끌어들였고, 이를 통해 대학의 행정 및 운영에 심대한 변화를 이끌어냈다는 점만은 분명한 사실이다.

1 평가의 대상: 통제 대상의 전면화

교육과학기술부가 2011년 7월 발표한 「대학구조 개혁 추진 기본계획(안)」에 따르면 재정지원 제한대학 평가는 전문대학을 포함한 전국의 대학을 대상으로 하여, 그 가운데 하위 15%를 재정지원 제한대학으로 선정하는 것이었다. 당시의 계획(안)에서는 대학을 유형별로 구분하여 대학의 여건이나 특성을 반영하겠다는 방침이 포함되어 있었다.

이와 같은 방침은 다음달인 2011년 8월 확정된 계획을 통해 모든 대학 및 전문대학을 평가 대상으로 하지만, 대학과 전문대학은 설립 목적과 교육 여건이 상이함을 고려해서 구분하여 평가하는 것으로 수용되었다. 그런데 확정된 계획에서는 수도권 대학과 지방대학의 구분이 나타나기 시작했다. 하위 15% 대학을 단순히 평가의 결과로 선정하는 것이 아니라, 하위 10%의 대학은 수도권과 지방대학 구분 없이 선정한 후 수도권과 지방대학을 구분하여 각각 하위 5% 내외를 추가로 선정하는 방식을 취함으로써 이를 통해 수도권 하위 대학들 간의 경쟁을 유도하겠다는 것이다.

실제로 이와 같은 의도는 성공적으로 달성되었다고 할 수 있다. 평가 대상을 지역으로 구분한 이러한 방식은 평가 대상을 실질적으로 전국의 대학으로 확대하는 결과를 낳게 되었다. 실제로 재학생 충원율 등의 기본 요건이 좋은 수도권 대학들은 전국적 평가를 통해서는 하위 15%에 들어가지 않을 확률이 높은 것이 사실이다. 따라서 전국적인 단순 평가는 수도권 대학들에 상대적으로 압박의 정도가 덜할 수 있다. 물론 이와 같은 방식의 도입에는 지방대학의 요구가 있었던 것이 사실이다. 이는 또한 균형 발전 등의 논리에 의해 뒷받침될 수 있는 것이기도 하다. 그러나 이러한 평가 대상의 구분은 근본적으로는 수도권 대학도 실질적인 평가 대상에 포함시키는 강력한 근거가 되었다.

2011년 9월 발표된 실제의 재정지원 제한대학 평가에서 평가 대상을 지역별로 구분하는 방식은 당연히 적용된 것으로 드러났다. 그러나 이 발표에서는 "구조적으로 여건이 불리한 지방대학들만 불이익을 받지 않도록" 하기 위한 것으로 논리의 강조점이 변화하는 모습이 나타난다. 또한 수도권과 지방대학의 구분을 통해 상대적으로 유리한 위치에 놓일 수 있는 지방이 생길 것을 우려하여 광역자치단체별로 정부재정지원 제한대학에 선정된 대학의 재학생 수가 30% 이상이 되지 않는 상한 기준을 적용했다.[12] 이를 통해 지방의 어느 지역도 여건에 관계없이 일정한 수는 재정지원 제한대학에 선정될 수밖에 없는 환경을 조성했다.

이러한 방식은 최종적으로 재정지원 제한대학 평가 대상 기준의 원칙이 되면서 이후의 평가에도 그대로 적용되었다. 세밀하게 고안된 이와 같은 평가 방식은 지방대학의 여건을 고려한다는 명분을 내세우기는 했지만, 최초의 제안에서 볼 수 있는 것처럼 어느 지역의 대학들도 평가를 통한 경쟁에서 자유롭게 하지 않으려는 의도가 더욱 강한 것으로 볼 수 있다. 이를 통해 극소수를 제외한 전국 대부분의 대학들에게 재정지원 제한대학 평가는 언제라도 자신의 대학에 부실대학이라는 낙인을 찍을 수 있는 두려운 것이 되도록 했다.

2 평가의 지표: 통제의 작동 방식

평가에서 지표가 지니는 의미는 심대한 것이다. 지표를 통해 평가의 성격이 드러나고, 또 평가 대상이 주의와 역량을 집중해야 하는 부분이 확정되기 때문이다. 재정지원 제한대학 평가지표도 이런 의미에서 주의를 기울여 보아야 한다.

재정지원 제한대학 평가지표는 2011년 시행한 첫 평가 이후 이를 기본으로 하여 매년 약간씩의 변화를 보여왔다. 이는 <표 9-4>에서 정리했다.

<표 9-4>에서 볼 수 있듯이 평가지표에서 가장 큰 비중을 차지하는 것은 재학생 충원율과 취업률이다. 재학생 충원율은 대학의 기본 운영 여건을 보여주는

12) 실제로 이 기준의 적용으로 전북의 4년제 2개교, 전문대 3개교, 강원도의 전문대 3개교, 부산과 충북의 전문대 각각 1개교가 재정지원 제한대학에서 벗어났다.

표 9-4 재정지원 제한대학 평가지표 (단위: %)

구분[13]		4년제 대학			전문대학		
		2012	2013	2014	2012	2013	2014
1	취업률	20	20	15	20	20	20
2	재학생 충원율	30	30	25	40	30	25
3	전임교원 확보율	5	7.5	10	5	7.5	7.5
4	교육비 환원율	10	7.5	12.5	5	7.5	10
5	학사관리 및 교육 일정	5	10	12.5	5	10	12.5
6	장학금 지급률	10	10	10	7.5	7.5	7.5
7	상환율(연체율)	10	–	–	10	–	–
8	등록금 부담 완화	10	10	10	5	7.5	7.5
9	산학협력 역량지수	–	–	–	2.5	5	5
10	법인지표	–	5	5	–	5	5

출처: 2012~2014학년도 재정지원 제한대학 발표 보도자료.

지표로 학령인구의 감소라는 환경에서 지방의 많은 대학에는 불리한 지표라고 할 수 있다. 결국 대학에 들어오는 학생의 수가 제한되어 있는 상황에서 이 지표를 둘러싼 제로섬 게임이 불가피한 상황이기도 하다. 취업률 역시 마찬가지 의미를 지닌 지표이다. 취업률 역시 경제 성장의 정체와 노동시장의 구조 변화 등의 원인으로 말미암아 정체를 겪고 있는 상황이라는 점을 고려했을 때, 또한 제한적인 일자리를 두고 경쟁을 해야 하는 상황이라는 점을 고려했을 때, 역시 대학 간의 제로섬 게임이 불가피한 지표라고 할 수 있다.[14] 더구나 취업률은 대학 교육의 존재 가치나 목표 등에도 영향을 미치는 지표가 될 수도 있을 것이다.

---

13) 학자금 대출제한 대학 선정 지표는 기본적으로 재정지원 제한대학 평가 지표와 동일 항목을 사용하지만, 지표의 비중에서 약간의 차이가 있다. 여기서는 각 지표의 세밀한 차이보다는 지표 자체가 통제 기제로서 어떻게 작용하고 있는지에 초점을 맞추고 있기 때문에 학자금 대출제한 대학 선정 지표는 소개하지 않았다.

14) <표 9-4>에서 확인할 수 있듯이 2014학년도 재정지원 제한대학 평가에서는 취업률 지표의 가중치가 15%로 감소했다. 이는 취업률에 대한 책임을 대학에서만 지는 것이 바람직한 것인지에 대한 문제 제기가 일정 부분 반영된 결과로 보인다. 또한 인문계와 예체능계의 취업률을 평가 대상에서 제외하기도 했다. 이 역시 학문의 성격을 반영해 달라고 하는 꾸준한 문제 제기를 수용한 것으로 보인다. 또 하나의 조치로 대학에서 이루어졌던 교내 취업의 인정 비율을 3%로 제한하기도 했다. 이는 그간 취업률을 둘러싸고 얼마나 많은 스트레스가 존재했는지, 또한 얼마나 많은 왜곡들이 존재했는지를 반증하는 조치이기도 하다.

교육 여건과 관련된 지표들도 대학행정에 영향을 직접적으로 미칠 수 있다. 특히 전임교원 확보율과 같은 지표는 개별 대학의 인사정책에 영향을 미치게 된다.[15] 학사관리와 관련된 지표도 구체적으로는 성적의 분포 등을 기준으로 이루어지는 평가이기 때문에 개별 강의실에서 이루어지는 학점 평가에까지 영향을 미치게 되는 것으로 보인다.

또 주목할 만한 지표는 반값등록금 이슈로 불거진 등록금과 장학금 관련 지표이다. 이 지표는 반값등록금 이슈의 제기 이후 정부가 추진하고 있는 대학생의 등록금 부담 완화 정책을 대학에 강제하는 수단으로 작용하고 있다. 구체적으로 등록금 부담 완화 지표의 경우에는 등록금의 절대적 수준과 등록금 인상폭 등이 세부 지표로 포함되어 있는데, 이들 지표를 바탕으로 정부는 사립대학의 등록금 인상 억제나 인하 혹은 등록금 인상 상한제 등의 조치들을 강제할 수 있는 수단을 확보하게 되는 것이다.

통제의 기제로서 지표의 성격이 드러나는 것은 국립대학의 경우도 마찬가지로 나타나고 있다. 국립대학의 경우는 위에서 언급한 바 있듯이 2011년 9월 단 한 차례 하위 15% 대학을 선정하여 발표했다.[16] 평가에 사용된 지표에는 교육 역량

---

15) 그 결과로 최근 갑작스럽게 확대되고 있는 것이 학교마다 명칭은 다르지만 비정년 트랙 전임교수이다. 대체로 1~2년 단위로 계약을 맺고 있는 비정년 트랙 전임교수는 대학의 입장에서 전임교원 확보율을 높이면서도 재정적 부담을 경감할 수 있는 수단이 되고 있다. 교수신문(인터넷판)의 기사 '신임교수 2명 중 1명은 비정년 트랙'(2013.11.11)에 따르면 2013년 1학기 전국 대학의 신임교수 가운데 절반 이상(50.8%)이 비정년 트랙으로 채용된 것으로 나타나고 있다. 특히 첫 재정지원 제한대학 평가 다음해인 2012년에는 전년의 40.7%에서 49.1%로 비중이 크게 확대되는 경향을 보이고 있다. 또한 비정년 트랙 전임교수를 많이 뽑은 상위 20개 대학 중 9개 대학이 정부의 재정지원 제한대학에 선정된 곳이기도 하다. 결국 비정년 트랙 전임교수는 정부의 평가에 대한 대학의 대응 수단이 되고 있으며, 대학의 인사정책을 크게 변화시키고 있는 것으로 평가할 수 있다. 더불어 대학사회의 전통적인 위계(?)도 강사-교수의 두 단계에서 강사-비정년 트랙-정년 트랙의 세 단계로 강화되고, 또 후진화되고 있다.

16) 2012년 교육과학기술부는 보도자료를 통해 2단계 국립대학 선진화 방안을 발표했다. 이 방안에 따르면 전년과 마찬가지로 국립대학들도 평가를 통해 구조개혁 중점추진 국립대학을 선정하기로 계획되어 있었다. 평가 시기도 구체적으로 2012년 9월로 제시되어 있었다. 그러나 2012년 9월 구조개혁 중점추진 국립대학은 선정・발표되지 않았다. 이는 구조개혁 중점추진 국립대학 선정 대상이 방송통신대학, 국립대학법인, 구조개혁 MOU 체결 대학을 제외한 국립대학이었다는 점에서 어느 정도 예견된 결과이기도 하다. 또한 재정지원 제한대학 평가와 달리 총장직선제 개선 관련 학칙 제정이나 MOU 체결 여부를 평가의 지표에 포함(5%)시킨 것도 이와 같은 결과를 초래한 원인이 된 것으로 볼 수 있다. 이미 2011년 구조개혁 중점추진 국립대학 선정 과정에서 관련 MOU를 체결한 8개의 교육대학을 제외하고, 이 방안의 발표를 전후로 2012년 3월 말까지 22개의 국립대학이 관련 MOU를 연쇄적으로 체결

강화사업의 지표를 기본으로 하면서도 국립대학 선진화 관련 지표를 포함시키려는 계획을 포함하고 있다. 국립대학 선진화 관련 지표는 구체적으로는 총장직선제 폐지 여부를 의미하는 것인데, 여건에서 크게 차이가 나지 않는 국립대학의 경우에는 이 지표가 매우 큰 의미를 가지게 되는 것으로 여겨진다. 실제로 2011년 평가에서 구조개혁 중점추진 국립대학, 즉 하위 15%에 해당된 국립대학 가운데 두 대학이 선진화 방안 주요 과제를 확약하여 대상에서 제외되기도 했다. 이들이 확약한 주요 과제의 핵심이 바로 총장직선제 도입의 폐지와 공모제의 도입이었다.

이처럼 평가의 지표들은 다양한 각도에서 통제의 기제로서 역할을 하고 있으며, 이는 대학의 행정과 교육 현장에도 크게 영향을 미치고 있다. 그간의 구조개혁을 통해 달성된 낮은 성과와 더불어 지표의 이러한 성격들은 현재의 대학구조개혁의 무게가 구조개혁 자체보다는 통제에 더 주어져 있는 것이 아닌가 하는 의구심을 불러일으키기도 한다.

3 평가의 내면화: 통제의 결과

위에서 살펴보았듯이 평가라는 수단을 통해 이루어진 대학구조 개혁정책은 국립대학뿐만 아니라 사립대학 등 전국의 모든 대학을 획일적인 평가의 틀 속에 집어넣고 있으며, 이의 적용을 통해 대학의 교육 및 행정 현장에 심대한 영향을 미치고 있다는 점을 확인할 수 있었다. 이를 통해 교육 당국은 대학에 대한 섬세하고 강력한 통제의 기제를 작동시킬 수 있었다. 그렇다면 이와 같은 통제의 결과는 어떻게 나타나고 있을까? 이를 확인하기 위해서는 대학구조 개혁정책에 대

했다. 그 결과 실제로 평가 대상이 될 국립대학이 거의 남지 않게 되는 상황이 되었고, 따라서 평가도 생략되었을 것이다. 결국 교육과학기술부는 2011년의 평가와 2012년의 평가 방안의 발표로 국립대학 선진화 방안이 목표했던 총장직선제의 폐지를 대부분의 국립대학이 선택하도록 만들 수 있었다. 이 같은 상황의 전개는 교육과학기술부가 추진한 국립대학의 구조개혁이나 선진화의 진정한 목표가 총장직선제의 폐지였지 않나 하는 의심을 불러일으키기도 한다. 교육과학기술부는 2012년 9월 25일의 보도자료를 통해 구조개혁 중점추진 국립대학 평가를 국립대학 운영 성과목표 평가로 대체한다고 발표한다. 그 이유로 이미 모든 국립대학이 2단계 국립대학 선진화 방안에서 제시한 지배구조 개선 등의 과제를 추진하고 있다는 점을 들고 있다.

한 대학의 대응 과정을 살펴볼 필요가 있다.

2011년 재정지원 제한대학 및 구조개혁 중점추진 국립대학이 처음 발표된 이후에 가장 부각되었던 것은 하위 15% 대학으로 평가받은 대학들의 자구책들이었다. 물론 평가를 통해 재정지원 제한대학이나 대출 제한대학 등에 선정된 사립대학이나 구조개혁 중점추진 국립대학에 선정된 국립대학들은 각 대학이 처한 특수성이 반영되지 않은 평가 방식이나 평가 지표 등에 대해 문제 제기를 하는 반응을 보이기도 했다. 특히 국립대학의 경우는 총장직선제의 폐지 여부가 국립대학 가운데 하위 15% 대학을 선정한 실질적인 기준이 되었다는 점에 대해 강력하게 반발하는 모습을 보여주기도 했다.[17] 그러나 이와 같은 대학의 대응에서 평가 자체에 대한 문제 제기는 거의 발견되지 않았다. 학생이나 교수 단체 혹은 개인적인 차원에서 평가 자체에 대한 근본적인 검토를 요구하는 경우가 없는 것은 아니지만, 적어도 대학의 차원에서는 평가 자체를 수용하는 전제에서 어떤 방식으로 자구책을 마련하는가에 초점을 맞춘 대응이 두드러지게 나타나고 있었다.

그러나 시간이 지나가면서 이와 같은 자구책은 소위 하위 15% 대학에 지정되지 않은 대학들에까지 확산되는 모습을 보이고 있다. 대부분의 대학은 학생들의 취업률을 높이기 위해 교내 취업을 활용하고 있으며, 학과와 교과과정을 취업을 중심으로 편제하고 있다. 당연히 이는 교육의 목표와 과정에도 영향을 미치고 있으며, 그와 관련된 다양한 프로그램들이 대학별로 고안되고 있는 상황이다. 또한 교원 인사의 측면에서도 비정년 트랙 전임교원의 대폭적으로 확대하고 있는 것으로 나타나고 있으며, 앞으로 이런 추세는 더욱 강화될 것으로 보인다. 학점 관리를 위한 상대평가 비중의 변화 등도 함께 나타나고 있는 변화이다. 더불어 국립대학들도 총장직선제를 단기간 내에 포기하는 모습이 나타나기도 했다.[18]

그러나 좀 더 근본적으로 이러한 변화들이 현재의 대학구조 개혁이 제시하고 있는 평가나 평가의 지표들을 대학의 교육이나 행정에 내면화한 결과로 나타나

17) 예를 들어 입장문을 내거나, 보직교수가 사퇴를 하거나 등의 개별 대학의 대응이 있었고, 국공립대교수연합회 소속 교수는 구조개혁 중점추진 국립대학 지정의 철회 등을 요구하기도 했다('00 · 00대 등 5곳 구조개혁 대상 지정', 경향신문(인터넷판), 2011.9.24).

18) 구조개혁 중점추진 국립대학 지정 발표가 있기 직전인 2011년 8월까지만 해도 전국의 국립대학 43곳 가운데 40곳이 총장직선제를 시행하고 있었다. 현재는 공식적으로 총장직선제를 유지하고 있는 국립대학은 존재하지 않는다.

고 있다는 점이다. 일단 주어진 평가 방식이나 평가의 지표에 따라 대학들은 대학의 발전 전략을 짜고, 대학 교육의 방침을 정하고 있다. 더불어 평가 자체나 평가지표 등에 대한 문제 제기도 점차 줄어들고 있는 것으로 확인되고 있다. 이는 대학들이 이미 현재의 평가를 기정의 사실로 인정하고, 이에 적응하는 것을 대학의 기본적인 생존 전략으로 인식하고 있다는 점을 반증하는 것이다. 그런 의미에서 평가의 방식으로 추진되고 있는 현재의 대학구조 개혁정책이 비교적 짧은 시간 안에 통제를 내면화하는 단계로 접어들고 있다는 점은 확실해 보인다.

제 5 절 사례의 쟁점

위에서 이명박 정부부터 2013년까지 추진되어 온 대학구조 개혁정책을 살펴보았다. 이를 통해 이명박 정부 이후의 대학구조 개혁정책이 전국의 모든 대학을 일원적인 평가의 틀 속에서 통제하고 있다는 점을 살펴보았다. 이 사례에서 살펴볼 수 있는 몇 가지 쟁점은 다음과 같다.

1 정책의 목표

우선 대학구조 개혁정책의 진정한 목표는 무엇인가 하는 점이다. 물론 대학구조 개혁정책의 드러난 목표는 대학의 구조개혁 혹은 구조조정을 통한 대학 정원의 축소가 될 것이다. 또는 이를 통해 대학 교육의 질을 높여 대학 교육을 정상화하는 것도 목표가 될 수 있을 것이다. 그러나 실제로 대학구조 개혁정책은 현재까지는 전자의 목표 달성에는 성공했다고는 할 수 없는 상황이다. 오히려 이전 정부의 정책에 비해 덜 효과적이었다. 구조개혁을 이루어낸 사례도 뚜렷이 드러나지 않고, 정원의 축소도 눈에 띄지 않는다. 그렇다면 이 정책은 실패한 것일까? 그렇지 않다면 이 정책에는 숨겨져 있는 다른 목표가 존재하는게 아닐까? 혹시 그것은 대학에 대한 정부의 통제권 강화는 아닐까? 의도했건 의도하지 않았건 현재 전국의 모든 대학은 교육 당국이 실시하는 평가의 결과에 대학의 운명이 좌우되는 상황에 놓여 있으며, 따라서 평가지표에 의거하여 대학의 운영과 교육의 방침을 정하고 있는 상황이다. 그리고 이는 실제로 대학의 교육 현장에도 큰 변화를 불러오고 있다. 국립대학의 경우에는 구조개혁 정책을 통한 평가의 실시가 민주화의 산물이라고 할 수 있는 총장직선제를 사라지게 하는 계기가 되기도 했다. 이러한 결과는 의도한 것일까, 정책 집행의 부산물인 것일까?

2 이념이 정책에 미치는 영향

또 다른 쟁점은 정부의 이념이나 정책 주도자의 이념이 대학구조 개혁정책에 미치는 영향은 어느 정도인가 하는 점이다. 이명박 정부나 이명박 정부의 교육정책을 주도한 이주호 장관은 자율성과 경쟁, 대학의 자기 책임성이라는 일관된 정책 이념을 지니고 있었다. 그런 이유로 정부의 초기에는 대학구조 개혁정책에 적극적이지 않았다. 그럼에도 불구하고 이명박 정부가 민간 영역이라고 할 수 있는 사립대학까지를 획일적인 평가의 틀 속에 집어넣고 통제하고, 그 결과 대학 간의 자율적인 경쟁에 개입하게 된 근거는 무엇일까? 반값등록금의 이슈화라는 우연이 그 계기가 된 것일까? 그것이 아니라면 어떤 요인이 작동했던 것일까? 그것은 혹시 관료들의 의지가 아닐까?

3 사립대학에 대한 정부 정책

정부는 원칙적으로 민간 부문에 대해 간여하지 않는 것이 원칙이다. 삼성 전자, 현대자동차 같은 기업들은 한국 경제에 많은 영향을 미치지만, 이런 회사들이 몇 명이나 채용하고 해고하는지, 효율적으로 운영하는지 여부에 대해 간여하지 않는다. 공기업이나 공공기관의 경우에는 정부가 공공기관 평가, 감사 등의 수단으로 운영에 간섭할 수 있다. 하지만 민간기업을 대상으로는 위법 행위가 있을 때나 간여할 수 있으며, 일상 운영에 대해서는 어떠한 간여도 할 수 없는 것이 원칙이고 또 실제 간여하지도 않는다.

한국에서 사립대학은 엄연한 민간 부문이다. 그럼에도 불구하고 정부는 이 사례에서 보는 바와 같이 사립대학의 입학, 운영에 대해 많은 간여를 하고자 하고 있다. 국공립대학을 대상으로 정부가 개입하는 것은 정당성을 가진다. 그런데 사립대학의 운영에 대해 정부가 간여하는 것은 과연 정당한 업무 범위일까? 사립대학, 사립학교에 대해 정부가 개입하는 것은 어느 만큼 정당성을 가지는 일일까?

제 10 장

시화지구 지속가능발전협의회 운영 사례

배수호 · 서정철

제 1 절 들어가는 글

오늘날 인류는 유례없는 환경문제 및 생태위기로 인해 인류의 생존조차 위협받고 있다. 기후 변화와 지구온난화, 2011년 후쿠시마 원자력발전소에서의 방사능 누출, 생물다양성 감소, 유전자 조작 농산물 등 수없이 많은 환경재해를 겪고 있으며, 장래에 닥칠 환경재해의 불안 속에 살고 있다. 우리는 벡(Ulrich Beck)이 말한 '존재론적인 불안'을 안고서 '위험사회(risk society)'에 살고 있는 것이다(Beck, 1986, 홍성태 옮김, 1997).

우리가 겪고 있는 환경문제 및 생태위기를 해결 혹은 완화하기 위한 노력은 다각도로 전개되어 왔다. 하딘(Garret Hardin)과 같은 생태파시즘(eco-fascism)의 입장에서는 국가와 세계정부가 강력한 권한을 행사해야 한다고 주장한다(Hardin, 1968). 여기에서 각국 정부와 세계정부는 인구통제, 강력한 규제, 엄격한 감시와 처벌 등을 통해서만 환경문제 및 생태위기를 해결 혹은 완화할 수 있다고 본다.[1] 한편으로 공공재, 환경재 등을 포함한 자연 자체 및 자연자원에 대해 사유재산권(property rights)을 설정하거나 시장기제(market mechanism)를 활용하는 것으로 민간

---

1) 이러한 입장에서는 홉스(Thomas Hobbes)의 리바이어던(Leviathan)적인 국가 중심적 해결 방식을 선호한다(Hardin, 1968; Heilbroner, 1974; Ophuls, 1973).

부문에 자율적으로 맡기자는 입장이 있다. 이는 코스(Ronald Coase)의 유명한 논문 "사회비용의 문제(The Problem of Social Cost)"(Coase, 1960)에서 주창된 바와 같이 코스 정리(Coase theorem)로 대변된다고 할 수 있다. 민간 부문 중심적이고 시장 주도적인 방식에서는 사유소유권의 확보와 시장 거래를 통해 환경자원이 적절하게 관리 · 보존될 수 있다는 입장이다.[2)]

기존 논의의 중심이 되었던 두 가지 극단적인 접근 방식으로서 국가 주도적인 방식, 시장 주도적인 방식의 실효성에 대한 의구심이 꾸준하게 제기되고 있다. 따라서 환경문제를 해결하기 위한 기존 접근 방식의 대안으로서 최근에는 정부, 시장 및 시민사회가 모두 참여하는 협력적 거버넌스를 통한 문제 해결 방식으로 좀 더 적실성 있는 문제 해결 방안을 확보해 가고 있다. 협력적 거버넌스(collaborative governance)는 "자율적인 행위자와 조직들 사이의 상호작용을 통해 기존의 조직적 경계와 정책을 초월하여 새로운 공공가치를 창출하는 새로운 사회문제 해결 방식"을 의미한다(이명석 외, 2009: 3). 협력적 거버넌스는 다양한 행위자들의 참여를 바탕으로 참여자 간 협력을 강조한다는 측면에서 전통적인 국가 주도적 방식과 구별된다(Kooiman, 2003). 다양한 참여자 간 협력이 이루어지는 과정 속에서 단일 접근 방식으로 나타날 수 있는 정보 제한의 약점을 극복하고, 전문지식 및 전문성을 활용할 수 있으며, 시민사회의 접근을 용이하게 만들 수 있다(이명석 외, 2009). 협력적 거버넌스는 다음과 같은 특징을 가진다(이명석 외, 2009: 3-4). 첫째, 협력적 거버넌스에서는 "공공기관이 주도하는 공공문제 해결과 관련된 상호작용"이 이루어져야 한다. 따라서 "순수한 사익과 관련된 분쟁이나 갈등 해결"은 협력적 거버넌스에 해당하지 않는다. 둘째, "정부와 민간기구 그리고 일반시민 등 해당 사회문제에 관심을 갖는 모든 이해관계자들 간의 상호작용"을 통해 협력적 거버넌스가 이루어져야 한다. 셋째, 협력적 거버넌스에서는 "비정부 이해관계자들의 단순한 의견 제시나 상담 이상의 실질적이고 직접적인 참여"가 이루어져야 한다. 이에 비추어, 일방적인 공청회, 의견 청취와 같이 일방향적 의사소통은 협력적 거버넌스의 일례로 보기 어렵다. 넷째, 협력적 거버넌스는 "일정한 형식을 갖추고 공개적으로 조직되는 집합적인 행동"이 있어야 한다. 따라서 우연 혹

2) Coase(1960), Demsetz(1967), Sinn(1984), Smith(1981), Welch(1983) 등이 이러한 민간 부문 중심적이고 시장 주도적인 해결 방식을 선호한다.

은 의도치 않게 이루어지는 협동은 협력적 거버넌스로 보기 어렵다. 다섯째, 협력적 거버넌스는 "의도적으로 협력을 추구하기 위한 상호작용을 통해 문제를 해결"하게 된다.

특히 환경 보존과 개발이 갈등 쟁점인 환경갈등에서의 협력적 거버넌스의 의미는 크다고 볼 수 있다. 환경갈등은 그 특성상 한 사회 구성원들의 기본적인 삶의 질과 관련된 근본적 문제이고, 환경문제는 시간적 · 공간적으로 영향이 다르게 나타나기도 하며, 환경문제의 성격과 특성에 따라 그 영향력이 차별적으로 나타나는 복잡성과 불확실성을 가지고 있다(정회성, 1995). 그래서 환경문제는 편익과 비용의 시 · 공간적 비대칭성으로 인해 당사자들의 인식론적 기반은 가치의 문제로 전환되기도 하여 사회적 갈등이 필연적으로 발생하게 된다. 즉 환경적 편익은 사회 전체의 편익인데 비용과 희생은 특정 지역에 국한하여 부담되므로 소수의 이해관계자들의 희생과 인내가 요구된다. 따라서 환경적 편익을 소수의 편익이 아닌 사회 전체의 편익으로 이해할 필요가 있다고 볼 수 있다(정규호, 2007). 또한 정부는 그동안 환경갈등의 주요한 해결 방안으로 물질적 보상과 이해관계 조정에 주력해 왔다. 그러나 이러한 갈등 해결 방안은 새로운 갈등으로 증폭되고, 지역사회 내에 심각한 후유증을 남기면서 정부의 공공정책에 대한 불신의 한 원인이 되었다. 결국 당면한 환경갈등 문제를 효과적으로 해결하기 위해서는 거래와 타협, 설득과 보상, 협상과 조정의 차원을 넘어 갈등 당사자들로부터 자발적 합의에 기반한 해결 방안을 도출할 필요가 있다(서정철, 2013).

숙의적 거버넌스는 협력적 거버넌스와 함께 최근 환경정책에서 중요하게 대두되고 있다. 숙의적 거버넌스(deliberative governance)는 "이해당사자가 포괄적으로 참여할 수 있는 네트워크의 장을 통해 심도 있는 논의가 가능한 절차와 토론구조를 통해 현안에 대한 공동의 문제 해결을 추구하는" 방식이라고 정의할 수 있다(문태훈 외, 2010: 13). 숙의적 거버넌스를 성공적으로 실현하기 위한 핵심은 숙의과정(deliberation process)이 얼마나 내실 있게 운영되는가에 달려 있다. 숙의 과정은 "각자의 단순한 생각의 표현과 단순한 집합이 아니라, 충분한 설득을 통해 생각이 합치되거나, 어떠한 합의점에 도달하지 못하더라도 설득하고, 설득당하는 관계 속에서 결정이나 결정 주체의 정통성에 대한 신뢰(trust)가 형성되는 대화 과정"이라고 할 수 있다(홍성만 · 이종원, 2009: 24). 따라서 단순한 토론(debate)이나 논쟁(argumentation)의 결과물과 달리 숙의 과정을 거쳐 제시된 결과물은 충분한 설득 과정을 거쳐 제시되기 때문에 좀 더 고차원적이면서 이상적인 신뢰 형성 과정의 산출물을 기대할 수 있다(홍성만 · 이종원, 2009: 24). 숙의적 거버넌스가 제대로 작동하기 위해서는 ① 외부 비판이 허용될 수 있도록 하는 공개적 토론구조, ② 가능한 한 모든 이해당사자의 적극적인 참여, ③ 중립적 토론구조, ④ 의사 결정을 위한 운영규칙 준비, ⑤ 토론 당사자 간의 정보 공유와 학습이 가능한 기제 등 기본적인 요건들이 충족되어야 한다(이종원 · 홍성만, 2009: 25-27).

여기에서는 환경 거버넌스의 사례인 '시화지구 지속가능발전협의회'(이후부터 '시화지속협의회')를 대상으로 역사적 · 제도적 맥락, 이해관계자들 간의 상호작용, 활동 내역, 성과 요인, 장래 전망 및 향후 과제 등을 중심으로 기술하고자 한다. 시화지속협의회는 협력적 거버넌스, 숙의적 거버넌스로서 가장 성공적인 환경 거버넌스로 평가받아 왔으며(김은주 외, 2013; 문태훈 · 이재준, 2012; 서정철, 2013; 이종원 · 홍성만, 2009; 홍성만 · 이종원, 2009), 국내외에서 성공적인 환경 거버넌스로 벤치마킹(benchmarking)하고 있다. 예를 들어, 굴포천유역 지속가능발전협의회와 같이 환경 보존과 지역 개발 간의 첨예한 공공갈등이 나타나는 곳에서 시화지속협의회의 성공 사례를 배우려는 노력들이 있어 왔다.

제 2 절 사례의 배경

1 시화지역 현황 및 개발 역사

시화호는 경기도 시흥시, 안산시, 화성시를 방조제로 둘러싸고 있으며, 인공호소(1,329만 평)와 간석지(3,254만 평)로 이루어져 있다. 과거 이곳은 '군자만'으로 불리던 곳으로 소금 생산지로 유명했으며, 조선 시대 조운선이 통과하는 주요 경로였다(문태훈 · 이재준, 2012). 2010년 현재 시화호 유역에 거주하는 인구는 약 100만 명에 달하며, 이 중 안산시가 75.0%, 시흥시가 16.3%, 화성시가 7.6%, 군포시가

1.0%를 차지하고 있다. 시화호 유역에는 반월국가산업단지, 시화국가산업단지, 반월도금지방산업단지 등 3개소에 각종 오염산업이 밀집되어 있다(해양수산부 시화호관리위원회 홈페이지).

시화지구 개발사업은 1975년 농업진흥공사(오늘날 한국농어촌공사)에서 시화호 유역에 간척농지 개발계획을 수립하면서부터 시작되었다. 그 후 건설부(오늘날 국토교통부)와 산업기지개발공사(오늘날 한국수자원공사)가 공장 부지와 택지개발사업을 추진하면서 농림부와 갈등을 겪게 되었다. 시화지구는 수도권에 위치하고 있으며, 반월국가사업단지 · 인천남동공단 등에 인접하고 있기 때문에 시화지구 개발사업은 특히 주목받게 되었다. 또한 1970년대와 1980년대 중동지역의 건설경기가 식으면서 국내 건설회사들의 유휴장비를 국내의 국토 개발에 적극 활용하려는 박정희 대통령과 경제기획원(오늘날 기획재정부)의 이해관계와도 맞아떨어졌다.

1985년 11월에 건설교통부(오늘날 국토교통부)가 '시화지구 사업개발계획'에 대한 대통령의 재가를 받아 시화지구 개발사업이 본격적으로 추진되었다. 시화방조제 건설사업은 약 7년에 걸쳐 이루어졌는데, 1987년 4월에 시화방조제 건설사업이 착수되어 1994년 1월에 방조제 물막이 공사가 모두 완료되었다. 이로써 시흥시 정왕동 오이도와 안산시 대부동 방아머리를 연결하는 시화방조제가 완공되어 시화호 인공호수가 만들어지게 되었다.

하지만, 공사 착수 이전에 환경영향평가가 실시되지 않았고 수질오염대책이 제대로 이루어지지 않은 채 시화방조제가 졸속으로 완성되었기 때문에 시화호 주변 공단의 오폐수, 생활하수, 농축산폐수 등으로 시화호 수질이 급격히 악화되었다. 1995년 시화간척지의 소금과 퇴적물이 날려 대부도 일대의 포도 농사가 큰 피해를 입었으며, 다음해인 1996년에는 시화호에서 수십만 마리의 물고기가 집단 폐사했다. 같은 해에 SBS TV에서 최초로 시화호 오염문제를 다루게 되면서 큰 사회적 이슈로 등장하게 되었다. 이에 중앙환경단체들과 지역시민단체들은 시화호 환경 개선, 지역개발계획의 재검토 등을 요구하며, 정부와 심각한 갈등 상황에 놓이게 되었다. 지역시민단체들은 1994년 안산YMCA에서 '시화담수호 무엇이 문제인가?'라는 주제로 토론회를 개최했고, 각종 심포지엄 · 워크숍 등 공청회 개최, 시위, 감시활동, 오염실태조사 등을 통해 시화지역 환경문제를 사회적 이슈로 부각시켜 나갔다. 이후에 지역시민단체들은 1999년 3월 '희망을 주는 시화호만들기 시흥·안산·화성 시민연대회의'(이후부터 시민연대회의)를 구성했으며,[3] '시화호 생태공원 조성을 위한 시민안'을 제안했다(이종원·홍성만, 2009; 정규호, 2007).

한편 정부에서는 시화호 오염문제 개선을 위한 다양한 대책을 내놓았으나 큰 실효를 거두지 못했다. 1996년 7월 환경부는 2005년까지 약 4,500억 원을 투자하는 '시화호 수질개선계획'을 발표했다. 악화되고 있는 수질을 개선하기 위해 1997년부터 부분적으로 해수의 유입 조치가 이루어지기 시작했고, 1998년 정부(농림부)가 시화호 담수화(농업용수)정책을 사실상 포기했다. 2001년 2월에 이르러 정부는 시화호 담수화정책을 공식적으로 포기하게 되었다. 시화호에 해수가 유입되면서 주관 부처가 환경부에서 해양수산부로 바뀌게 되었는데, 정부는 2000년 2월 시화호와 인천 연안을 '특별관리해역 시범해역'으로 지정했고, 2000년 9월 '시화지구 정책협의회'를 구성했다.[4] 또한 2003년 12월 12일 건설교통부와 수자원공사를 중심으로 각 부처 및 지자체별 계획을 정비하기 위한 '시화지구 장기발전계획안'을 위한 공청회를 개최했다.

시화호 환경문제와 해결 방안과 관련하여 정부와 환경단체·지역시민단체 간에는 지속적인 갈등 관계를 유지해 왔다. 예를 들면, 시화호 남측 간석 농지 조성 환경영향평가를 위한 주민설명회 저지(1999년 11월), 시화호 담수화정책의 공식 포기 선언 이후 시화호 개발 책임자 처벌 토론회 개최(2001년 2월) 등을 들 수 있다. 하지만, 2003년 12월 15일 시민연대회의 참여단체들은 '시화지구 종합이용계획안'에 대한 문제점을 지적하고 전면 재검토를 촉구했으며, 같은 해 12월 16일 건설교통부 신도시기획단장은 지역시민단체와 지역시민의 의견을 수렴해 최종안을 마련하겠다고 표명했다. 같은 해 12월 28일 시민연대회의 참여단체들은 시화호 문제 해결을 위한 협의회 구성을 위해 다음과 같은 세 가지 전제 조건을 제시했다(문태훈·이재준, 2012; 이종원·홍성만, 2009). ① 협의회에 시민단체 전문가

3) 시민연대회의에는 화성환경운동연합, 화성YMCA, 화성연안문화환경연대(이상 화성시에 활동하는 단체들), 시흥환경운동연합, 시흥YMCA, 환경을 생각하는 교사모임(이상 시흥시에서 활동하는 단체들), 안산환경운동연합, 안산YMCA, 안산경실련, 안산YWCA, 안산녹색소비자연대, 시화호생명지킴이, 안산환경개선시민연대(이상 안산시에서 활동하는 단체들) 등이 함께 참여했다(정규호, 2007).

4) 시화지구 정책협의회에는 건설교통부, 환경부, 농림부, 해양수산부, 산업자원부, 수자원공사, 농업기반공사, 경기도, 안산시, 시흥시, 화성시 등이 참여했다(이종원·홍성만, 2009).

참여를 보장할 것, ② 협의회의 논의 결과를 대중들에게 공개할 것, ③ 다수결이 아닌 합의제에 의해 의사 결정이 이루어질 것. 건설교통부는 이와 같은 전제 조건을 수용했고, 2004년 1월 16일 '시화지구 지속가능발전협의회'가 출범했다.

시화지구 개발사업 역사에 대한 좀 더 구체적인 사항은 <부록> '시화지구 개발사업의 역사와 내용'을 참조하기 바란다.

2 시화지속협의회의 출범 배경

앞에서 설명했듯이, 2003년 12월 시화호 주변 지역 지역시민단체-정부기관 간담회를 통해 시화지역의 대기, 수질문제 등을 논의하기 위한 협의체의 구성을 추진했다. 2004년 1월 '최대한 합의 도출'을 원칙으로 하여 '시화지구 지속가능발전협의회'(제1기)를 구성했다. 시화지속협의회는 시화지역 개발에 관한 갈등 당사자가 참여하는 민관협의체로 추진되었다. 시화지속협의회는 총 38명으로 구성되었다. 좀 더 상세하게 살펴보면, 건설교통부 국장, 시민단체 대표를 공동위원장으로 하고,[5] 지자체 9명, 정부 6명, 시의회(안산시, 시흥시, 화성시) 3명, 시민환경단체 14명, 유관기관 4명으로 구성되었다. 고문으로 4명의 지역 국회의원이 참여했다. 제1기 협의회 참여기관 및 참여단체는 [그림 10-1]과 같다.

제1기 시화지속협의회는 개발계획분과, 대기분과, 수질생태분과 등 3개 분과로 구성되었으며, 협의회 참여 당사자 간에 주요 쟁점이 발생했을 경우, 분과별 T/F팀을 별도로 구성하여 운영했다. 또한 공동위원장제와 더불어, 3개 분과 위원장을 민간인이 담당함으로써 논의 자율성 확보와 함께 좀 더 폭넓은 논의가 가능하게 되었다(박태순 · 홍성만, 2007). 제1기 협의회의 조직 구성도를 보면, [그림 10-2]와 같다.

2007년 11월 시화지속협의회에서 논의 · 의결한 결과에 대한 책임성을 확보하고, 시화지역과 시민사회로부터 신뢰를 확보하기 위한 목적으로 시화지속협의회

5) 시화지속협의회를 출범한 초기에는 1인 위원장 체제로 건설교통부 신도시기획단장이 위원장직을 맡았으나, 2005년 3월부터는 2인 공동위원장 체제로 전환하여 신도시기획단장과 시흥환경운동연합 대표가 공동으로 위원장직을 맡게 되었다(박태순 · 홍성만, 2007; 홍성만 · 이종원, 2009).

그림 10-1 시화지속협의회(제1기) 참여기관 및 참여단체

정부 공공기관(10개)	전문기관(8개)	주민대표, 시민환경단체(10개)
건교부		안산시 의회
환경부	대전대	시흥시 의회
해수부	협성대	화성시 의회
산자부	한양대	시화호 시민연대회의
경기도	해양연구원	시흥환경운동연합
시흥시	시화호 환경연구소	오산화성환경운동연합
안산시	시흥환경기술개발센터	화성연안환경문화연대
화성시	안산환경기술개발센터	화성YMCA
수자원공사	농어촌연구원	안산YMCA
산업단지공단		안산환경개선시민연대

출처: 시화지속발전협의회 홈페이지.

그림 10-2 시화지속협의회(제1기) 조직 구성도

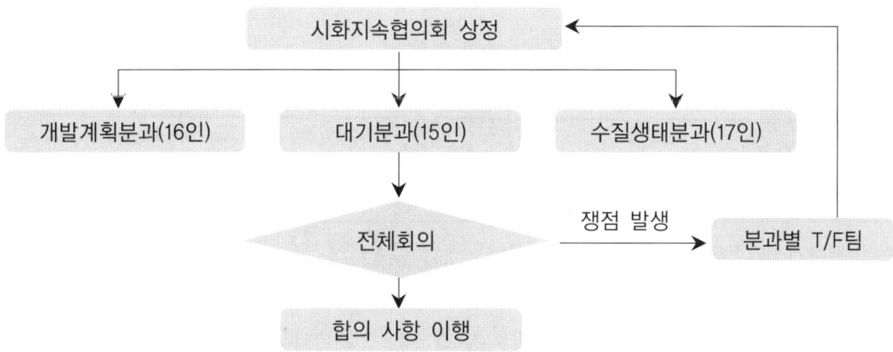

를 공식 기구로 추진하기로 합의했다. 이에 따라 2008년 4월 '시화지구 지속가능발전협의회'(제2기)를 구성했다. 법적 근거인 '공공갈등의 예방과 해결에 관한 규정'(대통령령 19886호, 2007년 2월) 제16조에 따르면, "중앙행정기관의 장은 공공정책으로 인해 발생한 갈등 해결을 위해 필요하다고 판단되는 경우에는 각 사안별로 갈등조정협의회를 구성하여 운영할 수 있다." 운영 근거인 '시화지구 지속가능발전협의회 운영규정'(국토해양부훈령 제2008-43호, 2008년 4월) 제2조에 따르면, "반월특수지역 중 시화지구에 관한 제3조의 사항을 협의 · 조정하기 위하여 국토해양부에 시화지구 지속가능발전협의회를 둔다." 시화지속협의회는 2004년 1월부터

시작하여 시화 MTV와 송산그린시티 개발사업이 완료될 때까지 한시적으로 운영된다.

제2기 시화지속협의회에서는 갈등 당사자로서 총 53명이 참여하는 민관협의체로 구성되었다. 좀 더 자세히 살펴보면, 국토해양부 국장, 시민단체 대표가 공동으로 위원장직을 수행하며, 정부 7명, 지자체 12명, 시의회(안산시, 시흥시, 화성시) 9명, 민간위원 15명, 공공기관 8명으로 구성되었다. 고문으로 지역사회 인사 6명이 참여한다. 제2기 협의회 참여기관 및 참여단체는 [그림 10-3]과 같다.

그림 10-3 시화지속협의회(제2기) 참여기관 및 참여단체

정부 공공기관(10개)	전문기관(8개)	주민대표, 시민환경단체(10개)
건교부	대전대	안산시 의회
환경부	협성대	시흥시 의회
해수부	한양대	화성시 의회
산자부	해양연구원	시화호 시민연대회의
경기도	시화호 환경연구소	시흥환경운동연합
시흥시	시흥환경기술개발센터	화성연안환경문화연대
안산시	안산환경기술개발센터	화성YMCA
화성시	농어촌연구원	안산YMCA
수자원공사		안산환경개선시민연대
산업단지공단		

출처: 시화지속발전협의회 홈페이지.

제2기 시화지속협의회는 도시계획분과, 환경개선분과 등 2개 분과로 구성되며, 환경개선분과에는 대기개선소위원회와 수질생태소위원회 등 2개 소위원회를 운영하고 있다. 또한 협의회 참여 당사자 간에 주요 쟁점이 발생하거나 특별히 필요하다고 판단될 경우, 특별위원회를 별도로 구성하여 운영하고 있다. 또한 시화지속협의회에서 합의한 주요 사항을 이행하기 위해 위원회를 별도로 구성하여 운영하고 있다. 구체적으로 살펴보면, 도시계획분과에는 시화 MTV 입주심사위원회, 시화 MTV 사후관리평가단 등 2개 위원회가 운영되고 있다. 환경개선분과에는 대기개선기금 운영위원회, 시화 간선수로 수질개선전담반, 시화호 퇴적토 모니터링반 등 3개 위원회가 운영되고 있다. 제2기 협의회의 조직 구성도를 보면, [그림 10-4]와 같다.

그림 10-4 시화지속협의회(제2기) 조직 구성도

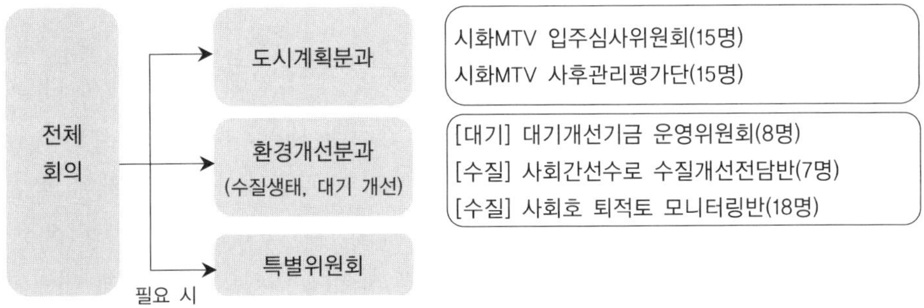

제 3 절 사례의 특성: 시화지속협의회의 운영 방식

제2기 시화지속협의회의 기능은 반월특수지역 중 시화지구 개발에 관한 사항, 시화호 수질 및 시화지구 대기질 등 환경 개선에 관한 사항, 협의회에서 합의된 사항들의 이행에 대한 사항 등을 포함한다. 시화지속협의회의 운영을 위한 기본 원칙은 합의 원칙, 투명성, 공정성, 책임성이다. 합의 원칙에서는 소수 의견 존중, 현지 회의 개최, 이해관계자들의 적극적 참여 등을 들 수 있고, 투명성 원칙에서는 홈페이지 개설, 회의 결과 공개, 회의 의제 사전 협의 등을 들 수 있다. 공정성 원칙에서는 운영세칙 마련, 민간분과위원장 위촉 등을, 책임성 원칙에서는 합의사항의 즉시 이행, 집중토론(끝장토론) 등을 들 수 있다.

시화지속협의회를 운영하는 과정에서 참여-숙의-합의 요인은 공식·비공식 모임의 활성화, 행정 프로세스에 대한 사전 공유, 다면적 논의 방식, 집중토론을 포함한 의견 불일치 해소 방안 강구, 합의에 의한 의사 결정, 합의된 사항의 즉시 이행, 정보의 즉각적인 공개 및 공유, 분과회의와 전체회의 간의 유기적 결합, 공동학습, 민관 공동위원장제도 등 몇 가지 주요한 특성들이 시화지속협의회가 환경 거버넌스로서 성공적인 사례가 되는 데 기여했다고 할 수 있다(권경득 외, 2011; 문태훈 외, 2010; 박태순·홍성만, 2007; 서정철, 2011; 2013).

1 공식 · 비공식 모임의 활성화

시화지속협의회 운영의 첫 번째 특징은 본회의 개최 전에 본회의에서 다룰 주제와 쟁점에 대해 사전 논의를 통해 상정될 안건의 내용, 논의 범위, 방식 등에 대해 사전에 조율한다는 점이다. 이를 통해 본회의 과정에서 시민단체와 공공기관 간의 불필요한 논쟁을 미리 방지하고, 의사 결정의 민주성, 생산성, 신속성 등을 확보할 수 있게 된다. 시민단체와 공공기관 사이에 입장이 첨예하게 대립되는 사안에 대해서는 회의 개최 이전에 양측 대표 간에 비공개회의를 개최하여 다음 회의에서 다룰 안건의 내용과 논의 범위, 방식에 대해 의견 교환을 하고, 사전 조율을 하게 된다. 또한 사전회의는 본회의에서 반드시 그 논의 내용과 결과를 공개하게끔 함으로써 담합의 의혹을 해소하여 의사 결정의 민주성, 투명성을 확보하게 된다.

시화지속협의회에서 송산그린시티 토취장 갈등문제를 해결하는 과정에서 공식 · 비공식 모임을 적극적으로 활용했다. 토취장 갈등문제를 다룬 도시계획분과 및 소위원회의 경우, 이러한 공식 · 비공식 만남의 순환 시스템은 수시로 활용되었다. 특히 시민단체 위원들은 소위원회에의 주민 참여 설득 과정, 그리고 토취량 산정 및 지표 개발 과정에서 수자원공사 위원들을 사전에 만나 주민 의견 수렴을 위한 사전 조율을 여러 차례 시도했고, 또한 주민 위원들에게도 소위원회의 역할과 권한, 그리고 한계를 명확히 알려주는 등 다양한 사전 논의가 있었다. 이러한 비공식회의는 이후 소위원회 공식회의에 공개되어 의사 결정에 반영되었다.

시화지속협의회의 대표적 갈등 해결 사례인 송산그린시티 토취장 갈등의 사회적 합의 형성은 시화지속협의회(특히 민간위원)와 수자원공사 간, 시화지속협의회와 주민 간, 시화지속협의회와 지자체 간의 사전 비공식 회의를 통한 각 주체들의 입장과 이해관계의 조정과 무엇보다도 신뢰 관계 확보가 중요한 역할을 담당했다. 시화지속협의회는 지역 주민들의 주장과 요구가 기존의 대립 투쟁 방식이 아닌 협력적 거버넌스 내의 내부 숙의를 통한 상생적 합의가 가능하다는 점을 설득하고, 민주적 숙의와 의사 결정 과정이 사회적 합의로 결정되는 시화지속협의회의 논의의 장으로 끌어들여 주민들의 불안감과 우려를 불식시켰다. 또한 시화지속협의회의 시민단체 위원들은 수자원공사가 우려하는 공사 기간의 연장과 추가 비용 발생, 그리고 시화지속협의회의 역할과 권한에 대한 회의와 불안감에 대해서는 사전 만남을 통해 지속적으로 설득했다. 토취장의 사회적 합의 과정이 오히려 새로운 주민 갈등을 사전 예방하며, 공사 기간 및 비용을 단축시키는 효과를 가져올 것이라는 확신을 심어주는 데 주력했고, 이는 주요 갈등 쟁점 논의 때마다 효과적인 위력을 발휘했다(서정철, 2011).

2 행정 프로세스에 대한 사전 공유

공공사업은 행정절차와 관계 법령에 근거하여 진행되고, 공무원이나 공공기관 직원들은 이에 매우 민감하다. 숙의 거버넌스를 통한 사회적 합의가 종종 제약되는 경우는 주로 정해진 행정 프로세스로 인한 갈등 때문이다. 따라서 원활한 숙의를 위해서는 정부 측 위원들과 지자체 공무원, 그리고 시행사인 수자원공사의 안정적인 지위를 보장하고 불안감을 해소할 필요가 있다. 또한 시민단체 위원들은 관계 법령과 행정 프로세스에 대해 기본적으로 무관심하거나, 이를 인정하지 않으려는 속성이 있기 때문에 이에 대한 사전 협의가 반드시 필요하다. 시화지속협의회는 이런 정보 비대칭을 극복하기 위해 많은 노력을 기울여 왔다.

우선 의제가 설정되면 이 의제와 관련된 관계 법령, 필요한 행정절차, 법정 기한이 있는지 등에 관한 정보를 공유하고, 정해진 절차에 따라 일을 진행하는 데 필요한 프로세스를 정하고 일정을 공유한다. 이런 과정을 통해 현재 진행 중인 논의가 어떤 과정에 와 있는지에 대해 전체적인 조망이 가능해지고 향후 과제를 예측하여 사전 준비가 가능하게 되었다.

예를 들어 갈등 현안에 대한 합의가 지연될 경우 시화지속협의회는 행정담당 공무원들의 불안감을 해소하기 위해 회의 시간을 정기회의 시간 이외에 과감히 늘리거나, 사전 회의를 통해 갈등 쟁점을 조율하여 가능한 한 행정절차에 맞춰 운영하는 탄력성을 보였다. 이렇듯 숙의적 거버넌스로서 안정적인 논의 시간을 확보하여 사회적 합의가 진행될 수 있으려면 행정 프로세스에 대한 모든 위원의 사전 숙지와 이해가 매우 중요하다(서정철, 2011).

3 다면적 논의 방식

시화지속협의회의 운영에서 두드러진 특징은 다양하게 얽혀 있는 쟁점에 대해 다면적, 다차원적, 중층적으로 접근해 왔다는 점이다. 중층적 논의 방식이 갖고 있는 장점은 다양한 쟁점들에 대한 논의가 동시에 진행되기 때문에, 한 가지 쟁점이 해결되지 않는다고 해서 논의 전체가 교착 상태에 빠질 가능성이 거의 없게 된다는 것이다. 또한 다양한 쟁점에 대한 논의를 동시에 진행함으로써 오히려 효율성을 높이고 시간을 절약할 수 있다는 점이다. 이와 더불어, 협의회 위원들이 다양한 현안에 대한 전체적인 조망을 가능하게 하고, 나아가 이들 현안 간의 상호연관성을 파악하게 함으로써 해결의 실마리를 제공할 수 있게 된다. 시화지속협의회는 이런 문제를 극복하기 위해, 이슈에 대한 논의를 거쳐 과제로 도출된 사안에 대해서는 과제 이행을 위한 논의로 넘어간다. 쟁점들에 대해서는 동시다발적으로 논의를 진행하는 방식을 택했다. 이런 논의 구조의 단점으로는 회의 진행자가 매번 회의 때마다 지난번 논의가 어디까지 진행되었고, 현재 논의할 내용은 무엇인지에 대해 정리해야 하며, 다면적으로 논의가 진행되기 때문에 짧은 기간에 회의 횟수가 많을 수밖에 없다는 문제점이 있었다.

4 의견 불일치 해소 방안 강구

시화지속협의회는 다자간 협의체의 성격을 띠기 때문에 참여 주체들 간의 다양한 입장과 이해관계의 차이로 인해 의견이 불일치할 경우가 나타나게 마련이다. 특히 가치관의 차이에 기인하는 의견 불일치는 단기간에 해결되기 어려울 뿐만 아니라 완전한 의견 일치를 기대하기 어려운 경우가 많다. 시화지속협의회에서는 입장과 의견의 차이가 있는 사안에 대해서는 이를 해소 혹은 완화하기 위한 다양한 방안을 강구해 왔다. 의견 불일치인 사안이 참여 주체들의 가치관 차이에 기인한 것인지, 사실 관계의 미확인 및 정보 부족에 기인한 것인지에 따라 다른 접근 방식을 활용하고 있다. 가치관의 차이에 기인한 경우, 집중토론 · 끝장토론을 통해 의견 격차를 해소하려 했다. 집중토론 방식은 대략적으로 다음과 같은 과정을 거치게 된다.

우선 집중토론은 사전에 안건과 회의 시간, 회의 규칙 등을 위원들에게 공지해 모든 위원에게 동의를 얻는다. 또한 집중토론 때에는 회의 시간에 구애받지 않고 끝장토론을 통해 쟁점 사안에 대해 의사 결정을 한다는 것과 반드시 의사 결정에 책임 있는 위원들이 참여할 것을 주지시킨다. 회의 진행 절차는 먼저 "자유토론을 통해 안건과 관련해 논의할 주제들을 결정한다. 그런 다음 논의 주제들을 묶어서 몇 개의 세부 주제로 나눈 다음, 전문적인 논의가 필요한 주제에 대해서는 즉석에서 분과 모임을 개최한다. 분과모임에서는 관련된 주제에 대해 논의를 진행하고 합의 도출을 시도한다. 다시 전체회의를 소집하여 분과모임에서 논의된 결과를 발표한다. 발표된 결과를 기반으로 이견이 발생한 부분에 대해서는 아이디어 회의(brainstorming)를 통해 대안 창출을 시도한다. 창출된 대안 가운데 모두가 동의할 수 있는 대안을 채택한다. 의견 대립으로 대안이 창출되지 않았거나 동의를 얻지 못한 대안은 차후 과제로 남긴다. 회의 전체를 통해 이견이 해소되고 합의에 이른 부분과 해소되지 않고 남겨진 부분을 구분하여 정리한다. 시화지속협의회는 집중토론 방식을 도입함으로써 논쟁이 많은 주제에 대해 심도 있는 검토와 논의가 가능하게 되었다. 그뿐만 아니라 논쟁이 많은 주제에 대해 집중토론 방식을 통해 별도로 처리함으로써 일상적인 논의의 흐름을 끊지 않으면서도 논의 부족으로 인한 상호 오해와 의사소통 부재 문제를 해소하기 위해 노력했다. 이를 통해 반복적인 논의에 의한 시간 지체와 논의의 비생산성 문제를 극복할 수 있었다"(박태순 · 홍성만, 2007: 29).

한편, 사실 관계의 미확인 및 정보 부족에 기인하는 경우, 전문연구기관을 통한 연구용역, 정규 또는 비정규 전문가 자문, 특정 과제를 수행하기 위한 태스크포스(T/F) 구성 등을 통해 의견 격차를 해소하려 했다. 시화지속협의회에서 집중토론을 통해 논의된 대표적인 안건은 ① 첨단복합산업단지(시화MTV) 개발은 불가피한가, ② 남측 간석지 토지이용계획, ③ 남측 간석지 골프장 건설은 불가피한가, ④ 남측 간석지 주민 정착 방안, ⑤ 기존 토취장 지정은 적정한가 등이었다(서정철, 2011).

5 합의에 의한 의사 결정

시화지속협의회의 가장 두드러진 특징은 '출석위원들의 최대한 합의를 도출하여 의결함'을 원칙으로 하고 있다는 점이다. 달리 말하면, 협의회에 참석한 모든 위원의 합의를 바탕으로 의사 결정이 이루어지도록 한다. 이를 통해 시화지속협의회 운영 과정에서 다양한 쟁점 및 의견 불일치에 대해 숙의적·성찰적 논의 과정이 전개되었고, 다양한 참여 주체들 간의 상호신뢰성과 책임성을 제고해 왔다. 이러한 합의에 의한 의사 결정 방식은 소수 의견을 존중하고 의사 결정을 원활하게 했다. 부언하면, 합의가 되지 않는 사안에 대해서는 추후 논의를 하도록 함으로써 운영상의 효율성과 더불어, 소수 의견을 무시하지 않게 된다(박태순·홍성만, 2007).

시화지속협의회는 협의회를 준비하는 과정부터 의사 결정 방식을 다수결이 아닌 '최대한 합의 도출' 방식으로 진행하기로 약속했다. 이런 합의는 시화지속협의회가 이전의 형식적이고 민원 처리용으로서 민관협의체의 위상을 부정하고, 실질적인 의사 결정 기관으로서 위상과 권한을 획득하려는 노력에서 비롯된 것이다. 이는 시화지속협의회의 운영 과정에서 다양한 쟁점에 대한 숙의 과정으로 나타났고, 아울러 현안 결정 사항에 사회적 의미와 다양한 참여 주체들의 신뢰 및 책임으로 나타났다. 또한 이런 약속은 시화지속협의회 운영세칙에 그대로 반영되었다. 합의(consensus)에 의한 의사 결정 방식은 수의 많고 적음에 따라 의사를 결정하는 방식과는 달리 참여한 이해관계자들이 모두 동의하는 의사 결정 방식을 말한다. 따라서 '최대한 합의 도출' 방식이란 참석자 모두가 동의할 수 있는 대안 도출을 지향한다. 하지만 현실적인 여건을 고려하여 상황에 따라 유연하게 운영한다는 의미를 내포하고 있다고도 볼 수 있다(서정철, 2013).

6 합의된 사항의 즉시 이행

시화지속협의회에서 합의된 사항에 대해서는 다른 쟁점 및 논의 사항의 진척 상황과 관계없이 참여 주체들 간의 역할 분담을 통해 즉각 이행되었다. 이를 통해 참여 주체들 간에 공조 체계를 유지하고, 상호신뢰성을 증진할 수 있게 되었다. 이러한 실천 과제 도출과 즉각적 이행은 예산이 미리 확보된 것에 기인한 바가 크다. 즉 시화지속협의회 구성의 전제 조건인 수자원공사의 선투자 약속으로 마련된 환경개선대책비가 있었기 때문에 다른 협의체와는 달리 즉각적인 실행계획 수립과 그에 대한 시행이 가능했다. 이는 시화지속협의회의 존재감과 위상을 사회적으로 확인하는 것이기도 했고, 실천을 통해 성과가 확인됨으로써 시화지속협의회의 안정성과 구성원의 신뢰를 획득하는 데 결정적인 계기가 되었다. 이와 관련된 대표적인 사례는 시화4간선수로 수질개선 대책 이행(2004년), 대기배출업체 전수조사 실시(2004), 수질개선 대책반(2010년) 등을 들 수 있다(서정철, 2011).

7 즉각적 · 적극적 정보 공개 및 공유

시화지속협의회에서는 즉각적이고 적극적으로 정보를 공개하고 공유하는 단계로 발전해 왔다. 참여 주체들 간 논의의 활성화를 위해 각 참여 주체들의 용역내용 및 연구 결과를 서로 공개하고 공유함으로써 정보 격차에 따른 의견 차이 및 갈등을 해소 혹은 완화할 수 있도록 했다. 또한 모든 회의는 기록과 녹취를 동시에 병행하고 있으며, 회의 내용은 회의록과 회의 결과로 정리했다. 홈페이지를 통해 회의 결과를 일반 시민들에게 공개하고, 회의록은 내부에서만 공유하고 외부 요청이 있을 경우에는 선별적으로 공개했다(박태순 · 홍성만, 2007). 또한 시화지속협의회에서는 몇 번의 시행착오를 통해 참여 위원들의 개별적 언론 접촉에 따른 임의적인 보도의 폐해를 방지하고, 이에 따른 상호 오해와 불신을 원천적으로 제거하기 위해 언론 접촉 창구를 공동위원장으로 단일화했다.

8 분과회의와 전체회의 간의 유기적 결합

시화지역의 환경친화적 개발에 대한 논의 주제는 ① 북측 간석지 개발 방안,

② 남측 간석지 개발 방안, ③ 시화·반월산업단지의 악취 및 대기오염 저감 방안, ④ 시화호 수질개선 대책 등으로 구성되었다. 각각의 논의 주제는 다시 수많은 하위 주제들로 구성되었다. 각각의 주제는 전문적인 연구와 검토가 요구되는 내용일 뿐만 아니라 상호 밀접하게 연결되어 있다. 따라서 논의를 효율적으로 운영하기 위해서는 전문성과 함께 통합적인 시각이 매우 중요했다.

각 분과에서 논의된 내용과 연구 결과는 전체회의를 통해 수렴·조정되었다. 또한 전체회의 논의를 통해 새롭게 발굴된 과제와 더욱 전문적인 연구가 필요한 사안에 대해서는 분과회의에 수행 과제로 부여했다. 분과회의와 전체회의의 유기적인 관계를 통해 전문성과 통합성을 동시에 추구하고자 했다. 예를 들어 개발계획을 수립하고 검토하는 과정에서 오염 저감과 생태계 보전과 같은 환경성을 충분히 고려하고 반영할 수 있도록 도시계획분과에서 논의된 내용이 수질·생태소위원회, 대기소위원회를 통해 구체화되었고, 역으로 두 소위원회에서 논의된 내용이 도시계획분과에서 수렴되어 개발계획에 반영되었다(서정철, 2011).

9 공동학습

시화지속협의회 운영에서 또 하나의 특징은 위원 모두가 참여하는 공동학습 실시이다. 논의 진행과 문제 해결에서 핵심적인 주제인 동시에 전체 위원에게 새로운 정보나 지식이 필요한 주제에 대해서는 관련 분야 전문가를 초빙하여 전체 학습과 관련 주제에 대한 토론을 진행했다. 공동학습은 대개 자신들의 입장만 반복하고 그에 맞는 근거만을 제시하여 쟁점 사항이 생산적인 논의가 되지 못할 때 주로 활용되는 논의 방식이다. 시화지속협의회에 참여하는 위원들은 각 이해관계자의 대표성을 가지고 있지만, 시화지구 지속 가능 발전 관련 모든 의제에 다양한 전문가적 식견을 가지고 있지 못한다. 따라서 쟁점 현안에 대한 지식과 정보의 부족을 인식하게 되었고, 이는 곧 합리적 의사 결정의 장애 요인으로 지적되었다. 이를 극복하기 위한 방법으로 특정 주제에 대한 공동학습이 활용되었다. 이것은 시화지속협의회 위원들의 논의의 질적 수준 향상과 합리적 의사 결정 과정에 크게 기여했다는 점에서 합의 의사 결정을 담보하는 숙의 기제로 활용되었다(박태순 · 홍성만, 2007: 30). 대표적으로는 악취 모니터링 시스템 구축 필요성 및 기대 효과, 자원순환형 생태도시 계획/설계 지침, 시화 · 반월공단 휘발성 유기화합물 배출 방지 대책, 국가갈등관리 시스템의 진행과 갈등 해결 방안 사례, 토취장 산정과 개량제 연구 현황과 적응도 등에서 공동학습이 이루어졌다(서정철, 2013).

10 민관 공동위원장 제도와 위원장의 조정자 역할

시화지속협의회를 출범한 초기에는 1인 위원장 체제로 건설교통부 신도시기획단장이 위원장직을 맡았으나, 2005년 3월부터 민관 공동위원장 체제로 운영되고 있다. 또한 분과위원회 위원장 및 소위원회의 위원장도 민간에서 선출되어 운영되고 있다. 이는 숙의 과정의 정부 대 민간 간의 역량 균형과 정보의 비대칭성을 극복하기 위한 제도적 장치이다. 또한 사회적 합의 결정 이후 사회적 책임을 공동 부담하기 위한 신뢰 확보 과정이기도 하다.

시화지속협의회의 대표적 갈등 해결 사례인 송산 토취장 합의 형성의 논의기구인 토취장 소위원회에서도 도시계획분과 위원장(전문가)을 위원장으로 임명함으로써 주민들의 입장을 대변할 수 있는 권한이 확대되었고, 정부와 사업 시행자에 대한 신뢰도 향상 및 논의의 자율성과 공정성을 확장시키는 전기를 마련했다. 소위원회 위원장에 시화지속협의회 경험이 풍부하고 도시계획 분야에 전문성이 있는 인사를 임명하여 위원들과 협력적인 관계를 유지하도록 했으며, 동시에 토취장 선정 평가지표 등과 같이 고도의 중립성과 전문성이 요구되는 사안에 대해 능동적이고 효과적으로 대응할 수 있게 했다.

소위원회에서 조정자 역할을 자임한 위원장은 원활한 논의 혹은 합의를 유도하기 위해 때때로 의도적으로 강공전술을 구사했다. 주민들이 상대 이해당사자인 수자원공사의 입장을 전혀 고려하지 않고 일방적으로 밀어붙이기만 하거나, 역으로 주민들의 의견이 타당함에도 불구하고 수자원공사가 행정상의 이유를 들어 논의를 지연시키는 경우, 위원장은 때로는 시화지속협의회 존폐를 걸고, 때로는 도덕적 정당성을 내세워 상대방이 좀 더 타협적이고 상호주의적인 태도를 취하도록 압박하는 전술을 구사했다.

제 4 절 사례의 성과

1 시화지속협의회 활동 내역 개괄

2004년 1월 시화지속협의회가 구성된 이후 11년 동안 약 340여 회에 걸쳐 정기회의가 개최되었다. 2004년부터 2012년까지 매년 28회에서 44회 정기회의가 개최되었다. 출범 첫해인 2004년에는 전체회의 비중이 높았으나, 점차적으로 전체회의보다는 분과회의가 자주 개최되었다. 3개의 분과회의 개수는 대체적으로 골고루 분포되었다. 정기회의 이외에도 1박 2일 집중토론 7회, 전문가 초청학습 및 세미나 38회, 연구 관련 학습 70회를 개최했으며, T/F팀 논의 또한 약 250여 회 운영했다. 전체회의 및 분과회의에서의 논의 내역은 <표 10-1>과 같다.

표 10-1 시화지속협의회 논의 내역

(단위: 건)

연도	전체회의	분과회의			총합
		개발계획/도시계획	대기	수질생태	
2004	12	8	9	10	39
2005	6	17	11	10	44
2006	4	15	7	11	37
2007	2	16	11	5	34
2008	1	15	11	7	34
2009	1	13	11	12	37
2010	3	13	10	12	38
2011	1	10	9	15	35
2012	1	10	10	7	28

출처: 시화지속협의회 회의록 정리.

2 도시계획분과 활동 내역

도시계획분과에서 중점적으로 추진한 주요 사업 내역은 시화 MTV 조성사업, 송산그린시티 개발사업이다. 이에 대해 좀 더 구체적이고 자세하게 살펴보기로 한다.

1) 시화 MTV 조성사업

시화 MTV 조성사업은 총 4,417억 원 규모의 환경개선특별대책을 우선 합의한 이후에 사업계획에 대한 논의를 시작했으며, 정부의 기존 행정절차를 전제하지 않고 원점에서 다시 논의했다. 구체적인 일정을 보면 [그림 10-5]와 같다.

시화 MTV 조성사업의 규모 및 토지이용계획에 대한 사업 시행자(수자원공사)와 시민단체 간의 이견 조율을 위해 분과회의 85회, 간담회 15회, 공동학습 29회, 태스크포스(T/F)팀 구성 15회에 걸쳐 이루어졌다. 애초 사업 시행자 측에서는 사업 규모를 317만 평, 시민단체 측에서는 100만 평을 각각 요구했지만, 최종적으로 280만 평으로 합의했다. 토지이용계획은 당초 계획에서 산업용지 축소, 일반제조

그림 10-5 시화 MTV 조성사업계획 수립 일정

출처: 시화지속협의회 회의록 정리.

업 배제, 공원녹지 확대, 공공 및 지원 기능 확대 등의 방향으로 최종 조율되었다. 구체적으로 살펴보면, 280만 평 중에서 공원녹지(20.3%→27.5%), 상업용지(7%→10%), 지원용지(13%→12%), 공공용지(23.7%→23.5%), 산업용지(36%→26%)로 최종 조율되었다.

사업계획의 합의 사항 이행에 대한 감시 기능을 확보하기 위해 입주심사위원회와 사후관리평가단이 운영되어 왔다. 임주심사위원회에서는 시화 MTV 입주업체에 대한 사전심사를 통해 오염 유발 업종 기업을 사전에 입주를 제한하기 위한 목적으로 운영되고 있다. 위원회는 환경부, 산업단지공단, 지자체, 시의원, 시민단체, 전문가로 구성된다. 위원회는 분양업체를 심사하기 위한 정기회의가 개최되고, 안건이 있을 때마다 임시회의가 개최된다. 또한 위원회에서는 분양 기본계획 수립, 입주 대상 업체 사전 심사, 분양 완료 토지 용도 변경 제한 등 행정 사항을 담당하고 있다.

사후관리평가단에서는 시화 MTV 공사 과정에서 합의 사항에 대한 적정한 이행이 이루어지는지에 대한 감사활동을 한다. 평가단은 지자체, 시의원, 시민단체, 지역 주민, 전문가로 구성된다. 매년 4회에 걸쳐 정기회의가 개최되며, 안건이 있으면 임시회의를 개최한다. 또한 합의 사항을 이행하지 않을 경우 사업 시행자에 대한 이행 조치를 요청하고 중대 사항이 발생할 경우 공사를 중지하도록 할 수 있다.

2) 송산그린시티 개발사업

경기도 화성시 송산면, 마도면, 남양동 일대에 친환경 복합도시를 목표로 한 송산그린시티 개발사업에 대한 정부의 시화지구 장기종합계획에서는 애초 56.86㎢(1,720만 평, 매립면적 4.23㎢)를 계획했다. 하지만, 분과회의 7회, 1박 2일 집중토론 3회를 거쳐 시화지속협의회에서 개발 면적 54.69㎢(1,654만 평, 매립면적 0.2㎢)로 축소했다. 이는 토지 이용 측면에서는 불리할 수 있으나, 해양 매립에 따른 생태계 악영향과 토취장 개발 최소화를 고려한 합의였다.

송산그린시티 개발사업에서 시화호 남측 간석지의 생태계를 보전하기 위해 생태 네크워크를 구축했다. 생태 네트워크는 시화호 남측 간석지의 생태적 가치와 기능을 토대로 핵심지역, 완충지역, 생태통로로 구성되며, 거점형 철새 서식지, 육상동물 서식지, 생태 이동통로 등을 포함한다. 생태 네트워크를 훼손하지 않는 범위 한도에서 유보지, 인공수로, 골프장, 저밀도 주거지 등 배치계획을 조정했다. 이 안건을 조정 · 합의하기 위해 분과회의 22회, 1박 2일 집중토론 3회, 전문기관 용역 2건, 자문회의 5건 등이 이루어졌다.

송산토취장 갈등은 송산그린시티 개발과 관련하여 필요한 토량 5,710만㎥을 확보하기 위해 토취 대상 예정지 3개소(3.05㎢)를 수용한다는 내용이 2008년 8월 20일부터 9월 3일까지 공람 · 공고가 나면서 본격화되었다. 이로부터 지역 주민과 사업자인 수자원공사 간의 갈등은 시화지속협의회가 주관한 T/F팀 10회, 분과회의 5회, 집중토론 2회 등을 통해 최종 합의에 이르게 되었다. 송산토취장과 관련하여 초기 갈등 관계에 있던 주민대책위원회와 시화지속협의회가 '시화지속협의회 소위원회'라는 제도 안에서 논의를 시작함으로써 본격적으로 갈등 해결 노력이 이루어졌다. 소위원회는 주민대표 4명, 시민단체 5명, 국토해양부 1명, 수자원공사 1명, 화성시 1명, 시화지속협의회 도시계획분과 위원장 1명으로 구성되었다. 의사 결정 방식은 만장일치에 의한 사회적 합의를 최우선으로 하되, 불가피한 상황에서는 소위원회 재적위원의 2/3 이상이 동의하면 채택하기로 했다. 이로써 3개소(3.05㎢)에서 5,710만㎥의 토량을 확보한다는 수자원공사의 계획은 2개소(104㎢)에서 2,596만㎥을 확보하기로 하고 나머지 토량은 외부 사토를 이용하기로 최종 변경되었다. 또한 토취 방식을 결정하는 과정에서 토지 소유주의 이해관계로 인해 마지막까지 어려움을 겪었다. 최종 합의된 토취 방식은 토지 소유주의 다수결에 의해 결정하되, 토지 소유주 2/3 이상이 토지 사용을 원하면 토지 사용 방식으로 전환하기로 했다.

3 환경개선분과 활동 내역

2004년 10월 지역시민사회단체와 수자원공사가 총 4,417억 원 규모의 '환경개선특별대책 로드맵'에 합의했다. 구체적으로 살펴보면, '대기개선특별대책 로드맵'에 3,551억 원, '수질개선특별대책 로드맵'에 920억 원을 합의했다. 당초 수자원공사는 환경문제는 정부와 지방자치단체의 책임 소관이며, 시화지역 개발을 전제로 도의적 차원에서 환경개선 비용 일부를 부담하고자 했다. 지역시민사회단체의 입장에서는 시화지역 개발을 전제로 하지 않았으며, 수자원공사가 시화지역 환경문제 발생의 책임이 있기 때문에 환경 개선 비용 전액을 수자원공사가 부담해야 한다고 주장했다. 하지만, 수자원공사는 환경 개선 없이 시화지역의 추가 개발은 어렵다는 점을 인식하게 되었고, 시민사회단체에서는 환경 개선 비용 조달을 위해서는 지역 개발의 불가피성을 인식하게 되었다. 이로써 두 이해 당사자 간에 협상과 양보를 통해 수자원공사에서는 환경 개선의 책임을 인정하여 막대한 재원을 조달하기로 했으며, 시민사회단체에서는 환경 개선 비용의 조달을 위해 환경적으로 지속 가능한 지역 개발을 인정하게 되었다.

2006년 6월 시화MTV 개발 합의 조건에 따라 '환경개선특별대책 로드맵' 검증과 세부 시행계획을 수립했다. '대기개선특별대책 로드맵'과 '수질개선특별대책 로드맵'에 대한 검증과 세부계획 수립을 위해 전문기관에 의뢰해 용역 실시했다. 2011년 7월 시화지속협의회에서는 기존의 로드맵과 세부 시행계획을 신설 혹은 조정했다.

<표 10-2>는 대기개선특별대책 로드맵 및 집행 사항 내역을 보여준다. 활성탄 저온 재생, 폐오일 공동 회수, 폐세정수 공동 처리, 면오염원 개선, 염색단지 개선 등 대기개선사업을 추진했고, 신재생에너지센터를 설립하여 대기오염물질의 연소로 폐열을 생산하여 오염배출업체에 공급할 계획을 세우게 되었다. 대기개선기금으로 300억 원을 출연하여 현재까지 115개의 악취 배출업체에 270억 원을 지원했다. 기금은 2년 거치 10년 상환(최대 12년까지) 무이자로 지원된다. 또한 개선 실적이 뛰어난 악취 배출업체에 대해서는 매년 원금의 2%씩 차감하고, 최대 원금의 20%까지 차감해 주고 있다. 악취 배출업소의 신청서 접수, 예비진단, 기술평가단 현장 실사를 거쳐 시화지속협의회 대기개선소위원회 산하 기금운영위원회 심의 · 의결을 통해 지원 업체를 선정한다. 신청서 접수 및 집행은 시흥 · 안산 녹색환경기술지원센터에서 담당하고 있다.

시흥시와 안산시에 각각 고정식 악취 측정소(각 개소당 4.7억 원씩 지원)를 설치했고, 시화 · 반월산업단지에 소재한 대기 배출업체에 대해 총 4회에 걸친 전수조사 결과를 DB 구축하여 악취 감시 시스템 운영에 활용하고 있다. 또한 악취 문제 해결을 돕기 위해 시화산업단지와 주거지 경계부에 완충녹지를 조성 중에 있다.

표 10-2 대기개선특별대책 로드맵 (단위: 억 원)

사업 내용(당초)	사업비	사업 내용(수정)	사업비	집행
• 소각시설 공영화	2,520	• 소각시설 공영화	1,223	478
– 시흥그린센터	520	– 1단계 사업	560	475
– 6개 소각시설	2,000	– 2단계 사업	663	3
• 영세업체 및 면오염원 개선	450	• 신재생에너지센터	1,326	0
		– 활성탄 공동재생	510	0
		– 세정수 공동처리	151	0
		– 면오염원 개선	220	0
		– 염색단지 개선	105	0
• 악취감시 시스템	12	• 악취감시 시스템	135	10
• 로드맵 운영 체계	4	• 로드맵 운영 체계	232	17
• 대기개선기금 지원	300	• 대기개선기금 지원	300	300
		• 악취 공공시설 개선	240	0
• 완충녹지 보완	250	• 완충녹지 보완	250	10
• 대기업체 전수조사	15	• 대기업체 전수조사	25	15
–	–	• 대기환경 모니터링	40	0
		• 주민 모니터링	20	0
		• 교육 · 문화 · 홍보사업	100	1
총계	3,551	총계	3,551	831

출처: 시화지속협의회 회의록 정리.

<표 10-3>은 수질개선특별대책 로드맵 및 집행 사항 내역을 보여준다. 시흥 · 안산지역 주요 하천에 생태하천 조성을 지원하고 있다. 구체적으로 시화공단 1~3간선 수로 및 외곽 배수로(214억 원), 시화공단 4간선 수로(24억 원), 안산천 · 화정천 생태하천(약 30억 원)을 지원하고 있다. 또한 수질오염업체 감시를 위해 2001년 11월부터 8명으로 구성된 수질감시단을 상시 운영하고 있다. 시화 · 반월산업단지에 소재한 수질오염 배출업체에 대해 총 2회에 걸친 전수조사 결과를 데이터베이스(DB)로 구축하여 수질 감시에 활용하고 있다.

표 10-3 수질개선특별대책 로드맵

(단위: 억 원)

사업 내용(당초)	사업비	사업 내용(수정)	사업비	집행
• 간선수로 수질 개선	120	• 간선수로 수질 개선	34	26
• 수질오염 배출업체 전수조사	20	• 수질오염 배출업체 전수조사	36	4
• 공단비점 오염물질 방지시설	60	• 공단비점 오염물질 방지시설	28	0
• 인공습지 기능 강화 및 시설 개선	20	• 인공습지 기능 강화 및 시설 개선	90	76
• 오염 저질토 개선	500	• 오염 저질토 개선	391	104
• 생태하천 조성	200	• 생태하천 조성	277	210
-	-	• 시화호 쓰레기 처리	5	1
		• 시화호수질 모니터링	43	6
		• 생물서식환경 조성	16	2
총계	920	총계	920	429

출처: 시화지속협의회 회의록 정리.

제 5 절 사례의 쟁점

1 시화지속협의회의 지속성

애초 시화지속협의회 구성의 목적과 기능은 개발계획과 환경문제의 통합적인 관리 시스템 구축이었다. 현재 시화지속협의회는 시화호 유역의 지속 가능한 개발과 환경계획을 대부분 완료한 상태이다. 향후 과제의 핵심은 이러한 사회적 합의를 상호간의 책임성 속에 어떻게 차질없이 실현해 내는가이다. 시화지속협의회가 논의 기구로서만이 아니라 실천 기구로서 역할을 담당해야 할 필요가 있는 것이다. "과정으로서의 정의"가 "결과로서의 정의"로 귀결되는 중요한 임무를 담당해야 한다. 시화지속협의회는 이러한 과제를 수행하기 위해 도시 및 환경분과 산하에 많은 소위원회 형태의 기구를 두어 이를 집행·관리하게끔 하고 있다. 그러나 개발계획 완료에 따른 정부 및 시행사의 늑장, 각 지자체의 이기적인 행위,

시민단체 및 전문가들의 누적된 피로감과 매너리즘 등 극복해야 할 산적한 문제가 많은 것으로 보인다. 갈등 해결기구로서 출발한 시화지속협의회가 합의 이행이라는 사회적 약속을 끝까지 지켜낼 수 있을지, 실천기구로서의 역할을 담당해낼 수 있을지 지금으로는 속단하기 어렵다.

2 시화지속협의회의 미래상

시화지속협의회는 2004년 1월을 시작으로 시화MTV와 송산그린시티 개발사업이 완료되는 시점까지 한시적으로 구성·운영된다. 시화지속협의회의 장래에 대해 ① 시화MTV와 송산그린시티 개발사업이 완료되는 시점에 해체되어야 한다는 안, ② 합의된 내용에 대한 감시와 모니터링 기구로 존속시켜야 한다는 안, ③ 지역 개발을 위한 새로운 거버넌스 기구로 발전해 나가야 한다는 안, ④ 지역 개발과 환경문제에 대한 교육과 사업을 할 수 있는 환경재단으로 발전시켜야 한다는 안 등 여러 다양한 대안이 존재한다(문태훈·이재준, 2012). 현재 시방자치단체(경기도, 시흥시, 안산시, 화성시), 시민사회단체, 전문가, 사업자 등 여러 이해당사자들이 참여하는 '시화호 지속 가능 파트너십(가칭)' 구축을 추진 중에 있다. 재원은 수자원공사, 지자체, 지역사회 후원금 등으로 조달된다. '시화호 지속 가능 파트너십(가칭)' 구축을 통해 단기적으로 교육, 홍보, 연구 등 여러 활동을 수행하고, 장기적으로 시화호 주변 습지, 철새 서식지 등을 운영·관리하고, 환경·문화 관련 행사 및 공모전, 국제적 규모의 포럼 등을 개최할 계획이다. 하지만, 일각에서는 시화지속협의회의 구성·운영을 통해 축적된 귀중한 경험을 토대로 삼아, 환경과 지역 개발을 아우르는 새로운 형태의 지역 개발 거버넌스 기구로 거듭 발전해야 한다는 의견이 있다(문태훈·이재준, 2012).

3 경험의 확산

우리 사회에 빈발하는 환경갈등 현장에서 시화지속협의회는 10년 동안 사회적 합의 형성에 큰 경험을 구축해 왔다. 그러면 이런 성공 사례를 어떻게 공유하고 확산시킬 수 있을까. 시화지속협의회의 환경갈등 해결 사례는 이해당사자 간 상호 존중과 차이를 인정하고, 민주적 절차와 숙의 과정에 숙련된 사회적 합의기구로서 시화지속협의회가 있었기에 가능했다고 볼 수 있다. 일반적으로 우리 사회의 공공갈등은 이해당사자가 많고, 다양한 갈등 쟁점이 복잡하게 얽혀 있는 특징을 가지고 있기 때문에 다자간 논의체 구성과 운영은 필연적인 것으로 보인다. 이렇듯 환경 거버넌스를 통한 사회적 합의가 평화적 갈등 해결의 새로운 방식으로 인식되고 있음에도 불구하고 우리 사회의 첨예한 갈등 현장에서 도입되거나 제대로 역할을 하지 못하는 것은 갈등 현장의 특수성만을 강조하는 것과 사회적 합의에 이르기까지 상당한 시간과 비용이 수반된다는 우려 때문이라고 판단된다. 그러나 시화지속협의회의 갈등 해결 사례에서는 이해당사자의 직접적인 참여에 의한 사회적 합의 형성을 통한 평화적 갈등 해결 방식이 매우 효과적이면서도 모두가 동의하는 갈등 해결 방식으로 활용될 수 있음을 보여준다.

특히 시화지속협의회는 시화지구 지속 가능한 개발과 환경보전 계획을 통합하는 과정에서 발생하는 다양한 갈등 쟁점을 집중 토론하여 사회적 합의 형성을 성공적으로 수행 중인 숙의 거버넌스로 평가받고 있다. 다양한 참여-숙의 요인을 주요 갈등 해결 기제로 적절하게 활용하여 사회적 합의를 이끌어 냈다. 시화지속협의회 성공 요인 중 참여 요인은 제도화된 협의체의 체계적 역할 수행, 모든 이해관계자의 참여, 정보공개 및 접근성 등이고, 숙의 요인은 합의에 의한 의사 결정 방식, 공식·비공식모임의 활성화, 다면적 논의 방식, 집중토론, 공동학습, 위원장의 조정자 역할 등이다. 이러한 시화지속협의회의 갈등 해결 기제에 대한 체계적인 연구와 학습을 통해 복잡하고 다양하게 분화되는 우리 사회의 환경갈등 상황을 해결할 때 대립과 분열의 방식에서 벗어나 평화와 상생의 갈등 해결 방식으로 전환하는 데 기여할 수 있을 것으로 본다. 이와같이 시화지속협의회의 경험은 사회의 갈등 해결에 모범이 될 수 있는데, 어떻게 하면 이런 경험을 우리 사회에 귀중한 사회자본으로 확산·정착시켜 나갈 수 있을까.

〈부록〉 시화지구 개발사업 역사와 내용

연도	내용
1975년	시화호 유역 간척농지 개발계획 수립(농업진흥공사)
1975년	안산(반월)신도시 건설 착수(산업기지개발공사)
1977년	반월특수지역개발사업 시행(산업기지개발공사)
1978년	박대통령 · 경제관계장관 · 경제4단체 대표 회동 (국토확장사업의 전개 방안 추진 지시)
1982~1984년	시화지구 기본조사 실시(농수산부)
1984년 11월	농림부의 공유수면 매립 신청(건설부 불허)
1985년 8월	시화지구 개발 우선 추진계획 확정(경제기획원)
1986년 9월	반월특수지역 개발구역 지정 및 시화지구 개발계획 수립 용역 (건설부 고시 제424호 및 제425호)
12월	시화 1단계 사업 착수(시화공단, 방조제)
1987년 4월	시화방조제 건설사업 착수
1994년 1월	방조제 최종 물막이 공사 완공
1995년	시화간척지의 소금과 퇴적물이 날려 대부도 일대의 포도 농사 피해 발생
6월	시화호살리기 시민한마당(안산YMCA)
7월	농업기반공사의 구봉지구 농업시범단지 조성 추진 - 지역 주민의 공사 방해
1996년 4월	시화호 오염문제(SBS TV에서 최초 보도)
6월	오염된 시화호 호수물 방류에 환경단체 선박 시위
7월	2005년까지 약 4천 5백억 원을 투자하는 수질개선계획 발표(환경부)
8월	시화호에서 수십만 마리 어류 집단 폐사
1997년 3월	시화방조제 배수갑문 개방과 해수 유입 → 지역 주민과 환경단체 반발
10월	2006년까지 간척지에 1천 5백만 평을 농지로 개발계획 발표(농림부)
1998년 1월	시화담수호사업 3대 부실사업 규정하고 전면조사(대통령직인수위원회)
4월	시화호 사업추진 실태에 관한 감사 시작(감사원)
6월	북측 간석지(323만 평) 개발계획(안) 수립 후 관계 기관 협의 및 산업입지정책심의회 심의 완료
11월	- 남측의 농지개발지역을 제외한 시화호와 간척지를 반월 특수지역으로 확대 고시 (건설교통부, 수자원공사) - 시화호 담수화(농업용수)를 사실상 포기
12월	- 남측 간척지 일부(1,100만 평)를 농지 조성 위해 공유수면 매립 면허를 취득 (농림부, 농업진흥공사) - 시화호 배수갑문 상시 개방 검토(건설교통부, 환경부, 농림부, 해양수산부)
1999년 2월	- 시화호 방조제에 조력발전소 · 항만 건설 방안 검토(해양수산부)

3월	'희망을 주는 시화호만들기 시흥·안산·화성 시민연대회의' 출범
9월	시화지구 종합계획 수립 통보(감사원)
10월	'시화호 생태공원 조성을 위한 시민안' 작성(시민연대회의)
11월	시화호 남서측 간석지 농지 조성 환경영향평가 주민설명회 저지(시민연대회의)
12월	반월특수지역 시화지구 282만 평 그린벨트 해제
2000년 5월	북측 간석지에 항공테마파크 조성사업 계획 발표(안산시)
9월	시화지구 정책협의회 구성(건설교통부, 환경부, 농림부, 해양수산부, 산업자원부, 수자원공사, 농업기반공사, 경기도, 안산시, 시흥시, 화성시)
2001년 2월	- 시화호를 해수호로 관리 확정 공식 발표 - 시화호 개발 책임자 처벌 토론회 개최(시민사회단체)
3월	- 시화호 환경보전 대책 수립을 위한 심포지엄 개최(시민연대회의) - 시화호 특별관리해역 시범해역 통합관리를 위한 국제 워크숍 개최(해양수산부)
7월	- 시화호 관리를 위한 종합 마스터플랜 마련(해양수산부) - 시화지구 장기발전계획 수립 연구용역 착수(국토연구원 외 6개 기관)
8월	- 남측 간석지 농지조성사업 환경영향평가 협의 완료(환경부) 및 사업시행계획 인가(농림부) - 시화멀티테크노밸리(MTV) 개발계획 고시(10.48㎢)
12월	시화호 특별관리해역 종합관리계획 확정 발표(해양수산부)
2003년 12월	- 시화지구의 각 부처 및 지자체별 계획을 정비하기 위한 시화지구 장기발전계획 공청회 개최(건설교통부, 수자원공사) - 시민연대회의가 정부에 대해 시화지구 종합개발계획안의 전면 재검토 촉구
2004년 1월~2월	- 시화지구 지속가능발전협의회 구성(단독위원장 체제) - 시화지구 지속가능발전협의회 분과회의 및 홈페이지 구성
10월	시흥·안산지역 대기개선 로드맵 최종 확정 발표(시화지구 지속가능발전협의회)
11월	송산그린시티 개발 방안 협의
2005년 1월	시화지구 지속가능발전협의회 공동위원장 체제 출범(정부 1인, 시민사회단체 1인)
2월	송산그린시티 개발계획 수립 용역 착수
7월	송산그린시티 광역교통 개선대책 수립 용역 착수
9월	시화MTV 개발 규모 검증 용역 시행
11월	인구 및 도입 기능 등 송산그린시티 주요 사항 협의
2006년 1월	송산그린시티 주민간담회 개최
4월	시화지구 장기종합계획 확정(시화정책협의회)
6월	시화MTV 개발 규모 합의(9.26㎢)
7월	시화MTV 개발 면적 280만 평 개발추진 합의(시화지구 지속가능발전협의회)
2007년 3월	시화멀티테크노밸리(MTV) 개발계획 변경 고시(9.26㎢)

6월	송산그린시티 주민설명회 개최
7월	- 시화지속협의회 활동평가 토론회 개최(시화지구 지속가능발전협의회) - 시화MTV 개발계획 주민여론조사 실시(시화지구 지속가능발전협의회)
9월	시화지구 개발계획 변경(안) 제출
10월	시화지구 개발계획 변경(안) 관계 기관 협의
11월	송산그린시티 개발계획 공람·공고
2008년 2월	'공공기관의 갈등예방과 해결에 관한 규정' 제정(대통령령 제19886호)
3월	송산그린시티 개발계획 고시(54.69㎢)
4월	- 시화지구 지속가능발전협의회 운영규정 제정(국토해양부 훈령 제2008-43호) - 시화지구 지속가능발전협의회 공식기구 출범
6월	시화MTV 개발사업 전체 면적 실시계획 승인
9월	화성 송산면 일대 간석지 매립 토취장 지정
11월	화성 송산면 일대 토취장 지정 재검토
11월	시화호 해양환경 개선을 위한 전시교육관 개관(안산 송호중학교)
12월	화성 우음도 시화호 물막이 공사 보상금 과다 지급 판결
2009년 3월	송산그린시티 개발계획 변경 고시(54.78㎢)
6월	반월특수지역 추가 고시(지정)및 송산그린시티 개발계획 변경 고시(545.82㎢)
8월	시화호 퇴적토 처리 방안 관련 용역 추진(수자원공사)
2010년 1월	송산그린시티 에너지계획 및 환경영향평가 협의 완료
3월	송산그린시티 실시계획 승인 신청
5월	반월특수지역(232.56㎢) 중 안산신도시 주거지역 및 시화지구 대부토 토취장 등 일부(61.03㎢) 해제
7월	시화호 연안오염총량관리제 도입 결정(제8차 시화호관리위원회)
8월	시화MTV 국가산업단지 지정
2011년 7월	시화호 퇴적토 처리방안 합의(시화지구 지속가능발전협의회)
8월	시화호 조력발전소 부분 운영 개시
9월	송산그린시티 개발사업 실시계획 승인 고시
11월	시화호 연안오염총량관리 기본 방침 제정
2012년 1월	시화호 연안오염총량관리 기술지침 제정
2월	시화호 남측간척지 도시개발(송산그린시티) 공사 착수
10월	3단계 시화호종합관리계획 확정
12월	시화호 연안오염총량관리 기본계획 수립

출처: 문태훈·이재준(2012), 이종원·홍성만(2009), 시화지구지속가능발전협의회 홈페이지(http://www.sihwa-sd.com/), 시화호관리위원회 홈페이지(http://www.shihwaho.kr/)에서 재정리.

제 4 편

이론적 틀에 의한 사례 해석

제 11 장 도서정가제 사례: 규제와 소비자 보호의 딜레마

이혜영

앞에서 본 사례들은 이론적 틀 없이 사례 자체에 대해서만 서술하는 양식으로 소개되었다. 그런데 사례 연구 중에서는 단순히 사례에 대해 서술하는 것이 아니라, 이론적 틀에 의해 사례를 바라보고 사례를 해석하는 방식을 활용하는 경우도 다수 존재한다.

이 장에서는 이론적 틀을 가지고 사례를 설명하는 방식의 예들을 소개한다. 한 사례의 다양한 측면을 개별적으로 살펴보지 않고, 이론적 틀에 의해 사례를 해석하고자 한다. 좀 더 이론적 양식에 적합한 사례 서술 방법이다.

제 1 절 들어가는 글

도서정가제는 저작물에 대한 재판매 가격 유지제도(resale price maintenance)이다. 재판매 가격 유지란 상품을 생산 또는 판매하는 사업자가 그 상품을 판매함에 있어 재판매하는 사업자에게 거래 단계별 가격을 미리 정해 정해진 가격대로 판매할 것을 강제하거나 이를 위해 규약이나 기타 구속 조건을 붙여 거래하는 행위를 말한다. 우리나라 공정거래법은 이러한 재판매 가격 유지행위에 대해 가격 경쟁을 제한하여 시장의 효율성을 저해하는 반경쟁적 행위로 간주하고 원칙적으로 금지하고 있다. 그러나 저작물에 대해서는 저작권의 보호와 문화상품의 다양성 확보라는 차원에서 재판매 가격 유지행위를 예외적으로 인정하고 있다.

현재 도서정가제는 저작물의 경우 18개월까지 정가대로 판매하도록 하고 있다. 그리고 18개월이 지나면 10%의 할인이 가능해지며 또한 실용서와 초등학습참고서는 도서정가제 적용 범위에서 제외되고 있다. 이러한 도서정가제는 2002년에 출판 및 인쇄진흥법 제22조에 의해 법적으로 의무화되었으며, 2007년에 한 차례 강화되는 방향으로 개정된 바 있다.

그러나 2014년 초 현재 또다시 국회에서 도서정가제 관련 개정 법안이 발의되었다. 발의된 개정안은 완전한(?) 도서정가제를 지향하여 도서정가제 적용 분야 제한을 폐지하여 실용서 및 학습참고서 등 전 분야에 정가제를 적용하고자 하며, 신간 발행 후 18개월로 되어 있는 도서정가제 적용 시한을 폐지하여 구간 도서에도 정가제를 적용하고자 한다. 그 밖에 할인율의 축소, 국가기관, 도서관 등 도서정가제 적용 제외 대상의 축소 등을 내용으로 하고 있다.

2002년 도입된 도서정가제는 왜 이렇게 꾸준히 강화되고 있는 것일까? 정부규제의 실증적 사익이론적 관점에서 보면, 이러한 도서정가제의 도입과 시행에 대한 설명이 잘 되는 것 같다. 정부규제의 실증적 사익이론 관점은, 규범적 공익이론 관점과 달리, 규제정책의 소득재분배적 효과와 이로 인한 정책 과정의 정치경제적 측면을 강조하는 것이다. 즉, 규제정책은 관련 이해관계자들에게 비용 또는 편익을 분배하는 기능을 가지며, 비용을 부담하거나 편익을 얻는 집단들은 정책 과정에서 그들의 이익(interest)을 관철시키기 위해 노력한다는 것이다. 정치가나 정부 관료 역시 공익적 차원보다는 정치적 또는 경제적 이해관계에 따라 정책을 지지하거나 반대할 가능성이 크다.

이러한 논리를 잘 발전시킨 것이 이미 잘 알려진 윌슨(J. Q. Wilson)의 네 가지 규제 정치 모델이다(Wilson, 1980). 그는 규제정책으로 인한 비용과 편익의 분포에 따라 고객 정치적 유형, 기업가적 정치 유형, 이익집단 정치 유형, 대중적 정치 유형으로 구분해 규제정책 과정상의 특징을 잘 보여주고 있다. 이런 관점에서 도서정가제 사례를 보면, 고객 정치적 유형이나 이익집단정치 유형 그 중간쯤 위치하고 있는 듯하다. 즉, 소비자의 관점이나 대중적 이익보다는 생산자집단이나 이익집단의 이해관계가 중시되며, 그들 간의 타협으로 인한 정책의 생성과 변동이 반복되고 있는 것이다.

여기에서는 도서정가제 사례를 통해 정부규제의 정치경제적 측면을 조명해 보고자 한다. 즉, 도서정가제 형성과 강화 과정에서 관련 이해집단들의 입장과 견해가 정책 과정에 어떻게 나타나는가? 행위자 간의 상호작용은 어떠한가? 그 과정에서 공익이나 일반 대중의 이익은 어떻게 규정되고 찾아지는가 등을 살펴 보고자 한다.

제 2 절 사례에 대한 이론적 관점

1 정부규제의 정치경제

1) 정부규제의 소득분배적 효과

정부규제는 시장의 배분적 효율성(allocative efficiency)뿐 아니라 부(富)의 분배(distribution of wealth)에도 영향을 미칠 수 있다. 실증적 사익이론 관점에서 보면, 규제정책의 편익 및 비용의 크기 및 분배적인 구조는 규제정책 과정 및 결과에 영향을 미칠 수 있으며, 규제정책 과정은 정부규제로 인해 손해를 보거나 이익을 얻는 다양한 이해관계자의 복잡한 상호작용을 반영하는 것이다(Joskow & Rose, 1989: 1452). 이런 면에서 규제정책은 시장실패를 교정하기보다 오히려 시장에서의 자원 배분을 더 왜곡시킬 수 있다.

2) 규제정책과 이해관계자: 정치 과정에서의 거래비용

합리적인 규제자는 정치적 보수를 극대화하기 위한 비용과 편익의 분포를 찾으려 하는 경향이 있다(Peltzman, 1976: 231). 펠츠만(Sam Peltzman)의 모델에서 경쟁하는 이익집단은 규제 과정을 통해 부의 재분배를 얻어내려고 하고 규제자(선출직 정치가)는 그러한 이익집단들 사이에서 그의 득표를 극대화하고자 하면서 중재한다. 주어진 제약 하에서 규제자는 총 정치적 효용이 극대화되도록 소비자와 생산자 사이의 편익을 배분한다.

규제 결정의 논의를 좀 더 정교하게 발전시킨 사람은 윌슨(Wilson, 1980)으로서 그는 규제정책 과정의 특성을 대중적 정치(majoritarian politics), 고객 정치(client politics), 기업가적 정치(entrepreneurial politics), 이익집단 정치(interest group politics)로 유형화한다.

이렇게 네 가지 정치 상황이 나타날 수 있는 것은 편익과 비용이 분산되어 있느냐 집중되어 있느냐에 따라 관련 집단의 정치적 거래비용(Noll, 1989)에 차이가 있기 때문이다. 보통 산업으로 대표되는 좁게 집중된 이익집단은 넓게 분산된 소비자나 일반 시민집단보다 조직비용과 정보비용 측면에서 매우 유리하고, 그 결과 그들의 이익을 정책 과정에 투입하기 용이하다. 그 결과 정치가 및 관료는 관련 산업집단에 포획되기 쉽다.

2 정부규제 결정과 공익적 가치

1) 정부규제와 효율성 증진

규범적 공익이론 관점에서 볼 때, 규제정책은 시장실패를 교정함으로써 효율성을 증진시킬 수 있다는 점에서 정당화된다(Viscusi, Vernon, & Harrington, 2000: 314-317). 만약 시장이 자연 독점이라면 규제 없이는 최선책이 달성되지 않기 때문에 일반 대중은 그러한 산업을 규제할 것을 요구하게 된다. 그리고 그 산업을 규제함으로써 순후생이 증가하게 된다. 바로 그러한 잠재적인 후생 증가 가능성이 대중으로 하여금 규제를 요구하도록 만든다는 것이다(이혜영, 2002).

그러나 그러한 정부 개입(규제)이 실제로 효율성을 증가시켰는지는 또 다른 문제이다. 시장실패를 교정할 수 있는 적절한 수단이 선택되지 않는다면 효율성 증가라는 목적을 달성할 수 없으며, 오히려 시장을 더 왜곡시킬 수 있다. 그 때문에 규제정책 도입 시에 규제로 인한 비용과 효과를 분명히 할 필요가 있으며, 제도적으로 규제심사 및 규제영향분석을 통해 이러한 기능을 하도록 하고 있다. 즉, 규제가 해당 시장실패 치유에 적절한 수단인지 다른 대안은 없는지 이로 인한 부정적 효과가 더 큰 것은 아닌지 등을 종합적으로 검토하는 것이다.

2) 형평성에 관한 고려

정부의 규제정책이 꼭 효율성만을 토대로 해서 이루어지는 것은 아니다. 시장에서의 형평성 제고가 정부 개입의 중요한 근거가 되기도 한다. 즉, 시장의 결과는 분배적인 정의를 실현해 주지 못한다. 그리하여 정부는 형평성을 고려하여 시장에 개입하기도 하는데, 오히려 정부 개입이 시장에서의 불공평성의 문제를 더욱 악화시킬 수도 있다.

그런데 시장의 불공평성보다 정부규제의 불공평성이 더욱 문제가 될 수 있는 것은 정부의 규제정책 과정은 시장과 달리 '정치적 과정'을 거치며, 정치적 과정에서 특혜 문제를 발생시킬 수 있기 때문이다. 따라서 형평성 차원의 정부규제는 과연 그 효과가 어떻게 나타나는지 또 규제 결정 과정은 공정했는지 등을 면밀히 검토해 볼 필요가 있다.

3) 규제 지대의 소진

피규제산업은 정부규제를 통해 경제적 지대(rent)를 얻는다. 기존의 규제 체계가 제공하는 지대가 현저하게 감소하게 되면, 재분배를 위해 사용되는 부(富)가 너무 작아져서 규제정책 변동이 이루어진다. 펠츠만(Peltzman, 1989)에 의하면, 규제는 비효율을 낳음으로써 부를 소진하는 경향이 있는데, 규제는 정치적 지지 기반을 상실하게 되고, 결국 규제 변동의 요구가 발생된다(이혜영, 2002).

우선, 피규제산업의 비용이나 수요 구조의 변화로 인해 규제가 소진(dissipation)될 수 있다. 또한 지대의 소진은 해당 산업을 대체할 수 있는 대체물이 생기면서 더 빠르게 진행된다. 규제권 밖에서 대체 상품이나 서비스 생산자가 출현하게 되면 피규제산업은 이와 경쟁하게 되고 동등한 경쟁 조건을 얻기 위해 규제 완화를 요구하게 된다는 것이다(Hood, 1994). 또한 가격 제한 규제가 있을 경우 비가격 경쟁의 심화로 자원이 낭비되고 규제 변화의 요구가 생길 수 있다.[1] 또한 규제 시스템을 유지하는 데 드는 정치적 비용으로 지대가 낭비될 수 있다(Peltzman, 1989:

---

1) 이론적으로 볼 때 산업내 모든 기업의 한계비용이 같다고 한다면 가격규제 하에서 비가격 경쟁이 야기될 수 없을 것이다. 그러나 기업별로 한계비용에 차이가 나타나는 경우에 규제된 가격보다 더 낮은 한계비용 기업은 다른 기업에 비해 더 나은 서비스를 제공함으로써 시장을 확대해 나갈 수 있다(최병선, 1992: 355-357).

21-24).[2)]

결국 정부가 '보호'를 위해 규제를 만들고 일정한 지대를 관련 집단에 제공하지만, 정부규제로 인해 발생된 지대는 시장 구조나 생산 기술의 변화, 국내외적 경쟁자의 출현 등 산업의 환경이 바뀌게 되면 소실되는 경향이 있으며, 이때 규제 변화의 요구가 다시 발생하게 된다.

제 3 절 사례의 전개 과정

출판문화산업진흥법 제22조 3항에 의하면 간행물을 판매하는 자는 독점규제 및 공정 거래에 관한 법률 제29조 제2항에 따른 재판매 가격 유지 대상 저작물에 해당할 때에는 정가대로 판매해야 한다고 규정하고 있다. 공정거래위원회 고시(재판매 가격 유지행위가 허용되는 저작물의 범위)에 의하면, 출판문화산업진흥법의 적용을 받는 간행물 중 제한된 일부와 신문 등의 진흥에 관한 법률 제2조의 일간 신문을 재판매 가격 유지행위 허용 대상으로 규정하고 있다. 또한 실용서와 초등 학습 참고서가 도서정가제 적용 범위에서 제외되고 있다.

이러한 도서정가제는 경제위기와 온라인 서점이 성장하면서 중소 서점과 출판업계의 보호 및 출판문화 진흥이라는 차원에서 도입되었다. 2002년 도입된 이래 2007년에 강화되는 방향으로 개정이 이루어졌으며, 현재도 법 개정을 둘러싼 논의가 지속되고 있다.

다음에서는 2002년의 제도 도입, 2007년의 개정안의 통과, 그리고 현재의 개정안을 둘러싼 논란을 중심으로 분석하고자 한다. 각각의 국면에서 주요 이해관계자들의 입장과 이해관계, 그리고 정책 결정 과정에서 어떠한 요소가 중요하게 영향을 미쳤는지를 살펴보고자 한다.

---

2) 정부가 지대를 추구하거나 이를 창출할 수 있는 권한을 갖게 될 경우 이해집단들이 지대를 획득하기 위해 뇌물이나 로비자금 등을 제공하거나 또는 규제를 회피하기 위한 탈법적 행위를 일삼는 집단이 생성됨으로써 규제에 따른 비생산적 활동에 자원이 낭비될 수 있다(김일중, 1995).

1 2002년 도서정가제 도입

1) 배경과 주요 이슈

1990년대 말 인터넷의 급속한 발달과 우리나라 경제위기는 도서 출판 시장에 큰 충격을 주게 된다. 우선 전 세계적인 인터넷의 발달, 그리고 이와 함께 성장한 인터넷 문화 등은 독서 인구를 꾸준히 감소시켰고, 온라인 서점의 급성장을 가져오게 되었다. 이러한 사회경제적 변화로 인해 지역의 중소 서점은 경영난을 겪었으며 지역 서점의 도산이 증가했다. 이러한 현상은 전 세계적인 현상으로 나타난다.

그뿐만 아니라 1990년대 말 경제위기는 중소 서점과 출판업계의 불황에 직접적으로 영향을 주게 되었다. 경제위기는 도서 할인 판매를 가속화시켰는데, 1990년대 초기에는 주로 전집이나 베스트셀러를 중심으로 주로 대형 창고형 할인점에서 할인 판매가 이루어졌으나, 1990년대 후반에 이르러서는 학습서, 단행본, 사전 등 출판물 전 분야에 걸쳐 이루어졌다. 특히 온라인 서점에서의 할인 판매가 활발히 이루어지게 되었다.

이러한 상황에서 출판 서점 업계를 중심으로 한 도서정가제 도입 요구가 제기되었고, 여기서 주요 이슈는 ① 도서정가제를 법에 규정함으로써 의무화하는 문제(도서정가제의 도입), ② 도서정가제의 적용 범위를 어떻게 할 것인가(할인을 전혀 못하게 할 것인가) 하는 것이었다. 전자에 관해서는 공정거래위원회의 재판매가격 유지 관련 규정과의 마찰 문제가 중요한 이슈였으며, 후자와 관련해서는 온오프라인 서점 간의 극심한 이해의 대립과 조정이 중요했다.

2) 이해관계자 및 영향력

도서정가제를 법에 의무화하려는 관련 업계의 노력은 법이 도입되기 훨씬 이전부터 이루어져 왔다. 서점조합연합회는 1999년 7월 '저작물의 정가 유지에 관한 법률(안)'을 문화관광부에 제출했고, 여야 의원(28명) 주도로 11월 22일 발의되었다. 그러나 공정거래위원회가 반대했고, 1999년 12월 13일 문화관광위 소속 소위원회에서 법안 상정 유보를 결정했다. 이후 2000년 6월 출판 및 인쇄진흥법에 도서정가제를 문화관광부에서 정부 입법으로 추진했으나 규제개혁위원회 반대로 무산된 바 있다.

이후 2001년 3월 21일 '간행물 정가 유지에 관한 법률(안)'을 한국 서점조합연합회에서 입법 청원했으나, 출판 및 인쇄진흥법(안)과 통합되어 수정된 안으로 추진되기 시작했다. 2001년 11월 16일 '출판인쇄진흥법'이 심재권 의원에 의해 의원입법으로 발의되었으며, 2001년 11월 29일 제1차 소위원회에서부터 이 법안에 대한 심의를 시작하여 2001년 11월 30일 제2차 법안소위원회에서는 공청회[3]를 개최하여 공정거래위원회, 출판 및 서점계 인사 등 4인의 진술인들로부터 도서정가제 규정문제를 중심으로 의견 수렴이 이루어졌다. 제225회 국회(정기회) 폐회 중 2001년 12월 11일 제4차 소위원회, 12월 13일 제5차 소위원회에서 심의가 이루어

표 11-1 2002년 개정안을 둘러싼 주요 이해관계자 및 영향력

주요 이해관계자	입장	주요 주장	의사 결정 과정에의 접근성
출판 및 서점업계	찬성	출판계의 위기 타개 문화 상품의 차별성 중소 서점 경영난	공청회, 각종 세미나, 포럼 주최, 관련 부처와의 협의, 국회의원과의 개별적 접촉 등
온라인 업계	조건부 찬성	전자상거래의 특성 불합리한 유통구조 문제 창작성과 예술성의 보호	공청회, 각종 세미나 및 포럼 등 참석, 부처 협의 등
온 오프 겸영 대형 서점	미온적 태도	뚜렷하지 않음	각종 세미나 및 포럼 참석
문화관광부	찬성	출판계와 서점의 보호	공청회를 비롯한 비공식적, 공식적 의사 결정 과정 주도함
공정거래위원회	원칙적 반대	경쟁정책 차원의 접근 공정거래법 체계상의 문제 창작성, 예술성(저작자) 보호	공청회 참석, 관련 부처와의 협의
규제개혁위원회	원칙적 반대	시장 자율과 경쟁 소비자 선택권	규제심사 과정에서 역할, 관련 부처와의 협의
국회(소위원회)	다수 찬성	출판계와 서점의 보호 문화상품의 차별성	입법 과정의 주체
	소수 반대	불합리한 유통구조 문제 소비자 선택권	
소비자	원칙적 반대	소비자 선택권의 침해	없음

3) 2001년 11월 30일 문화관광상임위원회 2차 법안심사소위원회 출판 및 인쇄진흥법안에 대한 공청회.

졌으며, 2002년 2월 26일 여야 합의로 문화관광상임위원회에서 통과되었고, 2002년 7월 30일 법제사법위원회 전체회의를 통과했으며, 2002년 7월 31일 국회 본회의를 통과하게 되었다.

<표 11-1>은 법안을 둘러싼 주요 행위자의 이해관계를 정리한 것이다. 먼저 오프라인 서점 업계와 출판업계는 법안 개정에 적극적으로 찬성한다. 이들에 의해 법안이 발의되기에 이르렀으며, 법안 발의 이후 공식 의사 결정 과정에서도 적극적으로 참여하고 의견을 개진하는 것을 볼 수 있다. 온라인 서점의 성장으로 지역 서점이 위기를 겪게 되었으며, 특히 온라인 서점의 가격 할인 마케팅은 출판업계와 지역 서점에 부정적인 영향을 주며, 궁극적으로 출판문화가 심각하게 훼손될 것이라고 주장한다. 법안의 주무부처인 문화관광부 역시 출판업계 주장과 일맥상통한다.

온라인 서점은 원칙적으로 반대 입장이다. 법안을 반대하는 입장에서는 지금 서점의 어려움은 온라인 서점의 성장 때문이라기보다는 어음 결제와 같은 낙후된 관행, 그리고 불합리한 유통구조 등 때문이라는 것이다. 또한 IMF 경제위기와 대형 서점의 성장이 지역 서점을 어렵게 했다고 주장한다. 그러나 도서정가제 자체가 그들에게 불리한 것이라기보다는 가격 할인의 정도를 얼마나 허용할 것인지가 중요한 문제였다. 이런 면에서 타협의 여지가 있다고 판단된다.

공정거래위원회는 이 법안에 대해 원칙적으로 반대 의견을 표명했다. 경쟁정책, 소비자보호정책, 기타 공정거래법과의 체계상의 부조화 문제가 제기된다. 도서정가제는 가격 경쟁을 제한하는 반경쟁적 행위로서 공정거래법상 원칙적으로 금지하고 있으며, 그동안 예술성·창작성을 감안해서 저작권법 제2조의 저작물에 대해서는 법상 재판매 가격 유지행위를 예외적으로 허용하고 있었다. 즉, 재판매 가격 유지를 원칙적으로 다 금지하는데 저작물에 대해서는 창작성·예술성 보호 차원에서 예외적으로 정가제를 허용하도록 했던 것이다. 그 때문에 별도의 입법에 대해서는 반대하는 입장을 취한다. 규제심사 과정에서 규제개혁위원회 역시 공정거래위원회와 유사한 입장을 취했다.

이러한 의견 대립의 상황에서 법안이 상정되고 종국에 통과될 수 있었던 것은 출판업계 및 서점업계의 적극적인 의견 표명과 이익 투입 활동의 영향이 크기 때문인 것으로 파악된다.[4] 출판업계 및 서점업계의 적극적인 로비활동은 국회 회의록에도 나타난다. 심재철 의원은 225회 12차 문화관광위원회 회의에서 "출판업계에서 우리 국회의원들을 상대로 강력한 로비활동을 하는 것 같습니다"라는 발언을 했다.[5] 이에 대해 다른 의원들이 로비 때문에 법안 개정에 찬성하는 것이 절대 아니다라고 발언하지만, 이러한 발언들을 통해 볼 때, 다른 집단과 비교할 때 출판업계 로비 활동은 상당한 수준에 이르렀던 것으로 파악할 수 있다.

반면 소비자의 의견은 원칙적 반대로 추정되는데, 정책 결정 과정에서 참여 기회를 거의 상실하고 있는 것으로 보인다. 이런 면에서 윌슨(J. Q Wilson)의 고객 정치적 특성을 여실히 보여주고 있는 것으로 판단된다. 소비자의 의견은 간혹 미디어를 통해 제시되고 있긴 하지만 정부 또는 국회의 공식적 의사 결정 과정에서 참여는 거의 찾아볼 수 없었다. 2011년 11월 30일 국회에서 열렸던 유일한 공청회[6]에서도 소비자 관련 단체는 참여하지 못했으며, 소비자 의견에 대한 조사 또한 전혀 이루어지지 않은 것으로 보인다. 공청회 회의록(2011. 11. 30)에 따르면, 소비자가 참여했으면 좋겠다는 참석자의 발언이 있었으나,[7] 그 이후 결정 과정에서도 소비자의 입장은 배제된 것으로 나타난다.

한편, 온라인 업계의 참여는 문화관광부와의 의견 조율, 국회 입법 과정에서의 참여 등 비교적 활발히 이루어진 것으로 보인다. 그러나 출판 및 서점업계와 비교했을 때 상대적으로 의사 결정 과정에서 의견 투입이 쉽지 않았던 것으로 판단되는데, 예를 들어 2011년 11월 30일 국회 공청회와 관련해 참석 요청을 전날 오

---

4) 이창연 한국서점연합회 회장 발언 내용: "16대 당시 국회 문화관광위에서는 우리 업계에서 제출한 그 안에 대해 자구 수정을 빼고는 전폭적으로 업계의 요청을 들어줬습니다"(제17대 국회 254회 4차 문화관광소위원회 공청회 회의록, 2005.6.23).

5) 심재철 의원 발언 내용: "저는 개인적으로, 이런 말씀까지 여기서 드리기가 어렵습니다마는 출판업계에서 우리 국회의원들을 상대로 해서 강력한 로비 활동을 하는 것 같습니다. 그래서 물론 여러 가지 사정을 모르는 바는 아닙니다마는 출판업계의 이러한 경영상의 어려움은 경영 과정 혹은 판매 과정에서의 구조조정이라든가 자기들 나름대로의 비용 절감 노력을 통해 해결해야지 이런 식으로 법을 통해 인터넷 시장을 초토화시키는 정책을 이용해서 자기들에게 유리한 입장을 도모하겠다는 것은 잘못된 것이다 이런 말씀을 드리지 않을 수 없고요. …(중략)… 출판서적 업계의 로비에 의해 이러한 입법이 제정된다면 이것은 국회가 비판받을 만한 소지가 있는 것이 아닌가 이런 견해를 말씀드리겠습니다"(자료: 제225회 12차 문화관광위원회 회의록, 2001.11.26).

6) 공청회에 참여한 공식 발언자는 정종진 출판협회 사무국장, 조학국 공정거래위원회 사무처장, 한기호 한국출판마케팅 연구소장, 정진욱 인터넷서점 모닝365 대표 등 4명이다.

7) 이에 대해 모 의원은 "그런데 아까 소비자들이 참여 안 했다고 하는데 여기는 지금 대표적인 소비자들입니다. 그렇지 않아요?"라고 발언한다(16대 국회 제225회 2차 법안심사소위원회 회의록, 2011.11.30). 이런 발언을 볼 때, 규제정책을 둘러싼 다양한 가치가 고려되지 못하고 있는 것으로 판단된다.

후 6시에 연락받았다고 한다.[8] 이런 면에서 의사 결정 과정이 과연 관련 집단 모두에게 공정하게 이루어졌는지 의문이 든다.

관련 집단의 이해관계 대립 속에서 문화관광부는 2001년 12월 10일 문화관광부 주관으로 도서정가제 문제에 대한 각 이해관계자의 의견을 수렴해 그 결과를 국회 문광위 소위원회에 보고했다. 그 내용은 현재와 같은 출판계의 위기 타개를 위해 출판 유통 질서 확립 차원에서 그동안의 이견을 조정토록 하여 정가제를 원칙으로 하되 인터넷 서점에 대해서는 그 유통상의 특수성과 전자상거래 활성화 필요성 등을 고려하여 정가의 10% 내에서 할인 판매를 할 수 있도록 하는 방안을 제시하는 것이었다.[9]

이 법안이 성공적으로 통과될 수 있었던 것은 입법 주체인 국회의원의 역할이 중요했다고 판단된다.[10] 국회 회의록 분석을 통해 볼 때, 도서정가제를 둘러싼 여러 공익적 가치 중에서 서점업계 또는 출판업계의 진흥 측면의 가치를 중시했다. 초기 정책 결정 과정은 상대적으로 폐쇄적인 의사 결정으로 보이며, 소관 위원회, 이익집단, 그리고 소관 부처 등의 이해가 맞물리는 전형적인 하부 정부(subgovernment)의 의사 결정 과정을 보여주었다.

3) 도서정가제를 둘러싼 공익적 가치

과연 도서정가제가 도입되는 과정에서 '공익'은 어떻게 규정되고 있는가? 즉, 어떠한 가치를 위해 도서정가제에 찬성하고 또 반대하는가? 도서정가제로 인한 이익은 무엇보다 출판업계와 서점계에 있는 것으로 보인다. 출판업계와 서점계를 보호하고자 하는 것이 공공연한 입법 가치로 나타났다. 이를 출판인쇄진흥법(현 출판문화산업진흥법)에 다루고 있는 것만 보아도 잘 알 수 있다. 그러나 이것보

---

8) 정진욱 대표 발언 내용: "제가 어제 오후 6시에 이 공청회가 있다는 이야기를 들었고 사전 준비가 거의 없었습니다. 그래서 저희 의견을 충분히 개진하고 또 국민들의 의견을 들어볼 수 있는 공청회를 위원님들께서 마련해 주셨으면 하는 것이 인터넷 서점의 바람이라는 것을 먼저 말씀드리겠습니다"(16대 국회 제225회 2차 법안심사소위원회 회의록, 2011.11.30).

9) 제227회 제1차 문화관광위원회 회의록, 2002.2.26.

10) 의원들의 성향이나 출신도 의사 결정에 영향을 주었을 것으로 판단된다. 예를 들면 법제사법위원회에서 다음과 같은 발언을 볼 수 있다. 선병렬 위원: "제가 과거에 출판서적계에 오래 있었습니다. 그래서 모처럼 출판서적계가 또 저작자 단체가 합의해서 문광위에서 개정안이 나왔는데 상임위의 결정을 존중해 줬으면 좋겠습니다"(268회 제1차 법제사법위원회 회의록, 2007.6.14).

다 설득력 있는 가치는 도서의 문화적 가치에 대한 것으로 문화적이고 창작의 의미를 가지는 도서를 다른 상품들과 동등하게 취급해서는 안 된다는 것이다. 이런 의미에서 온라인 업계나 공정거래위원회, 소비자가 도서정가제에 합의해 줄 수 있었던 것이다.

(1) 출판인쇄산업의 보호와 진흥

문화관광부의 입장을 보면, 도서정가제를 도입하는 데 가장 고려하는 부분은 출판인쇄산업의 보호와 진흥으로 보인다. 관련 회의록을 보면 잘 나타나 있다. 문화관광부 발언에는 소비자의 선택권이나 공정거래, 전자상거래에 대한 고려는 거의 나타나지 않는다. 또한 이 법안을 발의하여 법안에 찬성하는 국회의원들도 출판업계나 서점업계의 진흥과 보호를 중요한 가치로 삼는 것을 확인할 수 있었다.[11)]

그러나 과연 도서정가제를 통해 관련 산업의 진흥을 가져올 수 있는가에 대해서는 논란의 여지가 많다. 즉, 온라인 서점의 할인을 원천적으로 봉쇄한다고 해서 출판산업이 진흥하고 지역 서점이 살아남으리라는 보장이 없다.

우선 당시 출판업계 및 서점업계의 위기는 온라인 서점의 성장이 직접적인 원인이라고 단정하기 어려운 측면이 많이 존재한다. 당시 온라인업계가 차지하는 도서 판매 비중이 5%이며 이 중 교보나 영풍문고처럼 온오프 겸영을 제외하면 판매 비중은 3%였다. 할인율 또한 평균적으로 볼 때 18% 정도로 파악된다.[12)] 또한 공정거래위원회의 조사 결과를 통해 볼 때 온라인 서점이 시장 경쟁을 저해하는 정도의 가격 할인을 하고 있지는 않은 것으로 나타났다.[13)]

---

11) 소위원장 심재권 의원 발언 내용: "도서정가제를 통해 출판산업이라든가 서점업이라든가 이런 것이 일정한 진흥 효과를 갖도록 하기 위해서 그러는 것 아닙니까?"(16대 국회 제225회 2차 법안심사소위원회 공청회 회의록, 2011.11.30).

12) 이 당시 인터넷 서점이 일반적으로 하고 있는 할인은 10% 할인, 플러스 5% 마일리지였다. 인터넷 서점 관계자는 가장 많이 팔리는 책들을 중심으로 해서 비교적 큰 폭의 할인을 하고 일반적인 서적은 10% 플러스 5% 마일리지해서 평균적으로 할인을 하는 규모는 대략 18% 정도로 파악된다.

13) 공정거래위원회 경쟁촉진과장 안희원 발언 내용: "서적의 경우에는 최근에 인터넷 서점이 등장하면서 비로소 할인 판매에 대해서 논란이 제기되고 공정거래법상 문제도 나왔습니다. 그래서 저희가 한번 검토를 해 보니까 현금 거래, 뭐 유통 과정의 축소 뭐 이런 거래로 인해서 비용 절감 또는 합리적인 경영전략의 운용 뭐 이런 것 등으로 인해서 나타난 그 가격 할인이었지 그게 무슨 불합리하거나 완전히 그런 할인 요인이 없는데도 불구하고 단순히 경쟁자를 배제할 목적으로 하는 경우는 아직까지는 없었습니다"(국회 제225회 2차 법안심사소위원회 공청회 회의록, 2011.11.30).

오히려 1997년 이후 경제 위기와 대형 서점의 성장이 큰 요인으로 지적될 수 있다. 1997년도 IMF 직전에 5,407개이던 서점이 2001년 10월 말 현재 2,696개로 절반으로 줄었다. 온라인 서점은 오히려 이후에 더 많이 성장했다. 또한, 학습지, 참고서, 잡지류 등을 판매하는 지역 대형 서점이 나오면서 중소 서점이 어려움을 겪게 된 측면이 있다.

그러나 문제는 도서정가제는 출판유통업계가 그간 가져왔던 문제를 해결할 수 있는 방법이 아니며, 향후 또 다른 문제를 불러일으킬 수도 있다는 것이다. 이후의 도서정가제 강화 과정은 도서정가제로는 이 문제를 해결할 수 없음을 잘 보여준다.

그리고 출판업계와 서점업계의 진흥이 정말 중요한 가치라면 이에 대한 충분한 국민적 토론과 의견 수렴이 있어야 하고 많은 국민의 동의를 수렴하는 과정이 필요했으리라 생각되지만, 실제 정책 과정에서 그러한 노력은 찾아보기 어려웠다.

(2) 창작성, 예술성(저작자)의 보호

공정거래위원회는 창작성 및 예술성 등 저작자를 보호한다는 가치에 우선순위를 두었다. 즉, 도서상품이 다른 상품과 다르게 다루어져야 하는 근거는 저작물이기 때문에 창작성과 예술성을 고려하여 저작자를 보호할 필요가 있기 때문이다. 그래서 재판매 가격 유지가 도서 분야에서 예외적으로 허용되는 것이다. 이러한 입장은 국회 회의록을 통해 확인할 수 있었다.[14]

그러나 과연 도서정가제를 통해 이러한 창작성과 예술성(저작자)을 얼마나 보호할 수 있을지는 여전히 논란거리이다. 초기 도서정가제 도입 과정을 보면 특히 창작의 주체인 작가들의 활동이 전혀 드러나지 않는다. 그만큼 도서정가제로 인해 그들에게 돌아올 혜택은 불확실한 것이 아닌가 생각한다. 김관보(2005)에 의하면, 저작물 보호 취지에 맞는 도서정가제 허용 범위는 전문학술도서로 분석되고 있다. 그러나 당시 논의를 보면, 모든 저작물에 정가제를 실시하는 것으로 논의되었다(<표 11-2> 참고).

즉, 저작자의 보호라는 명목 하에 도서정가제가 도입되고 현재까지 계속 강화

14) 공정거래위원회 조학국: “물론 말씀이 맞습니다마는 기본적으로는 저작자를 보호하기 위한 데 의미가 있는 것이지요. 저작자의 창작물이기 때문에 출판사나 유통업자보다도 그 가치가 시장에 반영되기를 원하는 저작자의……”(16대 국회 제225회 2차 법안심사소위원회 공청회 회의록, 2011.11.30).

표 11-2 도서정가제 허용 저작물 분석

판단 요소 도서 구분	다단계 재판 유통 구조 유지	정보의 비대칭성 정보 서비스 존재	판매(판로) 불안정성 존재	종합 (재판매 허용 여부)
일반단행본	보통	매우 약함	매우 약함	X
전문 학술도서	보통	매우 강함	매우 강함	O
아동도서	보통	매우 약함	보통	X
학습참고서	보통	매우 약함	매우 약함	X
백과사전	보통	매우 약함	매우 약함	X
잡지, 연속간행물	보통	매우 약함	매우 약함	X
만화	보통	매우 약함	매우 약함	X

출처: 김관보(2005: 37).

되어 가고 있지만, 사실은 이러한 명분보다는 출판업계 및 서점업계의 이익과 더욱 직접적인 관련이 있어 보인다.

(3) 소비자 선택권의 보호

가격 경쟁이 원천적으로 금지될 경우 소비자 선택권은 상당히 침해받는다. 국회 논의 당시 소수 의견으로 이 부분에 대한 언급을 하고 있으나[15] 이 부분에 대한 충분하고 진지한 논의는 찾아보기 힘들다.

법률의 소관 부처인 문화관광부 입장에서 공익 또는 사회 전체의 이익에 대한 고려가 크게 이루어지지 않는 것으로 보인다. '고객'이 존재하는 부처의 어려움을 여실히 보여주고 있는 것이기도 하다. 즉, 관련 산업의 어려움과 요구에 대응할 수밖에 없었을 것이다. 그럼에도 관련 회의록에서 나타나는 관계자들의 발언들을 보게 되면, 문화상품의 소비자인 일반 대중들의 입장에서 정책을 분석조차 하지 않았던 것으로 나타난다. 오로지 관련 업계의 이해관계에 상당히 영향을 받는 것으로 보이며, 관련 산업의 위기 극복이 가장 중요한 가치로 이해된다.[16][17]

15) 심재철 의원: "소비자가 양질의 도서를 염가에 공급받을 수 있는 소비자 선택권을 심각하게 침해할 우려가 있습니다. 프랑스가 유일하게 1981년도에 사회당 정부 하에서 랑법이라는 법을 만들어서 부분적으로 도서정가제를 시행하고 있습니다마는 그 법도 제가 내용을 검토해 보니까 여러 가지 예외적인 조항이 많이 있습니다"(제227회 제1차 문화관광부 회의록, 2002.2.26).

16) 문화관광부 장관 남궁진은 소위원회에서 "도서 유통 질서에서 서점계를 좀 보호해 줄 수단이 절실한

4) 제도 도입과 그 이후

결국 2002년 8월 26일 출판 및 인쇄진흥법이 제정되고(법률 제6721호), 2003년 2월 27일 시행되었다. 출판사로 하여금 간행물의 정가를 정해 이를 간행물에 표시하도록 하고 간행물을 판매하는 자는 간행물을 표시된 정가대로 판매하도록 하되, 정보통신망을 이용하여 간행물을 판매하는 경우에는 정가의 1할의 범위 안에서 할인하여 판매하고 발행일부터 1년이 경과한 간행물을 판매하는 경우 등에는 제한 없이 할인하여 판매할 수 있도록 했다. 또한 법제사법위원회를 거치면서 도서정가제 시한은 5년으로 규정하게 되었다.

이후 문화관광부는 2003년 2월 27일에 '도서정가제 시행지침'을 마련하고, 유사 할인 판매를 규제하기 위해 도서정가제에 해당하는 간행물을 판매하는 사업자가 사은품, 누적점수제(마일리지), 할인 쿠폰 등을 고객에게 제공하는 행위에 대해서는 법 제23조 제2항에 의한 행정명령(문화관광부 고시)을 제정하고자 했다. 동 고시(안)는 출판 및 인쇄진흥법 제23조 제2항에 근거한 문화관광부 장관의 행정명령으로 제정하게 되는 것이며, 서점에서 소비자에게 제공할 수 있는 마일리지(누적점수제), 경품 및 사은품 등 경제상의 이익이 거래가액의 2%를 초과할 수 없도록 하고, 거래가액이 4만 원 이상일 경우에만 배송료를 서점이 부담할 수 있도록 규정하고 있다.

그러나 규제개혁위원회는 행정사회분과위원회(제189차, 2003.4.16) 및 전체회의(제115차, 2003.5.2)를 거치면서 철회 권고를 확정했다. 누적점수제(마일리지) 등 경품류 허용 한도에 대해서는 "도서판매업자의 경제적 활동에 대한 지나친 제한이며, 소비자 피해 및 시장 경쟁 원리 훼손 가능성이 있으므로" 철회 권고했다. 출판된 간행물의 판매사업자가 배송료를 부담할 수 있는 한도를 거래가액 4만 원 이상으로 규정하는 안에 대해서는, "배송 서비스는 온라인 서점의 정상적인 상행위의 일부이므로 서비스의 한도 및 범위는 개별 서점의 비용 절감 노력 및 영업 전략에 따라 사업자가 스스로 판단해서 결정하는 것이 바람직하다고 판단되어"

상황에 처해 있다는 말씀을 드립니다. 따라서 한시적 조치는 필요한 것이라는 것이 저희 부의 생각입니다"라고 소견을 밝히면서 법안 통과를 적극적으로 호소한 바 있다(제227회 제1차 문화관광부 회의록, 2002.2.26).

17) 문화관광부의 이러한 행태는 기존 규제정책 문헌에서 제시되고 있는 규제기관의 전형적인 행태적 특성 및 피규제산업과의 관계적 특성을 잘 보여주고 있다(Wilson, 1980).

철회 권고했다.[18]

이후 공정거래위원회 고시에 의해 도서정가제 예외의 허용 범위가 정해지게 되었다. 공정거래위원회의 '경품류 제공에 관한 불공정 거래행위의 유형 및 기준 지정고시'에 따라 판매 가격에 10% 마일리지 추가 적용이 가능하고(정가 대비 총액 19% 할인), 발행 뒤 18개월이 지난 도서와 실용서 및 초등학생 학습참고서는 정가제 적용 대상에서 제외되었다.

표 11-3 도서정가제 예외 허용 범위 단계적 확대

기간	2003년 1월 1일~ 2004년 12월 31일	2005년 1월 1일 ~ 2006년 12월 31일	2007년 1월 1일 이후
적용 범위	모든 간행물 (단, 발행일로부터 1년 경과 제외) 일간신문	실용도서제외 모든 간행물 (단 발행일로부터 1년 경과 제외) 일간신문	실용도서와 학습참고서를 제외한 모든 간행물 (단 발행일로부터 1년 경과 제외) 일간신문

출처: 김관보(2005: 20).

2 2007년 개정안 통과

1) 배경과 주요 이슈

2007년에 통과된 개정안을 둘러싼 주요 이슈는 ① 5년 한시 조항인 도서정가제 시한을 삭제하여 도서정가제를 계속 유지할 수 있도록 하는 문제, ② 도서 정가의 10% 안에서 할인하여 판매할 수 있도록 허용하는 것의 적절성 문제, ③ 도서정가제의 효과를 제고하기 위해 정가제 적용 기간을 간행물의 발행일부터 1년 이상으로 확대하려는 문제 등이었다.

2005년 3월 31일 우상호 의원이 대표 발의한 '출판 및 인쇄진흥법 일부개정법률안'은 제253회 국회(임시회) 제1차 문화관광위원회(2005. 4. 18)에 상정되어 제안 설명과 전문위원 검토 보고·대체 토론을 거쳐 법안심사소위원회에 회부하여 심

18) 규제개혁위원회 제115차 회의 결과, 의안번호 503, p. 6.

의가 이루어졌다. 2005년 4월 6일 도서정가제를 중심으로 한 독자 보호 및 출판산업 활성화 방안 정책토론이 실시되고, 2005년 6월 23일 국회문화관광위원회 출판 및 인쇄진흥법 일부 개정법률안에 관한 공청회가 실시되었으며, 출판 및 서점계의 수차례에 걸친 출판포럼 행사가 진행되었다(공청회자료집, 2013).

2002년과 비교할 때 온 오프라인 판매업체 간의 의견 대립이 더욱 심화되었으며, 저자 · 출판사 · 소비자의 의견은 부각되지 못했고, 법제 시행 이후 실질적인 시장 상황에 대한 검증이 제대로 이루어지지 못했던 것으로 보인다.[19)]

제256회 국회(정기회) 제1차 법안심사소위원회(2005. 11. 15) 및 제267회 국회(임시회) 제1차 법안심사소위원회(2007. 4. 26)의 심사를 거치면서 현재 5년 한시 조항인 도서정가제 시한을 삭제하여 도서정가제를 계속 유지할 수 있도록 하되, 도서정가의 10% 범위 안에서 할인 판매할 수 있도록 허용하고, 정가제 적용 기간을 간행물의 발행일부터 1년에서 18개월로 확대하는 안으로 수정 의결되었다. 2007년 6월 20일 개정 법률안이 국회를 통과하여 시행에 들어갈 수 있게 되었다.

2) 이해관계자 및 영향력

도서정가제에 대해 적극적으로 찬성하고 요구하는 측은 출판업계와 서점업계이다. 출판의 종의 다양성을 보장하고 도서정가제가 없어지면 무한 할인가격 경쟁으로 출판산업에 악영향을 미치고, 할인 경쟁이 되면 할인을 예상한 명목가격 인상으로 소비자 피해가 오기 때문에 온 · 오프라인 판매 방식은 동일해야 한다는 주장이다. 출판 서점업계는 2006년 2월 도서정가제 대책위원회 구성, 2006년 4월 6일 도서정가제 4차 회의에서 출판계와 서점계의 합의안을 마련했는데, 그 내용은 정가의 10%(마일리지 포함) 내에서 할인 판매할 수 있고 발행일로부터 2년 경과한 도서는 정가 판매의 범위에 포함시키지 않는다는 것이다. 그 후 도서정가제 대책회의를 지속적으로 개최하며 합의안의 국회 통과를 위해 노력했다. 이들의 노력은 공청회와 같은 공식적 의사 결정 과정에의 참여, 주무부처인 문화관광

---

19) 인터넷 서점에서 초기에 10% 범위 안에서 할인을 하게 할 때는 오프라인 업계 입장에서 마일리지나 신종 부가 · 할인 서비스를 예측하지 못해서 10% 정도 할인이면 괜찮겠다 했고 이것은 이미 오프라인 서점과 출판사가 사실상 합의했던 상황이었다. 그런데 그 이후 온라인 서점들이 10%의 가격 할인 이외에도 마일리지 서비스라든가 각종 할인과 관련된 신종 제도들을 많이 도입하면서 오프라인 업계의 불만을 가져왔다.

부 및 국회와의 공시적 · 비공식적 의견 교환, 자체적인 정책토론회 및 세미나의 개최 등 모든 면에서 활발하게 이루어졌다.

이에 대해 온라인 업계의 반대 논리는 정가제가 되어도 소형 서점의 이익에 기여하지 못하고, 출판사의 마진에 도움이 되지 못하며, 제작자에게도 실질적으로 도움이 안 되며, 소비자에게 피해가 가고, 가격 인상으로 책 수요가 감소될 수 있으며, 오히려 정가제를 도입하지 않는 것이 전문서적 유통에 유리하다는 것이다. 또한 소비자의 입장에서는 도서정가제의 강화의 취지에는 동의하지만, 근본적으로 독서 인구의 확대가 중요하며, 도서가격의 거품 문제가 존재한다는 입장이다.[20]

2002년 도입 당시에 비해 2007의 개정 과정에서 논란의 초점은 상대적으로 분명하다. 이미 도서정가제가 도입되어 있는 상황이었기 때문에 주요 논점은 도서정가제 적용 시한을 어떻게 할 것인가, 도서정가제 예외 허용의 범위는 어떻게 할 것인가 등이었다. 이에 대한 업계 입장, 국회(안), 정부(안)은 <표 11-4>와 같다.

공정거래위원회는 도서정가제 적용 시한을 없애는 것, 예외 허용 범위를 18개월로 늘리는 것은 출판 서점계에 이익이 있는 반면에 소비자에게는 상당한 불이익이 있기 때문에 이에 반대하는 입장을 취했다.[21] 반면에 문화관광부는 출판문화의 다양성을 확보하는 취지에서 18개월로 늘리는 것을 찬성하는 입장이었

표 11-4 법 개정을 둘러싼 주요 이슈에 대한 관련자의 입장 차이

주요 이슈	서점 및 출판업계 의견	국회 우상호 의원(안)	정부(안)
도서정가제 적용 시한	5년 시한의 삭제	5년 시한의 삭제	3년 연장 (2011년 2월 27일까지)
도서정가제 예외 허용 범위	2년으로 연장 (온라인 서점업계는 1년 유지 주장)	18개월로 연장	문광부 18개월로 연장 공정위 1년 유지

20) 17대 국회 254회 4차 문화관광위원회 출판 및 인쇄진흥법 일부 개정법률안에 대한 공청회 회의록(2005.6.23).

21) 공정거래위원회 시장감시본부장 김원준: "또 소형 서점이나 소비자들 이익도 감안해야 된다라고 하면 기간을 3년 연장해 주는 것만 해도 상당히 출판 · 서점계에 이익이 있는 반면에 소비자에게는 상당한 불이익이 따릅니다. 그런데 다시 6개월을 연장해 주는 것은 소비자 쪽에 과도한 불이익이 초래될 가능성이 있기 때문에 저희들 의견은 당초대로 1년으로 하는 것이 적합하다고 생각하고 있습니다"(17대 국회 267회 문화관광위원회 1차 법안심사소위원회 회의록, 2007.4.26).

다.[22] 국회(안)은 관련 업계가 1년과 2년을 두고 양쪽이 팽팽하게 대립하다가 18개월로 의견 조율을 본 것이다.

3) 도서정가제 개정(안)을 둘러싼 공익적 가치

도서정가제의 개정 과정에서 볼 때 가장 중시되고 있는 이익은 출판업계와 관련된 것으로 보인다. 2002년의 도입 과정과 비교할 때 서점업계보다 출판업계의 위기 의식과 요구가 더욱 증대되었고, 법안 심사 과정에서 이러한 부분이 충분히 고려된 것으로 보인다. 도서정가제가 없어지거나 완화될 경우 출판업계는 유통업계에 좀 더 의존적이 될 수 있는 상황을 매우 우려하고 있으며, 이럴 경우 중소 출판업계가 어려워지고 출판의 다양성을 확보하기 어려울 것이라는 논리이다. 이 법안을 발의하고 관련 업계와 계속 의견 조율을 해 온 우상호 의원은 이러한 출판산업에 대한 보호가 이루어질 필요가 있다는 점을 강조했다.[23]

그러나, 출판업계의 어려움은 잘못된 유통 관행에 기인한 탓이 크고, 이에 대한 어떤 법적·제도적 절차를 마련하는 것이 오히려 중요하리라 본다. 잘못된 유통 과정의 문제를 온라인 서점의 할인 문제와 직접적으로 연결시키는 것은 무리가 있으며, 인터넷 서점이 유통 마진으로 절약한 부분을 자신의, 업계의 이익으로 가져가지 않고 소비자에게 돌려준다 하는 것은 시장 경제에서는 아주 자연스러운 현상이라 볼 수 있다. 그런데, 업계나 국회에서 너무 편의적인 접근만을 하려고 하는 것이 아닌가 생각된다.

한편, 도서정가제를 강화하면서 소비자의 입장을 고려하려 한 점은 2002년 도입 당시와는 좀 구별되는 부분이었다. 앞서 살펴보았듯이 2002년 도입 당시에는

22) 문화관광부 문화미디어국 출판산업팀장 김춘섭: "저희 문광부 입장에서도 이 정가제의 취지는 뭐냐 하면 출판문화의 다양성을 확보하는 것이기 때문에 충분히 좀 시행이 되어야…… 1년만 하게 되면 정가제의 효과가 좀 반감되고 실제로는 18개월로 하면 좋겠다, 외국에서도 2년과 18개월을 다하고 있습니다"(17대 국회 267회 문화관광위원회 1차 법안심사소위원회 회의록, 2007.4.26).

23) 우상호 의원: "이것이 중·소형 서점들보다는 사실 출판업계가 훨씬 더 강력하게 요구하는 내용입니다. 제가 처음에 이 법안을 냈을 때 출판업계랑 의논했고, 서점하고 의논한 것은 아니거든요. 지금 만나 보시면 출판계는 엄격한 도서정가제에 아예 목을 매고 있습니다. 그렇다고 해서 아예 정가제 자체를 폐지해서 양쪽 다 할인하게 해 줄 경우에는 출판산업이 과연 존재할 수 있겠는가 하는 위기 의식이 있어서 부득이하게 제가 도서정가제를 엄격하게 적용하는 방향으로 이 법안을 내게 되었습니다. 사실은 정말 출판산업의 미래를 위해서 여러 가지를 우리가 종합적으로 고민할 필요가 있습니다"(256회 문화관광위원회 1차 법안심사소위원회, 2005.11.15).

소비자나 시민 입장은 완전히 배제되는 경향이 있었는데, 2007년 개정을 전후해서는 소비자와 시민의 입장을 좀 더 고려하려고 했던 점이 나타난다. 공청회 등에 소비자단체나 시민단체에서 참석하여 발언했으며,[24] 국회 법안 심사 과정에서도 소비자 입장에 대한 고려, 여론의 반응에 대한 고려[25]를 언급하고 있다.

그러나 그러한 언급에도 불구하고 소비자 이익과 여론을 실질적으로 반영한 근거는 찾아보기 어렵다. 오히려 법안의 통과 과정을 면밀히 살펴보면 관련 업계의 이해관계가 철저히 반영되면서 그들 간에 파이를 어떻게 나누어 가질 것인가가 주요한 정책 결정의 대상이었다. 즉, 지극히 윌슨(J. Q. Wilson)의 이익집단 정치적 특징을 보이고 있는 것을 확인할 수 있었다.

법안의 심사 과정과 수정된 법안을 살펴보면, 출판 및 서점업계의 의견을 반영하면서 동시에 온라인업계의 의견도 수용하여 적절히 타협하는 선에서 결정된 것으로 보인다. 도서정가제 예외 허용 기간을 각각 2년과 1년을 주장하다가 18개월로 타협했으며, 온라인이 도서정가제 적용 시한을 없애는 것을 받아들이면서 할인 판매제도를 없애기보다 오프라인 측도 함께 10% 할인을 할 수 있도록 하는 방향으로 타협이 이루어진 것으로 보인다. 물론 할인제도가 유지되었다는 점에서 소비자 입장이 일부 고려된 것으로 해석할 수도 있으나 전체적으로 볼 때 한시적 도서정가제가 강화됨으로써 장기적으로 온·오프라인 산업 모두에 상당히 유리한 방향으로 개정이 이루어진 것으로 보인다(설사 그 취지가 문화의 다양성 확보라 하더라도). 그리고 그러한 도서정가제 강화가 궁극적으로 사회 전체적 이익(예를 들면 창조성, 예술성 등 문화의 증진)에 얼마나 기여할지는 확신할 수 없다.

4) 법 개정

결국 2007년에 일부 개정된 출판문화산업진흥법(법률 제8533호, 2008.1.20. 시행/

24) 문화관광위원회 출판 및 인쇄진흥법 일부 개정법률안에 대한 공청회 참석자(2005.6.23): 김인호(대한출판문화협회 기획담당 상무) 김자혜(소비자시민모임 사무총장), 이창연(한국서점조합연합회 회장), 조유식(알라딘 대표이사), 최준영(문화연대 정책실장).

25) 이경숙 위원: "그런데 온라인 서점에서 우리가 책을 살 때 중간 유통 과정 생략 이런 부분도 있잖아요. 그러면 소비자 입장에서 도서정가제도 지켜야 되지만 유통 과정이 생략되면서 오는 수익에 대한 부분이 소비자에게 돌아가야 되는 그런 측면도 있거든요." 박형준 위원: "국민들이나 여론의 반응이 어떨 것인가에 대해 청취를 할 필요가 있을 것 같습니다"(256회 문화관광위원회 1차 법안심사소위원회, 2005.11.15).

도서정가제 관련 조항들은 2007. 10. 20. 시행)에 의하면, 다양한 콘텐츠를 창출하기 위한 출판 진흥과 도서 유통 활성화 등을 위해 현재 5년 한시 조항인 도서정가제 시한을 삭제해 도서정가제를 강화했다.[26] 또한 도서정가제의 효과를 제고하기 위해 정가제 적용 기간을 간행물 발행일로부터 1년에서 18개월로 확대했다. 이와 함께 온·오프라인 경쟁의 형평성 제고 차원에서 간행물을 판매하는 자는 독서 진흥 및 소비자 보호를 위해 10% 범위 안에서 할인하여 판매할 수 있도록 했다.

3 2013년 현재의 법 개정 논의

1) 배경과 주요 이슈

2009년 5월 27일 공정거래위원회가 소비자 경품 규제를 폐지했다.[27] 이 당시 출판계의 반대로 도서정가제 대상 간행물에 대해서는 2010년 6월 30일까지 1년 동안 그 적용이 유예되었다. 2010년 7월 1일부터 경품 고시에 따라 10% 추가 할인 시행규칙 규정이 시행되었다. 즉, 신간 10% 기본 할인에 더해 판매가에서 10% 추가 할인을 허용함으로써 총 할인율 19%가 되었다. 이에 출판·서점업계에서는 모법의 10% 할인 제한 규정을 벗어나는 하위 시행규칙의 문제점에 대해 헌법소원을 청구했으나 각하되었다.[28][29] 인터넷 서점 대상 민사소송도 기각되었다.[30][31]

---

26) "우상호 의원이 대표 발의한 출판 및 인쇄진흥법 일부 개정법률안에 대해 개정안은 출판 관련 산업을 진흥할 목적으로 현재 시행되고 있는 도서정가제를 전면적으로 확대 실시하려는 것으로서 이에 대해 우리 소위원회에서는 다양한 콘텐츠를 창출하기 위한 출판 진흥과 도서 유통 활성화 등을 위해 현재 5년 한시 조항인 도서정가제 시한을 삭제하여 도서정가제를 계속 유지하도록 했습니다"(17대 국회 267회 문화관광위원회 1차 법안심사소위원회 회의록, 2007.4.26).

27) 공정거래위원회는 '경품류 제공에 관한 불공정거래행위의 유형 및 기준 지정고시'를 개정(공정위 고시 제2009-11호)하여 소비자 경품 관련 규제를 폐지했다. 다만 간행물에 대한 소비자 경품 관련 규제는 2010년 6월 30일까지 유예하기로 했다. 출판업계의 어려움을 감안하여 문화체육관광부가 경품 규제 폐지 대상에서 도서에 대한 적용을 유예할 것을 요청함에 따라 2009년 6월 12일 규제개혁위원회에서는 280여 개 품목 중 도서만은 현재 적용되고 있는 경품 고시 그대로 2010년 6월 30일까지 1년간 유지한다고 결정한 것이다(공청회 자료집, 2013: 17).

28) 2010년 9월 28일 대한출판문화협회, 한국출판인회의, 한국서점조합연합회 등 8개 단체 대표들은 출판문화산업진흥법의 10% 이내 할인 제한 규정에 반하는 동법의 시행규칙(판매가의 10% 추가 할인 허용)이 헌법이 보장하는 재산권 등을 침해한다는 내용으로 위헌 확인을 청구했으나 2011년 4월 28일 각하 결정을 받았다(공청회 자료집, 2013: 29).

경품고시 유예 기간 만료에 대비하여 문화체육관광부는 2009년 12월 7일에 '출판법 시행령 일부 개정안'을 입법 예고했다. 이는 출판계와 오프라인 서점계의 주장을 받아들인 것으로, 도서(발행 후 18개월 미만의 신간)에 대해 직접 가격 할인 이외에 이용 실적 점수(마일리지) 및 할인권 제공 등 경제상의 이익을 포함하여 10% 이내로 제한하려 했다(시행령 제15조의2 신설).

그러나 이 개정안에 대해 공정거래위원회가 반대 의견을 내고, 규제개혁위원회의 심사를 앞두고 인터넷 서점들이 반대운동을 벌였고, 출판 및 서점 단체장들은 문화체육관광부와 규제개혁위원회에 찬성 의견서를 제출하고 규제개혁위원들을 대상으로 설득을 벌였다. 그러나 2010년 2월 18일 규제개혁위원회는 시행령 개정안을 반대하고, "오프라인·온라인 서점 간 이견이 있으므로 현행(19% 할인)을 유지하는 범위 내에서 소관 부처에서 여러 방안을 추가 마련한 후 재심사"할 것을 결정했다.[32][33]

---

29) 헌법재판소는 우선 청구인 16인 중 출판업자와 사단법인 15인은 기본권 침해의 자기 관련성이 인정되지 않아서 부적법하다고 판단하고, 간행물 판매업자 1인(이창연)에 대해서만 자기 관련성을 인정했다. 또 헌법재판소는 "도서정가제가 간행물 판매업자에게 일정 수준의 경제적 이윤을 보장하는 기능을 가진다고 하더라도 그것이 기본권으로 보장되는 것이 아니므로, 재산권이나 직업의 자유와 같은 기본권에 대한 침해의 문제가 발생한다고 볼 수 없다"고 밝혔다(공청회 자료집, 2013: 29).

30) 2011년 10월 13일 출판법 제22조 제2항 단서의 의미 '스스로 제공하는 할인 방법'이 문언 자체로 명백하게 원고들이 주장하는 간접적인 할인 방법을 포함하고 있다고 해석되지는 아니한다. 또한 출판법 제22조 제2항의 입법 취지와 목적을 볼 때, 기본권 제한적 성격과 포괄적 금지에 관한 특별한 예외라는 성격을 고려하면, 그 적용의 외연을 넓히는 방향으로 해석할 때는 신중을 기할 필요가 있다. 그리고 출판법 제22조 제2항 단서를 개정하는 과정에서 '할인'의 의미에 관해 특별한 논의가 이루어지지 않았고, '스스로 제공하는'이란 그 할인으로 인한 부담이 타인이 아닌 당해 간행물 판매업자에게 최종적으로 귀속된다는 의미일 뿐, 할인의 범위에 관해 어떠한 바를 규정하고 있는 취지는 아니라고 보인다(공청회 자료집, 2013: 31).

31) 2010년 12월 9일 대한출판문화협회, 한국서점조합연합회, 한국출판인회의 등 8개 출판·서점 단체와 단체장 및 간부 9인은, 대표적인 인터넷 서점인 예스24를 대상으로 도서정가제 위법 행위 금지 등을 목적으로 하는 민사소송을 서울남부지방법원에 청구(인터넷 서점의 도서정가제 위반 행위에 대한 위법행위 금지청구 등, 사건번호 2010가합25392)했다. 앞서 행정적 규제 신청 대상자인 7대 인터넷 서점 모두 도서정가제를 위반하고 있지만, 예스24가 가장 규모가 큰 인터넷 서점이라는 점, 한 군데를 상대로 한 소송에서 승소하면 그 결과를 가지고 나머지 인터넷 서점 모두에게 적용할 수 있을 것이라는 점, 소송비용 등을 감안하여 예스24만을 상대로 제소한 것이다(공청회 자료집, 2013: 30-32).

32) 제226회 규제개혁위원회 개최 결과, 의안번호 2010-9, p.4. 회의 결과 발언 내용은 다음과 같다. ① 도서의 할인율을 현행 19%에서 10% 이내로 규제를 강화하는 것은 소비자 선택권을 제한할 우려가 있음. ② 소비자가격 문제로 논쟁하지 말고 문화적 다양성을 실현하기 위해 발상 전환을 하여 사이버 시대에 맞는 정책을 강구할 필요가 있음. ③ 우리나라 독서 비율이 OECD 국가에서 제일 낮음. 독서 인구를 확대시킬 수 있는 방안과 중소 서점 발전 대책도 마련되어야 함. ④ 근본적으로 지재권을 보

이에 서점·출판계에서는 현행의 10% 할인 속에 경품이나 마일리지 모두 포함해야 한다는 내용을 담은 법률 개정이 필요하다는 주장을 하게 되었다. 2013년 1월 9일 도서정가제를 규정한 출판문화산업진흥법 제22조를 일부 개정하는 '출판문화산업진흥법 일부 개정법률안'이 국회에 발의되었다.

따라서 현재의 주요 이슈는 ① 도서정가제 적용 분야 제한의 폐지로 실용서 및 학습참고서 등 전 분야에 정가제 적용, ② 신간 발행 후 18개월로 되어 있는 도서정가제 적용 시한의 폐지로 구간 도서에도 정가제 적용, ③ 최대 19%의 할인율을 최대 10%로 조정, ④ 국가기관, 도서관 등 도서정가제 적용 제외 대상의 축소 등 모두 강력한 도서정가제의 도입과 시행이다. 이 중에서 특히 논란이 될 수 있는 부분은 할인율 10% 부분을 소비자가 취할 수 있는 '경제적 이익'에 적용한다는 것이다.

2) 주요 이해관계자 및 활동

먼저 서점 및 출판업계의 경우 현재의 경영난이 온라인 서점의 가격 할인이 주된 원인이라고 보고 이를 제한하여 완전한 도서정가제를 실시해야 한다고 주장한다. 10% 할인율로 축소하여 서점의 쇠퇴를 막고, 거품 가격 형성이나 책값 상승을 방지하고 출판사의 경영난 심화, 발행 종수 감소 등을 방지해야 한다는 것이다. 이러한 주장을 관철시키기 위해 공청회를 비롯한 공식적 의사 결정 과정에의 참여, 비공식적 협의 등 광범위하게 이익 투입 활동을 전개해 나가고 있다. 미디어를 대상으로 조사해 볼 때 출판·서점업계를 대표하는 목소리가 상당히 많이 나타나는 것을 볼 수 있다.

반면 온라인업계는 현재의 19% 정도를 유지할 것을 주장한다. 도서정가제를 강화하는 것이 출판·서점업계가 주장하는 것처럼 출판문화의 증진이나 서점의

호하기 위해서는 유통구조가 다양하게 가야 하고 창작활동도 보호할 필요가 있음. ⑤ 소비자 후생이 떨어질 우려가 있으므로 현행 유지하는 범위 내에서 법률을 개정할 필요. ⑥ 이해관계자 이견이 크므로 현행 19% 할인을 허용하는 범위 내에서 적절한 대안을 마련할 필요.

33) 이에 출판·서점계 단체들은 2010년 2월 24일 '도서정가제 사수를 위한 출판·서점계 단체장 긴급기자회견'을 열어 '도서정가제를 무력화하는 공정거래위원회의 행태와 규제개혁위원회의 결정을 규탄한다!'는 성명서를 발표하고, '정부는 도서정가제 법령(출판법 시행령 일부 개정안)을 원안대로 개정'할 것과 '공정거래위원회와 규제개혁위원회는 도서정가제를 무력화시키는 조치를 즉각 중단'할 것을 촉구했다(공청회 자료집, 2013).

경영난 해소에 도움이 되지 못한다고 주장하면서 소비자의 선택의 권리를 어느 정도 보장해야 한다는 논리이다. 이들 역시 각종 매체를 중심으로 그들의 의견을 공식적·비공식적으로 전달하고 있다.

국회의 입장을 보면 일부 개정안에 관한 대표 발의자는 민주통합당 최재천 의원이며, 윤관석, 이상직, 도종환, 홍종학, 배기운, 김재율, 전병헌, 강동원, 이석기, 신경민, 이학영, 최민희, 박주선, 남경필, 정성호 의원이 발의자에 포함되어 있다. 새누리당, 민주통합당, 진보신당의 의원들이 고루 참여해 있으며, 출판 및 서점 업계의 의견에 상당히 동의하고 있는 것으로 보인다. 국회는 입법안을 발의하기 전에 2012년 11월 15일에 국회 문화체육관광방송통신위원회 최재천 의원이 주최하고, 대한출판문화협회와 한국출판인회의가 주관하는 도서정가제 확립을 위한 출판문화산업진흥법 개정(안) 공청회를 개최했으며, 공청회에서 제안된 의견을 받아들여 2013년 1월 9일 최재천 의원을 비롯한 여야 의원 16인이 '출판문화산업진흥법 일부 개정법률안'을 발의했다. 개정안의 제안 이유를 보면 업계의 의견을 그대로 반영하고 있는 것을 확인할 수 있다(<표 11-5> 참조).

표 11-5 제안 이유

제안 이유	- 현행법상 도서정가제는 입법 취지와 다르게 '독점규제 및 공정거래에 관한 법률' 규정에 의해 재판매 가격 유지 대상 저작물의 종류와 유통 범위를 제한하는 모순이 있고, 예외를 지나치게 넓게 인정하고 있음. - 현행법에 따르면 발행일로부터 18개월 미만 도서(신간 도서)는 19%까지 할인이 가능하고, 발행일로부터 18개월이 경과한 도서(구간 도서)와 실용서·초등학습 참고서, 국가기관 등에서 구입하는 도서는 무제한 할인이 가능함으로써 도서정가제가 유명무실한 실정임. - 문화의 다양성을 확보하고 출판산업을 진흥하기 위해 불합리한 예외 조항을 개정할 필요성이 큼.

3) 도서정가제를 둘러싼 공익적 가치

도서정가제를 강화하려는 데 중요한 가치는 여전히 출판산업 및 서점 업계의 보호와 증진이라 할 수 있다. 출판산업을 증진하고 출판의 다양성을 확보해 문화적 가치를 증진시키고자 하는 것이다. 초기 도서정가제가 서점 도산에 대한 우려가 큰 것이었다면 최근 들어서는 출판문화의 다양성 확보 등이 중요하게 논의되고 있다. 그러나 도서정가제가 공식적으로 도입되어 10년이 지난 지금 도서정가제가 출판의 다양성과 문화의 다양성을 얼마나 증진시키고 기여했는지에 대한 실증적 근거는 거의 찾아보기 어렵다.[34)]

한편 공정거래위원회 등의 이견이 있는 부처나 소비자의 입장은 잘 반영되고 있지 못하다. 특히 출판문화의 증진이나 출판의 다양성 확보라는 문화적 가치 명분 때문에 소비자의 이익이나 선택권 등에 대한 논의는 충분히 이루어지지 못하고 있다. 그러나 이번 개정안에서는 단순히 도서 가격에 대한 규제가 아닌 소비자가 취할 수 있는 '모든 경제적 이익'을 규제하는 것으로 되어 있어서 문제가 심각하다고 판단된다.

표 11-6 2013년 발의된 개정(안) 비교

현행	개정안
제22조(간행물 정가 표시 및 판매) ③ 간행물을 판매하는 자는 간행물이 '독점규제 및 공정거래에 관한 법률' 제29조 제2항에 따른 재판매 가격 유지 대상 저작물에 해당할 때에는 정가대로 판매하여야 한다. 다만, 간행물을 판매하는 자는 독서 진흥과 소비자 보호를 위하여 스스로 제공하는 할인 방법을 통하여 간행물을 정가의 10퍼센트 이내에서 할인하여 판매할 수 있다.	③ 간행물을 판매하는 자는 이를 정가대로 판매하여야 한다. 다만, 간행물을 판매하는 자는 독서 진흥과 소비자 보호를 위하여 스스로 제공하는 할인방법을 통하여 간행물을 정가의 10퍼센트 이내에서 할인하여 판매할 수 있다. <u>이 때 10퍼센트 이내의 할인이라 함은 직접적인 가격 할인 이외에 마일리지, 할인 쿠폰 제공 등 모든 경제상의 이익을 포함한다</u>.
④ 다음 각호의 어느 하나에 해당하는 간행물에 대하여는 제3항을 적용하지 아니한다. 1. 발행일부터 18개월이 지난 간행물 2. 도서관이나 사회복지시설에 판매하는 간행물 3. 저작권자에게 판매하는 간행물 4. 발행일로부터 18개월이 지난 종이 간행물과 내용이 같은 전자출판물 5. 그 밖에 대통령령으로 정하는 간행물	④(현행과 같음) <u>1. (삭제)</u> <u>2. 사회복지시설에 판매하는 간행물</u> 3. (현행과 같음) <u>4. (삭제)</u> 5. (현행과 같음)

34) 도서정가제 효과에 관한 실증적 연구를 수행한 정책연구는 거의 찾아보기 힘들다. 다만, 도서정가제를 처음 도입한 이후 2003년에 수행한 정책연구보고서로서 '도서정가제 평가 및 향후 방향에 관한 연구'가 있는데, 도서정가제 이후 매출 규모가 그 이전에 비해 어떠한지에 대한 설문(출판사 및 서점 대상)에 큰 변화 없음이 38.2%, 소폭 감소 30%, 대폭 감소 24.8%, 소폭 증가 5.7%, 대폭 증가 1.3%로 나타났다. 특히 서점의 경우는 소폭 감소 34%, 대폭 감소 40.4%로 나타났다(현대리서치연구소, 2005: 308). 실제로 도서정가제가 지역 서점을 살리는 데 기여했는지 불확실하다고 할 수 있다.

그뿐만 아니라 출판문화의 증진이나 예술성·다양성 확보와는 거리가 먼 참고서나 실용서에도 도서정가제를 적극적으로 적용하는 것으로 나타나 있어 이에 대한 소비자 권익 피해가 예상된다. 또한 공익적 차원에서 할인 판매를 가능하게 하는 도서관의 경우도 제외하자고 주장하고 있어 이에 대한 논란이 예상된다. 벌써 이 때문에 예산을 걱정하는 지자체가 늘어가고 있다는 보도가 많이 나타나고 있다. 외국 사례를 보아도 현재의 우리 개정안처럼 강화된 도서정가제는 찾아볼 수 없었다.[35)]

제 4 절 사례의 쟁점

1 정부규제 실증적 사익 이론의 설명력

도서정가제 사례를 보면 지극히 정부규제의 사익이론을 지지하는 것 같다. 즉, 관련 이해관계자 집단의 이해관계에 따라 규제가 생성되고 변동되는 것이다. 물론 이것이 공익과 무관하다는 말은 아니다. 다만, 사회 전체적 공익이 무엇인가, 무엇이 그러한 사회문제를 가져오는가에 대한 면밀하고 진지한 고민과 분석에서 비롯된다기보다는 관련 집단의 적극적 요구로 인해 촉발되는 경향이 강하다.

좀 더 구체적으로 보면 도서정가제의 경우 고객정치적 특징에서 이익집단 정치적 특성으로 발전해 온 것 같다. 도서정가제 도입 당시에는 소비자나 일반 대중들 또는 반대 의견에 대한 고려가 잘 이루어지지 않으면서 고객집단의 요구에 의해 규제가 도입되는 측면이 강했는데, 이후 개정 과정을 보면, 관련 집단 간 타협의 성격이 매우 강하게 나타난다. 그 속에서 정치가(국회의원)는 일반 국민의 입장보다는 이익집단의 이해관계에 영향을 많이 받는다. 정치가나 관료가, 의식적이든 무의식적이든 간에 이익집단의 영향력에 얼마나 취약할 수 있는가를 잘

35) 2013년도 공청회 자료집에 의하면, 외국의 도서정가제도 우리와 같은 다양한 예외 규정을 가지고 있는 것을 확인할 수 있다(공청회 자료집, 58, 2013: 63-71).

보여주는 사례라 사료된다. 또한 이익집단 영향력은 매우 광범위하게 나타난다.

외국 사례들을 통해 보면 저작물의 재판매 가격 유지제도에 해당하는 저작물의 범위를 축소하거나 폐지하려는 추세를 나타내고 있다. 영국, 스웨덴, 핀란드 등의 국가는 도서정가제를 예외적으로 허용해 오다가 소비자 이익이 더 중요하다는 판단에 따라 도서정가제를 폐지한 바 있다(김관보, 2005: 24-25). 물론 우리나라는 영어권 국가와는 다른 특수성이 있으며, 프랑스와 같은 나라에서도 도서정가제를 적극적으로 실시하고 있는 것을 볼 수 있지만, 그러한 경우에도 다양한 예외를 두고 유연하게 적용하는 것을 볼 수 있다.

표 11-7 도서정가제 도입 및 강화

주요 이슈	2003년 도입	2007년 개정	2013년 개정 논의
도서정가제 도입	법적 의무화	-	-
도서정가제 시행 시한	5년	시한 삭제	-
도서정가제 예외 허용 대상	예외 대상 허용 단계적 확대 실용도서, 참고서	-	예외 대상 허용의 축소 실용도서, 초등학교 참고서 삭제 도서관 구입 삭제
도서정가제 예외 허용 시기	12개월	18개월	삭제
할인 범위	온라인 정가의 10%	온 오프라인 정가의 10%(실질적 19%)	모든 "경제적 이익" 포함 10%

2 규제와 공익적 가치

규제의 규범적 관점은 규제로 인한 공익(효율성)의 증진을 지지한다. 그러나 도서정가제 사례에서는 과연 도서정가제가 얼마나 사회 전체적 공익 증진에 기여했는지 알기 어렵다. 정부에서도 관련 이익집단들에서도 그러한 조사는 거의 이루어지지 않고 있다. 그뿐만 아니라 정책 결정 과정에서 공익이 무엇인가 고민하는 과정은 찾아보기 어렵다.

이런 면에서 볼 때, 도서정가제 사례는 사회 전체의 이익 또는 공익을 고려할 수 있는 제도적 메커니즘의 중요성을 일깨워준다. 예를 들어 도서정가제 사례에서는 규제개혁위원회의 역할이 그러했던 것으로 보인다. 규제개혁위원회에서는 규제영향분석을 통해 규제정책이 가져오는 긍정적 효과와 부정적 효과를 이익 형량하려고 한다. 그러한 관점에서 본다면 좀 더 균형 있는 의사 결정이 가능하지 않을까 생각된다.

도서정가제를 시행하는 대부분의 나라에서 법으로 의무화하는 것이 아니라 예외적으로 허용하는 형식을 띠고 있다. 이는 도서정가제 허용 대상 범위에서 경쟁 촉진과 소비자 이익을 보호할 필요가 있고, 그래서 여러 가치를 고려해 도서정가제를 시행하고 있는 것이다.

3 규제와 시장: 지대의 소진과 규제 회피

도서정가제를 통해 볼 수 있는 것은 과연 '완전한' 도서정가제가 가능할 것인가 하는 것이다. 기술과 함께 시장은 자꾸 변하고 있다. 시장 속의 기술뿐만 아니라 소비자의 특성, 환경 모두 변화하고 있다. 시장 변화에 따라 계속 규제를 강화하려 하지만 규제는 시장의 변화 속도를 따라가기 어렵다.

그뿐만 아니라 도서정가제를 강화할 경우 도서 가격이 올라가는 만큼 고스란히 출판 및 서점업계에 이득으로 이어질 것이라고 생각하는 경향이 있는데, 그러나 가격이 올라가게 되면 구입량이 줄어들 수 있으며, 다양한 규제 회피적 행동이 발생할 수 있다. 규제로 인한 지대는 소진(dissipation)되며, 피규제자는 계속 더 강력한 규제를 요구하게 된다. 시장의 변화, 그리고 시장의 행위자들의 행동을 예측하기는 쉬운 일이 아니다. 도서정가제 시행, 수정과 변경 과정이 이를 잘 보여주고 있다.

제 12 장 보편적 복지제도의 형성: 민족주의와 군사독재의 관점에서

백인립

제 1 절 들어가는 글

세계 각국의 사회복지제도를 유형화할 때 자주 사용되는 기준으로 보편주의(universalism)와 선별주의(selectivism)라는 구분이 있다. 이는 해당 사회복지제도가 인구의 어디까지를 포괄하는가라는 포괄 대상(coverage)의 문제로서, 보편주의적 제도는 전 국민을 포괄하는 한편, 선별주의적 제도는 전체 인구 중 특정 대상만을 급여 대상자로 삼게 된다. 그리고 선별적 제도보다는 보편적 제도가 사회복지 발달 과정에서 좀 더 진일보한 제도로 평가받는 경향이 있다.

사회복지제도의 원조라 할 수 있는 서구 나라들의 발달 과정을 살펴보면, 피착취계급인 노동계급이 정치적 동원(mobilization)에 성공한 경우에 전 국민을 포괄하는 보편적 복지제도가 형성될 수 있었다. 산업화 이후 노동조합을 건설한 노동계급이 정치 동원과 집권, 그리고 중산층과의 연대를 성공적으로 진행한 경우 모든 국민을 포괄하는 복지제도가 건설될 수 있었다(Esping-Andersen, 1990; 1999). 반면 이러한 노동계급의 정치적 동원에 실패하고 우익 성향의 정당이 장기 집권한 경우는 사회보장제도가 특정 계층만을 보호하게 된다. 시장과 계약의 자유를 최우선시하는 자유주의 세력이 장기 집권한 경우는 복지제도의 대상이 자신의 문제를 스스로 해결할 수 없는 빈민에 제한되고(대표적 국가로 미국), 권위 · 전통 ·

위계 등을 중시하는 보수주의 세력이 장기 집권한 경우는 '윗사람'이 '아랫사람'을 돌보는 형태로, 즉 불만 세력을 체제 내로 편입시키는 형태로 발전함으로써 복지제도의 대상이 노동자계급에 한정되는 경향이 있다(대표적인 국가로 독일).

하지만 이러한 분석틀은 동아시아, 특히 한국으로 넘어오게 되면 전혀 작동을 못하게 되는 문제가 있다. 특히 현재 여러 나라에서 모범적인 경우로 자주 거론되는 한국의 건강보험제도(과거 의료보험제도)는 박정희 → 전두환 → 노태우로 이어지는 군사독재정권 시절에 전 국민을 포괄하는 개혁이 완성됨으로써, 위에서 논한 서구의 틀로써는 해석이 불가능하다. 그 당시 한국은 시민사회의 확립·발전 및 계급정치의 발전이 부재하거나 미숙했고, 사회보장제도의 기초가 되는 사회권의 발전은 거론할 수도 없었다(이광찬, 2009: 49).

따라서 이 장에서는 한국 의료보험제도의 도입(1963년)부터 전 국민을 포괄하게 되는 1989년까지의 과정을 한국만이 지닌 독특한 민족주의적 감성과 독재정권의 정당화 프로젝트 간의 결합이라는 틀로써 해석해 보고자 한다.

제 2 절 사례에 대한 이론적 관점: 민족주의와 군사독재

1 민족주의의 전형적인 두 가지 구분

민족주의에 대한 다양한 학설과 이론이 존재하나, 그 중에서 가장 파급력이 있었던 설명은 종족적 민족주의(ethnic nationalism)와 공민적 민족주의(civic nationalism)[1)]의 구분이라 할 수 있다.

종족적 민족주의는 대개 말 그대로 해당 종족 또는 민족의 뿌리로 거슬러 올라간다. 그들 공통의 조상이 존재했음을 상정하고 종족 내부 성원 간에 공유하는 문화, 특히 공통의 언어를 민족 구성의 핵심 요소로 전제한다. 그리고 해당 민족

1) 공민적 민족주의에서 nationalism이라는 단어는 한글의 '민족주의'보다는 '국민주의'에 더 가까운 의미를 지닐 것이지만, 편의를 위해 여기에서는 민족주의로 통일하여 사용한다.

의 성원이 되는 자격은 상속을 통해 획득된다. 즉, 태어날 때부터 개인들에게 민족적 특성이 각인됨으로써 자연스럽게 유기적인 집단이 탄생하게 되는 것이다. 반면 공민적 민족주의의 우선적 조건은 지리적 경계, 즉 다른 그룹과의 경계이고, 그 해당 영토와 그룹 내에서 개인의 시민적 참여가 중요한 요소이다. 따라서 공민적 민족주의에서 해당 민족의 성원이 되는 자격은 개인의 자발성에 근거한다. 이러한 민족주의에서 민족은 공동의 법과 영토로 묶인 사람들의 합리적인 결사체로서의 의미를 지니게 된다(김영작·이이범 외, 2010: 84-86, 288-303; 강철구, 2012: 67-75).

이러한 구분을 한 대표적인 학자로서 스미스(Anthony D. Smith)를 들 수 있는데, 그에 따르면 종족적 민족주의는 주로 동양에서 볼 수 있는 민족주의적 양태이고 공민적 민족주의는 서양에서 흔히 발견되는 민족주의의 한 형태이다(Smith, 1986; 1991). 그리고 스미스의 이러한 구분은 합리성과 시민의 자유를 중시하는 서구적 유형과 반자유주의적·폐쇄적인 성격을 띠며 개인보다는 집단을 좀 더 우선시하는 비서구적 유형으로 민족주의를 구분한 콘(Hans Kohn)의 유형론(Kohn, 1944; 1955)에 기반을 두고 있다.

2 국가민족주의

국가민족주의(state nationalism)란 민족주의와 강력한 국가주의가 결합된 형태이다(Duara, 2008; Lecours & Nootens, 2009; Kriel, 2010). 국가주의가 매우 강력할 경우 그 국가의 통치 형태는 전체주의적 성격을 띠기도 한다.

국가민족주의에서 민족은 국가의 유지와 강화를 위해 존재하는 것으로서 인식되고, 개인은 자신의 행복보다는 애국심과 충성심에 기반하여 국가의 목표와 목적에 부응해야 한다. 물론 이러한 '민족적 의식(national consciousness)'은 권력을 지닌 정치 세력에 위해 의도되고 주입된 신념 체계 그 이상도 이하도 아니다(Rocker, 1937: 214-215; Smith, 1979: 206).

위에서 논한 민족주의 중 공민적 민족주의와 국가주의가 결합된 대표적인 형태는 프랑스혁명 당시의 자코뱅주의에서 엿볼 수 있고, 독일의 히틀러 나치즘과 이탈리아의 무솔리니 파시즘은 국가주의와 종족적 민족주의가 결합된 극단적 행태로서 거론될 수 있을 것이다(진덕규, 1983: 165-197; Rocker, 1937: 240-255 참조).

위에서 논한 국가민족주의 중 독일의 나치즘의 경우를 좀 더 살펴보면, 나치즘에서 논하는 민족주의는 실상 정치 권력의 정치적 행위의 정당화를 위해 사용된 미사여구라 볼 수 있다. 나치즘에서는 민족주의 자체도 그 부분적인 성격(예를 들어 부족적 쇼비니즘)만이 군중적인 대중운동으로 옮겨졌고, 결국 민족주의라는 단어 자체가 전체주의의 미화 수단으로 사용되면서 '민족주의적' 정치행위를 추구하는 것처럼 조작된 것이다(진덕규, 1983: 167). 이러한 상황에서 국가는 절대 전능의 가부장적인 존재로 자리 잡게 되고, 국민들은 자신들에게 다가온 두려움과 안전의 욕구 등으로 인해 강력한 권위 체계에 대한 '종속 감정'을 내면에 지니게 된다(진덕규, 1983: 172). 결국 나치즘은 반(反)유대주의라는 파괴적 배타성, '아리안족의 영화'라는 어구의 현실적 표현인 독일의 부흥, 그리고 민족사회주의(National-Sozialismus)라는 명칭에서 표현되듯 민족 성원 내부 안에서만의 평등성을 그 내용으로 하는 국가민족주의의 극단의 그리고 극악의 표현이라 할 수 있다.

3 한국 군사정권의 국가민족주의

이 글의 분석 대상인 한국 군사정권 시기(박정희 → 전두환 → 노태우)는 국가민족주의의 전형적인 실례라 할 수 있다. 그 당시 한국의 국가민족주의는 종족적 민족주의와 전체주의적 국가주의가 결합된 극단적 형태를 보여주었다. 여기에서는 이러한 독재정권의 국가민족주의적 성격과 특성에 대해 자세히 살펴보고, 전국민 의료보험 확대 과정에서 보인 국가민족주의 형태의 기본적인 속성을 제시해 보고자 한다.

1) 한국 국가민족주의의 성격과 특성

한국 근대사에서 민족이라는 개념은 사회 내 개개인이 매우 자연스럽게 인식하고 당연한 것으로 받아들이게 만드는 속성을 지니고 있었다. 일제강점기를 거쳐 해방 이후의 미군정 시기, 그리고 '동족' 간의 전쟁으로 규정된 한국전쟁 등을 거치면서 해당 시기의 정치 권력들은 자신의 통치 이념의 확립을 위해 민족주의를 차용하기도 하고 때로는 억압하기도 한다. 이러한 일련의 과정을 거치는 동안 민족이라는 관념은 일반 대중의 머릿속에 매우 강하게 각인되었다. 그리고 이러한 민족주의적 사고는 박정희-전두환-노태우로 이어진 30여 년간의 군사독재 시절을 거치면서 또다시 대중들의 인식 속에 견고히 다져지게 된다. 특히 박정희 정권은 국가적 차원에서 민족주의 담론과 내용을 구체적으로 생산해 내고, 민족의 공식적·사법적 정의를 시도했을 뿐만 아니라 정부의 각종 홍보기구를 통해 대중들에게 내면화시킴으로써 민족이라는 개념을 국가에 대한 자발적 동의의 원천으로까지 승화시켰다(김현준, 2012: 27; 이종은, 2003: 753-755).

박정희를 이은 신군부까지도 경제 발전 및 정권 유지를 위해 민족주의를 철저히 이용하면서, 국가의 정체성과 민족의 정체성을 동일화시키는 국가민족주의는 한층 강화된다. 당시의 국가민족주의는 '우리'와 '타자' 사이의 경계를 분명히 함으로써 '우리' 내부의 결속을 견고히 다지고(예를 들어 반공, 반북), 그 결속력을 바탕으로 개인들은 독재정권의 정치적·경제적 목표에 활용하는 통치 수단으로 기능했다. 또한 민족이라는 허구의 개념을 개인보다 항상 상위에 위치시킴으로써, 민족을 대표하는 국가가 특정 문제의 옳고 그름을 판단하는 도덕적 실체로까지 격상하게 되었다(김현준, 2012: 28-29; 이종은, 2003: 759-760).

이러한 한국 국가민족주의의 성격을 김현준(2012)은 다시 반공주의, 발전주의, 도덕주의라는 세 범주로 나누어 자세히 제시했다.

먼저 반공주의를 살펴보면, 한국 국가민족주의에서 반공주의란 단순히 공산주의에 반대한다는 특정 대상에 대한 반동적 의미만을 지니고 있는 것이 아니다. 북한에 대한 적대적 감정이라기보다는 국가적 공식 입장과 위배되는 남한 사회 내의 모든 사상과 행동에 대한 낙인을 위한 도구로서 의미를 지닌다. 이러한 반공주의는 '반공법' 및 '국가보안법' 등으로 구체화되었고, 이러한 일련의 국가의 사법적 통제는 국민들 스스로 처벌을 회피하기 위해 자진해서 자신의 생각과 행위를 제한하는 자발성의 기제로까지 작동되었다. 이러한 반공주의가 민족주의의 중요한 요소로서 결합되는 계기는 미군정 하에서의 찬탁(좌익 계열의 입장)-반탁(민족주의 계열의 입장) 구도에서 비롯되었으며, 한국전쟁을 거쳐 군사정권으로 이어지는 기간 동안 '반북=반공=민족주의'라는 등식이 성립됨으로써 한국 사회에서 '반공민족주의'라는 형태로 국민들 뇌리에 내면화되었다(김현준, 2012: 30).

독재정권의 국가민족주의에서 발전주의적 성격은 '강력한 민족국가 건설'이라는 슬로건 아래서 민간과 공공의 모든 자원을 '민족 공동체'에 편입하고 동원하는 모습으로 나타났다. 국가적 차원의 생산성 증가와 효율성 증대를 '민족적인 것'의 실현 그 자체로 보았고, 사회적 차원에서도 개인의 성과, 신속성, 경쟁력을 최우선의 가치로 여기는 풍조가 만연하게 되었다. 더불어 효율성이라는 미명 하에 관료 중심의 일사불란함이 강조됨으로써 다양한 정치적 의견이 조정되고 합의되는 과정은 자연스럽게 경시되었다. 결국 이러한 발전주의적인 민족주의 성격은 '국민 총화' 담론으로 완결되었다고 볼 수 있다. 국민총화론을 통해 한편에서는 개인=국가=민족 간의 일치가 강조됨으로써 개인의 이익보다 전체의 이익이 항상 앞서는 유기체적 국가관이 완성되었고, 또 다른 한편에서는 다양한 정치적 의견이 조정되고 합의되는 과정이 말살됨으로써(예를 들어 유신 체제) 지도자와 국가가 대중의 일반 의지를 직접적으로 반영할 수 있다는 전체주의적 국가관이 도래하게 되었다(김현준, 2012: 35-39).

마지막으로 국가민족주의에서 도덕주의는 다시 평등주의와 집단주의 윤리로 각색되었다. 군사정권은 여러 가지 차별과 평등하지 못한 것 대부분(예를 들어 빈부 격차, 특권 의식 등)을 지난날의 봉건적 요소로 매도하면서, 일반 민중들이 지니고 있던 평등에 대한 열망을 국민 전체의 공공 윤리로 자리매김시켰고, 그러한 평등의 구심점에 동일한 조상을 지닌 하나의 한민족이라는 신화를 정당화의 기제로 위치시켰다. 하지만 군사정권이 이러한 평등주의를 실제로 구현하고자 했다기보다는 오히려 사회 내부의 다양한 불만을 상쇄하는 억압 기제로써 활용했다. 즉, 민족 구성원 모두가 동질하다는 평등 프로파간다는 개인의 문제들을 고려하기보다는 독재정권이 기획한 '공공의 이익'에 개인의 개별 입장을 복속시키는 현상을 발생시켰다. 더불어 이러한 개인의 동질성 위에 자리 잡은 민족적 개념으로부터 국가와 그 지도자는 '민족의 대리자'로서 규정되었고, 이러한 국가와 지도자는 기존의 법적 테두리를 초월하여 민족을 위해 전향적으로 혹은 독단적으로 일종의 결단을 내릴 수 있는 절대자의 위치로까지 격상되었다(김현준, 2012: 40-43).

이러한 성격의 위로부터의 민족주의적 담론에 상응하여 한국 민중 저변에 깔린 민족주의는 방어적 민족주의(defensive nationalism)라는 좀 더 독특하고 폐쇄적인 강력한 인자를 지니고 있다. 방어적 민족주의(Smith, 2003: 26; Brown, 2008: 781; Becker, 2009: 352)는 대개 반식민주의적 민족주의로부터 생성되고, 전통적 공동체의 대중으로만 그 내부자를 제한하는 좀 더 강력한 민족적 개념을 지니고 있다. 적개심, 배타성, 개인보다 집단방어라는 명제의 우선성, 적에 대한 열등감과 선취에 대한 조급함 등을 그 세부 내용으로 지니게 된다.

한국의 경우 반일제 독립 투쟁 과정에서 대외적인 정치적 권리의 회복이 개인의 자유에 우선했으며(이종은, 2003: 750, 753), 독립 이후 근대화에 대한 절박한 요구와 급속한 발전 과정은 방어적 민족주의를 한국 민중의 대표적인 집단주의적 이데올로기로 자리매김하게 했다. 특히 해방 이후 남과 북에 서로 다른 독립된 정부가 들어서고, 3년이라는 장기간의 전쟁을 치르게 되면서 한민족의 정통성을 놓고 적대적으로 경쟁하는 형국이 발생한다(이종은, 2003: 757). 이러한 각자의 체제 유지를 위한 남북한 정부의 민족주의적 정통성에 대한 집착, 즉 '민족주의 콤플렉스'(강정인 2012; 김현준, 2012: 28에서 재인용)는 남북한 상호간에 그리고 대외적으로 높은 수준의 배타성을 보이는 방어적 민족주의의 형태로 민중의 가슴 속에 자리 잡게 되었다고 볼 수 있다.

박정희 → 전두환 → 노태우로 이어진 30여 년간의 한국 군사독재정권의 국가민족주의와 민중들의 뇌리에 깊게 뿌리박혀 국가민족주의의 바탕이 되었던 방어적 민족주의 간의 결합은 앤더슨(Benedict Anderson)이 말하는 관 주도 민족주의(official nationalism)와 민중적 민족주의(popular nationalism)의 전형적인 결합 형태라 할 수 있다(Anderson, 2001).

2) 전국민 의료보험 확대 과정에서 보인 한국 국가민족주의의 형태

30여 년간 지속된 군사독재 시절 동안 여러 가지 사회보장제도들이 도입되었는데, 이러한 도입의 배경으로 많은 학자가 군사정권의 정당성 확보를 지목한다(권문일 1989; Wong, 2004; 이광찬, 2009: 105; 이규식, 2012: 416). 독재정권 시기 동안 국가는 억압적 통제기구로서 시민사회를 철저히 통제하며 수출 주도형 경제 성장 정책을 주도했다. 이와 같은 과정에서 국가와 자본가계급 간의 확고한 지배연합이 형성되었으며, 반대급부로 노동자·농민 등 발전의 피해자들은 지속적으로 배제당하고 공권력에 의해 억압당하는 모습을 보이게 된다(이광찬, 2009: 51).

이러한 독재정권의 권위주의적 통치 하에서 강압정치의 정당성을 국민들로부터 확보하기 위해 의료보험이 도입된 것이다(이광찬, 2009: 70; Wong, 2004: 46). 하지만 그 방식이 왜 전 국민을 포괄하는 방식인가? 이는 위에서 살펴본 독재정권의 국가민족주의적 요소로 설명 가능한 것 같다. 박정희 → 전두환 → 노태우로 이어지는 군사정권의 통치 이데올로기로서 국가민족주의에는 강력한 평등주의적 요소가 담겨 있었다. 물론 이 평등주의는 개인의 개별적 입장을 무시하면서 전체의 입장을 우선시하고 이러한 전체주의적 지평 위에 초월자로서 국가지도자를 설정하기 위한 것이었지만, 이러한 통치 기제를 정당화하기 위해서라도 전 국민을 포괄한다는 개념은 국가민족주의로부터 자연스럽게 도출될 수 있었다.

그리고 이러한 위로부터의 결정에 국민들은 자연스럽게 복종하는 모습을 보이게 된다. 물론 군사독재정권 시절 뚜렷한 정치적 반대 세력이 형성될 수 없었던 한계도 있으나, 독재정권의 국가민족주의에 포섭된 국민들은 국가 관념과 민족 관념 간의 강한 동일성(김현준, 2012: 33)을 보이면서 국가 프로젝트로서 의료보험의 전 국민 확대정책 자체에 대해 별다른 저항을 보이지 않게 된다. 물론 경우에 따라선 의료보험의 재정 방식이나 전달 체계와 관련하여 강한 불만을 표출하기도 했으나, 서구의 국가들(예를 들어 독일, 스웨덴)에서 볼 수 있었던 사회보험의 포괄 대상자가 되는 것 자체에 대한 반항은 없었다는 점이다. 더불어 이 또한 뒤에서 좀 더 자세히 살펴보겠지만, 1970년대 한국과 유사한 군부독재를 경험했던 남유럽 국가들(스페인, 포르투갈, 그리스)에서 독재정권이 선택했던 강권정치의 정

그림 12-1 한국 전국민 의료보험 확대의 세 가지 메커니즘

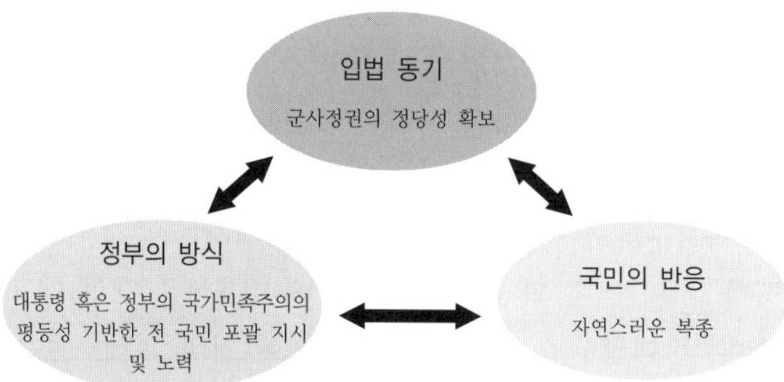

당화 프로젝트로서 '정규직 노동자 우대정책'과 한국의 전 국민 포괄정책과는 분명 커다란 차이가 있다.

제 3 절 사례의 배경

한국의 건강보험제도, 즉 의료보험제도는 1963년 임의보험 형태로 도입되어 근 25년 만에 전 국민을 포괄하는 급속한 확대 과정을 경험했다. 임의보험으로부터 시작하여 피용인 중심의 강제보험을 먼저 실시했고, 자영자에 대해서는 여러 곳에서 시범 실시 이후 농·어민, 그 다음 도시 자영자를 단계적으로 포괄하여 그 적용 범위를 전 국민으로 확대했다. 이 자리에서는 이러한 과정을 좀 더 자세히 살펴보고자 하며, 먼저 중요한 확대 적용 시점과 그 내용을 연대기 순으로 정리해 보면 <표 12-1>과 같다.

먼저 직장의료보험 적용 대상자인 피용인 확대 과정부터 살펴보면 다음과 같다. 의료보험법은 1963년 12월에 제정되고 1964년부터 시행될 예정이었지만, 300인 이상 사업장의 노동자와 농·어민을 대상으로 하여 강제 가입이 아닌 임의보

표 12-1 의료보험 적용 대상자 변천 과정

<table>
<tr><th colspan="3">의료보험법 제정(1963)</th></tr>
<tr><th>연도</th><th>피용자 제도</th><th>자영자 제도</th></tr>
<tr><td>1963</td><td>300인 이상 사업장 임의 적용 근거 마련</td><td rowspan="2">자영자에 대한 임의 적용 근거 마련</td></tr>
<tr><td>1977</td><td>500인 이상 사업장 당연 적용</td></tr>
<tr><td rowspan="2">1979</td><td rowspan="2">300인 이상 사업장 당연 적용
공무원 및 사립학교 교직원 당연 적용</td><td>지역의료보험 1차 시범사업 실시(1981)
(홍천, 옥구, 군위), 직종 의료보험조합 설립</td></tr>
<tr><td>지역의료보험 2차 시범사업 실시(1982)
(강화, 보은, 목포)</td></tr>
<tr><td>1981</td><td>100인 이상 사업장 당연 적용</td><td rowspan="2">농어촌지역 자영자 당연 적용</td></tr>
<tr><td>1983</td><td>16인 이상 사업장 당연 적용</td></tr>
<tr><td>1988</td><td>5인 이상 사업장 당연 적용</td><td>도시지역 자영자 당연 적용</td></tr>
</table>

출처: 국민건강보험공단 홈페이지, 2011; 한국보건사회연구원(2012: 40)에서 재인용.

험 형태로 최종 결정나면서 그 실효성을 잃게 된다. 그 이후 1970년 8월 7일에 다시 의료보험법을 개정하여 강제 가입을 시도하지만, 이 또한 재원 확보 곤란 등의 이유로 인해 강제가입 규정은 또다시 유보된다(한국보건사회연구원, 2012: 41).

이러한 상태로 유지되던 의료보험법은 1976년 12월 22일 다시 한 번 전면 개정되면서, 이번에는 피보험자를 제1종 당연 적용 대상자와 제2종 임의 적용 대상자의 두 가지 형태로 구분했다. 이는 강제 가입의 단계적 적용을 좀 더 명확히 천명한 조치로서, 제1종 당연 적용 대상자에는 사업장의 노동자가 포함되었고, 제2종 임의 적용 대상자는 다시 지역 주민을 대상으로 하는 지역의료보험 대상자와 특수직 자영자를 포괄하는 직종의료보험 대상자로 구분되었다. 그리고 제1종 당연 적용 대상자인 사업장 노동자도 보험료 부담 능력과 관리 운영 능력 등을 감안하여 강제 적용을 일정 규모 이상의 사업장부터 단계적으로 실시해 나가기로 결정했다. 따라서 그 단계적 실시의 첫 번째 관문으로서 1977년 7월 1일부터 500인 이상 사업장의 노동자를 의료보험에 강제 적용시켰고, 그 결과로 500인 이상의 사업장에 19개의 조합이, 그리고 공업단지 내 사업장에 486개의 조합이 설립되어 강제 적용 피보험자를 관리하게 되었다(한국보건사회연구원, 2012: 41).

이후 사업장 노동자에 대한 의료보험 강제 적용은 순차적으로 이루어졌다. 1979년 7월부터 300인 이상 사업장, 1981년 1월부터 100인 이상 사업장, 1983년 1월에는 16인 이상 사업장, 1988년에는 5인 이상 사업장까지 확대되었다. 그리고 그동안 지역 가입자로 편입되어 있던 5인 미만 사업장 노동자도 2000년 국민건강보험법 4차 개정을 통해 2001년 7월부터 직장 가입자로 편입시킴으로써, 1인 이상 사업장의 모든 임금노동자에 대한 의료보험 강제 가입이 완성되었다(한국보건사회연구원, 2012: 42).

이러한 사업장 노동자 이외의 피용인, 즉 공무원, 군인 그리고 사립학교 교직원을 위해서는 별도의 의료보험법이 제정되었다. 이와 같은 별도의 피용인 세 그룹은 일단 상기한 1976년 의료보험법 개정 시에 의료보험으로부터 제외되었고, 대신 이들 각 그룹의 연금법 내에 존재하는 재해보상 및 단기급여제도를 통해 이 피용인 그룹에 의료보험 혜택을 주도록 하는 것이 정부의 계획이었다. 하지만 연금제도라는 것은 장기급여인 소득 보장에 초점이 맞추어 있기 때문에, 단기급여적 성격이 강한 의료보험과 상충됨으로 인해 발생하는 재원관리 등의 여러 문제점을 고려하여 별도의 의료보험법 제정으로 정부의 입장을 선회했다. 따라서 1977년 12월 31일에 공무원 및 사립학교교직원 의료보험법이 제정되었고, 이 법은 1979년 1월부터 본격적으로 시행되었다. 1980년 1월부터는 군인가족과 사립학교 경영기관 직원 및 그 부양가족으로 적용 대상이 확대되었고, 1981년 7월에는 공무원연금법과 사립학교교직원연금법에 의한 연금수급자도 포괄하게 되었다. 같은 해 10월에는 군인퇴역연금 수급자에게도 의료보험을 확대 적용했다(한국보건사회연구원, 2012: 41).

다음으로, 피용인 이외의 제2종 임의 가입 대상자들이 강제 가입 대상자로 전환되는 과정을 살펴보면 다음과 같다. 1977년 500인 이상 사업장의 노동자를 대상으로 강제 가입을 시작한 의료보험은 1980년 말에 가게 되면 전 국민의 27.9%를 포괄하게 되었다. 하지만 그 당시 의료보험 적용 대상에서 제외된 농·어촌 주민과 도시 자영자 중에서 의료보험의 혜택을 받는 비율은 전 국민의 0.2%에 불과한 실정이었다. 의료보험으로부터 배제된 농·어촌 주민과 도시자영자들은 사업장 노동자들을 위한 의료보험수가보다 훨씬 높은 일반수가의 적용을 받으며 진료비 전액을 본인이 부담해야 하는 문제를 안고 있었다(한국보건사회연구원, 2012: 42).

따라서 정부는 1981년부터 농·어촌 주민을 중심으로 한 지역의료보험 시범사업을 실시하게 된다. 1981년 7월부터 강원도 홍천군, 전라북도 옥구군, 경상북도 군위군의 3개 지역에서 1차 시범사업을 시행했고, 1982년 7월부터는 경기도 강화군, 충청북도 보은군, 전라남도 목포시에서 2차 시범사업을 확대 실시했다(한국보건사회연구원, 2012: 42). 또 다른 한편 정부는 제2종 임의 적용 대상자 중 특수직 자영자를 대상으로 한 직종의료보험에 대해서도 특단의 조치를 취하게 된다. 비록 자발적인 임의 설립을 전제한 강제 적용 방식이었지만, 이러한 방식을 통해 1981년에 예술인조합이, 1982년에는 양곡상조합, 전국 택시조합 등이 잇달아 설립되었다. 이후에도 여러 직종조합이 설립되어 1984년 12월에 이르면 직종조합은 총 11개에 달하게 된다(이광찬, 2009: 82).

농·어촌 주민과 도시 자영자를 대상으로 한 이러한 과도기적 과정을 거친 이후, 1987년 의료보험법 개정을 통해 1988년 1월 1일에 농어촌의료보험이, 그리고 1989년 7월 1일에는 도시지역자영자의료보험이 시행됨으로써 전 국민을 포괄하는 의료보험 시대가 도래하게 되었다.

제 4 절 사례의 전개 과정

1 1963년 의료보험 도입 시점

박정희 군사정권은 5·16 쿠데타 이후 헌법을 전면 개정하면서 제3공화국 헌법 제30조와 제31조에 "사회보장의 증진과 국민보건 향상에 관한 국가의 보호 조항"을 신설했다. 이러한 헌법 개정상의 조치가 박정희 군사정권이 의료보험제도와 맺은 첫 번째 인연이라 볼 수 있다. 그 이후 박정희가 의장을 맡은 국가재건최고회의의 지원 하에 1962년 3월에 사회보장에 대한 연구와 조사를 보장하는 '사회보장제도심의위원회규정'이 각령 제469호로 제정된다. 그리고 이러한 규정에 근거하여 사회보장제도심의위원회가 탄생하게 되고(문옥륜 외, 2009: 62), 이 사회보장제도심의위원회(이후에는 사회보장심의위원회로 개명됨)는 의료보험을 포함한 여러 가지 사회보장제도 도입에서 중요한 역할을 담당하게 된다.

또한 박정희 국가재건최고회의 의장이 1962년 7월 28일에 내각수반에 내려보낸 '사회보장제도의 확정에 관한 지시각서'를 통해 그리고 1962년과 1963년의 '최고회의의 기본 정책 방향'을 통해, 박정희 집권 세력은 의료 및 소득보장 확립을 위한 사회보장제도 수립에 각별한 관심을 보이기 시작한다(이광찬, 2009: 61). 특히 1962년 7월의 박정희가 내각수반에 내린 지시각서에는 "사회보장제도를 확립하라"는 내용이 분명히 담겨 있었고, 그럼으로 인해 이 지시각서는 아직 한국 사회에 사회보장이나 의료보장에 대한 인식이 미비한 시점에서 이에 대한 관심을 환기시키는 역할을 하게 되었다고 평가된다(문옥륜 외, 2009: 62).

이러한 박정희 집권 세력의 관심과 지시에 의해 사회보장심의위원회는 의료보험의 실제 도입 가능성을 진지하게 타진해 보기 시작한다. 사회보장심의위원회는 국민의 의료비 지출 능력과 의료 실태 등을 종합적으로 연구한 결과 당시의 사회적 · 경제적 여건으로는 의료보험 도입이 시기상조라는 의견을 제시한다. 이러한 정부의 집행 의지와 반하는 결론으로 인해, 전 국민을 대상으로 하는 사회보장입법이 필요하다고 강력히 주장했던 당시 국가재건최고회의의 일부 위원과 마찰이 일어나기도 한다. 하지만 결국 여러 가지 현실적 여건이 고려되어 일부 보험 가능 소득계층에 대한 시범사업과 임의 적용을 골자로 하는 의료보험법(법률 제1623호)이 1963년 12월 16일 최고회의 마지막 날에 여러 법과 함께 무더기로 통과된다. 이어서 1964년 6월 5일에는 의료보험법 시행령이, 그리고 동년 10월 27일에는 의료보험법 시행규칙이 제정되었다(문옥륜 외, 2009: 63).

이상에서 본 바와 같이 결국 임의 적용으로 결론남으로써 그 실효성을 상실한 1963년의 의료보험법은 장기적인 종합계획이나 사회적 · 경제적 현실에 대한 충분한 사전 조사 없이 진행된 정부 업적 위주 사업의 어긋난 결말이라 볼 수 있다(문옥륜 외, 2009: 63). 즉, 민주주의를 파괴하고 무력으로 집권한 군사정권은 자신의 부족한 정당성을 '사회 정의'라는 슬로건을 통해 채우고자 했고, 그러한 사회 정의의 무리한 구현 의지로 인해 발생한 일종의 해프닝이라고 볼 수 있다.

결론적으로, 1963년의 의료보험법은 박정희 국가재건최고회의 의장의 강력한 의중에서 비롯된 것이었고, 이는 쿠데타 정권의 부족한 절차적 정당성을 확보하기 위한 일환이었다고 평가된다(권문일, 1989).

2 1977년 사업장 노동자 의무 적용의 시작 시점

1970년 8월 7일 의료보험법의 첫 번째 개정(법률 제2228호)이 있었다. 이 개정을 통해 정부는 의료보험의 적용 대상 범위를 전 국민으로 확대하고자 했고, 임의가입을 강제 가입으로 전환시키고자 했다. 하지만 앞서 살펴보았듯이 재원 마련의 어려움, 국고 확보의 문제, 법절차의 제정 미비 등 1963년 임의보험 형태로의 의료보험 도입 이후 기간 동안 여러 가지 여건이 별반 호전되지 않아 시행령의 준비 과정에서 그 실시가 좌절되고 말았다(문옥륜 외, 2009: 68).

이에 모든 국민을 일시에 의료보험에 강제 적용시키기에는 무리가 있음을 인정하고 단계적으로 그 범위를 확대하는 안을 담은 제2차 의료보험법(법률 제2942

호) 개정이 1976년 12월 22일에 단행된다. 즉, 이는 강제 적용(제1종 당연 적용 대상자)과 임의 적용(제2종 임의 적용 대상자)을 병행하고, 강제 적용 또한 일정 규모 이상의 사업장에서부터 시작하여 더 적은 규모의 사업장으로 점차 확대하는 단계적 확장안이었다. 이러한 법률에 의거하여 동법 시행령은 1977년 3월 12일 대통령령 제8487호로 공포되었다(이광찬, 2009: 70).

이러한 의료보험법 2차 개정으로 인해 1977년 7월 1일부터 500인 이상 사업장의 노동자가 의료보험에 강제 적용되었고, 이러한 강제 적용의 첫 번째 관문을 넘어 좀 더 소규모 사업장의 노동자에게 점차적으로 확장되었으며, 그리고 그 이후에는 농·어촌 지역 주민과 도시 자영자에게로까지 강제 적용을 확대하게 된다.

이상으로 살펴본 두 번째 확장 시점에서의 법 개정에서 핵심 동력은 의료보험 도입 시의 시점과 유사하게 박정희 당시 대통령의 강력한 의지였다. 1967년 초에 박정희는 호주와 뉴질랜드를 방문하고 귀국하여 당시 정희섭 보사부 장관을 불러 다음과 같은 지시를 내리게 된다. “그들 두 나라의 잘 확립된 사회보장제도에 큰 감명을 받았다. 우리도 5천 년간 내려온 빈곤의 급한 불만 끄면 바로 사회보장제도 도입에 착수할 것이니 지금부터 기본 인사규정에 구애받지 말고 특별대우로 훌륭한 해당 연구요원을 확충, 조속히 준비에 착수하라. 이것은 나의 특명이다”라고 지시하게 되는데(이광찬, 2009: 64), 이 짧은 내용에서도 박정희가 의료보험에 대해 얼마나 강력한 의지를 지니고 있었는지를 엿볼 수 있다. 박정희가 보고 온 뉴질랜드는 세계 최초로 전 국민을 포괄하는 보편적 의료보장제도를 실시한 나라이다. 박정희는 그러한 시스템을 보고 와서 전 국민을 포괄하는 의료보험제도를 다시 한 번 강조하게 되었고, 그의 언사에서 보인 ‘우리’, ‘5천 년’ 등등의 단어는 분명 민족주의적 발상에서 비롯되었다고 해석할 수 있다.

1976년 봄 박정희는 돌아오는 새해에 새로운 의료보험제도를 도입하여 저소득층부터 우선적으로 포괄·시행하고 그 후 점차 그 적용 범위를 확대해 나가겠다고 발표했다. 이를 기반으로 사회보장심의위원회는 경제개발 4차 계획안에 의료보험 부문을 삽입하게 된다. 하지만 당시 의료보험에 대해 회의적인 시각을 지니고 있던 신현확 보사부 장관은 “우리 경제가 아직 거기까지는 안 되었으니, 의료보험 부문은 이번 4차 계획에서는 빼도록 하라”고 지시했고, 결국 의료보험 부문이 계획안에서 빠지게 된다. 하지만 경제개발 4차 계획안을 보고받는 자리에서 대통령 박정희는 "모두 수고들 해서 잘 만들었다. 다만 보사부는 '의료 보호'와 '의료보험'제도만 조속히 이 4차 계획에 더 보충하여 시행토록 하라"는 지시를 다시 한 번 확고히 내리게 된다. 이러한 박정희의 의지로 인해 의료보장 관련 부문은 다시 경제개발 4차 계획에 포함되고, 이러한 제4차 계획을 발표하는 자리에서 박정희는 "상당한 소득이 있는 사람들을 위한 의료보험은 지연될 수 있고, 저소득층을 위한 의료보장 프로그램을 점진적이고 내실 있게 발전시켜 가야 한다"고 되풀이하여 천명했다(이광찬, 2009: 68-69).

하지만 이러한 박정희의 의지는 분명 자신의 독재정권, 특히 1972년부터 시작된 무소불위의 권력 독점으로 대표되는 유신독재를 정당화하기 위한 절차였다고 평가된다.[2] 즉, 권위주의적 전체정치 체제 하에서 강권 통치의 위기 상황을 헤쳐나가고자 하향적 명령에 따라 강제 가입의 의료보험제도가 도입된 것이었다(이광찬, 2009: 70). 그 당시 의료 체제상의 심각한 불평등에 대한 언론의 보도가 증대되고 있는 실정이었다. 대부분의 서민은 금전상의 이유로 인해 병원 자체에 접근할 수 없었고, 그나마 병이 위독해진 이후에나 병원에 가게 됨으로써 그 치료를 위해 가산을 탕진하는 사태가 속출했다. 또한 각종 불법 시술과 의료 부조리가 기승을 부림으로써 사회 전반적으로 의료문제가 매우 심각한 상황에 처해 있었다(이광찬, 2009: 68). 따라서 박정희는 1972년 유신 체제 이후 정치적 정당성을 얻기 위한 조치로서 강제 가입의 의료보험을 긴급 도입하게 되었던 것이다(이광찬, 2009: 69).

한편 앞서 잠깐 살펴보았던 것처럼 이 시기에 사업장 노동자 이외의 피용인, 즉 공무원, 군인 그리고 사립학교 교직원을 위해 별도의 의료보험법이 제정되었다. 1976년 제2차 개정 의료보험법 제5조(적용 대상자의 범위) 단서에서 "공무원연금법·군인연금법 또는 사립학교교직원연금법의 해당자나 다른 법률에 의해 의료보험에 가입된 자 등"은 제외한다고 규정했다. 그리고 이어 1977년 12월 31일

2) 1972년에 개정된 유신헌법은 그 30조에서 "첫째, 모든 국민은 인간다운 생활을 할 권리를 가진다. 둘째, 국가는 사회보장의 증진에 노력하여야 한다. 셋째, 생활 능력이 없는 국민은 법률이 정하는 바에 의하여 국가의 보호를 받는다"라고 명시함으로써, 사회복지에 대한 국가의 책무를 한층 더 강조했다(이광찬, 2009: 66).

공무원 및 사립학교교직원의료보험법(법률 제3018호)이 제정되었고, 그 다음해인 1978년 7월 1일에는 해당 법률의 시행령이 제정되었다(문옥륜 외, 2009: 76-77). 이러한 법규정에 근거하여 공무원과 사립학교 교직원들도 1979년부터 의료보험에 강제 가입의 자격을 얻게 된다.[3]

3 1981년 지역의료보험 시범사업 시점

1981년 4월 4일 의료보험법은 네 번째 개정(법률 제3415호)을 맞게 된다. 개정의 핵심 목표는 사업장 노동자 중심의 강제 적용을 농·어민, 자영자 등 지역 주민에게로 확대하기 위함이었다. 앞서 살펴보았듯이 그 당시 의료보험 적용 대상에서 제외된 농·어촌 주민과 도시 자영자 중에서 의료보험의 혜택을 받는 비율은 전 국민의 0.2%로서 매우 낮은 수준이었다(문옥륜 외, 2009: 80). 하지만 모든 지역주민을 대상으로 당장 실시할 수 있는 여건이 되지 못했기 때문에 일단 시범사업으로서 지역의료보험을 몇몇 지역에서 실시하게 된다. 1981년 7월 1일 강원도 홍천군, 전라북도 옥구군, 경상북도 군위군의 3개 지역에서 1차 시범사업을 시행했고, 1982년 7월 1일부터는 경기도 강화군, 충청북도 보은군, 전라남도 목포시에서 2차 시범사업을 확대 실시했다.

이러한 시범사업 또한 박정희를 대신하여 1980년 청와대에 입성한 신군부의 의지에서 시작되었다. 전두환 신군부에서는 의료보험 대상에서 제외된 계층을 포괄하기 위해 1980년대 말까지 전국민 의료보험을 시행한다는 기본 정책 방향을 수립했다(손준규, 1983: 52; 문옥륜 외, 2009: 80에서 재인용). 따라서 이들 6개 시범지역의 경험을 토대로 한국 실정에 적합한 의료보험 모형을 개발하여 전국민 의료보험을 조기 실현하겠다는 것이 신군부의 의지였다(문옥륜 외, 2009: 80; 이광찬, 2009: 79). 전두환 정권도 박정희 정권과 유사하게 자신들의 부족한 정치적 정당성을 사회보장제도의 확장을 통해 만회하고자 하는 강력한 의지를 보였던 것이다. 그리고 신군부 또한 박정희의 국가민족주의 노선을 그대로 전수받았기 때문에,

3) 이러한 공무원·사립학교교직원을 위한 의료보험공단은 1998년 지역의료보험에 통합된다.

의료보장제도의 방식이 전 국민을 포괄하는 것에 대해 별다른 의문을 제기하지 않았다.

농·어민을 대상으로 한 시범사업이 한창일 때, 도시 자영자를 대상으로 한 직종의료보험에서도 비록 임의 설립을 전제하지만 설립된 조직에 한에서는 강제 적용을 시행하는 방식을 택하게 된다. 1981년 12월 1일 문화·예술인 의료보험조합의 설립을 시작으로 하여 양곡상 의료보험조합, 전국 개인택시 의료보험조합, 이·미용 의료보험조합, 축산기업 의료보험조합, 생명보험모집인 의료보험조합, 의사 의료보험조합, 약사 의료보험조합, 기독교교역자 의료보험조합 등이 차례로 설립되었다(문옥륜 외, 2009: 80-81).[4)]

4 1988년 농어촌 의료보험 도입과 1989년 도시자영자 의료보험 도입 시점

1981년부터 시작된 지역의료보험 시범사업의 경험을 토대로 정부는 전 국민에 대한 의료보험 강제 적용을 단행하게 된다. 1987년 11월 1일 농·어촌 지역을 대상으로 하여 전국 134개 군에 지역의료보험조합을 설립하고, 직장의료보험 및 공무원·사립학교 교직원 의료보험 피보험자와 의료보호 대상자를 제외한 전 주민에게 의료보험증을 교부했다. 그리고 이를 토대로 1988년 1월 1일부터 해당 지역 주민들을 대상으로 하여 당연 적용의 의료보험을 실시함으로써 전 국민의 19.9%를 새롭게 포괄하게 되었다. 또한 지난 7년 동안 진행했던 목포시의 도시지역의료보험 시범사업 결과를 토대로 하여 1989년 1월 1일에 117개의 도시자영자 의료보험조합을 설립했다. 이를 토대로 1989년 7월 1일부터 도시지역 자영자들을 위한 의료보험을 실시하여 전국 약 1,100만 명에 해당하는 도시지역 자영자와 그 가족을 의료보험에 강제 적용시킬 수 있었다(문옥륜 외, 2009: 81; 이광찬, 2009: 105).

하지만 이러한 괄목할 만한 개혁 또한 시민사회의 요구에 앞서 전두환 독재정부의 강력한 의지에서 비롯되었다고 볼 수 있다. 1986년 9월에 열린 전두환 주재의 청와대 당정연석회의에서 1988년에는 농·어촌지역, 1989년에는 도시지역으

4) 직종의료보험은 1989년에 지역의료보험에 통합된다.

로 의료보험의 당연 적용을 확대 실시하기로 결정했다(이광찬, 2009: 102). 이러한 전두환의 결정은 그대로 국회에 반영되고 시행 준비에 들어가게 된다. 전두환 정권이 전국민 의료보험이라는 '업적 달성'을 서두른 배경에는 1986년부터 제5공화국이라는 독재정권의 정당성 시비가 시민사회로부터 지속적으로 일어나고 있는 현실이 놓여 있었다(이규식, 2012: 415). 이에 전두환은 정치적 정당성 문제를 자신의 선임자인 박정희처럼 사회보장제도의 확장을 통해 해결하고자 했던 것이다.

하지만 이러한 전두환의 결정은 노태우 정권 때에 이르러 실제 시행에 들어가게 된다. 1987년 박종철 고문치사 사건, 전두환의 '4 · 13 호헌 조치', 그리고 연세대학교 학생이었던 이한열의 죽음은 민주항쟁에 불을 지폈고, 결국 전두환은 그 정권을 노태우에게 넘기게 된다. 형식적인 민주 투표를 통해 정권을 쥔 노태우 정부는 집권 이후에도 여러 가지 정치적 압력에 직면하게 되고, 그 하나의 돌파구로서 '전국민 의료보험 시대의 달성'을 제창하게 되었던 것이다. 이광찬(2009: 105)의 지적처럼 이 당시 도시 자영자에 대한 의료보험 적용은 "이들만 의료보험 밖에 방치되고 있다는 전문가들과 시민사회운동단체들과 양 김씨의 두 야당에 의한 정치적 압력에 전략적인 선제적 대응책"으로 노태우 정부가 벌인 정치적 행위였다.

5 의료보험의 전 국민 확대 과정에 대한 평가

지금까지 설명한 것처럼 박정희 → 전두환 → 노태우로 이어지는 군사독재정권은 자신들의 강압 통치의 정당성을 확보하고자 의료보험을 도입하고 그 대상 범위를 전 국민으로 확대했다. 군사독재정권은 자신들의 주요 통치 이데올로기인 국가민족주의에 근거하여 의료보험이 전 국민을 포괄하는 것을 당연한 것으로 간주했으며, 국민들도 "평등주의적 문화 기반"(이광찬, 2009: 59) 위에서 별다른 저항 없이 '강제 가입'의 자격을 얻는 것에 동의했다.

하지만 문제는 그 이후에 전개된다. 모든 국민이 의료보험의 대상자가 되는 것에는 불만이 없었으나, 군사정권이 졸속으로 진행한 확대 개혁으로 인해 발생한 재정 방식과 전달 체계의 문제 등에서 국민들은 저항을 하게 된다. 대표적인 실례가 1988년 농어민 의료보험 도입 직후 일어난 농민과 정부의 갈등이다, 이는 구체적으로 농민들의 보험료 부과 방식과 보험료액에 대한 불만이었다. 또한 군사정부는 의료보험의 대상을 전 국민으로 확대하고자 하는 방향을 설정했음에도 불구하고 기업 편의를 위해 조합주의 방식을 고수함으로써, 1989년 통합주의(의료보험 통합 체제)를 결정한 여소야대 국회와 조합주의를 고수하고자 하는 대통령과의 심각한 갈등이 빚어지기도 했다(김재관, 1992; 김삼근, 1998; 신영란, 2006; 이광찬, 2009).

이처럼 군사정권의 정당성 확보에만 매달린 협소한 시각과 졸속행정의 문제들은 그 이후 민주정부 하에서 해결하게 되고, 결국 2000년 직장조합과 지역조합이 통합하여 국민건강보험공단을 출범시키게 되었으며, 2003년에는 재정 또한 완전 통합함으로써 전 국민을 포괄하는 의료보험통합 체제를 확립할 수 있었다.

제 5 절 사례의 특성: 외국과의 비교

그림 12-2 집권정당의 정치적 성향과 의료보장제도의 포괄 범위

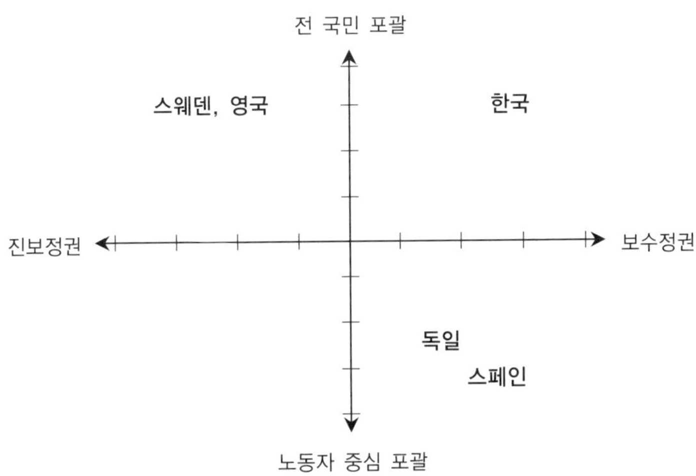

위의 그림은 한국과 대표적인 유럽 4개국(영국, 스웨덴, 독일, 스페인)에서 의료보장제도가 도입될 즈음 어떤 성격의 집권정당이 존재했고, 그들에 의해 도입된 의료보장제도가 전 국민을 포괄했는지 아니면 노동자계급만을 그 수혜 대상으로 삼았는지에 대해 간략히 보여주고 있다.

전 국민에게 무상의료를 제공하는 포괄적 보건 시스템으로 잘 알려진 영국의 NHS(National Health Service)는 1946년에 도입되었다. 그 전에는 지금과 같은 수당 방식이 아닌 한국과 유사한 사회보험 방식의 의료보장 체제를 유지하고 있었고, 그 적용 대상도 주로 노동자계급에 한정되어 있었다(Ministerium für Gesundheitswesen und Soziale Sicherheit, 1972: 164). 1946년 이전의 20여 년의 기간 동안 영국에서는 보수당이 거의 전 시기를 집권하고 있었고, 이 시기 보수당의 마지막 수상은 처칠(Winston Churchill)이었다. 제2차 세계대전 기간 중에 처칠은 어지럽게 흩어져 있는 사회보장 관련 법들을 체계적으로 정리하고자 했고, 당시 옥스퍼드대학의 학장이었던 베버리지(William Beveridge)에게 이 일을 맡긴다. 1942년 11월, 세상에 「베버리지 보고서」라고 알려진 '사회보험과 관련 서비스'라는 정부 용역 보고서가 출간되는데, 문제는 그 내용이 처칠이 요구하는 것과는 너무나 거리가 있었다는 것이다. 베버리지는 이전 시스템과는 완전히 다른, 전 국민을 포괄하는 새로운 사회보장 체계를 구상했고, 여기에 보편적 의료보장 체계인 NHS 계획도 포함되어 있었다. 처칠은 이 베버리지의 계획이 너무 사회주의적이라 판단하여 수용을 거부했고, 당시 야당이던 노동당이 이 계획을 받아 자신들이 집권하여 반드시 실현하겠다는 공약을 하게 된다. 1945년 전쟁이 끝난 직후 2개월 뒤에 열린 총선에서 베버리지 보고서를 앞세운 노동당은 '전쟁 영웅' 처칠이 이끄는 보수당을 이기고 집권에 성공한다. 그리고 그 다음해인 1946년, 이전의 사회보험 방식의 의료보험제도를 폐지하고, 전 국민을 포괄하는 의료보장 체계인 NHS를 도입하게 된다.

스웨덴의 경우도 사회민주당이 보수 세력과의 선거 경쟁에서 지속적으로 승리하면서 전 국민을 포괄하는 보편적 의료보장 체계를 확립했다는 특징을 지니고 있다. 스웨덴 의료보장의 시작은 1891년으로 거슬러 올라간다. 국가의 공식적 의료보험제도가 도입된 것은 아니었지만, 겐트(Ghent) 시스템이라 하여 자발적인 민간의료보험조합에 국가가 엄청난 현금 지원을 해주는 시스템이 정착되었다. 이러한 체계는 지속되다가 1955년 사민당 집권 시절에 전 국민을 포괄하는 강제

가입의 의료보험 체제로 전환된다. 사민당은 단순히 의료비용 지불 체계만 국유화시킨 것이 아니라 그동안 서비스 전달 체계에서도 국유화 작업을 꾸준히 진행하여 병원의 대부분 그리고 의원 의사 대부분도 국가의 소유 밑에 두게 했다.[5] 물론 이러한 보편적 국가 시스템 구축에 대해 보수정당뿐만 아니라 자영자들도 심각하게 반대했다. 따라서 사민당은 opting-out이라는 탈퇴 규정을 도입하는데, 이를 통해 보편적 의료보험 체계로부터 자영자들이 자진 탈퇴할 수 있는 기회를 주었다(Lagerström, 1977: 9). 하지만 이러한 탈퇴 규정을 활용하려면 자영자들은 의료보험뿐만 아니라 연금보험과 같은 기타 사회보험으로부터 완전히 배제되는 불이익을 감수해야만 했다. 이 탈퇴 규정(opting-out) 제도는 현재 폐지된 지 오래이며, 자영자들도 모두 모든 종류의 사회보험에 강제 가입해야만 한다. 그리고 의료보장 체계도 현재는 일원화되어, 광역자치단체(landsting)가 의료비용 지불 책임뿐만 아니라 서비스 전달 체계에서도 책임지는 영국과 유사한 수당 방식의 보편적 의료보장 체계를 운영하고 있다.

앞서 설명한 영국이나 스웨덴과 달리 독일은 보수 세력이 장기 집권한 전형적인 경우라 할 수 있다. 1883년 의료보험을 도입할 당시 종리였던 비스마르크(Otto E. L. Bismarck)는 국민의 건강권 같은 데에는 관심도 없었고, 오직 약진하는 사회주의 세력을 분쇄하고 노동계급을 자신들의 지배 체체 내에 흡수하기 위한 전략으로 사회보험을 도입하게 된 것이다(Deppe, 1995: 344). 1875년 사회민주당을 건설한 노동계급은 1877년 총선에서 12석을 차지하는 기염을 토하게 된다. 이에 비스마르크는 1878년 '사회주의자 탄압법'을 제정하여 사민당을 무력화시켜 버리고, 대신 노동계급에게 화해의 손을 내미는 '당근과 채찍(Zuckerbrot und Peitsche)' 전략으로서 의료보험을 도입했다. 따라서 그러한 의료보험 시스템은 오로지 노동자들만을 급여 대상으로 포괄하게 되었고, 이를 통해 '윗사람'이 '아랫사람'을 돌보는 형태의 의료보장 체계를 마련하게 된 것이다. 그 이후 오랜 시간을 거쳐 노동자 이외의 노인, 장애인, 학생과 같은 사회취약계층이 의료보험의 강제 가입 대상으로 들어오지만, 기본적으로 자영자들은 민간보험을 통해 자신 스스로를 보

5) 사민당의 이러한 국유화 노력으로 인해 1970년대에 이르면 스웨덴에 있는 전체 병상의 6.4%만이 국가가 아닌 민간에 속해 있었고(Socialstyrelsen, 1972: 25), 스웨덴 의사 중 90% 이상이 국가 공무원 자격을 지니고 있었다(Smedby, 1978: 247).

호하는 것이 사회 관례화되어 있다.[6] 게다가 독일의 공공의료보험 체계에는 의무 가입 한계선(Versicherungspflichtgrenze)이라는 특이한 규정이 있는데, 이는 피보험자의 연소득이 일정액 이상이 되면 자신이 의료보험의 의무 가입 대상자일지라도 탈퇴가 가능하도록 만들어 놓았다. 즉, 공공의료보험이란 중산층 이하의 사람들만을 대상으로 한다는 보수주의 사상과 원칙을 제도 자체에 명확히 각인시켜 놓은 것이다. 2009년 사민당과 대표적인 보수당인 기민당과의 대연정 기간 동안 사민당은 그동안 공공이던 민간이던 어떠한 의료보험 체계에도 속하지 못한 30만 명의 시민을 공공의료보험에 강제 가입시키는 개혁안을 만들게 된다. 하지만 이 또한 기민당과 사회 내 보수 세력의 저항에 밀려 결국 이들을 민간보험에 가입시키는 것으로 결론을 맺게 되었다.

스페인은 유럽에서 후발산업국가였다는 특징과 함께 1970년대까지 프랑코(Francisco Franco) 군사독재를 경험했다는 공통점을 한국과 유사하게 지니고 있다. 한국의 군사독재는 '반공'과 '발전'이라는 슬로건 아래서 군사정권과 자본가계급이 확고한 지배연합을 이루었으며, 이에 대한 반대급부로 노동자·농민 등 발전의 피해자들은 지속적으로 배제당하고 공권력에 의해 억압당했다. 따라서 비록 사회보장제도가 국가민족주의의 정당성 확보를 위해 전 국민을 포괄했을지라도 그 급여 수준이라는 것은 매우 미비했고, 이러한 전통으로 인해 지금도 OECD 국가 내에서 한국의 사회복지 지출 비율은 최하위에 머물고 있는 실정이다(백인립, 2013: 258-259 참조). 반면 스페인은 군사독재의 유산과 더불어 이에 저항했던 강력한 사회주의 운동의 전통이 남아 있었다. 따라서 스페인 군부정권은 노동자들을 사회주의 세력과 격리시키고자 노동계급의 복지에 엄청난 투자를 하게 된다(Lessenich, 1994). 일단 노동시장에서 매우 안정된 수준의 고용을 보장했으며, 사회보장 체계에서도 엄청난 양의 복지급여를 지급하게 된다(Baek, 2010: 109-116 참조). 이러한 전통 속에서 세금으로 운영함에도 불구하고 노동자만을 포괄하는 의료보장 체계가 형성되었다. 이처럼 스페인의 사회보장제도는 자영자를 제외한 노동자 중심의 피용인 보호에 초점이 맞추어져 있지만, 너무 과도한 노동자 중심성으로 인해 빈민, 여성, 장애인 등 사회적 취약계층의 복지 수준은 매우 뒤떨어져 있

6) 따라서 국가 의료보험 체계에 들어와 있는 독일 국민의 비율은 88.5% 정도이다(Rosenbrock & Gelinger, 2004: 89).

는 비대칭적인 복지 발전의 문제를 안고 있다(Lessenich, 1994; Esping-Andersen, 1999).

이상의 내용을 간략히 정리한 것이 앞서 제시한 [그림 12-2]의 내용이다. 그림에서 보는 것처럼 서구에서 보편적인 의료보장 체계를 갖춘 나라로 영국과 스웨덴을 들 수 있고, 이 두 나라 모두 진보정당이 보수정당과 투쟁을 벌이고 선거에서 승리한 후 보편적 의료 체계를 도입했다는 공통점을 지니고 있다. 반면 독일과 스페인은 보수정당이 오랫동안 집권한 경우로서 '아랫사람'의 복지인 노동자 중심의 의료보장 제도를 마련했음을 알 수 있다. 특히 스페인은 한국과 유사한 시기에 독재정권을 경험한 공통점을 갖고 있다. 하지만 스페인은 여전히 세금으로 운영하는 의료보장제도임에도 불구하고 노동자만을 포괄하고 있으며, 반대로 한국은 사회보험 방식임에도 불구하고 전 국민을 포괄하고 있음을 알 수 있다.

제 6 절 사례의 쟁점

1 복지의 보편주의와 선별주의

복지제도에서 항상 논의가 되는 것은 보편주의로 갈 것인가 선별주의로 갈 것인가의 문제이다. 이 장의 의료보험 사례도 결국 보편주의와 선별주의에 대한 방향이 주된 논쟁점이었으며, 앞에서 살펴본 예술인 복지법 사례도 예술인 누구나 혜택을 받아야 하는가 아니면 어느 정도 보험금을 지불하는 등 기여를 한 사람들에게만 혜택을 주어야 하는가의 논리였다.

사실 보편주의가 더 좋은 복지제도인가 선별주의가 더 좋은 복지제도인가에 대해 질문한다면 거의 모든 사람은 보편주의가 더 좋은 복지제도라고 응답할 것이다. 모든 사람에게 혜택이 가는 보편주의가 이상적인 복지제도라는 것에 대해 의문을 가질 사람은 별로 없다. 그런데 문제는 보편주의를 시행하기 위해서는 돈이 많이 든다는 것이다. 보편주의 복지를 실시하기 위해서는 세금이 많이 부과되어야 하고, 특히 복지 혜택을 받지 않는 사람에게 많은 부담을 지워야만 한다.

사실 보편적 복지제도는 "A에게서 걷어서 B에게 주는" 형식을 갖는다. B에게 주는 것은 찬성하지만, A에게서 걷는다는 점(실질적으로는 강제로 뺏는다는 점) 때문에 공정성 문제가 발생하고 그래서 보편적 복지제도에 반대하는 목소리도 많다. 모든 사람이 먹고살 수 있어야 한다는 당위론에는 찬성하지만, 그 방법에 대해서는 반대하는 사람들도 많이 존재한다.

이에 비해 선별적 복지제도는 "A에게서 돈을 거두었다가 나중에 A에게로 다시 돌려주는" 형식이다. 공정하다는 장점은 있지만, 막상 낼 돈도 없는 B는 나중에 돈을 받지 못한다는 한계가 있다.

사회가 공정성, 합리성을 추구한다면 선별적 복지제도로 가는 것이 적정하고, 사회가 평등성, 집단성을 추구한다면 보편적 복지제도가 적합할 수 있다. 복지제도는 선별적인 것이 더 나은 것일까 보편적인 것이 더 나은 것일까?

2 정책의 동기와 결과

한국에서 의료보험제도는 군사독재 정권이 통치의 정당성을 확보하기 위해 도입된 측면이 강하다. 즉, 정책의 동기가 국민들의 순수한 이익을 위해서라기보다는 지배층의 사익을 추구하는 과정에서 의료보험제도가 도입되고 발전된 것으로 볼 수 있다. 그런데 이러한 통치 정당성 확보라는 왜곡된 동기에 의해서이기는 하지만, 어쨌든 한국에서는 1960년대부터 의료보험제도가 시작되고 또 발전되어 왔다. 1960년대 유사한 수준의 다른 국가들에 비해서는 훨씬 빨리 제도가 도입되었고, 또 현재 한국의 의료보험제도는 개도국들 사이에서는 하나의 모델로 인식되기도 한다.

만약 한국의 독재정권들이 통치의 정당성을 추구하기 위해서 의료보험제도를 도입하지 않았다면, 한국의 의료보험제도는 민주화가 이루어진 1990년대 이후에나 도입되고 발전될 수 있었을 것이다. 그리고 1990년대 이후에 의료보험제도가 시행되었다면 현재 모든 국민이 혜택을 받을 수 있는 의료보험제도 시행은 아직 요원한 일이 되었을 것이다.

의료보험제도 도입에서 그 동기는 독재정권이 통치의 정당성을 확보하기 위한 왜곡된 것이었다 할 수 있다. 그러나 그런 왜곡된 동기로 의료보험제도가 일찍 도입되고 보편화가 추구되면서 현재 모든 국민이 의료보험 혜택을 받을 수 있게 되었다. 이와같이 보편적 의료보험 복지제도가 확립된 결과도 왜곡된 것이라 할 수 있을까?

결국 정책은 그 동기로 평가되어야 할까, 결과로 평가되어야 할까? 동기와 결과가 모두 적정한 정책은 좋은 정책일 것이고, 동기와 결과가 모두 부적절한 정책은 나쁜 정책일 것이다. 그렇다면 동기는 적정하지 않지만 결과는 좋은 정책, 동기는 적정하지만 결과는 좋지 않은 정책은 어떻게 평가해야 할까? 동기는 옳지 않지만 결과는 좋은 정책과 동기는 옳지만 결과는 좋지 않은 정책 중에서 어떤 정책이 더 타당한 것인가? (독재정권에서 국가를 발전시키는 정책과 민주정권이지만 국가를 쇠퇴하게 만드는 정책을 어떻게 평가해야 할 것인가?)

3 권력에서의 사익 추구

권력자들은 공익을 추구하는가 사익을 추구하는가? 정치가, 권력자들은 공익을 추구한다고 보는 견해에서는, 정치가들이 자기 이익보다는 국민 전체의 이익, 국가 전체의 이익을 추구하는 사람으로 인정한다. 인간의 일반적인 경향인 자기 이익을 추구하지 않고 공익을 추구하기 때문에, 이런 사람들은 더 높은 인격과 가치를 가진 사람으로 인정한다. 이에 비해 정치가, 권력자들도 사익을 추구한다고 보는 견해에서는 정치가들이 자기 이익을 추구하는 과정에서 국민의 공익이 보장되는 것으로 파악한다.

민주주의 사회의 정치가들은 공익을 위하는 것이 아니라 자기가 선거에서 계속 당선되는 사익을 추구한다. 그런데 민주주의 사회에서 선거에서 이기기 위해서는 일반 국민들이 원하는 것을 해주어야 한다. 정치가가 자신의 이익만을 추구하면 선거에서 이길 수 없다. 즉, 정치가는 자기가 선거에서 이기기 위해 노력을 하다보니, 국민들의 의견을 반영해야만 하게 된 것이다. 자기가 사익을 추구하다 보니, 국민의 공익을 추구하게 된 것이다.

독재자의 경우에도 마찬가지이다. 독재정권의 정책은 설사 국민들에게 유리하다 하더라도 보통 국민들을 위한 정책이라기보다는 독재정권의 정당성을 위한 정책으로 평가되곤 한다. 진정으로 국민들을 위한다면 독재자가 되어 권력을 남용하지는 않을 것이다. 민주주의 사회에서라면 국민의 의견을 계속 중시해야 선거에서 이길 수 있기 때문에 국민들을 위한 정책을 시행할 수 있다. 하지만 독재자는 선거에 의해 당선되는 것이 아니기 때문에 표를 얻기 위해 국민들 이익을 위한 정책을 시행할 필요가 없다. 따라서 독재자가 국민을 위해 정책을 만들고 시행한다는 것은 진정으로 국민을 위한 것이 아니고 속에 다른 생각을 하고 있기 때문인 것으로 해석한다. 설사 국민들을 위한 정책이 만들어진다 하더라도 이는 순수하게 국민들을 위해 만드는 정책이 아니라 정권의 정당성을 확보하기 위해 만들어지는 정책인 것이다(사익을 추구하는 독재자가 공익을 위한 정책을 순수히 시행할리는 없다고 전제한다.)

이러한 권력에서의 사익 이론은 과연 적정한 것일까, 한계가 있는 것일까. 한국에서 군사독재 시기의 정책들, 그리고 민주화 이후의 정책들은 이 틀에서 어떻게 해석될 수 있을까? 그리고 국민들로부터 표를 받을 필요도 없고, 국민들로부터 별도의 정당성을 받을 필요도 없는 왕정에서는 정책들이 어떻게 해석될 수 있을까?

제 13 장 2003년 북미주의 대정전과 2011년 한국의 순환단전

박현수

제 1 절 들어가는 글

2013년 8월 한 달 동안 한국의 국민들은 매일 아침 신문과 방송에서 지속적으로 경고하는 전력 부족 소식을 들으면서 살았다. 전력거래소는 예비전력 400만 킬로와트(kW) 이상을 적정 예비전력으로 보고, 그 미만으로 떨어지면 '관심' 단계의 전력 수급경보를 방송을 통해 알리고, 절전을 하지 않으면 온 나라가 대정전(large-scale blackout)을 겪을 수도 있다는 경보를 보냈다. 따라서 온 나라 국민들은 더운 날씨에도 불구하고 에어컨을 꺼야 하는 불편함 속에서 살아야 했다. 이와 같은 대정전에 대한 '경보' 규칙은 2년 전인 2011년 9월 15일에 있었던 순환단전에서 연유한다. 당시 갑자기 떨어지기 시작한 출력을 만회하기 위해 지역을 무작위로 선정하여 순환단전(rolling blackout)[1)]을 실시했고, 국민들의 상당수가 전기 없는 세상을 경험하면서, 대정전의 가능성과 공포를 느끼기 시작했다. 그 후 전력거래소는 대정전의 파국(catastrophic accident)을 피하고자 국민을 상대로 전력 수급경보를 방송을 통해 국민에게 알리고 절전운동을 호소하고 있다.

그러나 전력 부족 때문에 대정전이 발생할 수 있고, 절전을 하면 대정전을 막

1) 영어로 rolling blackout을 한국어로 '순환정전', '순환단전' 등으로 혼용하여 사용하고 있다. 정전(停電)이 의도성을 포함하고 있지 않다면 단전(斷電)은 의도성을 포함한다고 볼 때, 여기서는 '순환단전'이 정확한 표현이라고 할 수 있겠다.

을 수 있다는 논리를 국민들에게 심어주는 지금의 현실은 대정전 원인의 복잡성을 무시하고 있으며, 근원적인 전력산업정책의 구조적인 문제를 덮어버릴 가능성이 있다. 가장 대표적인 대정전의 사례라고 볼 수 있는 2003년 미국의 북동부와 캐나다의 온타리오 주에 걸쳐서 발생한 대정전은 다양한 기술사고(technological failure)들이 동시적으로 결합하여 발생했으며, 그 이면에는 조직의 실패 및 제도적인 결함이 존재하고 있었다(Park, 2010; 2012). 한국에서 동절기 및 하절기에 발생하는 전력 부족이 곧바로 대정전으로 연결될 수 있다는 단순한 논리 안에는 2003년 미국의 사례에서 볼 수 있는 대정전 발생의 복합적인 원인들을 무시할 가능성이 있다. 그 결과는 현재 한국의 전력산업이 당면하고 있는 기술적 · 조직적 · 제도적 원인들을 간과하여 오히려 대정전의 가능성을 더 높일 수 있고, 지금 정부가 취하는 태도는 문제의 심각성을 키우는 쪽으로 흐를 수 있다.

이러한 문제 의식을 바탕으로 이 장에서는 대정전의 구조적 원인을 살펴보면서, 대정전이라는 파국을 막고, 전기신뢰성(electricity reliability)을 높이는 정책의 방향은 무엇인지를 모색하고자 한다. 이를 위해 우선 기술사고를 설명하는 이론들을 소개하면서 대정전을 설명하는 분석틀을 제시하고자 한다. 이어서 미국의 전기신뢰성과 연결하여 1990년대 전력정책을 알아보고, 그와 함께 2003년의 대정전에 대한 사례를 분석하면서 정책적 대응 과정도 알아보고자 한다. 이와 같은 미국의 사례 분석을 토대로 한국의 2011년 순환단전의 사례를 살펴보면서 어떤 요인들이 간과되고 있는지를 알아보고, 한국 정부가 미래의 대정전 사고를 예방하기 위해 대응해야 할 방향을 모색하고자 한다.

제 2 절 사례에 대한 이론적 관점

대정전을 바라보는 기본적인 관점은 기술적 실패로 발생하는 기술사고라는 시각에서 기술적인 문제점을 극복하고 해결하면 대정전 사고의 발생을 막을 수 있다는 인식이다. 특히 1965년 11월 미국 북동부 지역에서 대정전이 발생했을 때 많은 전문가의 주된 논의의 흐름은 기술적 문제점을 찾아내어 해결하면 대정전을 막을 수 있다는 의견들이었다. 그러나, 그 이후로 대정전은 송전선망이 더 촘촘히 연결될수록 간헐적이지만 반복적으로 발생해 왔고, 2003년에는 똑같은 북동부 지역에서 좀 더 큰 규모로 발생했다. 대정전의 원인을 규명하고 재발을 방지하는 데 기술적인 문제를 해결하는 것으로는 한계가 있다고 할 수 있다. 기술적 문제 이면에는 상황 인식의 미흡, 미숙한 훈련, 의사 결정 과정의 실패 등이 있다. 그러므로 조직적 · 문화적 · 제도적 측면 등 사회구조적 관점에서도 함께 검토해야 한다. 기술사고를 사회구조적인 관점에서 바라보는 시각은 1979년 미국의 스리마일 섬 핵발전소 방사능 누출 사고 이후 사회과학자들에 의해 발전되어 왔고, 이들은 기술사고에 대한 다양한 설명을 시도하고 있다(Perrow, 1984(1999); Rasmussen et al., 1987; Weick, 1987, 1990; La Porte, 1991; La Porte & Concolini, 1991; Clarke, 1989, 1999; Westrum, 1991; Shrivastava, 1992; Reason, 1990, 1997; Vaughan, 1990, 1996, 1999a, 1999b, 2004; Sagan, 1993, 1994; Rudolph & Reprenning, 2002; Manion & Evan, 2002). 특히 페로(Charles Perrow)의 '정상사고이론(Normal Accidents Theory: NAT)'은 사회과학의 조직이론 분야에서 기술사고를 설명하는 선도적인 위치를 차지하고 있고, '높은 신뢰성 조직이론(High Reliability Organizations Theory: HRO)'은 정상사고이론과 다른 각도에서 기술사고를 접근하는 대표적인 이론이다. 이 두 가지 이론을 간략하게 설명하면 다음과 같다.

1 정상사고이론

페로는 1979년 스리마일 섬의 핵발전소에서 발생한 방사능 누출 사고 이후 미국 정부로부터 사회과학적인 입장에서 기술사고의 원인을 규명해 달라는 요청을 받는다. 그는 핵발전소의 설계 및 작동 원리 등 관련 자료들을 면밀히 검토하면서 핵발전소 기술이 매우 복잡하게 이루어져 있고, 그 내부구조 안에 부속품들이 매우 긴밀하게 연결되어 있다는 사실을 발견하게 된다. 그리고 당시 운전요원들이 훈련을 받았다고 하지만 복잡한 설계 및 작동 원리에 대해 제한된 지식을 가지고 있었고, 특히 하나의 부품 고장이 인접한 부품에 어떠한 영향을 줄 수 있는지를 사전에 전혀 예측하지 못하고 있음에 주목하게 된다. 또한 안전장치로 설치된 부품과 예비 장치들이 오히려 복잡성만 증가시키고 있다는 사실도 발견한다.

이러한 사실에 기초하여 하부 구조들이 복잡하고 긴밀하게 연결되어 있는 현대의 기술 시스템은 내부의 하부 시스템의 고장이 다른 시스템과 예측할 수 없는 복잡한 상호작용을 할 수 있고, 이로 인해 필연적으로 기술사고를 불러올 수밖에 없다고 주장한다(Perrow, 1999). 그래서 페로는 이러한 기술사고를 '정상사고(normal accidents)'라고 명명하고 있다. 그는 스리마일 섬 핵발전소 사건 이외에 대형 선박의 운항 시스템, 비행기의 운항 시스템, 석유화학 공장시설 등에서 일어났던 사고를 예로 들면서 '정상사고' 발생이 복잡한 기술 시스템에서는 언제나 발생가능성이 있음을 지적하고 있다. 이런 측면에서 다양한 에너지 자원을 사용하여 전기를 생산하는 발전소들과 이들을 긴밀하게 연결하는 송전선으로 이루어진 전력계통은 복잡한 기술 시스템으로서 언제든지 정상사고의 가능성을 내포하고 있다고 말할 수 있다.

하지만 기술사고에서 인간의 오류는 항상 있기 때문에 '정상사고'라는 기술사고는 필연적이고 막을 수 없는가에 대한 질문을 하게 된다. 정상사고이론에 대해 일부 학자들은 기술사고가 발생하기 이전에 조직의 운영 능력(performance)을 높이면 위험을 줄이고 기술사고 발생가능성을 낮출 수 있을 것이라는 견해를 제시한다. 이러한 입장에서 높은 신뢰성 조직이론을 설명하고 있다.

2 높은 신뢰성 조직이론

일군의 버클리대학교 교수들과 웨이크(Karl Weick)는 신뢰성이 높은 조직이 대형 기술사고의 위험성을 가지고 있음에도 성공적으로 관리되고 있다는 점에 주목하고, 높은 신뢰성 조직의 특징을 분석하고 있다. 이들이 분석한 조직은 대형 항공모함, 항공 관제 시스템, 대형 원자력발전소, 국제적인 은행 업무 등으로 잠재적인 사고의 위험성을 지니고 있는 조직들이지만 성공적으로 관리되고 있다. 이들 조직은 ① 바람직한 조직 설계 및 관리, ② 조직의 최우선적인 목표로서 '안전', ③ 중복 시설(redundancy), ④ 분권화된 의사 결정 구조, ⑤ 신뢰성 문화, ⑥ 인력의 지속적인 교육, ⑦ 시행착오를 통한 학습조직이라는 특징을 가지고 있다.

높은 신뢰성 조직이론은 복잡한 기술 시스템을 운영하는 조직을 분석의 초점에 두고 있는 반면, 정상사고이론은 기술 시스템 자체를 분석의 대상으로 하고 있다. 따라서 라 포르테(La Porte, 1994)는 정상사고이론에서 분석의 대상이 되었던 복잡한 기술 시스템에 위와 같은 높은 신뢰성 조직의 특징에 대한 분석이 결합된다면 기술사고의 원인을 파악하는 데 좀 더 풍부하고 강력하게 설명할 수 있을 것이라고 본다. 즉, 기술사고의 분석은 기술 시스템의 문제와 함께 조직의 운영 능력을 함께 분석하는 노력을 필요로 한다.

이와 같은 두 이론을 바탕으로 2003년 미국에서 발생한 대정전의 원인에 대해 기술 시스템과 조직 운영을 동시에 살펴본다면, 사고의 원인 규명과 정책을 수립하는 데 좀 더 다각적인 시각을 줄 수 있을 것이다. 정상사고이론을 통해 기술 시스템과 조직 의사 결정의 복잡한 상호작용 과정을 파악할 수 있고, 대규모 기술사고는 한 가지 사건으로 발생하지 않음을 볼 수 있을 것이다. 또한 높은 신뢰성 조직이론을 적용할 때 조직의 성공적인 운영으로 기술사고를 방지하는 것도 가능하다는 잠정적인 결론도 얻을 수 있다. 특히, 조직 안에서 '신뢰성 문화'를 형성하는 것은 기술사고를 방지하는 데 중요한 요소이다. 웨이크(Weick, 1987)는 조직의 신뢰성 문화가 긴급 사항에서 올바른 의사 결정을 이끈다고 보았다.

> 관리자는 의사 결정 과정을 분권화하기 이전에, 우선적으로 조직구성원들이 자신들에게 맡겨진 시설들을 전체적인 통일성 속에서 운용할 수 있도록 중앙에서 교육시키는 과정이 필요하며, 이 중앙집중화 과정 속에서 동일한 의사 결정을 유도하기 위한 전제 조건(premise)과 가정(assumption)들을 일치시키는 작업을 해야 한다. 이러한 활동이 바로 문화의 역할이다. 즉, 통일된 가정과 전제 조건들을 조직구성원의 사고 속에서 공유될 때 이들이 분권화된 의사 결정 구조 안에서도 결정 내용의 통합과 집중성을 보존할 수 있다(Weick 1987: 117).

즉, 기술사고를 방지하는 데 중요한 것은 기계의 오작동이 발생했을 때 더 큰 사고로 확산되는 것을 방지하기 위해 조직의 각 말단에 있는 조직구성원(또는 시스템 운영자)들이 긴급 상황에서 짧은 시간 내에 동일한 결정을 내릴 수 있도록 훈련받을 필요성이 있다. 동일한 의사 결정에 도달한다는 것은 의사 결정에 필요한 가치와 가정들을 공유하고 있다는 것을 의미하는데, 즉 조직의 '신뢰성 문화'

라고 할 수 있다. 이런 관점에서 전력 계통의 운영자들이 대정전을 방지하기 위한 신뢰성 문화를 형성하는 데 적어도 네 가지의 환경적·제도적 조건을 갖추고 있어야 할 것이다. 즉, ① 운영의 표준화, ② 계통 운영자의 훈련 및 자격증, ③ 첨단시설 설치의 기준 및 표준화, ④ 의사소통 방법의 개선이라고 할 수 있다. 다음은 정상사고이론과 조직의 '신뢰성 문화'의 관점 등 두 가지의 시각에서 2003년 미국 북동부에서 발생한 대정전의 원인을 살펴보고자 한다.

제 3 절 미국의 사례: 2003년 미국 북동부의 대정전

1 2003년 당시 미국의 전력산업

미국의 전력 계통은 동부송전망(Eastern Interconnection), 서부송전망(Western Interconnection), 텍사스송전망(Texas Interconnection) 등 크게 세 지역으로 나뉘어 있다. 각 내부의 전력 계통은 교류전기로 연결되어 있고, 세 지역은 직류전기로 연결되어 있다([그림 13-1]). 동부송전망은 2003년 대정전이 발생할 당시 8개의 '지역 전기신뢰성위원회(Regional Reliability Council)'－MAPP, MAIN, NPCC, MAAC, ECAR, SERC, SPP, FRCC－로 구성되어 있었고, 서부송전망과 텍사스송전망은 WECC와 ERCOT 등 단일한 지역 전기신뢰성위원회에 의해 관리되고 있었다. '북미주 전기신뢰성위원회(North America Electricity Reliability Corporation: NERC)'는 전기의 신뢰성을 유지하기 위한 시설 및 운영의 표준을 만드는 비영리법인이고, 그 산하에 있는 '지역 전기신뢰성위원회'는 송전망의 지리적 밀집 정도에 따라서 역사적으로 구성되고 발전하면서 지역에 맞는 좀 더 구체적인 전기신뢰성 표준을 만들어 왔다.

한편, '전기신뢰성 통합운영자(Reliability Coordinators)'－MISO, IMO, TE, ISNE, NYISO, PJM, VACAR－N, VACAR－S, MAIN, TVA, SOCO, FRCC, EES, SPP, ERCOT, RMSC, CAISO, PNSC－([그림 13-2])는 지역 전기신뢰성위원회가 만들어 준 운영표준을 바탕으로 자신들의 관할구역에 있는 전력회사들이 표준에 맞게 전력 계통

그림 13-1 북미주 전기신뢰성위원회(NERC)의 지역별 위원회

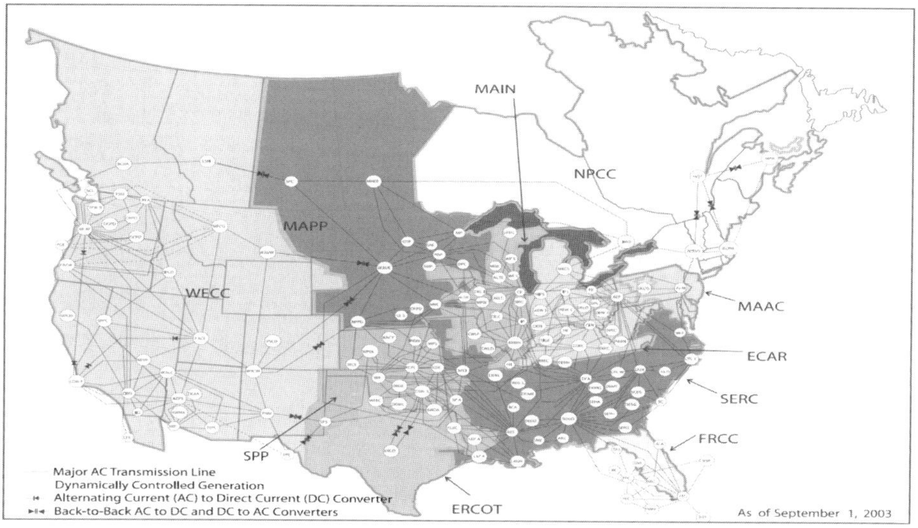

출처: U.S.-Canada Power System Outage Task Force(2004).

을 운영하고 있는지를 점검하면서 신뢰성 관련 정보를 실시간으로 알려준다. 또한 긴급 상황의 발생에 대비할 수 있도록 관리 업무를 하고 있다.

그림 13-2 동부지역의 전기신뢰성 통합운영조직(Reliability Coordinators)

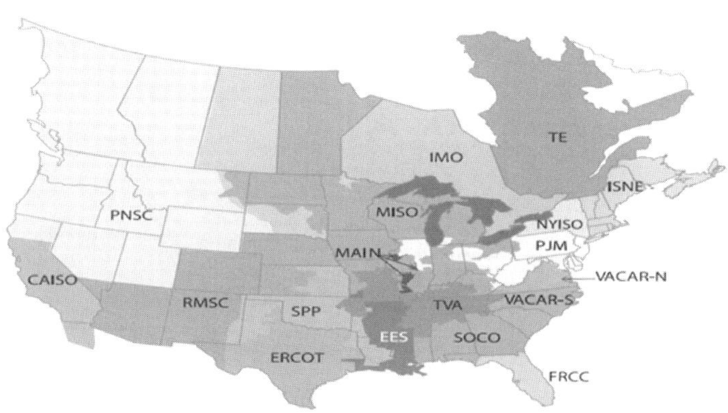

출처: U.S.-Canada Power System Outage Task Force(2004).

그런데, [그림 13-1, 2, 3]에서 볼 수 있듯이 '지역 전기신뢰성위원회', '전기신뢰성 통합운영자', '전력회사의 관할구역'은 매우 복잡하게 얽혀 있다. 예를 들어 2003년 대정전의 발단이 된 전력회사인 FirstEnergy는 American Electric Power(AEP)의 자회사로 전기신뢰성 통합운영자인 MISO의 지도를 받고 있다([그림 13-3]). 그러나 AEP는 PJM이라는 전기신뢰성 통합운영자의 지도 아래에 놓여 있다. 그런데 PJM은 지역 전기신뢰성위원회인 MAAC의 운영 표준에 근거하고 있고, MISO는 FirstEnergy(FE)와 AEP의 해당 지역인 ECAR의 운영 표준에 근거하고 있다. 이처럼 복잡한 관리·감독 체계 때문에 이 지역의 송전망을 통합적으로 관리하는 것이 어려운 현실이다. 더욱이 인접한 다른 지역의 송전망을 전기신뢰성 통합운영자들이 서로 볼 수 있는 권한이 없기 때문에 다른 지역에서 발생한 문제로 인해 자신의 송전망에 이상이 감지되어도 어디서 이러한 문제가 연유하는지를 파악하는 것은 어려운 현실이다. 이러한 문제점은 2003년 대정전에서 그대로 나타나고 있다.

이러한 물리적 한계와 아울러서 1992년에 미국 의회를 통과한 에너지정책법(Energy Policy Act of 1992)은 전력산업에 자유시장을 도입하여 송전망의 관리를 더욱 어렵게 만들고 있다. 이 법은 미국 동부 및 서부의 높은 전기요금을 낮추기 위

그림 13-3 FirstEnergy와 AEP의 공급지역과 전기신뢰성 운영자 MISO와 PJM의 지역

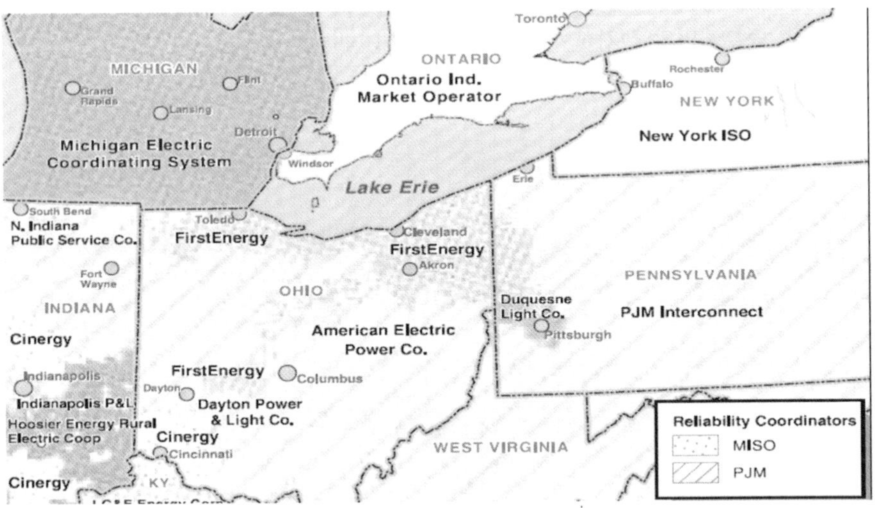

출처: U.S.-Canada Power System Outage Task Force(2004).

해서는 시장의 효율성에 바탕을 두어야 한다는 이론에 기초하고 있다. 전력요금이 주정부에 의해 결정되던 규제정책에서 벗어나서 시장의 경쟁을 통해 가격을 결정하자는 탈규제(deregulation)의 내용을 담고 있다. 따라서 전력 거래를 통한 전기의 송전이 원활할 수 있도록 각 전력회사가 관리하고 있는 송전망에 대해 시장 참여자의 접근이 가능하도록 규제를 풀고 있다. 미국의 '연방 에너지규제위원회(Federal Energy Regulatory Commission: FERC)'는 이를 위해 1996년에 시행령 888호 및 889호(FERC Order 888 & 889)를 발표했다. 이와 함께 시장에서 전기가격을 결정하기 위해서는 전기도매시장에서 송전망을 별도로 통합적으로 관리하는 독립조직이 필요하게 되었고, FERC는 시행령 2000호(Order 2000)를 발표하여 독립적인 시스템 운영조직(Independent System Operator: ISO 또는 Regional Transmission Operator: RTO)을 설립하여 도매시장을 운영하도록 권한을 부여했다. 그런데 이러한 변화는 시장 참여자 모두가 송전망 사용이 가능하기 때문에 이전보다 송전망을 통해 흐르는 전력이 훨씬 더 많아진다는 것을 의미한다. 즉, 너무 많은 시장 참여자가 생김으로써 누가 송전망을 이용하고 있는지 파악이 안 되는 상황에 이르게 되었고, 더욱이 송전망의 감독권이 ISO와 RTO에 넘어가고, 시장 참여자 누구나 송전망을 사용할 수 있게 됨에 따라서 송전망의 원래 소유주인 전력회사들은 송전망에 대한 시설 투자 및 유지·보수에 대한 동기를 상실하게 되어 새로운 투자가 줄어들게 된다. NERC는 1998년 이후 이러한 상황을 해결하고자 NERC의 권한을 강화하기 위한 에너지 법안을 제안한다.

이 지역의 복잡한 전력 계통의 신뢰성 관리 체계, 탈규제로 인한 송전선의 사용량 증가, 송전망 시설의 관리가 안 되는 상황 속에서 2003년 8월 14일 오후 4시경 전력 사용량이 최고점을 기록하는 시간에 미국의 북동부 지역과 캐나다의 온타리오 주에 걸쳐서 대규모 정전이 발생하여 약 5천만 명의 시민이 피해를 입게 된다.

2 2003년 8월 14일 대정전 발생

대규모 정전이 발생하는 과정을 이해하기 위해 전기의 기초적인 성격과 계통 운영자가 전력 계통을 어떻게 관리하고 있는지를 이해할 필요성이 있다. 전기는 생산과 동시에 소비되는 상품으로 저장을 할 수 없는 재화이다. 그러므로 수요를 정확하게 예측하여 시간 단위, 분 단위로 공급을 할 수 있어야 한다. 특히 교류전기는 유효 전력과 무효 전력으로 구분되는데, 여름철 에어컨이나 선풍기 등 코일로 만들어져서 모터를 돌려야 하는 전기 소비 방식을 위해 유효 전력과 함께 무효 전력도 같이 공급되어야 한다. 이처럼 공급과 소비가 동시에 일어나는 전력의 특성상 전기의 신뢰성을 확보하기 위해 안정적인 전력 공급이 필요하고 예비 전력을 항상 확보하고 있어야 한다.

그리고, 전력 계통의 안정적인 운영을 위해 계통 운영자의 의사 결정을 돕는 도구들(Decision Support Tools)이 각 단계별로 제대로 작동을 해야 한다. 첫째, 에너지 관리 시스템(Energy Management System: EMS)은 실시간으로 전력 계통의 작동을 모니터하고 발전기와 송전선을 통제하게 된다. 즉, 예비 전력을 위해 운전 중인 발전기가 긴급 상황 시 송전망을 통해 전력이 즉시 공급될 수 있도록 도와줌과 동시에 예비로 운전 중인 발전기가 과도하게 연료를 낭비하는 것을 막아주기도 한다. 둘째, 감시 제어 및 데이터 취득장치(Supervisory Control and Data Acquisition: SCADA)를 통해 전력 계통 운영자는 전력 계통의 기초 데이터(raw data)를 수집하고 계통의 장치들을 통제하게 된다. 셋째, 송전망 운영자는 상태 추정(State Estimator: SE)을 하게 되는데, 송전망에서 실시간 발생하는 문제점이 전체 전력 계통에 주는 영향을 파악하는 것이 필요하다. 상태 추정은 SCADA에서 획득한 기초 데이터를 복잡한 수학 모델을 통해 계산하고, 각 버스의 전압, 송전선에 흐르는 유효·무효 전력을 추정하게 된다. 넷째, 마지막 단계로 송전망 운영자는 상정 사고분석(Real Time Contingency Analysis)을 하게 되는데, 앞에서 분석한 상태 추정(SE)에 근거하여 단전, 과부하, 발전기의 안정성 정도 등이 전력 계통에 주는 영향을 분석한다. 이처럼 일련의 의사 결정을 돕는 도구들이 제대로 작동해야 송전망에서 일어나는 일들을 파악할 수 있고, 대정전을 미연에 방지할 수 있다. 그러나, 2003년 북미주에서 일어났던 대정전에서는 이러한 의사 결정을 지원하는 컴퓨터가 제대로 작동하지 못했고, 예기치 않은 사건의 발생, 인간의 실수가 결합되어 지역 단위에 머물렀을 정전이 대정전으로 발전하게 된다.

2003년 8월 14일 오후 4시의 대정전으로 확대되는 최초의 기술사고는 오후 12

시 15분경부터 시작된다. 앞에서 언급했듯이 일반적으로 '전기신뢰성 통합 운영자(Reliability Coordinator)'는 상태 추정(SE)을 통해 기초 데이터의 정확성을 높이고, 상정 사고분석(RTCA)을 통해 전력 계통의 신뢰성을 평가하기 위한 다양한 환경 및 단전에 대한 모의시험을 진행한다. 전기신뢰성 통합 운영자인 MISO는 SE 프로그램을 매 5분마다 돌리고 있었고, RTCA는 그보다 시간적 간격을 넓혀서 돌리고 있었다. 사고 당시 MISO의 SE와 RTCA는 완전히 개발된 상태는 아니었기 때문에 계통 운영자의 주의가 필요했다. MISO의 송전망 계통 운영자는 약 12시 15분경 잘못된 상태 추정을 발견하고, 오후 1시경 이 문제점을 해결함과 동시에 RTCA의 문제점도 오후 1시 7분경 해결했다. 그렇지만 계통 운영자는 이러한 문제점을 해결하기 위해 매 5분마다 자동적으로 상태 추정을 하는 장치를 꺼놓은 상태였고, 상태 추정의 문제점을 해결하고 나서, 자동 업데이트 장치를 재작동하는 것을 잊어버리고 점심을 먹으러 나갔다. 그 이후 계속해서 MISO의 상태 추정의 문제점이 오후 4시 4분 대정전 전까지 전체 전력 계통의 단전사고를 추정 및 해결하는 데 문제가 되었다.

한편, [그림 13-4]에서 볼 수 있듯이 오후 1시 31분 오하이오 북부에 있는 First-Energy 소유의 석탄화력발전소인 Eastlake Unit 5(597MW 규모)가 정지하면서 상당량의 전력을 외부로부터 송전망을 통해 가져와야 했다. 이러한 상황은 곧 펜실베이니아 주 서쪽과 접해 있는 오하이오 주 남동부 부근 송전망의 부하가 증가하는 것을 의미하고, 따라서 관할지역의 통제를 담당하는 FE는 주의를 기울여서 실시간 자신의 송전선을 철저하게 모니터하고 있어야 했다. 그러나, FE의 통제실에서는 오후 2시 14분경 전력 계통에 문제가 생기면 시청각적으로 알려주는 경고 시스템에 문제가 발생하게 된다. 또한 FE의 EMS도 기능을 상실하고, 2시 54분경 백업 시스템마저도 마비 상태에 빠진다. FE의 계통 운영자는 이러한 문제점들에 대한 해결을 시도하지만, 문제 해결의 시간 동안에 발생하는 FE 전력 계통의 문제점을 전혀 인식하지 못하고 있었다.

이와 같은 상황 속에서 오후 3시 5분부터 4시 5분 사이 과부하된 송전선들이 끊어지기 시작했는데, 3개의 주요 345kV 송전선은 수목과 접촉 후 차단이 되고 나머지 345kV 송전선은 과부하로 차단되었다. 당시 345kV 선이 지나는 길목에서는 수목들이 여름철이라 높이 자라고 있었지만 수목관리가 잘 안 된 상태에서,

오후 들어 송전선들이 전력 부하로 열이 발생하면서 더욱 아래로 팽창하여 내려가 있었다. 오후 3시 5분경 Harding-Chamberlin 345kV 선이 수목과 접촉으로 전력 흐름이 차단된다. 오후 3시 32분경 또 다른 345kV 선인 Hanna-Jupiter 선이 88%의 부하 상태에서 수목과 접촉으로 차단된다. 오후 3시 41분경 FE의 모회사인 AEP와

그림 13-4 2003년 북미주 지역 정전이 대정전으로 발생하는 과정

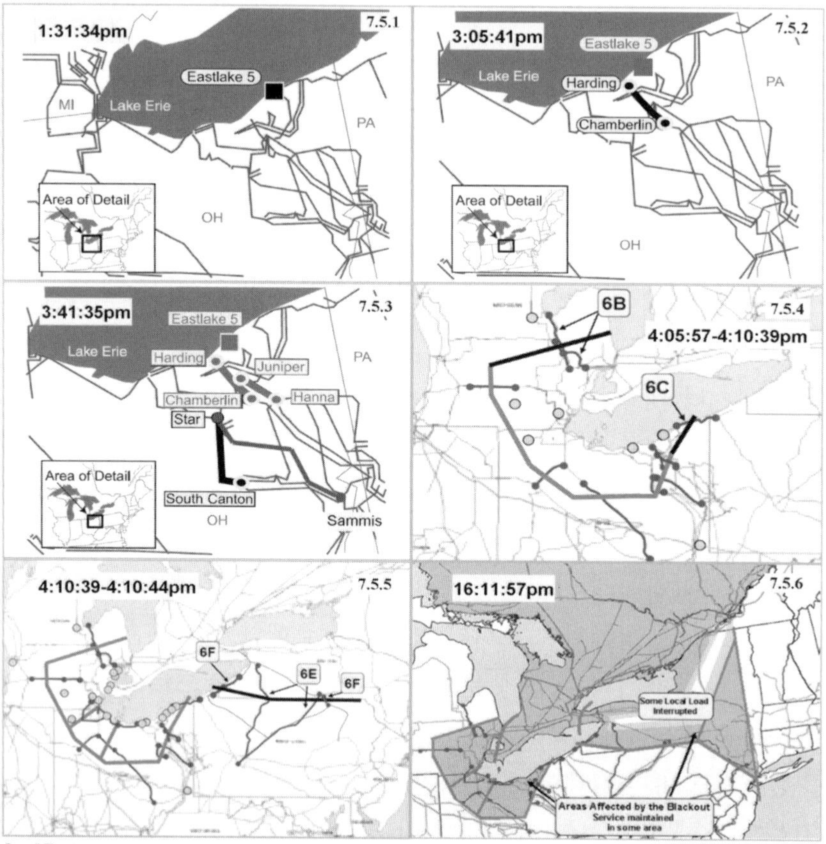

Local Events

7.5.1 Eastlake Unit 5 (coal-fired) tripped in northern Ohio; FE imported more energy into the Cleveland-Akron area; and FE operators had fail to detect computer malfunction from 2:14 to 3:59pm. These created the vulnerability of the system.

7.5.2 Because of the heavy loads and tree contact, critical 345kv lines began to trip from 3:05 to 3:57pm. FE did not detect line trips.

7.5.3 AEP lost a major line (Star-South Canton) part of which is in their territory. After the major 345kv lines' trip, underlying 138kv systems collapsed from 3:39 to 16:08pm.

Cascading Stage

7.5.4 After Sammis-Star line loss, several local events developed into the cascading stage affecting line losses in Ohio and Michigan.

7.5.5 Power surged at Western Pennsylvania and New York resulting in separation between the two.

7.5.6 New York and New England were separated, multiple islands formed, and most islands out of service except for a few of them.

출처: U.S.-Canada Power System Outage Task Force(2004).

전기신뢰성 통합 운영자인 PJM이 자신들의 관할구역의 345kV 송전선(Star-South Canton)에 과부하가 걸린 것을 확인하고 방안을 찾던 중, 이 송전선이 차단과 연결이 반복된 후 수목과 접촉하고 끊어지게 된다. 따라서 이들 세 개의 선에 흐르던 전력이 3시 39분~4시 5분경 하위 레벨의 16개 138kV 선들로 옮겨지면서 과부하가 걸리고 곧 연쇄적으로 차단된다. 4시 5분경 마지막 남은 345kV 송전선(Sammis-Star)은 과부하로 차단되면서 지역 단위의 정전이 대정전(cascading) 단계로 옮겨진다.

3 2003년 대정전의 원인

2003년 북미주의 대정전은 페로의 정상사고이론에 따르면 다양한 사건들이 복잡하게 얽혀 있는 전력 계통과 의사 결정 구조가 결합하면서 발생한 정상적인 기술사고라고 할 수 있다. 몇 가지 기술사고 및 의사 결정 과정의 오류를 보면 ① MISO와 FE에서 동시적으로 발생한 컴퓨터의 오작동, ② 소프트웨어 기사의 리부팅을 한 이후 자동장치를 다시 작동하지 않은 실수, ③ 석탄화력발전소의 고장, ④ 수목관리의 실패, ⑤ 345kV 주요 송전선의 일련의 수목 접촉으로 인한 자동차단, ⑥ 하위 레벨의 138kV급 송전선의 차단, ⑦ 긴급 상황에 대한 미인지, ⑧ '전기신뢰성 운영조직'과 전력회사 간 의사소통의 실패, ⑨ 전력회사 및 '전기신뢰성 운영조직' 사이에 송전선의 과부하 차단에 대한 상이한 기준들, ⑩ 각 전력통제실에 전체 송전망의 상황을 보여주는 디스플레이 장치의 미흡 등 다양한 사고들이 결합하여 발생한 사고라고 할 수 있다.

이와 같은 일련의 사고들을 보면 소규모 사고가 다른 사고들과 예기치 못하게 연결되어 증폭되는 과정을 볼 수 있다. 첫째, MISO와 FE의 통제실에서 일을 하고 있던 계통 운영자들은 자신의 컴퓨터의 오작동과 함께 발생하는 관할구역에서 발생한 사고를 사전에 인지하고 있지 못했으며, 수목관리의 실패가 어떤 결과를 가져올 수 있는지를 알지 못하는 상황이었다. 둘째, 사고 당일 석탄화력발전소가 가동이 중단되어 송전망에 대한 사용량이 급증할 것이라는 것을 예상할 수가 없었다. 셋째, 이웃하고 있던 전력회사(AEP)와 전기신뢰성 통합 운영자(PJM)는 자신들의 관할구역 이외의 지역에서 발생하는 사고가 관할구역 내의 전력 설비에 어떻게 영향을 줄 수 있는지를 파악할 수 없었다. 넷째, 송전망이 지나가는 곳 중에서 어느 지역의 수목들이 늦여름에 어떤 높이까지 자라고 있는지, 그리고 송전망에 부하가 걸리면 송전선이 1미터 이상 아래로 늘어나서 수목과 접촉할 수 있다는 사실을 예측할 수 있으면서도 관리하지 못한 측면이 있다. 이것은 전력회사들이 전력시설의 유지 보수를 위한 예산을 제대로 배분하고 있는지에 대한 질문으로 연결된다. 최근 탈규제와 함께 유지보수비를 줄이는 경향이 있으며, 이런 맥락에서 수목관리의 어려움이 있었을 것으로 유추해 볼 수 있다. 다섯째, 이 지역의 복잡한 운영 체계와 상이한 신뢰성 기준 적용 방식으로 인해 긴급 상황에서 각각의 송전망 운영자가 다르게 의사 결정을 할 수 있다는 것을 사전에 알 수 없는 상황이었다. 결국 오후 3시 39분이 지나면서 345kV 이하의 송전선들이 차단되는 긴급 상황에서 각각의 운영자들은 대정전의 파국으로 넘어가는 과정을 속수무책으로 바라보게 되고, 긴밀하고도 복잡하게 연결되어 있는 전력 계통은 인간이 통제할 수 있는 범위를 넘어서게 된다.

그러나, 위의 '정상사고이론'으로 설명되는 부분들을 '높은 신뢰성 조직이론'에서 바라보면 인간의 오류가 처음부터 있으며, 이러한 몇몇 시점에서 인간의 오류를 막는다면 파국으로 치닫는 기술사고를 미연에 예방할 수 있다는 설명이 가능하다. 특히, '신뢰성 문화'의 측면에서 보면 물리적으로 긴밀하게 연결되어 있는 송전망을 다루는 데 관리통제의 긴밀성이 취약했고, 느슨하게 연결된 조직 간의 의사 결정 구조가 긴급한 상황을 통제하기에는 어려운 구조적 허점을 가지고 있다고 볼 수 있다.

첫째, 송전망 운영 기준의 표준화가 구체적이지 못해서 발생한 점을 지적할 수 있다. FE는 송전망 과부하에 대한 운영 기준을 모회사인 AEP와 신뢰성 통합운영자인 PJM과 다르게 설정하고 있었다. 또한 MISO는 관할구역에 대해 강력하게 통제할 수 있는 권한이 부족했고, 탈규제가 진행된 상황에서 의사 결정을 지원하기 위해 컴퓨터 시스템을 완벽하게 작동시킬 수 있어야 했지만 시기적으로 늦춰지고 있는 상황이었다. 그 결과 EMS 등의 컴퓨터 프로그램들이 제대로 작동하지 못하고 있었다.

둘째, 계통 운영자가 훈련 및 자격을 충분히 갖추지 못한 문제점이 있다. NERC

는 복잡해진 송전망 관리를 위해 1998년부터 계통 운영자 자격증제도를 시행하고 있었다. 하지만 계통 운영자는 EMS를 통해 들어오는 정보의 중요성을 인식하고 컴퓨터 프로그램을 제대로 작동시켰어야 하지만 그렇지 못했다. 더욱이 PJM 운영자의 경우 자신의 모니터 화면에 들어온 표시들을 제대로 해석할 수 있는 능력이 결여되어 있었고, AEP, FE, MISO, PJM 계통 운영자들은 긴급 상황에 대처할 매뉴얼과 훈련이 부족함을 보여주었다.

셋째, 첨단시설을 설치하고 그 기준들을 표준화하는 작업이 필요했다. 그러나 FE의 경우 오래된 EMS 프로그램을 사용하고 있어서 전체적인 상태를 파악하는 데 한계가 있었으며, 송전망의 상태를 나타내는 디스플레이 장치도 미비한 상태였다. 그리고 MISO, PJM, AEP, FE의 EMS가 재정 상태 및 부여된 권한 정도에 따라 작동하는 수준이 달랐던 것으로 파악된다.

넷째, 의사소통과 관련하여 전기신뢰성 통합 운영자와 전력회사들은 지역의 신뢰성위원회의 신뢰성 운영 기준을 적용하고 있었기 때문에 각각 다른 기준을 적용할 수밖에 없었다. 또한 서로의 지역만을 관리하기 때문에 이웃하는 지역에

표 13-1 2003년 조직 간 '신뢰성 문화'의 발전 정도

운영 표준화	제도화된 신뢰성 표준이 있었지만 완벽하지 못했음: NERC는 기본적인 내용만을 제시하고, 지역별로 지역 특성에 적합한, 구체적인 전기신뢰성 기준을 마련한 상태 → 송전 선로에 있는 수목관리의 실패 → 긴급 상황 관련 기준의 상이한 이해
계통 운영자의 훈련 및 자격증	제도화된 훈련 과정이 있지만 결함이 있음: NERC는 1998년부터 자격증 제도를 시작 지역 단위의 전기신뢰성위원회가 훈련 프로그램을 제공, 훈련을 통해 전력 계통의 이해를 증진시키고 있지만 긴급 상황 등 몇 가지 부분에서 아직 미흡한 실정이었음. → 긴급 상황 인식 및 대처 과정에서 실패
첨단시설 설치의 기준 및 표준화	특별한 기준이 없음: 각 통제구역별로 계통 운영의 장비들과 컴퓨터 프로그램을 개발 운영 중 이웃하는 전력회사의 상황까지 파악할 수 있는 전체적인 큰 그림을 가지고 있지 못한 상황 → 긴급한 상황의 인식 실패로 이어짐.
의사소통 방법의 개선	긴급 상황에서 의사소통을 위해 사용되는 용어들의 정확한 정의가 필요한 실정: 이웃하는 전력회사를 포함하여 전체적인 전력망을 파악할 수 있는 display가 필요함. → 계통 운영자가 이웃한 전력망을 포함하여 전력 계통의 전체를 이해하는 데 실패

대해 발생하는 문제에 대해 개입할 수 있는 권한이 없었다. 그 결과 서로간의 통신은 있었지만 동일한 의사 결정을 내리는 과정과 시행규칙을 가지고 있지 못한 상황이었고, 긴급 상황에 서로 주고받는 전화 통화 외에 결정 내용은 없었다. 결국 동일한 기준과 전제가 마련되지 않은 의사소통은 진정한 의사소통이라고 할 수 없다. <표 13-1>은 이와 같은 내용을 정리하고 있다. 즉, 신뢰성 문화와 관련된 위의 네 가지 요소가 부재한 상황에서 통합적인 의사 결정 구조가 결여되어 있었고, 긴급 상황에 대처할 제도적 장치가 없는 상황으로 인해 지역 정전으로 끝날 기술사고가 대규모 정전으로 발전하게 된다.

지금까지 2003년 북미주에서 발생한 대정전을 살펴보면 대정전은 한 가지 사고보다는 기술적·조직적 문제 등 다양한 사고들이 결합되는 복잡한 과정이라는 것을 확인할 수 있다. 즉, 대정전을 통해 지금까지 미국 전력산업의 기술적·조직적·제도적 문제점들이 총체적으로 드러나는 것을 알 수 있으며, 단순히 기술적 문제의 해결로 사고를 예방할 수 없음을 이해할 수 있다. NERC는 이러한 문제점들을 종합적이고 입체적으로 분석하기 위해 미국과 캐나다 전력 계통의 사고분석 태스크포스(U.S.-Canada Power System Outage Task Force)를 조직하고 1년 가까이 분석 작업을 진행했다. 원인 분석을 위해 북미주 대정전의 피해를 입었던 전력회사, 전기신뢰성 통합 운영자, 지역 전기신뢰성위원회, NERC 등이 참여하여 자신들이 가지고 있는 데이터 및 자료를 공개하고 퍼즐 조각을 맞추듯이 처음부터 모든 일련의 과정을 조사했다. 그리고 2004년 4월에 200쪽이 넘는 보고서를 제출했다.

이 보고서를 바탕으로 NERC는 탈규제 이후 다양한 시장 참여자를 감시할 필요성을 주장하고, 감독자의 역할을 강화하는 권한을 연방정부에 요구하게 된다. 그 결과 2005년에 통과한 에너지 정책법을 통해 강력한 관리감독 권한을 부여받게 된다. 이를 위해 독립적인 예산을 확보하고, 강화된 감독권을 통해 운영표준규정을 어긴 전력회사에 대해 벌금을 부과할 수 있게 된다. 또한 정규적인 감사를 통해 각 전력회사가 어느 정도까지 규정을 준수하고 있는지를 확인하고 시정명령을 내릴 수 있는 권한까지 가지게 된다. 이와 같은 일련의 감독권 강화 등 제도적으로 발전할 수 있었던 배경에는 2003년 대정전 이후 철저한 사고 원인 조사에 있다고 볼 수 있다. 2003년 북미주에서 발생했던 대정전 이후 사고 원인 조사와 제도적 보완 등 사후의 대처 과정을 염두에 두면서, 2011년 9월 15일에 한국에서 발생했던 순환단전을 어떻게 우리는 분석하고 대처해 나가고 있는지를 간략하게 살펴보자.

제 4 절 한국의 사례: 2011년 한국의 순환단전

한국은 1960년대 이후 50년 가까이 급속한 경제 성장을 이룩해 왔다. 이러한 경제 성장이 가능했던 이유는 산업에 필요한 전기 에너지를 안정적으로 공급할 수 있는 튼튼한 전력산업이 있었기 때문이라고 할 수 있다. 전력의 안정적인 공급을 위해 화력발전소 및 원자력발전소를 끊임없이 건설했고, 송전망을 촘촘히 건설하면서 전력의 공급지에서 수요지까지 전력이 전달될 수 있도록 한국의 전력산업은 많은 투자와 함께 운영 기술을 발전시켜 왔다.

1 한국 전력산업의 제도적 발전

한국의 전기 역사는 1887년 경복궁에 설치한 발전기를 사용하여 궁내부의 가로등을 점등하면서 시작되었다. 1898년에는 한성전기회사가 설립되어 전등 · 전화 · 전차의 운영권을 허가받아서 사업을 시작했고, 1930년대를 전후하여 대규모 수력발전소가 건설되면서 전력 생산의 비약적인 발전을 가져왔다. 하지만 1948년 북한으로부터 전력 공급의 차단, 6 · 25전쟁을 겪으면서 심각한 전력 기근에 시달려야 했다. 이러한 상황을 타개하기 위해 해방 전에 세워진 조선전업, 경성전기, 남선전기 등 3개 전력회사를 통합해 1961년에 한국전력㈜을 창립했다. 이후 한국전력은 한국이 고도 성장을 하는 데 필요한 안정적 전력 공급의 중추적인 역할을 했다. 1961년 12월에는 '전기사업법'을 공포하여 제도적 기반을 구축했고, 1961년 말부터 준비하여 1965년에 최종 확정한 '전원개발 5개년계획'을 시작했다. 1965년 말 당시 전기보급률은 농 · 어촌이 12%, 도시가 51% 수준으로 지금의 아프리카

저개발국가와 비슷한 수준이었다. 1965년에 공포한 '농어촌전화촉진법'을 계기로 농어촌전화사업을 전개했다. 1978년에 고리원자력 1호기에서 발전을 시작하여 원자력 시대를 열었고, 1980년까지 민간으로부터 모든 주식의 매입을 완료함으로써 '한국전력공사법'에 근거하여 한국전력은 공기업으로 전환하게 된다. 한편, 1988년부터는 복잡해진 전력 계통을 안정적으로 관리하기 위해 에너지 관리시스템(Energy Management System: EMS)을 도입하여 운영함으로써 긴급 상황 발생 시 필요한 의사 결정을 지원하고 전력을 안정적으로 운영할 수 있게 된다. 원자력발전소 및 화력발전소의 건설 등 전력 공급의 지속적인 확대에 힘입어 1979년에 96.7%, 1987년에 이르러서 99.7%라는 세계 최고 수준의 전기보급률을 갖추게 되었다.

전력산업 국유화를 통한 전기의 안정적 공급을 목표로 1961년에 최초로 제정된 '전기사업법'은 1973년, 1990년, 2000년 등 4회에 걸쳐서 대폭적인 개정을 했다. 1961년 전기사업법은 발전소, 송전선, 변전소 등 전기 공급과 관련된 시설물들이 차질 없이 건설될 수 있도록 전기사업자에게 권한을 부여하는 규정을 두고 있다. 1973년 법은 1961년 법을 폐기하고 새로 제정된 법으로서 전기의 공급, 감독, 보안, 토지 이용 등 전기의 안정적 공급과 관련된 내용을 정하고 있다. 또한 전기사업의 내용을 좀 더 구체적으로 규정하고 있는 법이라고 할 수 있다. 1990년에 개정된 법은 전력수급계획과 전기 안전에 대한 규정을 추가하고 있다. 이 법에 근거하여 1974년에 설립된 '한국전기안전공사'는 특수법인으로서 재발족했고, 전기의 안전관리가 법의 테두리 안으로 들어오게 된다.

2000년에 개정된 전기사업법은 전력산업의 구조를 개편하는 법이라고 할 수 있다. 1990년대까지 전기사업법은 한국전력을 중심으로 공기업에 초점을 둔 법이었다면, 2000년의 전기사업법은 한국전력을 포함하여 다수의 전력회사를 염두에 두고 전력시장의 형성과 전력산업의 민영화에 초점을 둔 법이라고 할 수 있다. 1980년대까지 각 나라의 전력산업은 자연독점의 형태로 발전·송전·배전을 묶어서 하나의 전력회사가 통합적으로 운영하는 구조를 가지고 있었는데, 1990년대 이후 탈규제와[2] 민영화라는 세계적인 추세에 따라서 일부 국가의 전력산업은 발

2) 탈규제는 전기요금이 그동안 정부에 의해 결정되는 방식에서 벗어나서 전력시장에서 결정되는 방식을 말한다. 탈규제를 시도한 의도는 영국 및 북미주에서 높은 전기요금을 시장에 맡겨두면 전력회사들의

전, 송전, 배전 부분을 별도의 사업자가 운영하는 방식으로 구조조정을 겪게 된다. 1998년 IMF로부터 구제금융을 지원받았던 한국은 탈규제의 세계적 흐름에 맞추어서 전력산업의 구조개편에 착수하게 되고, 그 선행 작업으로 전기사업법을 전면 개편하게 된다. 전력시장을 형성하기 위해 한국전력의 발전 부문을 6개의 자회사(한국수력원자력, 한국중부발전, 한국남부발전, 한국남동발전, 한국서부발전, 한국동서 발전)로 분리하여 2001년부터 독립적으로 운영하게 되고, 한국전력은 송전과 배전 부문을 담당하게 된다. 전력시장을 형성시키기 위해 2000년 전기사업법에는 '전력거래소'의 조직 및 기능에 관련된 조항들이 추가되고 '전기위원회'를 신설하여 관 주도로 진행되던 전력산업에 대한 운영을 민간과 관이 함께 관리하는 방식을 취하게 된다. 2004년 개정된 법은 구역전기사업 부분을 추가하여 민간사업자가 전기를 생산해서 판매할 수 있도록 허가하고 있다. 이에 따라서 전력시장에서 한국전력의 자회사 이외에 민간이 참여할 수 있는 길을 열어놓고 있다.

2012년 말 현재 한국의 발전 규모는 81,806MW로 2002년 53,801MW 대비 52%가 증가했다. 발전설비는 350여 기의 발전기, 31,249km의 송전선(765kV-835km, 345kV-8,653km, 154kV-21,762km), 749기의 변전소로 구성되어 있다 [그림 13-5]는 발전소, 변전소, 송전망이 긴밀하게 연결된 복잡한 전력 계통도를 보여주고 있다. 1948년 북한의 단전 이후 19.8MW에 머물렀던 발전 규모에 비교해 볼 때 지금과 같은 전력산업의 성장은 경제 발전의 견인차 역할을 했다고 할 수 있다. 즉, 해방 이후 지금까지 우리나라의 전력정책은 늘어나는 전력 수요에 대응하는 공급 중심의 정책이었다. 그리고 이러한 정책의 관성은 2002년 이후 발전 규모의 증가에서 보듯이 21세기를 맞이해서도 지속되고 있음을 볼 수 있다.

공급 중심의 전력정책과 복잡해지는 전력시설물들은 선진국에서 겪었던 대정전에 노출될 위험성이 함께 증가한다는 것을 의미하기도 한다. 즉, 한국의 전력 규모는 텍사스 정도로 크고, 송전망은 매우 긴밀하고 복잡하게 연결되어 있으며, 특히 서울을 중심으로 송전망이 집중되어 있기 때문에 대규모 정전을 관리할 수 있는 제도적 장치가 필요하다는 것을 의미한다. 하지만 전기사업법 등 제도의 발전은 공급 중심의 방향에서 벗어나지 못하고 있고, 전기신뢰성의 측면은 고려되

효율성 제고를 통해 낮아질 것이라는 믿음에서 시작했다.

지 못하고 있다.

2003년 북미주의 대정전뿐만 아니라 2003년 이탈리아에서 있었던 대정전, 2006년 독일에서 시작되어 프랑스를 비롯한 서유럽 대륙에 영향을 주었던 대정전 등 이미 선진국에서는 긴밀하게 연결된 송전망을 통한 대정전이 지속적으로 발생하고 있다. 그러므로 한국도 대정전을 사전에 막기 위한 대책을 수립해야 하는 시기에 왔다고 할 수 있다. 이러한 시점을 알려주듯이 2011년 9월 15일에 전력 부족으로 인한 순환단전이 발생했다.

그림 13-5 **한국의 송전선망**

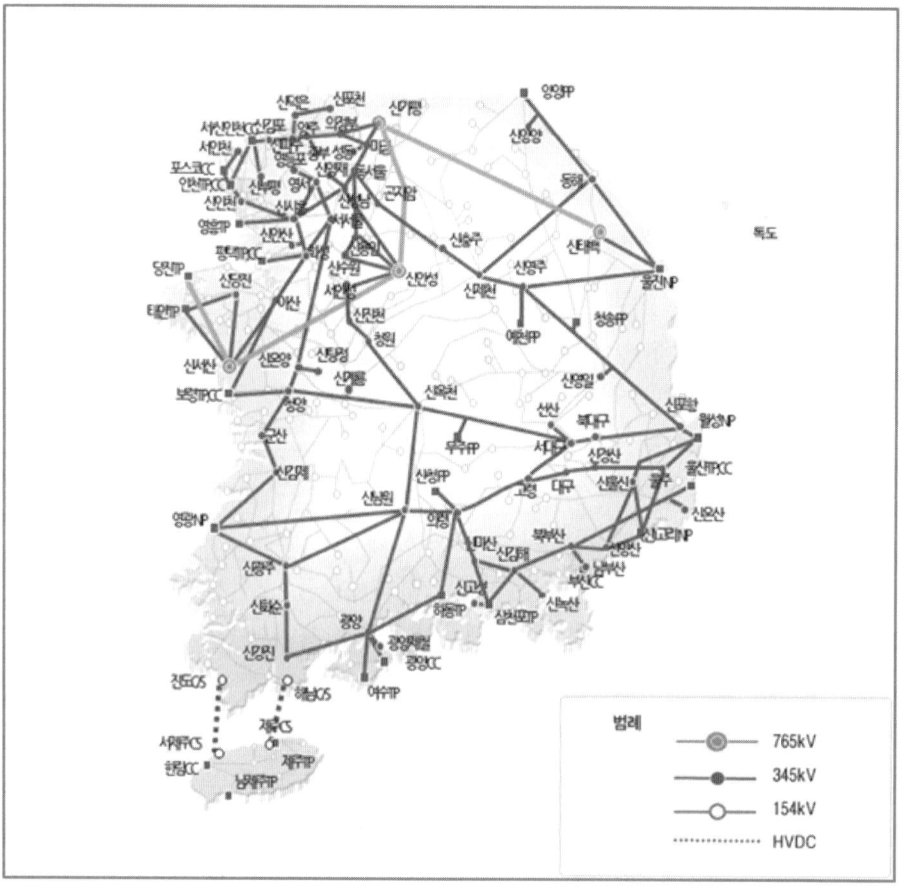

출처: 한국전력(2013).

2 2011년 9월 15일 순환단전

2011년 9월 15일 한국에서는 순환단전이라는 형태로 전국적으로 정전이 발생하는 사고가 일어났다. 9월 15일 목요일은 추석 연휴가 끝나고 모든 산업이 정상적인 조업활동을 하는 하루였고, 전기 수요는 가을철 온도에 맞추어서 예측되고 있었다. 당일 전기 수요를 6,250만kW로 예측했고, 공급 능력은 7,367만kW로 보고 있었다. 전력 예비율은 약 1,118만kW로 충분했다. 그렇지만 가을 날씨임에도 불구하고 섭씨 30도가 넘는 높은 기온으로 인해 냉방기구 사용이 급증하면서 예상보다 높은 전력이 소비되고 있었고, 오후 4시 넘게 기온은 떨어지지 않고 있었다. 오후 2시 35분경에는 예비 전력이 50만kW 이하로 떨어지기도 했고, 오후 3시에도 예비 전력이 회복되지 않자 전력거래소는 지역별로 순환단전을 실시하게 된다. 전력 소비를 차단하자 전국적 단위에서 지역별로 15분에서 20분 정도 정전이 발생하는 상황이 오후 7시까지 지속되었다. 다행히 전국적으로 대정전(large-scale blackout)이 발생하는 사태를 막음으로써 지하철, 공항시설, 교통 신호, 원자력발전소, 통신시설, 방송매체 등 국가의 주요 시설들이 마비되는 파국까지 가지는 않았다. 어떤 의미에는 전력거래소에서 송전망을 통제했던 계통 운영자들이 순환단전(rolling blackout)을 실시함으로써 부분 정전 단계에서 기술사고를 수습하는 지혜를 발휘했다고 할 수 있다.

3 9·15 순환단전에 대한 대응

그러나, 2011년 9월 15일에 발생한 순환단전의 문제는 그 이후에 나타나기 시작한다. 순환단전 이후 사고의 발생을 철저하게 조사하고 그 결과를 공개적으로 발표하는 보고서를 아직까지 전력거래소는 발표하지 않고 있다. 2013년 8월 21일에 있었던 전정희 국회의원 주최 '바람직한 전력 수급대책 마련을 위한 정책토론회'에서 전력거래소는 보고서를 발간했다고 하지만 공개할 수 있는가에 대한 질문에 보고서를 찾아보겠다고 답변을 했다(전순옥 · 전정희 · 추미애, 2013). 즉, 전력거래소는 당일 있었던 시간별 전력 수요량 및 공급량에 대한 수치 보고와 주파주 보고 외에는 좀 더 구체적인 내용을 담아야 하는 보고서 작성을 하지 않은 것으로 추측해 볼 수 있다. 따라서 '정상사고이론'과 '높은 조직신뢰성 조직이론'을 적용할 만한 구체적인 사실이 없기 때문에 현재로서는 분석할 자료가 없는 상황이다.

이러한 상황 속에서 국회의 입법조사처는 전정희 국회의원과 함께 기술조사위원회를 가동하고, 2013년 7월에 기술조사위원회는 2011년 순환단전에 관한 최초의 기술조사보고서인 'EMS 조사보고서'를 제출한다(김건중 외, 2013). 이 보고서에 따르면 2011년 순환단전 당시 EMS(energy management system)는 제대로 작동하지 않고 있었고, 따라서 EMS의 기능인 상태 추정(SE) 및 상정사고 분석(real time contingency analysis: RTCA)이 정상적으로 이루어지고 있지 않았다는 문제점이 드러났다(김건중 외, 2013). 사고 당일 SCADA를 통해 들어오는 기초적인 데이터를 근거로 각 발전소, 송전망, 변전소, 예비 전력, 주파주 등의 상황을 파악하고 있어야 했지만, EMS를 가동하고 있지 않았다는 것이다. 그리고 더 정확하게 EMS는 한국에 도입된 이후로 한 번도 제대로 가동된 적이 없고, SCADA에서 들어오는 기초 데이터를 인력을 통한 수작업으로 계산하여 전력의 공급량을 파악하고 있었다는 사실이다(김건중 외, 2013). 상태 추정 및 상정 사고분석이 없다는 것은 예비 전력을 어느 정도 확보해야 하는지, 15분 이내에 전력 공급이 가능한 예비 전력은 어느 정도인지, 각 발전소의 발전 용량은 어느 정도인지를 정확하게 파악할 수 없다는 사실을 의미한다. 더욱이 순환단전으로 들어갔을 때 어느 지역이 얼마 동안 단전이 되고 있는지에 대한 구체적인 데이터가 확보된 상황이 아니기 때문에, 전력거래소가 순환단전을 했지만 구체적으로 어느 지역에서 얼마 동안 정전이 있었는지 등 상황을 파악하지 못했다는 사실이다. 오직 주파수 기록 외에는 발표되는 내용이 없다는 것은 EMS 관련 데이터가 없는 것을 반증하고 있다. 또한, 2011년 9월 15일에 있었던 일련의 순환단전 과정에 대해 모의실험을 해보고 구체적인 원인 파악을 할 수 있는 능력이 없다는 것을 의미하기도 한다. 데이터가 없다면 각 발전소 및 변전소별로 개별 인터뷰를 통해 사고일지를 작성해봐야 하지만 이러한 작업도 이루어지고 있지 않은 상황이다.

한편, 2013년 11월 28일에 지식경제부 전력산업과장에 대한 견책처분 취소에 대한 서울행정법원의 판결(서울행정법원 사건 2012구합32727 2013)은 9·15 순환단전의 대응 방향 및 방식이 제대로 이루어지고 있지 않음을 보여주는 사례라고 할 수 있다. 피고인 산업통상자원부 장관은 원고인, 전력 수급 안정 등의 업무를 담당하고 있는 전력산업과장이 9·15 순환단전을 막지 못하는 등 담당 업무를 제대로 수행하지 못했다는 점을 들어서 견책처분을 내렸다. 하지만 원고는 행정소송을 통해 자신에 대한 견책처분이 부당함을 알렸고, 서울행정법원은 원고의 손을 들어주었다. 당일 전력거래소의 전력 수급 모니터에는 300만kW의 예비 전력을 표시하고 있었고, 이 사실을 전력거래소로부터 전해 들은 전력산업과장은 전력 수급에 별 문제가 없는 것으로 받아들였다. 그러나 예비 전력은 허수로서 실제 예비 전력은 50만kW 미만으로 거의 바닥 상태였다. 전력거래소는 오후 2시부터 순환단전을 실시했고, 오후 3시 17분에 이러한 조치를 전달받은 전력산업과장은 직속 상관인 에너지산업정책관 국장에게 사실을 보고한다. 전력산업과장은 담당 업무를 맡은 지 4개월 미만(5월 30일 해당 직책으로 인사 발령)인 전력 계통의 비전문가였는데, 전력 계통 전문가들도 몇 년을 걸쳐서 배우는 복잡한 전력 계통을 단순히 몇 개월의 업무를 통해 습득한다는 것은 불가능한 상황이었다. 따라서 비상시 전력 수급에 대한 책임을 질 수 없는 자리에 책임을 부여하는 모순된 상황이 당시에 있었다. 비상시 전력 수급의 의사 결정은 행정관료가 아닌 전력거래소의 계통 운영 전문가에 의해 이루어지는 것이 타당할 것이다. 행정관료에게 의사 결정을 맡기는 방식은 기술 및 조직 차원에서 해결할 문제들을 정치적인 문제로 대응하여 근본적인 해결 방식을 제시하지 못할 수도 있다.

대정전은 단순히 하나의 사건으로 이루어지지 않고 다양하고 복합적인 소규모 사고들이 상호작용을 하면서 발생하게 된다. 즉, 2011년에 있었던 전력 부족이 곧 대정전으로 발전한다고 말하는 것은 전력 부족과 대정전 사이에 발생할 수 있는 다양한 사건들을 무시하는 논리의 비약이 될 수 있다. 순환단전이 발생하는 과정을 기록하고 분석하는 SCADA 및 EMS의 데이터를 통해 전체적인 기술사고의 문제점이 분석될 때 순환단전의 원인을 파악할 수 있고 대책 수립이 가능하다. 하지만 이러한 자료가 만약에 없다면, 대정전으로 발전하는 소규모 사고들이 무엇인지 파악할 수 없게 된다. 오히려 전력 부족보다는 9·15 순환단전 당시 일련의 사고들이 무엇인지를 알지 못하기 때문에 앞으로 긴급 상황 발생 시 대응할 수 없고, 그 결과 대정전의 파국을 미래에 맞이할 가능성도 있다.

조직의 '신뢰성 문화'(전력 계통 운영 표준화, 계통 운영자의 훈련 및 자격증, 첨단시설 설치 기준 및 표준화, 의사소통 방법) 관점에서 바라볼 때 다음과 같은 문제점이 있을 것으로 추측된다.[3)]

첫째, 전기신뢰성을 유지하기 위한 운영 기준이 무엇인지 알 수 없는 상황이다. 정보 공개의 원칙에 따라서 관련 규정을 공개하고, 운영 기준이 없을 경우 한국의 전력 계통의 현실에 맞게 작성할 필요성이 있을 것이다. 우선적으로 '전기신뢰성'이 무엇인지에 대한 개념 정의부터 시작되어야 하겠다.

둘째, 계통 운영자의 훈련 및 자격증 제도와 관련해서 지금까지 한국의 전력 계통에 상응하는 자격증 제도는 없는 상태이고, 미국 NERC의 자격증을 취득하는 현실에 있다(전순옥 · 전정희 · 추미애, 2013). 더욱이 전력 계통의 비전문가인 행정 관료에게 비상시 운영에 대한 결정권을 부여하는 방식은 전력 계통의 관리 방향이 잘못 설정되어 있음을 의미한다. 한국의 상황에 맞는 자격증 제도를 개발할 필요성이 있고, 한국의 전력 계통에 맞게 훈련 및 교육이 필요하다.

셋째, 첨단시설의 설치 및 표준화에 대해 우선적으로 EMS 시설이 어떤 상태에 있는지 지금의 현실을 제대로 공개하고, 외국의 전문가와 협의해 EMS를 정상적으로 작동하도록 만드는 노력이 필요하다. 이러한 노력이 없을 경우 매년 전력 부족으로 인한 대정전의 공포감만 높일 수 있고 대정전을 미연에 방지하기 위한 다양한 사고 요인들을 간과할 가능성이 있다.

넷째, 의사소통과 관련해서 전력거래소 및 한국전력 등 유관 기관들이 의사소통 프로토콜을 만들고 운영 표준에 맞는 의사소통의 지침을 작성하는 것이 필요할 것으로 추측된다. 행정소송의 판결문(서울행정법원, 2013)도 '수급 조절', '수요 조절' 등의 용어들이 혼용되어 사용됨으로써 정확한 행동 결정 내용이 무엇인지에 대해 다르게 이해되고 있었고, 상호간에 혼란이 있었음을 지적하고 있다. 용어의 정확한 정의와 함께 의사 결정 참여자들은 비상시 사용되는 용어들을 올바로 이해하는 것이 선행되어야 할 것이다.

3) 현재 9 · 15 순환단전의 종합보고서가 없는 상태에서 신문기사, 인터뷰, 국회에서 나온 'EMS 조사 보고서' 및 서울행정법원의 판결문을 기초로 9·15 순환단전을 분석하는 단계이기 때문에 '추측한다'는 것이 정확한 표현이라고 할 수 있다.

이와 더불어 한국의 근본적인 전력 수급 대책에 대해 검토할 필요가 있다. 지금까지 한국은 공급 중심의 전력정책을 수립해 왔다. 그 결과 전력 부족이 문제가 될 때 원자력 및 화력발전소를 건설하는 방향으로 정책을 수립해 왔다. 하지만 전력 부족을 해결하는 방법은 공급정책뿐만 아니라 다양한 수요관리정책을 통해 가능하다. 지금까지 시민들에게 절전 등 에너지 절약을 요구하는 것은 한계가 있고, 전기 수요가 높은 산업전기의 가격을 현실화하고, 에너지 효율화를 높일 수 있는 시설물과 건축자재가 활발하게 거래될 수 있도록 국내시장을 개척할 필요가 있다. 2011년 순환단전도 공급 부족을 해결할 수요관리 프로그램이 빈약해서 발생했다는 것을 상기할 필요가 있다.

대정전을 막기 위해서는 한국에서도 전기신뢰성을 제도화할 필요성이 있다. 미국은 1965년 북동부에서 대정전을 겪은 이후 NERC를 설립하고 전기신뢰성 제도를 지속적으로 발전시켜 왔다. 최근 '전기사업법'을 개정하면서 전기신뢰성에 관련된 조항을 추가했다. 제27조의2항(전력 계통의 신뢰도 유지, 2013년 7월 30일 신설)을 보면 다음과 같다.

① 산업통상자원부 장관은 전력 계통의 신뢰도 유지를 위한 기준을 정하여 고시하여야 한다.

② 한국전력거래소 및 전기사업자는 제1항에서 정한 기준에 따라 전력 계통의 신뢰도를 유지하여야 한다.

③ 산업통상자원부 장관은 대통령령으로 정하는 바에 따라 전력 계통의 신뢰도 유지 여부에 관한 감시 · 평가 및 조사 등(이하 "전력 계통 신뢰도 관리"라 한다)을 실시할 수 있다.

④ 산업통상자원부 장관은 전력 계통 신뢰도 관리를 위하여 필요한 때에는 한국전력거래소 및 전기사업자에게 자료의 제출을 요구할 수 있다. 이 경우 자료 제출을 요구받은 자는 특별한 사유가 없으면 이에 따라야 한다.

위의 전기신뢰성에 대한 조항은 행정관료의 권한에 대한 내용만을 강조하고 실질적으로 전문성을 겸비하여 의사 결정을 할 수 있는 전력 계통 운영자에 대한 권한과 책임은 제대로 정리되지 않은 상태이다. 또한 전기신뢰성은 몇몇의 계통 운영자에게 권한을 위임하는 정도를 뛰어넘어서 조직이 의사 결정을 할 수 있도록 조직의 차원에서 체계를 구성하는 것이 필요하다. 조직을 통해 전력 계통 신뢰도의 표준을 만들고 운영지침을 지속적으로 발전시킬 수 있는 제도적 장치가 필요할 것이다.

그러나 한국의 경우 아직까지 이러한 전기신뢰성 제도가 미흡한 상황이다. 가칭 '전기신뢰성위원회' 또는 '에너지 신뢰성위원회'를 설립하여 에너지 공급의 안정성과 신뢰성을 확보하기 위한 노력을 전개해야 할 것이다. 특히, 에너지 산업의 독점구조를 감시하기 위해서도 이러한 기구의 설립이 필요하다. 한국의 에너지 산업의 독점구조를 민영화를 통해 해결한다고 하지만 이것은 에너지의 안정적이고 신뢰성 있는 공급을 해결한다기보다는 '시장의 효율화'에 초점을 맞추고 있다. 에너지는 국가 기간산업이기 때문에 민간에 맡기기보다는 국가가 관리하되 이를 독립적 기구를 통해 감시하는 방식이 더 바람직하다고 볼 수 있다.

제 5 절 사례의 쟁점

1 운영의 표준화와 사고 대처

운영의 표준화, 운영 기준의 설정, 신뢰성 있는 절차의 마련은 사고에 대처하기 위한 중요한 조건이다. 이러한 운영의 표준화를 마련하고 실천하는 것은 사고 예방과 대처에 어느 정도 기여할 수 있을까?

사고 시 운영의 표준화, 매뉴얼화가 가장 잘 되어 있는 국가 중 하나는 일본이다. 일본은 지진이 자주 발생하고, 화산 활동도 계속 일어나고 있다. 또한 여름에는 태풍이 계속 몰려오기 때문에 재해에 대비하기 위한 절차와 운영 기준 등의 준비가 잘 되어 있다.

그런데 이와같이 체계화된 재해 대처 방안이 2011년 3월 쓰나미 사태와 후쿠시마 원전 방사능 사태에서는 거의 제대로 작동되지 못했다. 2011년 3월 일본 동북 지역에서 대지진이 발생하고 그로 인해 높이 30미터가 넘는 거대한 해일이 발생했다. 이 해일은 후쿠시마 원자력발전소를 덮쳤고, 원자력발전소의 운행이 정지된다. 결국 후쿠시마 원자력발전소는 방사능을 제어하지 못하고, 지금까지 방사능 유출 사태를 계속해서 겪고 있는 중이다.

일본에서 이런 높이의 쓰나미와 그로 인한 원자력발전소의 운행 중지는 그동안 한번도 겪어보지 못한 사태였다. 일본은 그동안 지속적으로 경험하고 겪어온 지진, 해일, 태풍 등 각종 재해에 대해서는 대처 매뉴얼을 만들고 그에 따라 위기를 쉽게 극복할 수 있었다. 그런데 그동안 한번도 경험하지 못한 해일로 인한 원자력발전소 운행 정지라는 새로운 사고에 대해서는 전혀 대응하지 못했다. 사고가 발생하고나서부터 어떻게 처리해야 할지, 누가 어떤 의사 결정을 해야 할지 등에 대해 엄청난 혼란을 겪었고, 위기 상황에 제대로 대응하지 못했다.

이에 대해 미국에서 발생한 아폴로 13호 고장 사건은 위기 극복과 관련한 유동성 있는 대처 방안으로 유명한 사례이다. 지구에서 달로 이동 중인 아폴로 13호의 산소장치가 고장이 났다. 이런 고장에 어떻게 대처해야 하는가에 대한 매뉴얼은 전혀 존재하지 않았다. 하지만 미국 NASA와 아폴로 13호의 우주비행사들은 새로운 대응 방안을 계속 고안하고 만들어내면서 결국 지구로 무사히 귀환한다.

운영의 절차, 표준화가 만들어지지 않으면 사고가 발생하기 쉽고 사고 발생 시 대처하기 어렵다. 하지만 모든 사고에 대비해서 매뉴얼화가 이루어지는 것은 어렵다. 어느 정도까지 운영의 매뉴얼화가 이루어져야 하는걸까? 매뉴얼이 없을 때 위기를 해결해 나가는 능력에 영향을 미치는 요소는 무엇일까? 그리고 매뉴얼이 없을 때 대처 방안을 높이기 위해서는 어떤 방안이 필요한 것일까?

2 절차 준수의 정도

2011년 9월 15일, 한국의 전국 예비 전력은 50만 킬로와트(kW) 이하로 떨어졌고, 전국적으로 정전 사태가 발생할 가능성이 높아졌다. 이때 전력거래소는 전국의 대정전을 막기 위해 지역별로 순환단전을 실시한다. 해당 지역에 어떤 사전적 예고도 없이, 그리고 정부에 대한 허가, 결재 조치도 제대로 거치지 않고 단전을 실시한다. 전력거래소는 어떠한 절차도 거치지 않고 순환단전을 실시한 것이다. 이러한 예고 없는 단전 조치에 의해 단전 지역에서는 엄청난 피해를 받았고, 전력거래소는 이후 많은 비난을 받게 된다.

그런데 이때 전력거래소가 판단하기에는 전국적인 대정전이 발생하느냐 마느냐의 긴급 상황이었다. 실제 예비 전력이 50만 킬로와트 이하로 떨어졌었고, 이때 50만 킬로와트 이상의 전력 수요가 순간적으로 증가하면 대정전이 된다. 이러한 상황에서 관련 절차를 어느 정도까지 준수해야 하는 것일까?

해당 지역 주민에게 단전을 통보하고, 정부에 통보 조치를 하고 단전 조치를 하는 것이 옳다. 그런데 만약 해당 지역에 단전을 통보하고, 내부 결재 조치를 진행하는 도중에 대정전이 발생하면 이런 경우는 어떻게 될까. 절차를 준수했다는 이유로 전국적인 대정전 사태가 용서될 수 있는 것일까? 절차를 준수하다가 대정전 사태가 발생하는 것, 절차를 준수하지 않고 대정전 사태를 피하는 것, 전력거래소에서는 둘 중에 어떤 것을 선택해야 하는 것일까?

그리고 이 경우, 예고 없이 순환단전을 시행한 전력거래소 관련자들은 어느 정도까지 징계를 하는 것이 적정할까? 그런데 사실 전력 부족 사태가 발생한 것은 전력거래소 직원들의 잘못이 아니다. 그런데도 전력거래소 직원들을 예고 없이 순환단전했다고 하여 징계해야 하는 것일까? 만일 전력거래소 직원들이 순환단전하지 않았고, 그래서 대정전이 발생했다면 이 전력거래소 직원들의 책임은 어떻게 될까?

3 자료 수집, 실태 파악과 규제

전력 운행과 관련된 정보를 실시간으로 체크하고 위험성을 예방하기 위해서는 전력 운영과 관련된 많은 정보를 새로 수집하고 관리할 필요성이 제기된다. 그리고 이런 자료, 정보들을 수집하고 적정히 관리하면 사고를 예방하고 대응하는 데 많은 도움이 되는 것은 사실이다. 하지만 이런 정보 수집과 관리에는 엄청난 사회적 비용과 부담이 필요하다.

2014년 4월, 세월호가 진도 앞바다에서 침몰하는 사태가 발생한다. 그런데 이 여객선에 승선한 인원이 정확히 몇 명인지, 누가 탔는지를 선박회사나 정부에서는 제대로 파악하지 못했다. 승선 명부에 없는 사망자들이 나타났고, 결국 정확히 몇 명이 실종되고 사망했는지에 대해 계속 혼란을 겪게 된다. 이러한 관리의 문제점을 치유하기 위해 정부는 여객선 탑승자에 대해 모든 정보를 입력하도록 개선 방안을 마련한다.

여객선이 사고가 났을 때 승객에 대한 정보를 파악하기 위해 탑승자 정보를 요구하는 것은 적정하다. 그런데 앞으로 여객선을 타는 모든 사람은 선박회사와 정부에 이름, 성별, 주소 기타 정보들을 제공해야 하고 신분증 확인 절차도 거쳐야 한다. 국민들은 사고가 났을 때 정부가 인원 파악을 용이하게 하기 위해 이런 정보들을 제공해야 한다. 이런 목적으로 모든 국민의 배 탑승 정보를 요구하는 것은 타당한 것일까?

만약 지하철, 버스 사고 시 승객들의 인적 사항을 하기 위해서라는 명목으로 지하철, 버스를 타고 내릴 때마다 인적 사항을 적고 신분증을 확인해야 한다면 어떨까? 정부의 실태 파악과 사고 대응을 위해 이러한 것을 요구하는 것이 정당한 일일까? 비행기를 탈 때는 신분증을 요구한다. 하지만 버스를 탈 때 신분증을 요구하지는 않는다. 이런 자료를 수집하고 관리하는 적정 수준은 어디일까?

제 5 편

결 론

제 14 장 정책 사례의 축적과 보급을 위한 제언

제 14 장

정책 사례의 축적과 보급을 위한 제언

윤견수 · 은재호

정책에 대한 이해와 처방을 위해 필요한 것 가운데 하나는 정책 사례를 축적하고 그것을 적극적으로 활용하는 일이다. 제1장에서 제시한 것처럼 사례 연구의 강조점이 정당화, 발견, 처방, 교육 등 그 무엇이 되었건 축적된 사례가 많아야 그것들이 제대로 활용될 수 있다. 이미 경영 관련 사례들은 하버드 경영대학원(Harvard Business School), 유럽사례교환소(European Case Clearing House), 인시아드 경영대학원(INSEAD Business School) 등과 같은 저명한 기관들을 통해 국제적으로 활용되고 있다. 정책 사례들도 이미 하버드 케네디 대학원(Harvard Kennedy School)이나 해외 유명 국책연구소 등을 통해 충분히 활용 가능하다. 하지만 우리나라는 상대적으로 정책 사례를 축적하고 보급하는 데 적극적이지 않았다. 그 요인을 살펴보고, 그것을 개선할 수 있는 방안을 보면 다음과 같다.

제 1 절 정책 사례의 축적과 보급을 어렵게 하는 요인들

1 '사례 집필'에 대한 편견

정책 사례의 축적과 보급이 제대로 안 되는 근본 이유는 '사례 집필'에 대한 편견을 갖고 있기 때문이다. 집필자의 관심에 따라 그 편견이 드러나겠지만 첫째는 사례를 이론 개발을 위한 연구방법론으로 받아들이거나 에피소드로만 받아들이는 경향이 있다. 연구방법론으로 받아들일 경우에는 이론 지향적이 되고 타당성과 신뢰성 등과 같은 연구 과정의 엄격성에 매달린다. 에피소드로 받아들일 경우는 사례가 갖고 있는 다양성과 심층성보다는 관심을 끌 만한 것들을 강조하기 때문에 사례 기술이 지나치게 피상적으로 된다.

둘째는 특정한 학문 분야나 특정 이론에 적합한 사례가 따로 존재한다고 보기 때문에 사례 연구가 지나치게 이론이나 개념 위주로 흐르는 경향이 있다. 하나의 사례가 존재할 때 그것의 전체적인 구조나 과정보다는 지엽적인 부분에 관심을 갖는다. 이런 것들 때문에 특정 개념과 이론을 이해하지 못하면 사례를 이해하기 힘들어진다. 따라서 사례를 생산해 내는 주체들 간의 상생적 협업이 힘들어진다. 집필자가 이론에 관심이 있건 경험적 현실에 관심이 있건 유사한 관심과 경력을 가진 사람들 간의 교류와 협력이 힘들어진다. 더구나 우리나라의 경우 학과의 분업 체계가 학문의 분업 체계로 확대 재생산되어 사례의 이해에 대한 통합적 사고를 방해하는 경향이 있다.

셋째는 연구된 정책 사례를 분석의 결과물로 간주하고, 분석을 위한 자료로는 보지 않는 경향이 있다. 분석의 자료로 본다면 그 이후의 연구를 위해 기존의 사례들을 일정한 기준에 의해 분류하고 저장할 것이다. 그리고 그런 자료들을 학계나 실무진들이 나중에 활용할 수 있어야 한다. 하지만 우리나라의 경우에는 지금까지 연구된 사례의 기록, 보관, 유통이 학회 아니면 특정 실무 영역 내에서 제한적으로 이루어졌었다. 학술 논문집에 소개된 사례 연구는 창의성에 바탕을 두기 때문에 유사한 연구를 다시 하는 것에 대해 부정적이다. 그리고 연구의 결과물을 활용하는 독자가 실무진이나 일반 독자가 아니라 이론가로 제한된다. 특정 실무 세계에서 이루어지는 사례 연구는 해당 정책을 합리화하는 목적으로 연구가 행해지는 경우가 많고, 연구의 결과를 공개하는 것을 달가워하지 않는다. 양자의 단점을 극복할 수 있는 영역에서 활동하는 조직이 (국책)연구기관인데, 연구기관의 독립성과 자율성이 훼손되는 경우가 많기 때문에 그 역할을 제대로 수행하지 못했다. 그래서 우리나라에서 추진되었던 정책 사례들을 국내외에 소개할 때 학계나 실무 영역이나 연구기관 그 어느 곳에서도 만족할 만한 것들을 찾는 것이 쉽지 않다. 학계에서는 이론을 정당화하기 위해 사례가 동원되고, 실무 영역에서는 정책담당자의 의지를 정당화하기 위해 사례가 윤색되기 때문에, 사례가 갖고 있는 사실적 자료로서의 가치를 제대로 부각시키지 못했다. 연구기관은 그 당시의 현안 과제에만 집중해 왔고, 정권의 영향을 받지 않는 장기적인 비전이 부족했기 때문에 이론과 경험을 결합할 수 있다는 장점을 살리지 못했다. 이러한 요인들 때문에 연구된 정책 사례가 미래의 연구를 위한 자료로 활용되지 못했다.

2 사례의 '교육'에 대한 한계

정책 사례의 축적과 활용이 제대로 안 되는 또 다른 이유는 정책 사례의 교육에 대한 편견 때문이다.

첫째, 사례를 자료로 활용할 때 공급자의 관심사와 시각으로 편중되는 경향이 있다. 사례에 대한 교육을 담당하는 기관은 보통 대학과 공무원교육훈련기관이다. 그런데 그 어느 기관이 되었건 수요사인 청중의 이해와 흥미를 불러일으키지 못하는 경우가 많다. 사례를 선정하고, 그것을 기술하고 요약할 때, 그리고 요약한 내용을 토대로 분석이 이루어질 때 피교육자의 참여와 관심에 일차적 관심을 두지 않고, 그 결과 현장에서 멀어진 사례 교육이 되기 쉽다. 이런 현상을 부채질하는 것은 교육자가 피교육자에 대해 갖고 있는 불신이다. 잘못된 이해를 바로잡으려는 관점을 가지고 사례를 강의하며, 피교육자에게 사례 선정이나 이론 선택의 자유를 주지 않고 강의자가 그것을 독점하려는 경향이 있다.

둘째, 학계에서는 교육의 목적을 이론을 이해하거나 적용하는 데 두는 경향이 있다. 이론을 검증하거나 반증하는 과정, 즉 연역적 논리에 바탕을 둔 사례 교육이 많다. 따라서 개념과 이론이 교육의 중심이 되고 자료와 증거에 대한 관심은 부차적인 것으로 밀려난다. 이것은 사례 이해의 본질적인 추론 가운데 하나인 귀납적 추리와 충돌한다. 그리고 대다수 정책이론과 개념은 서구에서 만들어진 것이기 때문에, 우리나라의 현실에 적용할 때 근본적으로 한계가 있다. 이론들을 토대로 질문들을 만들더라도 그것이 우리에게는 중요한 질문이 아닌 경우가 많다.

셋째, 실무진들은 사례 교육의 목적을 선진 사례의 경험을 배우는 곳에서 찾는 경향이 있다. 이 경우에도 연구자가 이론 중심의 사례 교육을 시행할 때 나타나는 것과 동일한 문제점들이 나타난다. 선진 사례가 중심이 되고, 그것이 적용되는 상황의 경험 자료는 부차적인 것이 된다. 이것은 과거에 선진국의 정책 형성과 집행 동기를 우리나라 정책의 연역적 출발점으로 설정했던 논리와 같다. 그래서 현장의 논리와 멀어지게 된다. 최근에 실패 사례에 대한 관심이 증가하기는 했지만 본질적으로 실패 사례는 집필에 성공하기 힘들다. 실패에 대한 책임 귀인과 그로 인한 권위 상실 때문에 실패와 관련된 자료를 적극적으로 제공하지 않기 때문이다. 성공과 실패가 사례 선정의 중요한 기준이 된다면 중요하지만 일상적인 사례는 소홀해지는 폐단도 나타난다.

넷째, 사례 교육의 목적이 주로 정해진 질문에 대한 해답을 찾는 데 있고, 사례를 통해 질문을 만들어 내는 것에 대해서는 관심이 부족하다. 따라서 사례 교육의 가장 큰 목적인 '문제 해결 능력'을 키우지 못하며, 사례 교육을 통해 사례를 이해하는 방법과 전략을 숙지한다는 실천적 기대를 충족시키지 못한다. 대부분의 사례 교육이 '강의실' 안에서 '강의 시간'으로 한정된 교육이기 때문에 강의실과 강의 시간을 통제하지 못하는 피교육자의 교육 효과를 기대하기는 힘들다. 더구나 사례 연구의 주체를 '개인'으로 보기 때문에 '팀' 위주로 정책문제를 해결하는 현장의 모습과 괴리된다.

3 정책 사례 교육 자료의 문제점

정책 사례의 교육이 제대로 되지 않는 또 다른 이유 중 하나는 교육을 위해 사용할 수 있는 자료가 절대적으로 부족하다는 점이다.

첫째, 사례 집필과 교육에 사용하는 자료들 가운데 이론과 정책 경험이 균형을 이루고 있는 자료들이 많지 않다. 학계에서 집필된 정책 사례는 교육이 아니라 논문이나 저서 출간에 목적을 둔 경우가 대부분이다. 따라서 집필자 개인이 직접 그것을 교육하지 않는 한 교육의 효과를 기대하기 힘들다. 이것은 현장에서 만들어지는 사례도 동일하다. 현장의 특성이 지나치게 강해 일반화하기 힘들고,

공개가 안 되는 경향이 있기 때문에 그 현장에 익숙한 사람만 교육이 가능하다. 이것은 교육 자료들이 주로 심오한 분석이나 소박한 이해, 양 극단 중 어느 하나에 속해 있다는 것을 뜻한다. 이론과 경험에 익숙하지 않은 대다수의 일반 독자를 위해 만들어진 교육 자료는 아닌 것이다.

둘째, 1차 자료 및 원자료를 토대로 만들어진 자료가 많지 않다. 1차 자료에는 해당 정책과 관련된 중요 행위자들과의 면접 자료와 정책 과정에서 만들어진 문서 자료가 있다. 면접 자료는 사실 확인을 위해서도 필요하지만 행위자들의 판단과 견해를 정리하는 데도 필요하다. 문서 자료 가운데 공문서는 관련 정책의 입법 사항, 인력, 예산 등에 대한 사실을 담고 있는 자료이기 때문에 중요하고, 공문서는 아니지만 회의 자료나 보고서 비망록 등과 자료들도 정책의 사실 확인을 위해 필요한 자료들이다. 하지만 우리의 경우에는 사례 연구 과정에서 미디어 자료나 문헌 자료를 많이 활용한다. 미디어를 통해 유포되는 자료들은 일차 자료를 다시 한 번 정리한 2차 자료들이기 때문에 사실로서의 가치가 떨어진다. 문헌연구(literature review)와 관련된 자료도 근본적으로는 특정 관점을 토대로 만들어지는 2차 자료의 성격을 갖고 있기 때문에 피교육자들이 해당 분야의 전문가가 아니라면 교육 효과가 줄어든다.

셋째, 많은 자료가 사례 이해의 가장 중요한 요소인 스토리텔링에 대해 무관심하다. 그것은 사례에 대한 집필이 학계건 실무진이건 지나치게 전문가를 염두에 두고 이루어지며, 그 정책의 잠재적 고객에 대해서는 무관심하다는 뜻이다. 스토리텔링에 관심을 가지면 '누구를 어떻게 설득할 것인가'라는 관점에서 사례를 집필한다. 그리고 스토리를 구성하는 요소인 맥락, 행위자, 사건에 주목한다. 따라서 정책이 추진되는 맥락, 중요한 정책 행위자들의 동기와 의도, 그 정책과 관련된 중요한 사건들 간의 상호작용을 집필의 중요한 기준으로 삼는다. 그리고 실생활에서 많이 사용하는 내러티브 자료를 집필의 근거자료로 많이 활용한다. 스토리텔링의 방식으로 사례가 집필되지 않으면 일반인들이 주된 독자층에서 벗어나기 때문에 그만큼 정책 사례의 보급과 활용이 어려워진다.

제 2 절 사례의 보급 및 활용을 촉진하기 위한 조건들

위에서 설명한 난점들은 바꾸어 말하면 정책 사례의 보급과 활용을 촉진하는 요인이기도 하다. 정책 사례의 보급과 활용을 촉진하기 위한 방법들을 좀 더 구체적으로 살펴보면 다음과 같다.

첫째, 해당 정책 과정에 대한 충실한 스토리텔링이다. 사례 집필 과정에서 스토리텔링의 요소인 정책 형성과 집행의 맥락, 정책 행위자들의 동기와 전략, 정책에 영향을 주는 중요한 사건들을 언급하고 이것들 간의 상호작용을 설명한다. 설득의 대상이 누구인가에 따라 강조점이 달라지겠지만 정책 스토리는 이론가나 실무진들에게 정책 사례 집필의 토대로 작용한다. 이와 같은 점들을 감안하여 이 책에서 만든 사례의 집필 기준은 여섯 가지였다. ① 집필자가 연구자건 실무진이건 집필의 동기가 독자의 호기심을 자극할 만큼 분명하게 제시되어야 한다. ② 사례의 제도적 조건이나 역사적 배경 등과 같은 맥락을 구체적으로 제시한다. ③ 사례와 관련된 중요한 행위자(개인이나 집단) 및 그들 간의 상호작용을 기술한다. ④ 정책 사례와 관련된 중요한 사건인 법(개정)과 제도(변화)의 변화 내용을 설명한다. ⑤ 사례의 연대기적 과정이나 인과적 과정을 기술한다. ⑥ 사례를 이해하는 데 필요한 중요한 쟁점(이론적이거나 실천적)들을 제시한다. 여섯 가지 가운데 ②, ③, ④, ⑤는 스토리텔링이 갖춰야 기본 요소들이고, ①과 ⑥은 집필자가 중요하게 생각하는 청중을 설득하기 위해 집필자가 의도적으로 끌어들이는 주제들이다.

둘째, 사례를 개발하는 과정에서 모듈의 개념을 활용한다. 모듈은 전체로서의 성질을 변화시키지 않으면서도 변형과 확대를 가능하게 하는 기본 단위를 뜻한다. 개별 사례들을 끌어모아 더 큰 사례를 만들 수 있거나, 반대로 하나의 사례를 여러 개의 부분 사례로 나누어 분석할 수 있다면, 이것은 모듈화된 설계의 장점을 살린 것이다. 하나의 사례가 정책 과정, 조직, 인사, 리더십, 문화 등의 다른 영역들을 넘나들을 수 있는 경우에도 모듈화된 사례 개발에 속한다. 하나의 사례가 서로 다른 행위자의 관점, 집단의 관점, 정부의 관점, 국제기구의 관점 등으로 분석된다면 이것은 분석 단위를 기준으로 모듈화를 시도한 것이다. 만약 하나의 사례를 상관에게 보고하는 상황, 언론을 향해 브리핑하는 상황, 이해 관련인들의 갈등을 조정하는 상황 등으로 구분한다면 모듈화의 기준은 상황이 된 것이다. 모듈화된 사례 개발이 갖는 장점은 서로 다른 사례들을 결합하거나 한 개의 사례를 여러 개의 사례로 분리하는 과정에서 정책의 다양성과 심층성을 이해할 수 있기 때문이다.

셋째, 사례 교육의 방법을 바꾸어 개인보다는 집단 학습을 강조하고, 단위 사례보다는 결합된 사례를 학습의 대상으로 하며, 청중의 성격에 따라 사례 집필을 달리 해보는 것이다. 집단학습을 강조하는 방법은 해당 사례에 대한 이해 및 분석 단위를 개인에서 팀으로 확대하는 것이다. 개인 과제와 집단 과제가 어떻게 다른지를 비교하면서, 개인의 문제 해결 능력과 팀의 문제 해결 능력을 동시에 키울 수 있게 한다. 학습의 대상으로 결합된 사례를 강조하는 이유는 주어진 사례에 대한 이해도 중요하지만 그 사례를 통한 창조적 문제 해결 능력, 즉 질문을 만들어내는 능력이 더 중요하기 때문이다. 청중에 따라 사례 집필을 바꾸어 보는 이유는 설득력의 관점에서 사례가 서로 다른 방식으로 구성되는 것을 보여줄 수 있기 때문이다.

넷째, 개발된 사례의 자료 기지(data base)를 구축한다. 정책 사례의 자료 기지 구축은 지금까지 논의되었던 것들을 실현하는 최선의 수단이다. 자료 기지의 구축을 위해서는 스토리텔링에 충실한 정책 사례들의 축적도 중요하지만 자료 기지를 구축한 기관의 정체성도 중요하다. 대학이라면 이론화에 도움이 되는 정책 사례를 중심으로 자료 기지를 구축할 것이고, 국책연구소라면 정권별 공약과 이해관계를 반영한 정책들이 중심이 된 자료 기지를 구축할 것이다. 자료 기지로서의 성공 가능성은 대학, 정부기관, 공익집단, 기업 등에 소속된 연구소가 싱크탱크로서의 역할을 얼마나 수행할 수 있는가, 그 과정에서 얼마나 정확한 정책 자료들을 제공하고 있는가의 여부에 의해 결정된다. 최근에는 해당 정책과 관련된 인터넷 검색을 통해 많은 2차 자료를 확보할 수 있다. 그래서 각 기관의 정체성은 그 기관이 얼마나 많은 1차 자료를 확보하고 있는가, 그리고 그것을 토대로 충실하게 집필된 사례가 얼마나 많은가에 의해 좌우될 것이다. 자료 기지 구축 과정에서 연구소 못지않게 중요한 역할을 할 수 있는 기관이 학회와 정부일 것이다.

특히 자료 기지 구축의 초기 단계에서는 이론 개발에 비중을 둔 학회와 처방에 관심을 둔 정부 간의 공동의 노력이 필요하다.

정책 사례 연구는 이론적 연구만큼이나 개별적으로 정책 연구에 기여할 수 있고, 학생들이 정책을 이해하는 데도 많은 도움을 줄 수 있다. 또한 학문 연구의 다양성을 증진시키기 위해서도 사례 연구가 활성화되는 것이 필요하다. 무엇보다 실제 사례들이 축적되어 이론이 개발된다. 새로운 이론을 개발하기 위한 기반으로서도 사례 연구가 활성화될 필요성이 존재하는 것이다. 아무쪼록 이 사례집에서 소개된 사례, 그리고 사례 연구 방법들이 사례 연구에 대한 이해를 증진하고 사례에 대한 흥미를 제고하는 데 도움이 되기를 바란다.

참고 문헌

국내 문헌

강정인 (2012). 박정희 대통령의 민족주의 담론: 민족과 국가의 강고한 결합에 기초한 반공, 근대화 민족주의 담론. 「사회과학연구」, 20(2): 34-72.

강철구 옮김 (2012). 민족주의란 무엇인가. Anthony D. Smith (2001). *Nationalism: Theory, Ideology, History*. 용의 숲.

건설교통부 (2004). 기업도시 「정부 내 추진체제」 본격 가동.

——— (2005a). 혁신도시 입지 선정 마무리, 개발 본격화.

——— (2005b). 기업도시 입지제한지역 및 시범사업 선정 · 평가기준 확정.

——— (2007). 기업도시 시범사업 추진 현황.

고원 (2012). 한국에서 복지의제의 지배적 정치담론화 과정 분석. 「경제와 사회」, 가을호: 12-38.

고종석 (2004). 「서얼단상: 한 전라도 사람의 세상읽기」. 개마고원.

공공기관 지방 이전에 따른 혁신도시 건설 및 지원에 관한 특별법[법률 제8238호, 2007.1.11, 제정].

공청회 자료집 (2013). 출판문화산업 진흥을 위한 도서정가제 법제화 공청회(2013.4.17).

교육과학기술부 (2011a). 「대학구조 개혁 추진 기본계획(안)」(2011.7.27).

——— (2011b). 12학년도 정부재정지원 제한대학(하위 15%) 평가 결과 및 학자금 대출제한대학 명단 발표(2011.9.5), 보도자료.

——— (2011c). 2012학년도 평가순위 하위대학 정부재정지원 제한계획(2011.8.16), 보도자료.

——— (2011d). 국립대학 구조개혁 및 부실대학 선정을 위한 실사 대상 대학 발표(2011.9.23), 보도자료.

——— (2012a). '13학년도 정부재정지원 제한대학(하위 15%) 평가 결과 및 학자금 대출제한대학 평가 결과 발표(2012.8.31.), 보도자료.

——— (2012b). '국립대학 운영 성과목표' 평가로 국립대 구조개혁 계속 추진키로(2012.9.25), 보도자료.
——— (2012c). 2013학년도 정부재정지원 제한대학 평가계획 발표(2012.2.9), 보도자료.
——— (2012d). 2단계 국립대학 선진화 방안 확정(2012.1.26), 보도자료.
교육부 (2013a). 2014학년도 정부재정지원 제한대학, 학자금 대출제한대학 및 경영부실대학 지정(2013.8.29), 보도자료.
——— (2013b) 2014학년도 정부재정지원 제한대학·경영부실대학 등 대학구조개혁 방향 확정(2013.8.1), 보도자료.
국가균형발전특별법[법률 제7061호, 2004.1.16, 제정].
국무총리실 (2011). 정부과천청사, 입주기관 바뀐다!!–세종시 이전에 따른 중앙·과천청사 입주대상기관 확정.
국무총리실·관계부처합동 (2010). 세종시 발전 방안.
국무총리실 세종시지원단 (2012). 세종시 이전에 따른 행정비효율성 대처 방안(2012.9.12).
국토교통부 공공기관지방이전추진단(http://innocity.molit.go.kr).
국토해양부 (2013). 혁신도시별 사업추진 현황(2013년 3월 말 기준).
국회 회의록(16대, 17대 상임위원회, 본회의, 소위원회, 공청회 회의록) 해당 각주 참고.
권경득·김덕준·차경은·안혁근 (2011. 7).「시화호 지속가능 파트너십 설립 기본 구상」. 시화지구 지속가능발전협의회.
권문일 (1989). 한국 사회보험 입법의 형성에 관한 연구: 산업재해보장제도와 의료보험을 중심으로. 서울대학교 사회복지학 석사논문.
기업도시개발특별법[법률 제7310호, 2004.12.31. 제정].
김건중 외 (2013). EMS 조사 보고서. 국회 기술조사위원회.
김관보 (2005). 재판매가격유지제도(도서정가제)에 관한 신제도론적 고찰.「국가정책연구」, 19(2): 1-46.
김나볏 (2013). 예술가들이 원하는 예술인 복지법은?: 분석과 제안.「시민과 세계」, 22, 276-285.
김대호 (2010). 무상급식과 보편주의: 한국에서 보편주의 논쟁의 특수성과 그 함의.「사회복지학회 춘계학술대회 논문집」.
김도우 외 (2012). 불법 사행산업의 실태 및 대응전략에 관한 연구.「한국공안행정학회보」, 46: 11-42.
김문길 (2008). 예술인 복지지원제도 관련 해외 사례 검토와 시사점.「국제사회보장 동향」, 가을호: 27-36.
김삼근 (1998). 의료보험통합 일원화의 정책결정 과정에 관한 연구. 연세대학교 보건대학원 석사학위 논문.
김영작·이이범 외 옮김 (2010).「내셔널리즘론의 명저 50」. Masachi Oosawa(2002). *Nationalism-Ron No Meicho,* 50. 일조각.
김용섭 (2005). 경륜, 경정법의 입법정책적 방향.「스포츠와 법」, 7: 11-37.

김윤명 (2011). 자동게임 프로그램에 대한 법적 고찰. 「중앙법학」, 13(1): 443-472.
김은주 · 문상호 · 배수호 (2013). 지역의 협력적 환경 거버넌스에 관한 연구: 시화지구 사례를 중심으로. 「정책분석평가학회보」, 23(4).
김일중 (1995). 「규제와 재산권」. 자유기업센터.
김재관 (1992). 의료보험에 관한 정책 논쟁 분석: 조합주의와 통합주의 논쟁을 중심으로. 성균대학교 박사학위 논문.
김정오 · 김창수 (2008). 사행성 게임물과 과잉규제의 역설. 「지방정부연구」, 12(2): 201-229.
김찬동 (2005). 행정중심복합도시와 국정효율성 확보 방안. 서울행정학회 2005년 춘계학술대회 발표 논문.
김찬동 · 김대건 (2005). 거버넌스 효율성을 위한 정치행정 시스템: 국정운영 조정과 정책조정 사례를 중심으로. 「한국행정학회 2005년도 춘계학술대회 발표논문집」.
김태완 · 정희선 (2012). 예술인 복지법 통과의 의미와 과제. 「보건복지포럼」, 통권 제183호: 66-75.
김태은 (2010). 거래비용과 정부 역할. 「한국행정학회 추계학술대회 발표 논문집」, 1-28.
——— (2013a). 무시된 딜레마의 사회적 비용 발생 원인 연구. 「한국정책학보」, 22(3): 103-135.
——— (2013b). 정부부처의 행정효율화 제고 방안. 뉴스1 세종포럼 발표 자료.
김현준 (2012). 한국 개신교 집단의 정치 참여 동기와 행태: 박정희 체제 민족주의와의 연관성을 중심으로. 연세대학교 석사학위 논문.
김형국 · 최상철 (2004). 「천도반대운동의 사회학」. 나남출판.
김휘정 (2011). 예술인 복지 지원의 쟁점과 입법 및 정책 과제. 「문화정책논총」, 25(2): 89-114.
남찬섭 (2012). 무상급식과 보편복지논쟁. 한국사회복지정책학회 학술발표논문집.
노동부 (2003). 사회적 일자리 창출 방안 연구.
——— (2004). 사회적 일자리 창출 사업 중장기 발전 방안.
——— (2008). 사회적 기업 육성 기본계획.
대한민국 국회(2010). “한나라당 좌파정당? 무상급식 전면 실시 지자체, 민주당보다 한나라당이 더 많다,” 국회 민주당 김춘진 의원실 보도자료.
동아일보 (2004.6.2). 新행정수도 특별법 헌법소원 낸다.
——— (2010.12.31). ‘무상급식’ 둘러싼 정치적 감정 폭발.
——— (2012.12.27). 충북 내년 무상급식비 도-도 교육청 933억 확정.
문옥륜 · 박세택 · 이재형 · 조형원 · 노운녕 · 우영국 · 최재욱 · 하호수 (2009). 「건강보장론」. 신광출판사.
문태훈 · 이재준 (2012). 시화지구 개발에서 시화지속발전협의회의 역할에 대한 평가와 전망: 환경문제 해결기구로서의 역할을 중심으로. 「한국행정학보」, 46(3): 61-87.
문태훈 · 전상인 · 홍성만 · 마강래 (2010. 12). 「송산그린시티 시화지속협의회 활동 조사연구」. 한국수자원공사.

민주당 (2009). 이명박 대통령님! 행정복합도시 추진 발언 한 타스도 넘습니다.
박덕수 (2013). 중앙행정기관의 세종시 분산에 따른 정책소통 실태와 개선 과제. 「세종시 이전에 따른 정부효율성 강화 및 지역 상생 발전 방안 정책토론회집」.
박영만 (2008). 스포츠토토와 사행성 사업의 규제문제. 「스포츠와 법」, 11(4): 331-331.
박영정 (2012). 예술인 복지를 위한 쟁점과 논의, 「노동리뷰」, 7: 5-20.
박종권 (2008). 토론문: 경륜, 경정, 체육진흥투표권(sports toto: 이하 "토토")을 사행산업이라고 볼 것인가? 사행산업통합감독위원회법(이하 "사통위법" 2007.1 제정)의 문제점은?. 「스포츠와 법」, 11(4): 301-307.
——— (2009). 경륜, 경정산업의 발전 방안을 위한 경륜, 경정법에 관한 고찰. 「스포츠와 법」, 12(2): 121-140.
박찬임 (2008). 사회적 기업 육성 및 창출을 위한 과제. 「월간 노동리뷰」, 43: 31-48.
박철호 (2008). 사행산업 건전화 방안 연구. 「여행학연구」, 29: 21-48.
박태순・홍성만 (2007). 「대립과 갈등을 넘어 시화사람들이 만들어 가는 희망 보고서」. 시화지역지속가능발전협의회 활동평가 보고서.
방지선・허정욱 (2001). 스포츠산업, 경영: 경주사업의 건전 레저스포츠로의 정착 방안 연구. 「한국체육학회지－인문사회과학」, 40(4): 445-453.
배수호 (2013). 유학의 수신론 관점에서 바라본 생태적 의식 전환 및 실천에 관한 소고: 행정학적 함의를 찾아서. 「한국행정학보」, 47(3): 1-22.
백인립 (2013). 유럽 복지제도의 발전과 한국에 주는 교훈. 연세대학교 빈곤문제국제개발연구원 편. 「빈곤의 사회과학」. 사문난적.
부산일보 (2013.11.29). 박대통령 "중앙－지방 복지 비용 분담 원칙 마련해야."
사행산업통합감독위원회 (각년도). 사행산업 관련 통계.
서울신문 (2009.11.28). "세종시 갈등・혼란 죄송 … 교육・과학 중심 자족市로."
——— (2012.4.10). 열린 세상, 예술인 복지를 위해 새로운 국회에 거는 기대, 모철민 동아대 석좌교수.
서울행정법원 (2013). "서울행정법원 제7부 판결: 2012구합32727 견책처분취소."
서정철 (2011). 시화호 개발갈등과 조정 사례. 「공정사회와 갈등관리 Ⅱ」. 한국행정연구원.
——— (2013). 협력적 거버넌스의 성공 요인 연구. 성균관대학교 석사학위 논문.
손준규 (1983). 「사회보장・사회개발론」. 집문당.
시화지구지속가능발전협의회 홈페이지(http://www.sihwa-sd.com/)(자료 접근: 2013년 12월 27일).
신대호・구본기 (2011). 갬블링산업 인식도 분석에 의한 관광시장 대응전략. 「관광연구」, 26(3): 211-223.
신영란 (2006). 「한국 의료복지정책론: 1989년과 1997년의 의료보험 통합일원화 정책결정 사례 비교 연구」. 한국학술정보(주).
신중섭 (2010). 무상급식'의 정치철학적 함의. 「철학과 현실」, 85: 150-163.
신행정수도 후속 대책을 위한 연기・공주지역 행정중심복합도시 건설을 위한 특별법[법률 제7391호, 2005.3.18. 제정].
신행정수도건설추진기획단 (2004). 「신행정수도건설추진 백서 2003」.
신행정수도의 건설을 위한 특별조치법[법률 제7062호, 2004.1.16. 제정].
——— (2004.10.21. 2004헌마554 · 566(병합).
신행정수도후속대책위원회 (2004). 신행정수도 후속대책 추진 현황.
——— (2005). 「2004년도 신행정수도 건설추진 백서」.
안병영 (2000). 국민기초생활보장법의 제정 과정에 관한 연구. 「행정논총」, 38(1): 1-50.
안전행정부 스마트서비스과 (2013). 행정효율성 향상을 위한 영상회의 활성화 추진 방안 (2013.6).
양승일(2013). 선별주의와 보편주의를 둘러싼 지방복지정책의 갈등 분석: 서울특별시 무상급식정책을 중심으로. 「지방행정연구」, 27(1): 125-153.
양현모 외 (2007). 「행정기관 분산 · 배치에 관한 연구: 행정중심복합도시 건설에 따른 문제점을 중심으로」. 한국행정연구원.
SBS TV (2004.9.22). 한나라당, 오늘 '수도 이전 반대' 당론 확정.
연합뉴스 (2004.10.18). "행정수도 특별법 합헌 결정 나와도 반대할 것."
——— (2009.7.2.). "박근혜 총리론' 수없이 나온 얘기."
——— (2010.8.3). "서울지역 무상급식 거버넌스 구성하기로."
예술인 복지법안(서갑제 의원 대표 발의). 2010.2.
오마이뉴스 (2011.2.25). 강우석 감독님 '인력 과잉' 그건 아닙니다. 홍현진 기자.
옥동석 · 구경남 (2012). 예산법률주의와 지방정부 예산전쟁: 서울시 무상급식 사례를 중심으로. 「재정학연구」, 6(1): 163-486.
왕재선 (2012). 정책이슈 확산의 정치 과정: 무상급식 논쟁 사례를 중심으로. 한국정책학회 춘계학술대회 발표논문집.
왕재선 · 김선희 (2013). 정책이슈 확산의 다이나믹스: 무상급식 논쟁 사례를 중심으로. 「한국정책학회보」, 22(1): 389-421.
우정사업본부 (2011a). 2011년도 경영합리화 시행계획.
——— (2011b). 우정사업본부의 근본적 혁신을 위한 규제환경의 합리적 정비와 제도 개선 방안.
——— (2011c). 우정사업 경영합리화 기본계획.
——— (2012a). 2012년도 우정사업계획.
——— (2012b). 택배시장 공정성 확보 방안.
——— (2012c). 신서독점권 지키기.
원종문 · 김창호 (2008). 직접 판매의 효율성 제고와 사행성 저감 방안. 「한국경영학회 통합학술발표논문집」.
유금록 (2008). 공공서비스의 효율성 측정에 있어서 환경변수의 조정. 「한국행정학보」, 42(4): 117-149.
유기홍(2013). 「대학 구조개혁(정원) 정책평가와 전환」. 국정감사 정책자료집.

유현숙(2009). 「고등교육 경쟁력 제고를 위한 대학 구조조정 방안 연구」. 한국교육개발원.
윤견수 (2005). 한국 행정학의 질적 연구 방법에 대한 반성과 제안. 「한국행정학보」, 39-2: 1-22.
——— (2008). 사례연구: 분석의 세계에서 집필의 세계로. 「한국정책학회보」, 17-4: 63-87.
윤경준 (1995). 지방정부 서비스의 상대적 효율성 측정에 관한 연구: 대도시 보건소에 대한 자료포락분석을 중심으로. 연세대학교 박사학위 논문.
윤홍식 (2012). 보편주의 복지를 둘러싼 논쟁의 한계, 성과, 전망: 무상급식에서 4·11 총선까지. 「사회보장연구」, 28(4): 75-104.
이광찬 (2009). 「국민건강보장 쟁취사」. 양서원.
이규식 (2012). 「의료보장과 의료체계」. 계축문화사.
이명석·배재현·양세진 (2009). 협력적 거버넌스와 정부의 역할: 사회적 기업 사례를 중심으로. 「한국정책학회보」, 18(4): 145-171.
이병량·황설화 (2012). 정책 이념과 정책의 변화: 노무현 정부와 이명박 정부에서의 문화정책. 「한국정책연구」, 12(3): 255-270.
이병태 (2011). 「법률용어사전」, 법문북스.
이상민 (2012). 주민투표제도의 문제점과 개선 방안에 관한 연구. 「법학논총」, 36(2): 107-137.
이상연 (2012). 「대학 구조개혁의 전개 과정과 인식의 차이에 관한 연구」, 경기대학교 대학원 행정학과 박사학위 논문.
이선향 (2010). 강원랜드와 지역사회; "폐광지역개발지원특별법"의 정치적 동학과 그 영향. 「사회과학연구」, 49(2): 107-132.
이승제 (2011). 가변비율계획에 근거한 캐시 아이템의 사행성 고찰: 한국의 온라인게임 사례를 중심으로. 「한국디자인문화학회지」, 17(1): 413-423.
이승훈 외 (2012). 게임 규제의 효과성에 대한 연구. 「한국컴퓨터게임학회논문지」, 25(3): 211-221.
이정훈 (2004). 온라인 도박의 형사책임: 온라인 보드게임을 중심으로. 「중앙법학」, 6(3): 157-187.
——— (2006). 바다이야기 사태의 법적 진단과 게임 산업의 방향: 사행성 게임물에 대한 형사책임 입법 연혁을 중심으로. 「중앙법학」, 8(4): 35-68.
이종갑 (2004) 국가적 관점에서 본 우리나라 대학 시스템의 혁신 방안: 대학 구조개혁 추진 방안을 중심으로. 「공학교육」, 11(2): 10-13.
이종원·홍성만 (2009). 공공사업의 다목적성과 정책 개선: 시화호 개발사업에서 조정의 부재로부터 협의기구의 내재화까지. 「한국행정논집」, 21(4): 1155-1176.
이종은 (2003). "민족과 국가, 민족주의와 국가주의." 「문학과 사회」, 16(2): 738-763.
이주호·박정수 (2000). 사립대학 지배구조의 개혁 의제. 「한국행정학보」, 34(4): 139-154.
이주호 외 (2006). 「평준화를 넘어 다양화로」. 학지사.
이충기 (2008). 한국카지노산업의 지속성: 경제적, 사회적, 산업적 측면을 중심으로. 「관광연구저널」, 22(4): 23-44.

이학준 (2010). 스포츠 토토의 사행성 논의. 움직임의 철학: 「한국체육철학회지」, 18(2): 43-55.

이혁우 (2012). 비자발적 불응의 개념과 전개 메커니즘: 대학평가 시 취업률 지표의 적용 사례. 「한국사회와 행정연구」, 23(3): 87-113.

이혜영 (2002). 규제이론적 관점에서 본 규제 완화의 원인과 유형. 「한국정책연구」, 창간호.

임성은 (2013). 정책네트워크 관점에서 서울시 친환경 무상급식 갈등 분석. 「지방행정연구」, 27(1): 203-226.

임순미 (2011). 무상급식 논쟁을 통해 본 보수의 담론 · 진보의 담론: 신문 미디어의 프레이밍분석을 중심으로. 「한국정치학회보」, 45(2): 251-279.

장수명 (2009). 5 · 31 대학정책 분석: 규제 완화를 중심으로. 「동향과 전망」, 2009년 가을 · 겨울호(통권 77호): 9-49.

장원봉 (2008). 한국 사회적 기업의 현황과 과제. 한 · 일 사회적 기업 연구회 심포지엄, 발표 논문.

장정연 (2011). 청소년 사행성 게임행동의 유형과 영향 요인. 「정신보건과 사회사업」, 37: 348-381.

전기사업법 (1961), (1973), (1990), (2000), (2004), (2013).

전순옥 · 전정희 · 추미애 (2013). "바람직한 전력 수급대책 마련을 위한 정책토론회: 블랙아웃은 왜 발생하는가?" 국회의원 전순옥, 전정희, 추미애.

전영평 (2010). 국정 운영의 측면에서 본 세종시 정부 분할 이전의 평가. 「사회과학연구」, 17(1).

전자신문 (2013.7.19). 문화부, 예술인 창작 안전망 만든다, 이경민 기자.

전훈 (2008). 스포츠기본권의 보장과 국민체육 진흥의 법적 과제: 스포츠토토와 사행성사업의 규제문제. 「스포츠와 법」, 11(4): 309-329.

정규호 (2007). 환경갈등에 대한 거버넌스적 접근의 함의와 과제: 시화지역과 굴포천유역 '지속가능발전협의회'의 경험. 「동향과 전망」, 71: 114-152.

정정길 (2001). 「정책학원론」. 대명출판사.

——— (2003). 「행정학의 새로운 이해(증보판)」. 대명출판사.

정진상 (2005). 대학구조개혁: 비판과 대안. 「황해문화」, 가을: 254-274.

정해상 (2011). 스포츠의 온라인베팅규제정책. 「스포츠와 법」, 14(4): 199-219.

정회성 (1995). 지방자치시대의 환경보호전략. 「건축도시환경연구」.

제301회 문화체육관광방송통신 제4차 회의록(2011.6.22).

제320회 교육문화체육위원회 제1차 회의록(2011.10.2).

조명래 (2010). 세종시(행정중심복합도시) 수정안의 문제점과 여파. "세종시와 국가균형발전: 세종시 수정안의 쟁점과 전망." 「국회 지역균형발전연구모임 대토론회 자료집」.

조상미 · 정선희 · 이재희 · 하정은 (2012). 비영리 사회적 기업 변화 경험 및 운영에 관한 탐색적 사례연구. 「한국사회복지행정학」, 14(2): 143-178.

진덕규 (1983). 「현대민족주의의 이론구조」. 지식산업사.

진영 (2006). 「양극화된 대한민국의 실질적 대안: 왜 사회적 기업인가?」.
최경수 (2012). 민선 5기 지방선거 이후 지방정치 갈등 요인에 관한 연구: 무상급식과 관련한 서울시 및 경기도의 사례를 중심으로. 서울대학교 행정대학원 석사학위 논문.
최민수 (2010). 예술인 복지법안(서갑원 의원 대표 발의) 검토보고서, 국회문화체육관광방송통신위원회.
최병선 (1992). 「정부규제론」. 법문사.
최성락 (2012a). 사행성 게임 베팅 상한선 규제의 적정성에 관한 연구. 「한국행정논집」, 24(1): 261-278.
——— (2012). 사행성 규제와 사행산업. 한국행정학회 발표 논문.
최성수 (2006). 민주화와 제도적 유산 그리고 복지정치: 의료보험 개혁운동, 1980-2003. 「사회연구」, 12(2): 39-76.
——— (2012b). 사행성 규제와 사행산업. 한국행정학회 발표 논문.
최용환 (2011). 세종시의 국정효율성 확보 방안. "세종시 국정 운영의 효율화와 사회통합." 토론회 발제문.
최정민 · 배관표 · 최성락 (2013). 예술인복지법 정책결정과정 연구: Kingdon의 정책흐름모형을 통하여. 「한국콘텐츠학회논문지」, 13(5): 243-252.
최종렬 (2007). 무조건적 소모의 사회: "바다이야기"를 중심으로. 「사회이론」, 31: 167-219.
PD저널 (2013.7.24). 예술인 복지법 시행 8개월, 구멍 뚫린 안전망, 방연주 기자.
한겨레 (2005.2.2). 인터뷰 중. 행정수도 논란 2라운드 —이명박 서울시장.
한겨레신문 (2013.9.17). 정부, 예술인 복지사업 200억으로 2배 확대. 권은중 기자.
한국경제신문 (2012.12.14). "네가 더 내" 지자체 · 교육청 무상급식 '예산전쟁.'
한국문화관광연구원 (2010). 「2009 사행산업백서」, 사행산업통합감독위원회.
한국보건사회연구원 (2012). 全 국민 건강보험제도 운영과 시사점. 기획재정부.
한국산업개발연구원 (2011). 「효율적 사행산업 총량 설정 방안 연구」, 사행산업통합감독위원회 연구보고서.
한국일보 (2009.6.29.). 물러날까 …남을까… 鄭총리 거취 주목.
한국전력공사 (1989a). 「한국전기백년사(상)」. ㈜대한미술.
——— (1989b). 「한국전기백년사(하)」. ㈜대한미술.
한국전력공사법 (1980).
한국직업방송 (2012.11.7). 학부모 43% "대학 진학은 좋은 직장을 위한 것."
해양수산부 시화호관리위원회 홈페이지(http://www.shihwaho.kr/). (자료 접근: 2013년 12월 27일).
행정안전부 (2010). 중앙행정기관 등 세종시 이전, 당초 일정대로 2014년까지 신속히 추진(2010.7.12).
——— (2011). 세종시 이전 관련 행정효율성 확보 방안(2011.5).
——— (2012). 세종시 이전에 따른 행정효율화 추진 현황 및 향후 계획. 제3차 세종특별자치시지원위원회 보고(2012.2.21).

행정자치부 (2005a). 중앙행정기관 등의 이전계획(안). (2005.10.5.).
——— (2005b). 행정자치부고시 제2005-9호. 중앙행정기관 등의 이전계획.
——— (2006). 행정중심복합도시로 이전하는 중앙행정기관의 단계별 이전 계획 확정.
행정중심복합도시건설청 (2006). 「2005년도 행정중심복합도시 백서」.
——— (2008). 2003-2007년 행정중심복합도시 백서.
행정중심복합도시건설추진위원회 · 행정중심복합도시건설추진단 (2005). 「2004-2005 신행정수도후속대책 백서」.
허은영 · 남혜령 · 마지연 (2009). 「2009 문화예술인 실태조사」, 문화체육관광부, 한국문화관광연구원.
허준영 (2013). 중앙행정기관의 세종시 분산에 따른 정책소통 실태와 개선과제. "세종시 이전에 따른 정부효율성 강화 및 지역상생 발전 방안." 국회정책토론회(2013.5.29).
헌법재판소 결정문, 224헌마554 · 556(병합) 신행정수도의건설을위한특별조치법위헌확인.
현대리서치연구소 (2005). 도서정가제의 효과 및 향후 개정 방향에 대한 의견조사: 기본통계표. 2005년 10월.
홍성만 · 이종원 (2009). 숙의 거버넌스와 합의형성 제도설계: 시화지역 지속가능발전협의회의 운영 사례를 중심으로. 「행정논총」, 47(1): 21-44.
홍세화 (2006). 관치교육이 교육문제 근원: 자율성 강화로 해결해야(홍세화의 교육계 도전 인터뷰, 국회 교육위 소속 이주호 의원). 「중등우리교육」, 2006년 3월호: 22-31.
황성기 (2006). 바다이야기 사태의 법적 진단과 게임산업의 방향: 경품 제공 유기기구와 게임물 등급분류제. 「중앙법학」, 8(4): 7-33.
황승흠 (2006). 바다이야기 사태의 법적 진단과 게임산업의 방향: 게임과 사행행위 혼용정책의 법적 분석 "바다이야기 사태"의 법적 진단. 「중앙법학」, 8(4): 69-91.

www.645lotto.net (나눔Lotto)
www.bokgwon.go.kr (복권위원회)
www.bokgwon.or.kr (한국연합복권주식회사)
www.kangwoncasino.com (강원랜드)
www.kcycle.or.kr (경륜)
www.kra.co.kr (한국마사회)
www.motorboat-race.or.kr(경정)
www.ngcc.go.kr (사행산업통합감독위원회)
www.sihwa-sd.com (사회지구지속가능발전협의회)
www.shihwaho.kr (해양수산부 시화호관리위원회)
www.sportstoto.co.kr (스포츠토토)
www.static.ngcc.go.kr (사행산업통계정보포털)

국외 문헌

Anderson, B. (2001). Western Nationalism and Eastern Nationalism-Is there a difference that matters?. *New Left Review*, 9: 31-42.

Arrow, K. (1969). The Organisation of Economic Activity: Issues Pertinent to the Choice of Market Versus Non−Market Allocation. In R. H. Haverman & J. Margolis (eds.). *Public Expenditure and Policy Analysis*, 43-51. Markham.

Baek, I. R. (2010). *Restrukturierung der Sozialen Sicherungssysteme in den Postfordistischen Gesellschaftsformationen−Eine vergleichende Analyse von Großbritannien*, Schweden und Deutschland. Wiesbaden: VS-Verlag.

Beck, U. (1986). *Risikogesellschaft: Auf dem Weg in eine andere Moderne*. Frankfurt am Main: Suhrkamp Verlag. 홍성태 옮김 (1997). 「위험사회: 새로운 근대(성)을 향하여」. 서울: 새물결.

Becker, P. (2009). Vulnerability and nationalism: the support for the war against Iraq in five established states. *Nations and Nationalism*, 15(2): 340-360.

Brown, D. (2008). The ethnic majority: benign or malign?. *Nations and Nationalism*, 14(4): 768-788.

Brown, T. L. (2008). The Dynamics of Government-to-Government Contracts, *Public Administration Review*, 31(3): 364-386.

Chung, Moo-Kwon (1992). *State Autonomy, State Capacity, and Public Policy: The Development of Social Security Policy in Korea*. Indiana University Dissertation.

Clarke, L. B. (1989). *Acceptable Risk? Making Decisions in a Toxic Environment*. Berkeley and Los Angeles, California: University of California Press.

——— (1999). *Mission Improbable*. Chicago, The University of Chicago Press.

Coase, R. H. (1937). The Nature of Firm. *Economica*, 4(16): 386-405.

——— (1960). The Problem of Social Cost. *Journal of Law and Economics*. 3: 1-44.

Cooke, P. (2002). Regional Innovation Systems: General Findings and Some New Evidence from Biotechnology Cluster. *Journal of Technology Transfer*, 27: 133-145.

Crew, M. A. & R. R. Kleindorfer (1992). *The Economics of Postal Service*. Boston: Kluwer Academic Publishers.

——— (2000). *Current Directions in Postal Reform*. New York: Springer.

Demsetz, H. (1967). Toward A Theory of Property Rights. *American Economic Review*, 62: 347-359.

Deppe, F. (1995). Arbeitslosigkeit, Wohlfahrtsstaat und Gewerkschaften in der Europäischen Union. Hans-Jürgen Bieling (ed.). *Arbeitslosigkeit und Wohlfahrtsstaat in Westeuropa*

-*Neun Länder im Vergleich*, Marburg: FEG: 341-368.
Duara, P. (2008). The global and regional constitution of nations: the view from East Asia. *Nations and Nationalism*, 14(2): 323-345.
Ehrenfeld, D. W. (1972). *Conserving Life on Earth*. New York: Oxford University Press.
Esping–Andersen, G. (1990). *The Three Worlds of Welfare Capitalism*. Polity Press.
——— (1999). *Social Foundations of postindustrial Economies*. Oxford University Press.
Eum, Hyungsik (2009). The Dynamic of Meaning Construction in the Institutionalization Process of the New Social Economy in South Korea. 2nd EMES International Conference on Social Enterprise, Trento, Italy, July 1-4.
Farrel, M. (1957). The Measurement of Productive Efficiency. *Journal of the Royal Statistical Society, Series A*. Vol.120, Part. 3: 253-290.
Frederickson, H. G. (1980). *New Public Administration*. Alabama: University of Alabama Press.
Fujita, M. & F. J. Thisse (2002). *Economics of Agglomeration*. Cambridge: Cambridge University Press.
Hardin, G. (1968). *The Tragedy of the Commons. Science*, 162: 1243-1248.
Heilbroner, R. L. (1974). *An Inquiry into the Human Prospect*. New York: Norton.
Hood, C. (1994). Regulation, Deregulation and Reregulation in Hood, *Explaining Economic Policy Reversals*, Buckingham: Open University Press.
Hoover, E. M. (1948). *The Location of Economic Activity*. New York: McGraw-Hill.
Howells, J. R. L. (2002). Tacit Knowledge, Innovation and Economic Growth, *Urban Studies*, 39(5-6): 859-870.
Johansson, B. & J. M. Quigley (2004). Agglomeration and Networks in Spatial Economies. *Annal of Regional Science*, 83: 165-176.
Joskow, P. L. & N. L. Rose (1989). "The Effects of Economic Regulation"(eds.), R. Schmalensee & R. D. Willig, *Handbook of Industrial Organization*, vol. 2, Elsevier Science Publisers.
Kim, Shin-Yang (2009). The Dynamics of Social Enterprises in South Korea: Between Alternative and Stopgap. 2nd EMES International Conference on Social Enterprise, Trento, Italy, July 1-4.
Kohn, H. (1944). *The Idea of Nationalism. A Study in Its Origins and Background*. New York: Macmillan Company.
——— (1955). *Nationalism–It's Meaning and History*. Princeton: Princeton Universty Press.
Kooiman, J. (2003). *Governing as Governance*. London: Sage.
Kriel, M. (2010). Culture and power: the rise of Afrikaner nationalism revisited. *Nations and Nationalism*, 16(3): 402-422.
Krugman, P. (1991) Increasing Returns and Economic Geography. *Journal of Political Economy*, 99(3): 483-499.
La Porte, T. R. (1994). A Strawman Speaks Up: Comments on The Limits of Safety. *Journal of*

Contingencies and Crisis Management, 2(4): 207-211.
——— (ed.). (1991). *Social Response to Large Technological Systems: Control or Anticipation.* Norwell, MA: Kluwer Academic Publishers.
La Porte, T. R. & P. Consolini (1991). Working In Practice but Not in Theory: Theoretical Challenges of High Reliability Organizations. *Journal of Public Administration Research and Theory,* 1(1): 19-47.
Lagerström, L. (1977). *Pension systems in Sweden.* Pension Guarantee Mutual Insurance Company.
Lecours, A. & G. Nootens (eds.)(2009). Dominant Nationalism, Dominant Ethnicity: Identity, *Federalism and Democracy.* Brussels: P. I. E. Peter Lang.
Lessenich, S. (1994). Three Worlds of Welfare Capitalism-oder vier? Strukturwandel arbeits-und sozialpolitischer Regulierungsmuster in Spanien, *Politische Vierteljahresschrift,* 35(2): 224-244.
Majone, G. (1994). The Rise of the Regulatory State in Europe. *West European Politics,* 17.
Manion, M. & W. M. Evan (2002). Technological Catastrophes: Their Causes and Prevention. *Technology in Society,* 24: 207-224.
Marshall, A. (1890). *Principles of Economics.* London: Macmillan.
McCann, P. (2008) Agglomeration Economics. In C. Karlsson(ed). *Handbook of Research on Cluster Theory.* 22-29. Cheltenham: Edward Elgar.
Ministerium für Gesundheitswesen und Soziale Sicherheit (1972). Die Soziale Sicherheit in Großbritannien, *Internationale Revue für soziale Sicherheit,* 25(3): 163-195.
Noll, R. G. (1989). Economic Perspective on the Politics of Regulation (eds.). R. Schmalensee & R. D. Willig, *Handbook of Industrial Organization,* vol. 2, Elsevier Science Publisers.
North, D. C. (1990). *Institutions, Institutional Change and Economic Performance*, Cambridge: Cambridge University Press.
Ophuls, W. (1973). Leviathan or Oblivion. *Toward A Steady State Economy* (ed. H. E. Daly). San Francisco: Freeman.
Park, Hyunsoo (2010). The Social Structure of Large Scale Blackouts: Changing Environment, Institutional Imbalance, and Unresponsive Organizations. Ph.D. Dissertation. Rutgers University.
——— (2012). Institutional Vulnerability and Power System Disturbances in the United State. *International Review of Public Administration,* 17(2): 63-92.
Peltzman, S. (1976). Toward More General Theory of Regulation, *Journal of Law and Economics,* 19(1)(April): 109-148.
——— (1989). The Economic Theory of Regulation after a Decade of Deregulation. Brookings Papers on Economic Activity: *Microeconomics,* 1-41.
Perrow, C. (1984). *Normal Accidents: Living with High-Risk Technologies.* Princeton: Princeton

University Press.

Porter, M. (1990). *The Competitive Advantage of Nations*. New York: Free Press.

Rasmussen, J., & K. Duncan et al. (1987). *New Technology and Human Error*. New York: John Wiley & Sons.

Reason, J. (1990). *Human Error*. New York: Cambridge University Press.

Rocker, R. (1937). *Nationalism and Culture*. Los Angeles: Rocker Publications Committee.

Rogers, S. (1990). *Performance Management in Local Government*, London: Longman.

Rosenbrock, R. & T. Gerlinger (2004). *Gesundheitspolitik-Eine systematische Einführung*. Verlag Hans Huber.

Rudolph, J. W. & N. P. Reprenning (2002). Disaster Dynamics: Understanding the Role of Quantity in Organizational Collapse. *Administrative Science Quarterly*, 47: 1-30.

Sagan, S. D. (1993). *The Limits of Safety: Organizations, Accidents, and Nuclear Weapons*. Princeton, New Jersey: Princeton University Press.

Sinn, H. W. (1984). Common Property Resources, Storage Facilities and Ownership Structures: A Cournot Model of the Oil Market. *Economica*, 51: 235-252.

Smedby, B. (1978). Primary Care Financing in Sweden. Craig Burrell & Cecil Sheps (ed.). *Primary Health Care in industrialized Nations*. the New York Academy of Sciences: 247-256.

Smith, A. D. (1979). *Nationalism in the twentieth century*. Oxford: Martin Robertson.

——— (1986). *The Ethnic Origins of Nations*. Oxford: Blackwell.

——— (1991). *National Identity*. London: Penguin.

——— (2003). Adrian Hastings on nations and nationalism. *Nations and Nationalism*, 9(1): 25-28.

Smith, R. J. (1981). Resolving the Tragedy of the Commons by Creating Private Property Rights in Wildlife. *CATO Journal*, 1: 439-468.

Socialstyrelsen (1972). *Allmän Hälso-och Sjukvård 1970*. Stokholm: Socialstyrelsen.

U&CTF (2004). Final Report on the August 14, 2003 Blackout in the United States and Canada: Causes and Recommendations. Washington D.C., U.S.-Canada Power System Outage Task force.

Vaughan, D. (1990). Autonomy, Interdependence, and Social Control: NASA and the Space Shuttle Challenger. *Administrative Science Quarterly*, 35(2): 225-257.

——— (1996a). *The Challenge Launch Decision: Risky Technology, Culture, and Deviance at NASA*. Chicago, The University of Chicago Press.

——— (1999b). The Dark Side of Organizations: Mistake, Misconduct, and Disaster, *Annual Review of Sociology*, 25: 271-305.

——— (1999c). The Role of the Organization in the Production of Techno-Scientific Knowledge. *Social Studies of Science*, 29(6): 913-943.

——— (2004). Theorizing Disaster: Analogy, Historical Ethnography, and the Challenger Accident. *Ethnography*, 5(3): 315-347.

Viscusi, W. K., J. M. Vernon, & J. E. Harrington (2000). *Economics of Regulation and Antitrust*, Massachusettes: Massachusettes Institute of Technology.

Weick, K. E. (1987). Organizational Culture as a Source of High Reliability. *California Management Review*, XXIX(2): 112-127.

Welch, W. P. (1983). The Political Feasibility of Full Ownership Property Rights: The Cases of Pollution and Fisheries. *Policy Sciences*, 16: 163-180.

Westrum, R. (1991). *Technologies and Society: The Shaping of People and Things*. Belmont, California: Wadsworth Publishing Company.

Williamson, O. E. (1985). *The Economic Institutions of Capitalism*, New York: Free Press.

Wilson, James Q. (1980). *The Politics of Regulation*, New York: Basic Books, Inc.

Wong, Joseph (2004). *Healthy Democracies: Politics in Taiwan and South Korea*. New York: Cornell University Press.

찾아보기

ㄱ

ㄴ

저자 소개

김두래
미국 뉴욕주립대학교 정치학 석사
미국 미시간 주립대학교 정치학 박사
고려대학교 행정학과 부교수

김태은
고려대학교 행정학 석사
고려대학교 행정학 박사
한국교통대학교 행정학과 부교수

박민정
부산대학교 행정학 석사
서울대학교 행정학 박사
원광대학교 사회과학대학 행정 · 언론학부 부교수

박현수
미국 뉴저지 럿거스(Rutgers)대학교 Ph.D. in Planning and Public Policy
연세대학교 빈곤문제국제개발연구원 전문연구원(Professional Researcher)

배수호
미국 텍사스대학교 행정학 석사
미국 노스캐롤라이나대학교 정책학 박사
성균관대학교 행정학과, 국정관리대학원 부교수

백인립
연세대학교 사회복지학과 석사
독일 마르부르크(Marburg)대학교 정치학 박사(사회정책 전공)
연세대학교 사회과학부 교수

서정철
성균관대학교 국정관리대학원 박사과정
시화지구지속가능발전협의회 환경분과위원장
시화호 연대회의 공동대표

은재호
프랑스 고등사범학교(Cachan) 정치학 박사
한국행정연구원 사회통합연구부 연구위원

이병량
고려대학교 행정학 석사
고려대학교 행정학 박사
경기대학교 사회과학대학 행정학과 부교수

이혜영
서울대학교 행정학 석사
서울대학교 행정학 박사
광운대학교 행정학과 부교수

윤견수
고려대학교 행정학 석사
고려대학교 행정학 박사
고려대학교 행정학과 교수

정윤수
연세대학교 대학원 행정학 석사

미국 펜실베이니아대학교 와튼스쿨 정책학 박사
명지대학교 사회과학대학 행정학과 정교수

최성락
서울대학교 경제학사, 행정대학원 석 · 박사
Assist 경영학 박사
동양미래대학교 경영학부 교수

최정민
서울대학교 행정대학원 석사
서울대학교 행정대학원 박사
서강대학교 공공정책대학원 대우교수

한상일
연세대학교 행정학 석사
남캘리포니아대학교 행정학 박사
연세대학교 정경대학 글로벌행정학과 부교수

허준영
독일 베를린 자유대 Otto-Suhr Institut, 행정학 박사
독일 베를린 자유대 Lecturer, 프리드리히 에버트재단 장학생
한국행정연구원 부연구위원

정책사례 연구

펴낸날 / 제1판 제1쇄 2014년 6월 10일
제1판 제2쇄 2016년 1월 25일

지은이 / 2013년 한국정책학회 정책사례위원회
펴낸이 / 임춘환
펴낸곳 / 도서출판 대영문화사
주소 / 서울특별시 용산구 청파로 61길 5(청파동 1가) 제일빌딩 2층
등록 / 1975년 12월 26일 제3-16호
전화 / (02)716-3883, (02)714-3062
FAX / (02)703-3839
홈페이지 / http://www.dymbook.co.kr

ISBN 978-89-7644-483-7

〔값 17,000원〕